アルプスの農民紛争
中・近世の地域公共性と国家

服部良久

京都大学学術出版会

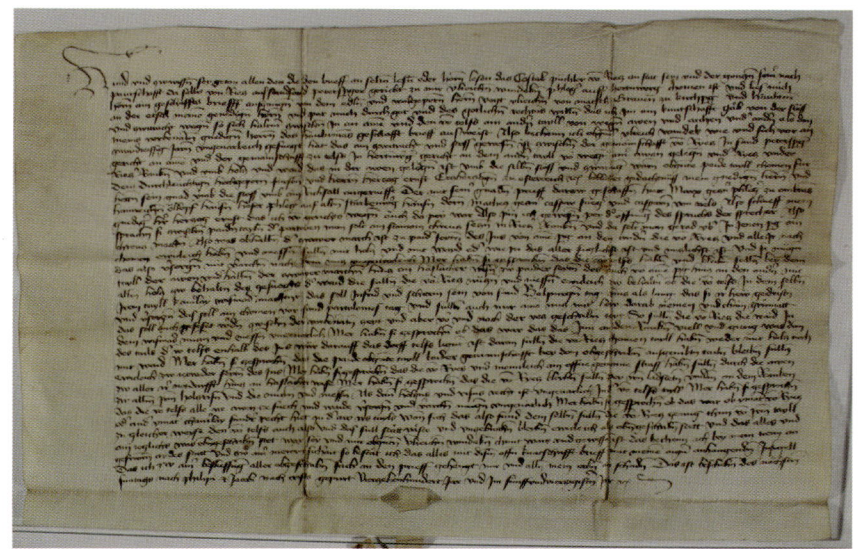

ゲマインデ・リーツ（ペータースベルク裁判区）とテルフス（ヘルテンベルク裁判区）の境界紛争の裁定文書（1445年）。内容は、第3章第2節、史料5 ⑥を参照。

インスブルック市街とイン河（石灰質の土壌のため常に白濁）。
対岸（北側）にノルトケッテの山々。

ピッツ渓谷、ヴェンス付近から渓谷奥部を望む。渓谷は東（左手）方向へ遡上し、奥に小さくイェルツェンスの集落が見える。第3章第2節3を参照。

ラウデック裁判区のマトンボーデン付近から北東にグロッケントゥルム・カムの山々と放牧地シュタランツアルペ方面を望む。放牧地への通路にはキリストや聖人の像が立つことが多い。第3章第2節4を参照。

序

　本書は、「紛争史」「中・近世農村社会史」「中・近世移行期における国家と社会」という3つの問題関心に導かれた研究の成果である。

紛争史研究の課題

　紛争は人類社会を貫く現象であり、人類史の始点から今日まで、また人間のあらゆる活動領域において、不可避的に繰り返される行為である。ならば様々な時代、地域における政治、経済、社会生活、文化活動、宗教などの分野に関する研究の中で、紛争をも扱えばよいのであり、格別に紛争を歴史研究の課題とする必要はないと言えるかもしれない。しかし1980年ころからの欧米における紛争史研究の隆盛により、このテーマは独立した意義をもつカテゴリとなったかの感がある。それにはもちろん背景がある。そのひとつは、多数の犠牲者を出しながら容易に解決しない現代の民族・宗教紛争が、直接関わりのない人々にも抱かせる不安や危機意識である。さらには、現代司法の実践課題としての「紛争解決」に寄せる法曹界や法学者の関心、そして様々な大小のコミュニティにおける私たち自身の紛争経験もまた、紛争（史）研究の動機となりうる[1]。そうした直接・間接に万人が経験するアクチュアルな問題としての「紛争」とその処理（解決）が歴史的研究を促す契機は、もちろん単一ではない。しかし現代社会の紛争処理において、（国内・国際）司法制度が適切に機能していないという認識は、研究者に限らず広く共有されているのではないだろうか。そこから、人類社会が紛争をどのように解決してきたのかを、時間的、空間的に視野を広げて考える試みが行われたのは容易に理解できる。

　「（刑事）犯罪」のように、法による裁判と犯人の処罰といった処理では解決しない、当事者双方がなにがしかの根拠や正当性を主張し合う争いは、今日でも多い。調停、仲裁と称する一種の衡平裁判（民事調停）では、当事者の様々な事情が考慮される。しかし実際には民事係争のみならず、刑事犯罪をも含めてこれを「紛争」と考えるなら、それは当事者の物的な利害から感情のやりとりまで、きわめて多面的で複合的な人間的要素の絡まった行為であって、現代の法制でもこれらを単純な法の論理で処理することは難しいとされる。この観

点からアメリカの法人類学者たちは1960年代以後、非ヨーロッパ世界における多様な紛争解決の方法に着目し、またそれは民間調停人による裁判外の紛争処理（ADR）のような司法実践とも結びついた。同様な動機から被害者・加害者の話し合いに基づく「修復的司法」を提唱するノルウェーの犯罪学者N・クリスティは、現代人は「共有財産」であるはずの紛争を奪われていると述べる。クリスティによれば、紛争とは本来、当事者が社会の秩序・規範、その意義と有効性、適用可能性について考え、また法律の概念と用語を通じてではなく、全人格的に相手を認識する機会であった。全てを法曹が独占する閉鎖的な現代司法は、そのような当事者と周辺社会の紛争解決への関わりを奪っているというのである。

法（犯罪）学者とそのような関心を共有しつつ、法人類学者たちは近代的な法制を持つ国家の欠如した小部族社会の調査を行い、また一部の歴史研究者は同じ問題意識から、主権的国家確立以前の、近代とは異なる秩序を持つ過去（中・近世ヨーロッパ）の社会に向かったのである。そのようなアクチュアルで、また学際的な研究の相互作用から生まれた1980年代以後の紛争史研究の成果は、総じて紛争・紛争解決のありかたが、その時代、社会の実態や秩序を映し出すものであることを明らかにしてきた。また筆者が研究対象としてきた中世ヨーロッパでは、いわゆる裁判は必ずしも法律専門家や官僚によって占められる閉鎖的な裁きの場ではなく、当事者や多くの関係者が参加するオープンな交渉と協議（調停・仲裁）、合意形成のためのフォーラムとしての機能をも持つことが多かった。したがって狭義の裁判と裁判外の紛争処理は、現実のプロセスとしては、その区別はなお流動的であったとも言える。この意味で、紛争と紛争解決は社会的な共同行為であり、当該地域社会の秩序と密接な相互関係にあった。そして筆者の紛争史研究は紛争と紛争解決のプロセスを、なお制度化されていない当該社会の秩序との密接な相互関係において考察することを課題としてきた。この点では、紛争史研究は、紛争の視点から国家と社会を捉える試みでもあり、その限りでは独自の存在意義を持ちうると言えよう。

日本中世の村落間紛争とティロル

さて中・近世の紛争研究は、やはりあらゆる領域に及びうる。本書が対象とするのは、ヨーロッパ・アルプス地方、とりわけオーストリアの領邦ティロルにおける農村共同体の紛争である。筆者がこのテーマと地域を対象とするに

至ったきっかけは、日本中世史における村落間紛争の研究成果から刺激を得たことにある。とりわけ藤木久志、酒井紀美、蔵持重裕、小林一岳氏らの研究は、戦国期の村落における「自力」（実力行使）の慣習と「村の合戦」が、ときには近郷近在の村々の「合力」をともない、多数の犠牲者を出す激しいものであったこと、そして同時にこれを収拾する村落間の協力（調停＝扱・口入）をも導く広域的なネットワークが存在したことを明らかにしている。とりわけ有名な、琵琶湖北端の小村に伝来した「菅浦文書」のように、豊富な史料に基づく日本中世の村落間紛争の研究は、筆者に次のような問いを投げかけた。

　第一に、藤木氏がその近著『刀狩り』においても強調するように、日本中世の農民は秀吉の「刀狩り」以後も近世を通じて武装解除されることはなかった。ではヨーロッパ、とりわけ筆者が研究対象としてきたドイツ、オーストリアの農民はどうか。法制史研究者は農民が中世のうちに「武装権」を失ったと考えたが、騎士的な武器携行（帯剣）は別にして、武器所有をも禁じるような民衆の武装解除は、中・近世の国家に可能だったとは考え難い。では彼らの武器所有の実態はどのようであり、またそれはいかなる意味を持っていたのか。第二に、日本の戦国期には農村を含めて、社会全体が暴力の温床となり、様々な状況で暴力＝「自力」が手段として用いられていた。ではドイツ、オーストリア農村における暴力は社会の中にどのように位置づけられるのか。「自力」に相当する「フェーデ」（自力救済、私戦）慣行は農村社会でも存在し、あるいは容認されていたのか。そうした暴力紛争はどのように処理されたのだろうか。第三に、日本中世の農村社会における武装暴力が、村落間の紛争として現れることを比較の念頭に置くなら、ヨーロッパ史においてもまた農民個人の紛争のみならず、村落間の紛争をも取り上げねばならない。そもそもドイツ、オーストリア、あるいは広くヨーロッパにおいて村落間紛争はあったのか。もしそのような紛争があったとすれば、それはどのような意味を持ったのか。

　第三の問題は、冒頭に挙げた３つの関心のうちの「国家と社会」につながるものである。従来ドイツ、オーストリアの歴史家は、農民の争いを犯罪史研究の視点から考えることはあっても、農村共同体間の紛争を考察対象とすることはなかった。個人のフェーデ（私戦）的行為と農村共同体間の紛争は、各々異なる背景と意味を有したであろう。しかし農村社会の紛争とその解決を、国家と社会の関係をも射程に収めた広いパースペクティヴで論じるためには、共同体間紛争が重要な意味を持つ。なぜなら中・近世社会においては一般に、そし

てティロルにおいてはとりわけ、農村の共同体が国家（領邦）の統治と秩序において不可欠の機能を有したからである。ティロルには共同体間紛争に関わる史料が多数現存するのだが、そのことはオーストリア諸領邦、そしてドイツ全体においても領邦ティロルが、農民の地域共同体の政治的能動性において際だっていたことと無関係ではないだろう。中・近世史再解釈の構造モデルとして「共同体原理(コムナリスムス)」を提唱したP・ブリックレが、その著書『旧帝国におけるラントシャフト』においてティロルにも注目したように、ティロル農民は地域共同体（渓谷共同体・ラント裁判区）を単位として領邦議会に代表を送る資格（ラントシャフト）を有し、領邦防衛の軍役においても貴族に劣らぬ役割を果たした。スイス盟約者団と同様、ティロルにおいてもブリックレの言う共同体の「国家的機能」は、顕著な発展を示したのである。本書がティロルを対象としたのは、史料状況のみならず、このような歴史的特質による。ではこのような農村共同体ないし農民の地域団体のアクティヴな性格と機能は、農民の武装能力、暴力、共同体間の紛争、紛争解決とどのような関係にあったのだろうか。

　このような問題設定は、紛争と紛争解決を手掛かりに、中世から近世にかけての社会と国家の関係を考えることにもつながる。藤木氏は「豊臣平和令」が自力のような暴力的習俗の克服をめざし、またその平和政策が社会に受容されたことを、統一政権成立の前提と考えた。しかし「山野河海」（入会(いりあい)）をめぐる村落間の争いとその処理は、統一政権にとっても容易ではなかった。自力・自検断の中世的慣行は原則として否定されたにもかかわらず、実際の入会紛争などにおいてはなお用いられ、「在地のならい」（地域の慣習）は公儀により容認されることも多々あった。では統一政権の成立という中世から近世へのドラスティックな転換のなかった同時期のティロルにおいて、国家（領邦）統治と社会の慣習はどのような関係にあったのだろうか。

本書の内容

　本書の内容構成を示しておきたい。第Ⅰ部「農村社会の紛争解決」の第1章では、中・近世社会における紛争、暴力、農民の武装（権）、そしてフェーデについて、研究状況を概観しつつ問題点を指摘し、論点を明確にする。第2章ではティロル農村社会史研究の問題点を指摘し、領邦ティロルの成立史を概観した後、領邦統治と農村自治の単位であったラント裁判区の、渓谷共同体としての構造と機能を明らかにする。それにより紛争の構図が見えてくるであろ

う。本書の核をなす第3章では、ティロルにおける共同体（ゲマインデ）間紛争の事例、40件余りについて、その原因、展開、解決方法の特質を、逐一史料を示しつつ考察する。そこから農村社会の自律的秩序が明らかにされ、さらに国家との関係が展望される。

第Ⅱ部「中・近世移行期の国家と地域社会」では、15、16世紀における領邦の様々な法令を取り上げ、法秩序をめぐる国家と社会の相互関係のプロセスを把握しようとする。第4章では「社会的規律化」「ポリツァイ」をめぐる研究動向をふまえ、近世初期の国家と社会の関係を考えるための問題点を指摘する。第5章では15世紀における領邦君主の諸法令の意味を、領邦諸身分の発展を促した政治状況をふまえつつ考察する。第6章では中・近世移行期の君主、マクシミリアン1世による領邦令、刑事裁判令、森林令を取り上げ、君主の領邦統治改革の意図、社会（諸身分）の抵抗と反発の意味を考える。第7章ではマクシミリアン没後から農民戦争期（1519～1525年）のティロルにおける農民の領邦政府に対する蜂起、苦情と要求の提出、領邦議会における改革協議を取り上げる。そしてそれらを君主・中央政府の統治と法秩序の強化に対する、農民の地域自治の伝統に基づくリアクションとして考察し、その結果成立した新領邦令の性格を、国家と社会の相互交渉の所産として捉えようとする。第8章では、そのような相互交渉を経た領邦ティロルにおいて、農民の紛争（犯罪）が現実にはどのように処理されたのかを、裁判記録に基づき考察する。

「総括と展望」においては、紛争解決、秩序、社会と国家の関係に重点を置いて全体の議論を要約し、本書で論じた問題と成果、展望が、中・近世ヨーロッパの社会秩序と政治構造を考える方法モデルとして持ちうる意義を示そうとする。いくつかのポイントにおいては、日本中世の事例に加え、アルプス西部（サヴォア）、ピレネー西部（ベアルン）における農村（渓谷共同体）の類似した紛争事例を取り上げて、比較考察を行う。それによってヨーロッパ山岳地域の農村文化を考える視点が示され、また同時にティロルにおける国家と社会の関係の特質も明らかになるであろう。

なお本論のドイツ、オーストリア、ティロル農村社会に関する考察では、村落、散居家屋群など、一定の自治共同体的機能を持つ様々な集落、地域団体を「ゲマインデ」と表記する。

目　次

序 ……………………………………………………………………………………… i
　　紛争史研究の課題 i／日本中世の村落間紛争とティロル ii／本書の内容 iv

第Ⅰ部　農村社会の紛争解決
―ゲマインデ間紛争と地域秩序―

第1章　農村社会の紛争と秩序
―研究の現状と課題―

第1節　中・近世社会における暴力・名誉・秩序 ………………………………… 5
第2節　農民の武装をめぐって ……………………………………………………… 9
　　　1　中世の平和令よりみた農民の武装 10
　　　2　中世後期・近世における農民の軍役と武装権 13
　　　3　オーストリア慣習法文書にみる武器・武装 14
　　　4　小　括 15
第3節　農村社会における紛争の形態 …………………………………………… 16
　　　1　農民の「フェーデ権」をめぐって 16
　　　2　慣習法文書(ヴァイステューマー)にみるフェーデ類似の暴力 21
　　　史料1　①〜㉓ 21
　　　3　慣習法文書にみる殺害 26
　　　史料2　①〜⑨ 26
第4節　小　括 ……………………………………………………………………… 28

第2章　ティロルの領邦と農村社会
―紛争・紛争解決の空間・制度・史料―

第1節　ティロル農村社会と紛争研究―問題の所在― …………………………… 31

　　　　　1　ペーター・ブリックレ——共同体原理[コムナリスムス]とティロル研究 31
　　　　　2　ティロル農民の戦士的気質？ 33
第2節　領邦ティロルの成立と発展 ………………………………………… 35
第3節　地域共同体としてのラント裁判区 ………………………………… 42
　　　　　1　ラント裁判区の形成 42
　　　　　2　ラント裁判と農民保護 43
　　　　　3　ラント裁判の組織と機能 44
　　　　　4　ラント裁判区の空間構造——ゲマインデと放牧 46
第4節　ゲマインデ間の紛争—研究と史料— …………………………… 52
　　　　　1　日・独・仏の村落間紛争 52
　　　　　2　ティロルにおける紛争関連史料 55
　　　　（A）裁判帳簿 55／（B）ゲマインデ文書 58

　　　　　　　　　第3章　ゲマインデ間の紛争とその解決
　　　　　　　　　　　　　—地域秩序の自律性—

第1節　ヴィップ渓谷地方のゲマインデ間紛争 …………………………… 63
　　　　　1　ラント裁判区シュタイナハ 64
　　　　（A）グシュニッツ渓谷のゲマインデ間紛争 64／（B）ゲマインデ内の放牧地利用——争いと規則 66
　　　　　2　ラント裁判区ゾンネンブルク 68
　　　　（A）領邦政府役人の主導する仲裁 68／（B）ゲマインデ内の階層間対立と政府役人の仲裁 71／（C）渓谷共同体の自律と紛争解決——下級裁判区シュトゥーバイ 72
　　　　　3　小　　括 75
　　　　史料3　①～⑨ 77
第2節　上イン渓谷地方のゲマインデ間紛争 ……………………………… 86
　　　　　1　ラント裁判区ヘルテンベルク
　　　　　　　——ヴィーダースベルクをめぐる争い 86
　　　　（A）裁判区の歴史と構造 86／（B）ゲマインデ間紛争事例——放牧地ヴィーダースベルクをめぐって 91／小　　括 96
　　　　史料4　①～⑥ 96
　　　　　2　ラント裁判区ペータースベルク 104

（A）裁判区の歴史と構造 104／（B）ゲマインデの境界をめぐる争い
　　　──テルフスとリーツ 105
　　　史料5　①〜⑥ 109
　　　（C）放牧地アルツヴィーゼをめぐる争い 112／小括にかえて──紛争と仲裁
　　　のネットワーク 117
　　　史料6　①〜⑦ 119
　　3　ラント裁判区イムスト──渓谷（放牧）共同体の分化と紛争 125
　　　（A）渓谷共同体の地域構造 125／（B）渓谷北部と南部の争い 125／
　　　（C）渓谷北部地域内の争い 129／（D）渓谷・裁判区を越える紛争 130
　　　／小　　括 131
　　　史料7　①〜② 133
　　4　ラント裁判区ラウデック──渓谷間のコミュニケーション 134
　　　（A）裁判区の空間構造 134／（B）渓谷間の協働・紛争・仲裁 139／
　　　（C）渓谷内の紛争と仲裁 142／（D）公共的負担をめぐる争い 148／
　　　小　　括 149
　　　史料8　①〜⑪ 151
第3節　ゲマインデ間紛争と地域社会のコミュニケーション
　　　──総括と日欧の比較── ……………………………………………… 160
　　1　紛争・紛争解決の情報とメディア 160
　　2　争いの作法 162
　　3　裁判・仲裁・和解 165
　　4　地域社会の紛争解決とコミュニケーション
　　　──ゲマインデのテリトリーとゲマインデ間関係 167

第Ⅱ部　中・近世移行期の国家と地域社会
　　　──領邦令と農村の慣習──

第4章　社会的規律化とポリツァイ
　　　──近世国家の社会統制をめぐって──

第1節　近世国家と社会的規律化 ………………………………………………… 175
第2節　ポリツァイと近世国家──国家と社会の交渉── ………………………… 178

第 5 章　中世後期のティロルにおける領邦令と社会

第 1 節　君主の立法と社会 ……………………………………………………… 185
第 2 節　フリードリヒ 4 世統治期までの領邦と法令 ………………………… 187
　史料 9　①〜③ 192
第 3 節　ジクムント時代の刑法・裁判に関する法令 ………………………… 194
　史料 10　①〜③ 198

第 6 章　マクシミリアン 1 世時代の領邦令と社会

第 1 節　マクシミリアンと領邦ティロル ……………………………………… 201
第 2 節　経済関係の諸法令 ……………………………………………………… 202
　史料 11　①〜⑤ 203
第 3 節　刑事裁判改革と領邦社会 ……………………………………………… 206
　　　　1　過渡期の国家と刑事裁判改革 206
　　　　2　マクシミリアンの刑事裁判改革 207
　　　　3　1499 年の刑事裁判令と領邦社会 208
　史料 12　①〜④ 213
第 4 節　森林令と農民の抵抗 …………………………………………………… 218
　　　　1　狩猟令・森林令と領邦の社会・経済 218
　　　　2　マクシミリアンの森林令と社会 222
　史料 13　①〜③ 225

第 7 章　農民の異議申し立てと新領邦令
―国家と社会の交渉―

第 1 節　異議申し立てる農民 …………………………………………………… 229
第 2 節　農民の苦情・要求と地域社会 ………………………………………… 231
　史料 14　(A) 農民戦争前のティロルにおける農民の苦情書①〜⑤ 233／(B) 農民戦争期（1525年）の苦情書⑥〜⑫ 236
第 3 節　近世初頭の領邦令と社会 ……………………………………………… 239
　　　　1　1526 年・1532 年・1573 年の領法令 239
　　　　2　新領邦令の特質と領邦社会 241
　　　　(A) 武器・武装 242／(B) 裁判・刑法 243／(C) フェーデ行為の取締りと住民動員 245／(D) 森林・狩猟・入会・紛争 247

3　小　　括 249
史料15　新領邦令 250

第 8 章　16世紀後半の裁判と農村社会
― 裁判帳簿にみる紛争解決 ―

第 1 節　裁判帳簿における農民の紛争 ………………………………………… 263
第 2 節　農民間の紛争と紛争解決 ………………………………………………… 264
　　　　1　裁判の役割 264
　　　　2　名誉と暴力 266
　　　　3　殺害と和解 268
　　　　4　裁判外の紛争解決 269
第 3 節　小　　括 ………………………………………………………………… 271
　　史料16　(A) ラント裁判リエンツの裁判帳簿より①〜⑨ 273／
　　　　　　(B) ラント裁判シュタイナハの裁判帳簿より⑩〜⑰ 275

総括と展望

紛争解決・コミュニケーション・地域公共性 282／共同体間の結合と地域秩序――日本とヨーロッパ 284／近世国家と地域秩序 288

注 ………………………………………………………………………………… 291
あとがき ………………………………………………………………………… 335
参考文献 ………………………………………………………………………… 338
索　　引 ………………………………………………………………………… 355
欧文要約 ………………………………………………………………………… 364

アルプスの農民紛争
―中・近世の地域公共性と国家―

第Ⅰ部　農村社会の紛争解決
―ゲマインデ間紛争と地域秩序―

第1章　農村社会の紛争と秩序
―研究の現状と課題―

　序で示した課題を基軸に農村社会の紛争について考えるために、本章では中・近世社会における紛争、暴力、農民の武装（権）、そしてフェーデについて、研究状況を概観しつつ問題点を指摘し、それによって史料に基づく事例研究の論点を明確にする。

第1節　中・近世社会における暴力・名誉・秩序

　ドイツ中・近世史について暴力・紛争とその克服という視点から社会と支配権力の関連を捉えようとする研究において、豊かな成果を挙げてきたのは都市史である。中・近世の都市が平和な社会ではなく、名誉をめぐる紛争と暴力に満ちていたこと、いわば名誉と暴力を秩序とコミュニケーションの一要素として含み込んだ都市社会において、当局の裁判は都市の平和・名誉とともに個人の名誉にも配慮し、名誉の絡む暴力沙汰には寛容に対応したことが明らかにされてきた。S・ブルクハルツは中世後期のチューリヒにおける裁判記録から、その事例の多数を占める傷害事件では当事者の和解による解決が、罰金による処罰を件数において上回ることを明らかにした。さらに15、16世紀の同じチューリヒにおける殺害犯の裁判を考察したS・ポールによれば、故殺（Totschlag）は正当防衛、名誉ある故殺、名誉なき故殺に区別された。16世紀には市参事会の司法的権威が強化されたが、血讐こそ禁止されたものの、正当防衛は称揚されるべき行為とされた。また名誉なき故殺が死罪とされたのに対し、名誉ある故殺は20マルクの罰金および1年間の追放（この間に遺族に賠償を行う）のような、比較的寛大な処置がとられた。しかもこれら3区分の境界は曖昧であり、ある殺人がいずれに属すかについては結局、遺族、加害者（とその親族）が裁判官（市参事会員）の面前で行う交渉が重要な影響力を持った。このような殺害のカテゴリの判定が、加害者・遺族・関係者の間の交渉によって決まるという状況は、同時期のニュルンベルクについても指摘されている。第

4章で述べるように、K・ヘルターによれば社会的規律化において重要なのは、フォーマルな刑法規定と並行して現れる、当事者、関係者の交渉、嘆願、和解などのインフォーマルな行為の繰り返しであった[4]。カロリーナ帝国刑法（1532年）の殺害は原則として死罪というフォーマルな規定は、しばしば法秩序よりも平和維持を優先させようとした都市社会の現実には、必ずしも適合しなかったのである。

そのような当事者たちの絡む「インフォーマルなメカニズム」が重要であったのは、ドイツのみではない。C・ゴヴァールによれば、バイイ・セネシャル管区、高等法院など審級裁判制度が固められていたはずの中世後期のフランスにおいても（都市に限らず）、そうした司法の場で尊重されたのは必ずしも法の厳格な適用ではなく、当事者の身分や名誉を考慮した合意であった。また裁判外における当事者間の交渉や和解、あるいは嘆願を受けた君主による恩赦が、平和秩序の回復・維持に重要な役割を果たしていた。暴力の司法的扱いは多様であり、故殺は謀殺と区別され、一般法令ではなく恩赦を含めた個別的な措置の対象となった。都市・農村を問わず、暴力と報復の慣行が社会秩序の中に浸透していた中世後期のフランスにおいて、司法当局は法・刑罰の徹底ではなく、そうした社会慣行に配慮しつつ平和を維持することを優先したのである[5]。

都市では一般に14、15世紀から裁判記録が伝来し、暴力・紛争の実態や裁判の現実に関する比較的濃密な情報が得られるのに対し、農村社会についてはヴァイステューマー（裁判集会で確認され、用いられる村や地域の慣習法。以下では原則として慣習法文書と表記）などの法文書以外に、実際の裁判記録が作成・保存されるのはたいていの地域において16世紀以後である。そのような史料利用上の困難もあって、農村社会の暴力・紛争に関する実証研究は都市のそれに比してなお少ない。しかしそこから垣間見える農村社会の日常も、都市社会と同様に身体や言葉による暴力に満ちていたとの印象を与える。前述のブルクハルツが、都市社会における「争いの文化（Konfliktskultur）」を指摘したことに対応して、ヴェストファーレン地方の農村社会を考察したR・ヴァルツが、近世農村の文化と社会を、「抗争的（アゴナール）な文化・コミュニケーション」と表現したのは示唆的である[6]。

K・ヒュルリマンの近著は1500年頃のチューリヒ支配下の農村における裁判文書により、様々な紛争とその解決を中心とした農村社会の「ソシアビリテ」を、図表を多用しつつ統計的に考察している[7]。ヒュルリマンによれば、農民は

主として経済的な紛争の解決のためにラントフォークト（邦の地方役人）の裁判を利用し、またチューリヒの市参事会裁判に上訴したが、その判決は法規範に基づく決定というよりも、当事者双方の交渉をふまえ、可能な限り各々の主張を認めようとするものであった。それでも裁判当局の規範意識と農民のそれはしばしば不調和を呈し、かつ当局がその規範を農民社会に強制することは困難であった。とりわけ名誉に関わる暴力・殺害に対して裁判当局は、比較的寛大に対処し、裁判外の直接交渉により解決される場合や、裁判当局が任命した仲裁人のもとでの和解も少なくなかった。16世紀初の裁判当局はこうした裁判外の解決に対し、とくに禁止、統制の意図を示さず、チューリヒ邦（カントン）の現実は、国家（市当局）による暴力のコントロールとは程遠いものであった。

　ヒュルリマンの研究からも垣間見えるように、農民間のトラブルが頻繁に身体暴力をともなう紛争に拡大した背景には、都市民の場合と同じく「名誉」という規範意識が存在していた。『損なわれた名誉』の編者K・シュライナーとG・シュヴェアホフがその序文で述べるように、中・近世社会における個人の名誉とは個人の内面的価値意識というよりむしろ、地域社会や共同体において社会的な相互関係の中で試され、承認または否定されるものであり、自他の行為によって増減する一種の象徴資本であった。[8]名誉の有無と大きさは個人の社会評価、政治的地位（官職就任）、職業活動のありかたと相互密接に結合していた。そのため人は名誉という象徴資本の蓄積に尽力し、その減少（毀損）には敏感に反応したのである。他人の行為によって名誉を損なわれた者は、これを回復しなければ共同体構成員としての信用を失い、それは政治的地位のみならず職業活動をも危うくしかねない。名誉はこの意味で社会的な相互関係とコミュニケーションを規定するメディアであった。言葉や暴力によって損なわれた名誉を回復する最も有効な手段は報復であり、対抗暴力であった。それゆえM・フランクが述べるように、「名誉のコードには強い抗争のポテンシャルが内在した」のである。[9]この点で、農村社会の文化は財産・モノをめぐる競合のみならず、誹謗、威嚇、実力行使によって相手の評判を低下させるための争いによって特徴づけられるとのやや誇張されたヴァルツの指摘も、名誉をひとつの媒体とする社会秩序の一面を示すものである。[10]名誉と暴力が表裏一体となって秩序とコミュニケーションを規定するという点は、家門・血統意識とフェーデ慣行によって特徴づけられる貴族身分において、より明らかである。したがって名誉と結びついた暴力が都市・農村社会においても頻発していたとすれ

ば、ひとつの共同体空間に集住する住民相互の日常における密度の濃い接触や利害対立など、貴族社会とは異なる具体的な生活条件の中でその意味を考えねばならない。都市や農村社会の紛争は、市民・農民の日常的な行動、接触、コミュニケーションの中で生じ、処理される。それゆえ農村社会における暴力・紛争の意味を社会的・文化的コンテクストにおいて読み解くためには、村落共同体と地域社会の構造、生活世界のありようをふまえて個別的な事件のプロセスを考察しなければならないのである。

　中世後期から近世へと時期を広げて暴力、紛争、秩序について考えるとき、確かに法と裁判制度は看過できない重みを持つ。この時期の社会と政治における法と裁判の浸透を「法秩序化（Verrechtlichung）」と表現する歴史家は少なくない。しかしM・ディンゲスは「法秩序化」をあまりに無規定な概念として退け、むしろ自らの利害関心において行われる民衆の「司法利用（Justiznutzungen）」に着目する。ディンゲスによれば市民や農民は家、ツンフト、共同体など様々な裁判外の社会的コントロール（紛争処理）の手段を有しており、裁判への告訴も、そのような手段との比較のうえでの選択的「利用」にすぎない。訴訟は相手を有罪とする判決の獲得よりも、有利な和解に至る圧力を意図したもので、そのためしばしば判決に至る前に中断された。民衆の「司法利用」というディンゲスのコンセプトは、当局の意図と民衆、社会の価値・慣習が交差し、相互作用するなかで、法秩序が再定義されるプロセスを明らかにするものである。このように法や裁判を社会的な相互交渉のプロセスとして認識するなら、近世の法と裁判を強化された国家の統治手段としてのみ理解することは、明らかに一面的である。なお法と裁判をめぐる国家と社会の相互交渉については、本書第4章以下で「社会的規律化」をめぐる議論をふまえて詳論する。

　現在ドイツ語圏では、シュヴェアホーフ（近世）やE・シューバート（中世）らの「犯罪と刑罰の社会史的研究」、後述するブリックレの薫陶を受けたスイスの研究者たちの「共同体と規律化」をライト・モチーフとする研究、そしてB・クルークリヒターら、ミュンスター大学のプロジェクト「前近代のシンボリックなコミュニケーション」に加わる若手を中心とする学際的研究を、中・近世の都市・農村社会における紛争（犯罪・暴力）研究の動向を代表するものと考えてよいだろう。筆者の関心は以下に述べるように、「共同体」および「コミュニケーション」への関心に導かれているが、本書は微視的な紛争社会史にとどまらず、紛争・紛争解決を「中・近世移行期における国家と社会」

というマクロな枠組みに接合することを試みるものである。

第2節　農民の武装をめぐって

　藤木久志氏は、日本中世の農民が「村落間紛争」において弓、槍、刀で武装していたこと、身分統制を目的とした秀吉の刀狩りは農民を武装解除したのではなく、農民は近世においても鉄砲、刀などを所有し、また「山野水論」(入会をめぐる争い)を行ったことを指摘した。戦国の支配者たちは戦闘に際して農村社会から雑兵を徴募したが、そうした雑兵は戦闘後に解雇されると、盗賊集団と化して(人とモノの)略奪をなりわいとし、治安を悪化させた。武装暴力は支配者の特権ではなく、社会の内部に深く根付き、統一政権にとっても、暴力を独占し、社会を平和化することは容易ではなかった。[13]

　ヨーロッパ中世における農民の武装についてはどうか。ドイツでは、20世紀初頭『サヴィニー法史雑誌』に公にされたH・フェールの長大な論攷『中世における農民の武装権』が、今日まで中(近)世農民の「武装権」に関する唯一の本格的な研究である。[14] フェールは武装権(Waffenrechtすなわち「武器の権利」)を、武器携行権、軍役権、フェーデ権、裁判決闘、犯人追捕の裁判奉仕(Gerichtsfolge)の5つの要素からなるものとし、これらの要素を満たす程度に応じて、武装権にも完全、不完全のグレードを設けている。[15] さて中世初期には農村住民は、国王の軍役召集や治安維持(犯人追捕)においても広く武装奉仕を行っていた。またフェールによればフェーデは本来、武装権と関わりなく広く行われた報復行為であったが、フランク時代以後武装権と結びつく。そして(戦士)貴族と農民の身分的区別が明確化する11、12世紀以後、農民の軍事奉仕は重要性を失い、農民は(完全)武装権とともにフェーデ権や決闘権をも失った。しかし封建法に規定されたフェーデ権とは別に、血讐(Blutrache)は部族法的、ラント法的慣習として身分にかかわらず容認された。[16] 以上は法制史の通説的理解でもあるが、農民の武装は、法令に規定された「権利」のレベルで論じれば足りるというものではないだろう。

　武器は物理的暴力行使の手段であるばかりではなく、身分観念や名誉と密接に関わる、威信財としての社会的、象徴的意味をも持った。したがって農民の武器・武装の意味を把握するためには、少なくとも武器の所有、携行、使用

（武装奉仕）の様々な局面においてこれを考えねばならない。支配権力もまたこのような点を考慮して、農民の武装をコントロールしようとしたのである。上記のようにフェールの考察はなお法制史の視点が強いとはいえ、農民の武装権を5つの点から帝国、領邦の別に、また時期的変化の中で論じている点において、なお有益である。以下、フェールの研究を参照しつつ、中世〜近世初頭における農民と武器の関係について考えてみたい。

1　中世の平和令よりみた農民の武装

　皇帝フリードリヒ・バルバロッサの発令した3つの平和令のうち、1152年の帝国ラント平和令は正当防衛以外のフェーデ禁止という原則を示しているが、ここでは農民の武器携行をも禁止する規定が平和令において初出する[17]。他方で聖職者など特定の身分への特別保護（平和）の保障は記されていない。ところが1179年の同皇帝によるライン・フランケン地方のラント平和令では、フェーデは一定の曜日と場所（村落外の野原）の条件を付したうえで容認されている。ここでは農民は聖職者、ユダヤ人、商人、女性などとともに、常に平和を享受する（フェーデの攻撃対象外の）者として保護され、村から出るときは護身用に剣の携行を許された。また農民は裁判官の犯人逮捕に協力するために、家には種類を問わず武器を所有すべし、との規定もある[18]。先の平和令におけるフェーデ禁止は、即位後間もない皇帝の理想を示すものではあれ、現実的ではなかった。それゆえ1179年の平和令では、フェーデには一定の制約を加えるにとどめ、他方で農民をその被害から保護することが皇帝の現実的な目標となったのである。しかし実際には農民の安全を保障する皇帝や諸侯の権力装置は決して充分ではなかった。そこで村域外において農民は、自身の武装による最低限の自衛を求められたのである。また逆に、農民の武装奉仕は地域の治安維持にとっても不可欠であり、そのためにも農民の武器所有自体は公認された。

　1186年の皇帝フリードリヒの「放火犯に対する規定」では、聖職者および農民の息子が騎士的な帯剣を行うことを禁止している[19]。この規定は下位身分や卑しい出自の者が騎士に成り上がる、あるいは取りたてられることを禁止するものであり、明確に身分統制的な意図を持つ。もちろん富裕な農民の子弟が騎士的生活を模倣し、また領主によって騎士に取りたてられるという風潮は、13世紀の諷刺作品に繰り返し現れるように、その後も止むことはなかった[20]。

第2節　農民の武装をめぐって

　このようにシュタウフェン朝の平和令には、確かに農民の武装を禁止ないし制限し、他方で農民を特別平和の保護下（フェーデの対象外）に置こうとする意図が読み取れる。しかしJ・ゲルンフーバーが指摘するように、平和の保障と武装禁止を表裏一体と考えることは、当時の社会現実には合わない。原則的に特別保護下におかれた商人が武器携行を禁止されることはなかったように、社会全体がなお武装暴力と本源的に結合し、騎士のみならず全ての人間が能力に応じて自衛を心がけねばならない状況では、農民に武器所有と一定条件下での武器携行を認めることこそ、平和維持の課題を負う支配権力の現実的な方策であった[21]。農民の帯剣禁止のごとき武装規制は、むしろ騎士身分の確立をめざすシュタウフェン朝の政策的意図の表現である。武器は暴力の物理的な手段であるのみならず、地位・身分を象徴する威信財でもあった。このことは農民の社会においても同様である。

　この点に関連して1244年のバイエルンの平和令はいくつかの興味深い規定を示している。ここでは、農民は祝祭日には胸甲、兜、小刀、鎖帷子などを帯びて教会に赴いてよいが、それ以外の日には短剣と（犁耕用の）鉄棒以外に他の武器を帯びてはならないとされている。すなわち農民は、中・近世の農民の図像が示しているように短剣を常に所持し得、またその他の武器（武具）をも所有しており、教会祭日にはこれらを身につけて出歩くことができた。それは一種の正装としての意味を持っていたのである[22]。またこの平和令では、家長のみが長剣を所持し得ることも記されている。留意すべきはこの武装規定が「農民について（de rusticis）」という条項の中に、農民の髪型についての規定（耳より長くしない）と服装の奢侈禁止規定の間に挟まれて記されていることである。武装は農民の、とりわけ家長の名誉やプレスティジに関わるものであった。領邦当局による農民の武装の規制は、一方で農村社会の平和、治安および身分秩序の維持という支配者としての関心と、他方で農民自身の価値規範による社会秩序への配慮に基づいていたのである。

　さて13世紀以後、農民に対する保護規定は他の「弱者」に比べて希薄になる。「ザクセンシュピーゲル」のラント法では村域は特別平和領域とされたが、聖職者や女性、ユダヤ人と異なり、農民は恒常的な特別平和の保護下に置かれなかった。中世後期の平和令においても農民は、農作業中、あるいは農地への往来に限って特別保護を与えられることはあれ、農民身分が全体として常に保護下に置かれることはなかった[23]。前述のバイエルンの平和令においても、

修道院・墓地・製粉所・葡萄畑など特定場所の平和保護（アジール）は挙げられているが、農民その他の特定身分・職業に対する特別平和・保護はない。他方、1398年のフランクフルトのラント平和令、1438年の選挙侯による帝国ラント平和令、そして1442年のフランクフルトのラント平和令では、耕地への往来と農作業中の農民への加害行為が、皇帝の恩寵喪失や罰金によって禁止されている点を、フェールは農民保護の前進と評価するが、何れにも農民の武装禁止規定はない[24]。確かに中世後期の法書や法令では農民のフェーデ権は考慮外に置かれているようであるが、農民に対する特別保護、武装禁止の規定はともに不明確である。そして15世紀には農耕労働中に限って農民を保護しようとする平和令が現れるものの、やはり武器の所有・携行の禁止と結びついていないことは、農民の一定の武装を前提にした地域平和が想定されていたことを示唆している。ブルンナーが述べるように本来「正当なフェーデ」においては、敵対者に属する人と物を含めたあらゆる財産に対する加害行為（殺害・掠奪・破壊・放火）が許容され、とくに中世後期にフェーデが社会に横行する中で、農民への恒常的な平和の保障は現実的意味を持たなかったのであろう[25]。逆に社会のモビリティの高まり、浮浪者の増加、傭兵崩れの強盗・野盗の徘徊など、治安を低下させる諸要因に対し、武器をともなった農民の自衛と地方の治安のための奉仕は、一層重要な意味を持ったのである。

　このことは、すでに1179年のライン・フランケン地方のラント平和令にも現れていた農民の犯人追捕義務が、13世紀以後次第に本格化していくことと関連する。現行犯逮捕のための地域住民の犯人追捕義務はカロリング時代に遡るものであるが、中世盛期以後の平和令の中で何よりも農民の義務として、罰則とともに明記されるようになる。12世紀初めのアレマニエンの平和令（pax Alamannica）では被害者の叫喚告知により、犯人が潜む城を包囲・攻城するのは第一に農民（伯、大公、有力者 maiores と区別された一般民 populus）の義務であった[26]。前述のバイエルンの平和令では、犯罪者を追捕する裁判官やその他の人の叫び声を聞いた者は、武器または棍棒を持って駆けつけるべしとされ、さらに先にふれた武装に関する条項に続いて、祝祭日にのみ携行を許された武器は領邦（patria）の防衛、裁判官の犯人追捕への協力など、領邦の共通の必要のために家内に保管すべし、とある[27]。

2 中世後期・近世における農民の軍役と武装権

　中世初期に起源を持つ、地方の司法当局による犯人追捕のための農民動員は、中世後期以後の領邦において本格化した。バイエルンでは15世紀末〜16世紀初の領邦令により犯人追捕の動員の組織化が進められ、1512年の領邦令では、追捕の際のリーダーとなる農民を各地区より2名あらかじめ選出し、鐘の音を聞いたら彼らがまず武装して裁判所に馳せ参ずるとされている。なお貴族の協力は強制ではなく任意であった。こうして元来地域住民の治安維持のための自警的義務であった犯人追捕が、領邦当局によって組織的に強化されていく地域・時期において、他方で農民の武器所持、携行を禁止・制限する規定が後退したのは理解しやすい。バイエルンでは農民の治安武装奉仕は警邏隊的な動員へと拡充され、さらこの動員組織は15世紀から始まる領邦防衛のための選抜民兵制度の発展と時期的にほぼ重なる。1431年のバイエルン大公の軍事動員令では、貴族はその農民を20人に1人の割合で召集し、1462年の徴兵候補者リスト（Musterungsregister）では、8地区より農民は5人に1人、計2万人余が選抜・登録された。また15世紀後半には大公は農民が家内に所有する武器を調査させ、定期的な武器点検を命じている。それによれば平均的農民は当時、剣・槍を、富裕な農民は弩(いしゆみ)を、また16世紀には小銃をも所有していた。

　フェールは上記のような軍事奉仕を背景として、農民が武器携行や決闘の権利をも有したと考えられる16世紀（初め）をその武装権のピークと見なしている。しかし16世紀のうちに農民の所有する武器は、諸侯レベルの戦闘ではもはや十分ではなくなり、領邦当局の武器庫からその都度農民に武器が貸与されるようになる。他方で農民戦争とその後の農民蜂起の頻発の中で、農民自身の火器所有を危険視する傾向が強まり、バイエルンの領邦当局は1562年には農民に、所有する長・短の銃を領邦当局に引き渡すよう命じており、さらに1596年には、平時は城・館を持つ領主が農民の武器を預かり、保管するように定めている。もちろんそうした国家の法命令により、農民の武器所有制限がどの程度実現されたのかは疑わしく、国家による武器占有と「国民皆兵」の近代国家の原理を近世に持ち込むことは問題外である。いずれにせよ実戦における農民の能力の限界にもかかわらず、傭兵の出費や欠陥を補うために選抜民兵は漸次拡大整備され、17世紀前半にもバイエルン大公マクシミリアン1世のもとで、農

地の規模に応じた武装と一定の訓練実施を加えて再編されている。[32)] このように近世国家は農民の武装権（武器所有）をコントロールしつつ、選抜民兵の再編・維持の試みを三十年戦争期まで続けることになる。以上のバイエルンの事情に即して言えば、15〜16世紀初を農民の武装権（武器所有・携行・国家への武装奉仕）のピークとするフェールの見解は妥当であろう。

3　オーストリア慣習法文書にみる武器・武装

さて次章で述べるように、領邦ティロルの軍制において農村地区（ラント裁判区）からの召集兵は、バイエルン以上に重要な役割を果たしており、また農民は家屋敷とともに武器・武具を所有、相続する慣習があった。ティロル農民の戦士的気風、軍事能力と領邦防衛における農民軍の重要性についてはM・P・シェンナハのように、近年その批判的再検討を試みる研究者も現れているが、ティロル農民の一定の武器所有と領邦軍役は明らかな事実である。[33)]

ティロルについての立ち入った考察は次章以下に譲るが、16、17世紀の下オーストリアの慣習法文書（ヴァイステューマー）の中にも、農村民の日常生活が武器と密接に関わっていたことを思わせる規定が少なくない。トゥルマウの17世紀の慣習法文書によれば、夜間に村内で槍や弩を携行することは禁止されたが、農民が外部から入村してくる際には例外とされた。[34)] また16世紀のオーデル・デープリング、17世紀のジーフェリングの慣習法文書には、小銃の携行禁止、夜間に矢をつがえた弩、抜き身の剣を携行することの禁止、村内の争いにおける剣、槍などの使用禁止規定があるが、いずれも処罰は罰金にとどまっている。さらに領主と隣人たちへの助力のために必要な場合には、村民は弩、槍、剣（刃物）、その他の武器を携行・使用し得るが、投げ鉤、十字鉤のような禁じられた武器は、領主の従者、裁判官、村の誓約者（陪審ないし役職者）のみが携行し得るとされている。[35)] 鉤つきの武器はおそらく捕り物用で、村民が持つことは危険視されたらしく、シャイプスの慣習法文書にもみられる。[36)] また危険の察知が困難な夜間には、とくに他人に不安を与える行為は厳禁され、夜間の武器携行禁止規定は他のテクストでも度々現れる。[37)] この他暴力と傷害事件の罰金は、用いた武器ごとに詳細に定められ、また居酒屋で武器を抵当にすることの禁止など、日常における農民の武器との密接な関係を窺わせるテクストは枚挙にいとまがない。確かに領主ないし村当局は、とくに夜間や市場日などには、武器携行にともなう

暴力の危険性を回避しようとしたが、所有はいうまでもなく、日常における剣などの携行そのものは禁止されておらず、危険人物（徘徊する常習犯）逮捕など、治安や共同体のための武装奉仕は義務であった。さらにブルクシュタルの慣習法文書では、屋内や路上での争いの際に、とくに「間借り人」が剣や槍を用いることを禁止しているのは、武装権に関して村内の階層別に差異があり、家持農民の場合はある種のオープンな争い、すなわち後述する「名誉ある戦い」における武器使用が容認されていたことをも思わせる。

4　小　括

　以上のように、中世～近世初頭を通じて農民は（長）剣、短剣、槍、鎧、弓、小銃など様々な武器を所有し、一定の条件下で携行をも認められていた。とはいえ農民の武装とその意味・機能に変化がみられなかったわけではなく、それを社会（身分）編成や軍制、そして国家統合の推移の中で考えることも必要である。12、13世紀には騎士（理念）が軍制と身分秩序の編成において核となり、このために農民の武装は制限され、また軍事的意義は低下した。そして中世後期～近世初期には弓、長槍、さらに銃砲の軍事的意義が増すと、国家にとって歩兵としての農民の軍役が再び重要性を持ったのだと言えよう。

　フェールは多くの法制史家と同様、ドイツでは少なくとも11、12世紀には農民がフェーデ権を失っていたと考える。しかし国家の関心、意図とは別に農民の武装は、農村（地域）社会における慣習と秩序に対応した独自の意義をも有した。前述の法令においても、そのような農村社会内の武器携行と結びついた自律的秩序への配慮（家長の帯剣、祝祭日の武装など）が見られた。領邦ティロルでは農民・市民の軍役は、数量的には聖界領主・世俗貴族のそれに匹敵するものであったが、武器所持は家長たる農民の名誉であり、シンボルでもあった。16世紀の慣習法文書には、裁判所の命令下に誓約によって和解した紛争当事者が後にこれに違反した場合、罰金に加えて剣など一定の武器の携行を1～3年間禁止する規定がある。武器携行禁止は一種の恥辱刑だったと考えてよい。また「裁判には槍を所持することができる」、「家長（竈の所有者）は最良の武器を持って裁判集会に参加すべし」、「共同体の集会には男性用の脇差以外の武器を携行してはならない」などの規定からは、ニュアンスの差はあれ、やはり武器の象徴的意味を読み取ることができる。おそらく農民の武器所有は、

領邦防衛や治安のための奉仕義務と関連はするが、武器所有が暴力に直結するものではなく、武器所有（携行）と暴力は名誉という価値意識を媒介にして結びついたのだと言うべきであろう。

　ドイツ以外では、Ch・デプラが考察したピレネー西部のベアルン、ビゴール、ナヴァールなどの渓谷地域の農民と共同体は、地方当局の発する武器携行禁止令にもかかわらず、財産・家の安全、害獣駆除、地域の治安、辺境防衛のための武装権（剣・銃の所持）を主張して抵抗し、革命期までほぼこの権利を維持した。これらの地域の共同体は自身で管理する武器庫さえ備えており、住民の武装権は地域の自由と自治といった意識と強く結びついていた、シンボリックな政治的意味さえ有した。そしてこのように国家の統制に抗して維持されたピレネー渓谷農民の武装もまた後述のように、渓谷共同体相互の入会紛争と無関係ではなかったのである。一般に英仏においても国王政府や地方官庁は中世後期以後、非貴族身分の武器携行を禁止・制限する法令を発令したが、他方で国境地域では防衛と治安のための武器所有や武装を促し、また容認したように、近世を通じてその対応は一貫していない。[40]このように農民の武装権が地域の政治的状況や社会構造と無関係でないことは明らかだが、広範な階層の武装は、ヨーロッパの中・近世社会に遍在する慣習文化であったと思われる。支配権力は農村社会の武装ポテンシャルを完全に抑圧、統制することはできず、むしろこれを容認しつつ利用したのである。

第3節　農村社会における紛争の形態

1　農民の「フェーデ権」をめぐって

　以上のように中・近世の農民の日常には絶えず武器が見え隠れし、また名誉をめぐる暴力や紛争が稀ではなかったとすれば、そのような暴力は社会において、また支配権力からどのように認識されていたのであろうか。先に述べたように農民の「フェーデ権」としてこの問題が論じられる場合、法制史家は概してこれに否定的である。H・ミッタイスは、農民は中世盛期に武装権を失うとともに、フェーデ権をも失ったと述べ、『中世事典』の「フェーデ」の項を執筆したA・ボークマンも、フェーデは騎士身分にのみ認められていたとする。[41]

第3節　農村社会における紛争の形態

近世に至るまでの国制において、「正しいフェーデ」は損なわれた権利回復のための正当な法的手段であったと述べるブルンナーもまた、農民のフェーデ宣告（Absage）はラント法上の重罪であったと述べる[42]。また確かに後述のように、慣習法文書や領邦令は繰り返し農民のフェーデ宣告を禁止している。しかしいずれの研究者も、血讐（殺害フェーデ）は近世まで、農民を含めた全ての身分に許されていたとも述べている。農民親族集団間の血讐については、13世紀に多くの作品を著したシトー派修道会士、ハイスターバッハのカエサリウスが下ラインの事例に言及しており、R・ツァハリアスは、スイス、ティロル、フリースラント、ポメルンなど帝国周辺の生活環境の厳しい地域では血讐が近世まで続いたと述べる[43]。日本では橡川一朗氏が、中・近世ドイツの都市・農村を、奴隷支配に基づく家父長制社会と捉える視点から、ドイツ各地、上オーストリアの慣習法文書に基づき、市民とともに農民の間にも「私戦」の習慣があったことを指摘した。その「家父長制的奴隷制」論の当否は別にしても、農民間のフェーデ的慣習が近世まで続いたことを地域慣習法から読み取った橡川氏の炯眼は評価されてよい。ちなみに氏が言及した事例の多くはやはり血讐（氏のいう「仇討ち」）であり、殺害をめぐる当事者の報復意識とこれに対する裁判当局の対応には、確かに独特の観念や配慮が感じられる。しかし橡川氏も血讐を農民の「私戦権」一般と区別していないように、殺害だけが同時代の法観念において特殊であったとは考えにくい[44]。実はブルンナーもオーストリアの慣習法文書から、農民のフェーデを示唆するいくつかの事例に言及し、それらは中世政治（構造）史においては重要ではないが、農民の法観念の理解にとっては重要性を持つと述べている[45]。ただしブルンナーは、農民の法観念とはいかなるものか、明らかにはしていない。殺害以外の加害行為をめぐる暴力・紛争も、血讐と一定の共通性をもつ法意識の中に位置づけられるとすれば、行為主体である農民にはフェーデ類似の法意識が存在したとも考えられる。ラント法等で禁止されたのは、騎士的なフェーデの手続きである「フェーデ宣告」であって、かかる禁令はやはり第一に、身分統制的な意味を持っていた。したがってこの点から農民は「フェーデ権」をもたないと主張することは、あまり意味がない。上述のように、フェールが問題にしたのも武装「権」、フェーデ「権」（Recht）であって、慣習や習俗ではなかった。したがって、広く農村社会の暴力・紛争一般の中で、フェーデ類似の行為を行う農民の意識や、これに対する裁判当局の対処などを考察することが有益であろう。

近年のフェーデ研究は、中・近世社会において一定のルールに則って行われるフェーデは、正当な法的手段であり、国制のファクターであったとするブルンナーの視座を継承しつつ、さらに人類学ないし法社会史的なアプローチにより、多様な新しい解釈を展開している。それらの研究では、フェーデが仲裁、裁判など別の平和的な手段の存在を前提として行われたこと（有利な解決を導く手段としてのフェーデ）、フェーデはそれ自体紛争解決のメカニズムを意味し、また国家が法や刑罰システムによっては実現できないような社会的コントロールの実現に貢献したことなどが指摘される。確かにフェーデの意味を、実力行使の暴力的側面においてのみ捉えるのではなく、また不十分な裁判制度を背景としてネガティヴに考えるにとどまらず、むしろ近代法治国家とは異なる秩序維持のプロセスとして解釈しようとする機能論的アプローチは、今後の研究にとって示唆的である。

　これらの新しいフェーデ研究の対象は個々の領邦、地域であり、また最近ではとくに都市と周辺貴族の間のフェーデについて、少なからぬモノグラフが現われている。これに対して農民のフェーデについては、上述のような法制史の通説のゆえに、研究者によってまともに取り上げられることはなかった。ところが2000年に『歴史人類学』に掲載されたJ・ペータースの論考は、ブランデンブルクの16世紀の裁判文書から農民、手工業者や奉公人、さらに失業中の傭兵や日雇いをも含めた農村社会の住民が、他の農民や村、都市民、領主、役人に対して行ったフェーデの多数の事例を明らかにした。ペータースによれば、このような「民衆フェーデ（Leute-Fehde）」（同時代概念でありペータースの分析概念でもある）の際にはフェーデ宣告状（Fehdebrief）が作成され、その主体たる農民は、名誉のための正当な自力救済行為を意識していた。そこには農民の、支配権力（オーブリヒカイト）との対等性の意識さえ見られるという。これに対しフェーデの対象とされた領主や都市、村もフェーデ主体のこのような正当性意識（法意識）を認識しており、しばしば妥協によって和解することを望んだ。16世紀に入って騎士フェーデがやや沈静化した時期に、こうした民衆フェーデが史料に登場する事実は大変興味深いが、ペータースは、農民たちのフェーデは中世以来の慣習ではなかったかと推測する。農民は法的には「フェーデ権」を認められてはいなかったにせよ、ブランデンブルクでは広範な非貴族身分が、近世になお「武器と暴力による自己決定」と無縁ではなかったのである。またE・R・カラウシェックの学位論文は法人類学的な一般的考

第3節　農村社会における紛争の形態　　　　　　　　　19

察ではあるが、フェーデ宣告をともなう農民のフェーデ行為は強い法意識と結合しており、騎士のフェーデと区別されない、本源的な単一の慣習に由来すると述べる。

　以上のように、中・近世の農民が貴族領主のそれに類似したフェーデ的な行為を行っていたことは、一部の研究者によって認識されていた。しかし農民のフェーデに正面から取り組んだ最初の実証研究として注目すべきは、Ch・ライヌレの大著『農民フェーデ』である。2003年に刊行されたこの教授資格申請論文においてライヌレは、15世紀後半から16世紀初のバイエルンにおけるラント裁判の会計記録（Vitztumhändelと称する重罪の罰金記録など）から数百件の非貴族身分によるフェーデおよびフェーデ類似行為を見出し、これらを内容により分類した。そうした行為とは、フェーデ宣告、言葉と文書による威嚇、脅迫、放火、放火殺害、殺害、そしてこれらと結びつく離村（Austreten）などであり、実際にはこのような行為が様々に組み合わさっていた。フェーデ主体は農民のほか、職人など下層民をも含む都市住民が加わる。そのフェーデ行為の相手は同じ農民から、1つの村落、都市、領主（修道院を含む）に及ぶ。ライヌレが「復讐断念誓約書（ウアフェーデブリーフ）」、その他の裁判文書により詳述した事例を見れば、フェーデの動機としてはやはり、財産（保有地など）の保全と名誉の回復・維持が相互に結びついて現れる。意外性とリアリティに富む個々の事例の叙述に立ち入る紙幅はないが、ライヌレが農民フェーデの特質について確認したのはおおよそ以下の点である。

　フェーデを貴族身分に限定し、農民のフェーデ行為を身分秩序の混乱とする言説は史料には現れず、フェーデの身分秩序維持機能を強調することは正当ではない。農民のフェーデを支えたのは親族や友人、その他のかなりの広がりを持つ支援者であり、フェーデにおける身分を越えた相互支援関係は農民、市民、在地貴族の間でも見られた。また仲裁する隣人たちの態度はいわば世論の代表として、フェーデ行為を単なる恣意的暴力から区別させた。裁判など法的手続きによる自身の権利保全が困難と見た場合、農民が領主に対してさえ、あえてフェーデ行為を行ったのは、それが周辺の理解を得、より有利な解決に至る可能性があったからである。フェーデ農民の行動範囲はしばしば領邦の枠を越え、またそれに対応した広がりを持つ支援のネットが数年に及ぶフェーデを支えた。そのようなフェーデは場合によっては国王や（近隣の）領邦君主による介入や仲裁を促し、その結果、あるときはフェーデ農民に有利な裁定が下さ

れ、また一般には重罪とされた農民のフェーデ宣告も不問にされたように、フェーデ行為自体は必ずしも厳罰に処されなかった。法規範が多元的で当局の「規範決定権力」が社会の不文の慣習を制圧できない状況下では、裁判役人がフェーデ農民に和解交渉のための安全通行を保証するなど、権力もフェーデの社会的調整機能を容認したのである。なお15世紀半ばから16世紀にかけて多数の農民のフェーデが確認されるのは、当時の豊かな裁判史料自体によるほか、当局のフェーデに対する統制意欲をも反映している。しかし中世末期～近世初の農民フェーデを固有の社会経済的状況、人口動態や農民戦争との関連で説明することは困難であり、むしろ農民のフェーデ行為は11世紀に確認されて以来、中世盛期を通じて根絶されずに存続してきたと考えられる。16世紀のうちに領邦権力によるフェーデ一般への抑圧は強まるが、17世紀になおドイツ各地で農民フェーデが散見するように、その終期は明確ではない。[53]

　以上のようにライヌレが説くところからすれば、農民フェーデは貴族フェーデの模倣ではなく、血讐に限定されるものでもない。それは貴族フェーデと同様な（主観的）法意識に基づき、また農村社会の伝統的な規範構造に根ざしたものである。ライヌレはこの規範構造を明確に示してはいないが、それはかつてヴァルツが近世農村社会を「抗争的文化」「抗争的コミュニケーション」によって特徴づけたことと重なるものであろう。[54] あるいは農民的営為のための物質的な権利意識および、名誉と結合した主観的な法意識の一体化した農民文化とでもいえようか。ライヌレの研究はこのような闘争的コミュニケーション（いうまでもなく交渉・和解と表裏一体の）が貴族のみならず、社会の様々な階層において実践されていた事実を明らかにすることにより、フェーデ研究を紛争・紛争解決の広いパースペクティヴの中に置くことを可能にしたのである。

　ライヌレの農民フェーデ論は、同時代の農村社会史をどのように書き換えるのか、なお定かではない。[55] しかしここに言及した研究動向からは、従来のように規範的法史料により（騎士・貴族に限られたといわれる）フェーデ「権」を問題にするのではなく、フェーデを「抗争的コミュニケーション」「抗争文化」の一形態と見ることにより、法制史家の領分であったフェーデ研究と新しい紛争史研究の融合が可能ではないか、との展望を得ることができる。

2 慣習法文書(ヴァイステューマー)にみるフェーデ類似の暴力

　ペータースの研究が示すように、法などの規範史料において農民のフェーデが適法な行為として現れることはありえないとすれば、非貴族身分の「フェーデ」の存在と意味を明らかにするためには、裁判文書など未刊行史料を含めた新たな史料的発掘が不可欠である。ライヌレは会計文書からフェーデ的行為を読み取ろうとした。さらに年代記など、同時代の叙述史料を博捜することも必要となろう。しかしここではまず、オーストリア（下・上オーストリア、ザルツブルク、ティロル）の慣習法文書をとりあげる。以下に挙げる15、16世紀の慣習法文書は、領邦や在地領主の影響は否定できないものの、各村（ゲマインデ）、地域、裁判区ごとに小さからぬヴァリエーションを示すことからも、地域の慣習的秩序をも映し出すテクストと考えてよい。[56] ここではその中でとくに、暴力、紛争、殺害に対する裁判当局の当事者主義的な扱いと、比較的寛容な措置がとられている事例に注目して、間接的にせよ農村社会におけるフェーデ的行為とその認識を把握してみたい。以下は、オーストリア慣習法文書に現れるそのような規定を抜粋し、抄訳したものである（略号は NÖW: *Niederösterreichische Weistümer*, TW: *Die tirolischen Weistümer*, OÖW: *Oberösterreichische Weistümer*. 各々の書誌情報の詳細については巻末の参考文献を参照）。

> **史料1**
>
> ①　まっとうな人々（fromme leutne）の間に争い（krieg）が生じたら、それを知った者はそれを妨げるべく最善を尽くす。妨げることができない場合、裁判官または役人に知らせ、彼らはそのような争いの仲裁、収拾に多大の努力を払い、また罰すべし。　　**NÖW 3, Nr.89, S.594, Kloster Gaming（15世紀末）**
>
> ②　共同体の平和と協調は乱されてはならず、誰も自分自身の裁判官（sein eigener richter）であってはならない。彼が隣人を不安にし、その家に入り込み、あるいはふとどきにも家から出てくるように呼び出したら、柱で33時間さらされる。　　**NÖW 1, Nr.70, S.393, Grillenberg（1747）**
>
> ③　ある市民（法的に都市と村の中間に位置づけられる市場町であるマルクトの住民も市民と呼ばれた）が誰かと争った（zukriegen）場合、彼は市場町(マルクト)域内

(burgfried) に友人や援助者を呼び入れてはならない。
NÖW 3, Nr.82, S.516, Melk（15世紀後半）

④ 誰も自分の利益のために、自分の仲間、友人たちを自分の地所（アイゲン）に呼び入れて隣人たちに損害を与えてはならない。（その場合）彼らが持っていた武器はヘルシャフトが没収する。
NÖW 2, Nr.2, S.10, Ulrichskirchen（1438-52）

⑤ 戦い（unfrid）が生じたら、市場町ヴァイテンの裁判官・参事会はモルンベルクの裁判区長（プフレーガー）とともに、裁判区の弱き人々（arme leut）の生命・財産を安全に保護すべく見まわり、監視すべし。
NÖW 2, Nr.150, S.1029, Mollenburg/Weiten（15世紀半ば）

⑥ 裁判官は名誉ある事柄（erbar sache）のために32プフント以上の財産を所有する市民を逮捕してはならない。
OÖW 2, S.12, Markt Weyer-Gaflenz（1532）

⑦ 誰かが家の前に、あるいは近くに放火の箒（brand pesem）や血のついた刃物など危険な印がぶら下がっているのを見出したら、これをラント裁判官に知らせる前に取り去ってはならない。そして3日目までにこれをラント裁判官にもたらす。この脅しのしるしを密かに除去し自分または隣人に被害が生じたら、ラント裁判に32プフントの罰金を払う。
NÖW 2, Nr.120, S.799, Krumau（1499）

⑧ 我々の1人が名誉ある事柄と呼ばれる争い（veintschaft）を行い、隣人たちに損害を与えずに終えたら、彼がフォークト賃租を納めるかぎり、裁判集会に出頭する必要はない。
NÖW 2, Nr.152, S.1047, Raxendorf（1459）

⑨ カメルンに住む者が村の中で公然と争いを行い、外部の人間を雇って隣人に被害を与えたら、その人数にかかわらず、雇った者は55タレントを、外部の雇われた者も55タレントを罰金として納める。外部の者がこれを納めることができなければ、雇った者が払う。
NÖW 3, Nr.109, S.371, Kammern（15世紀初）

⑩ 争いのために親族であれ客分であれ密かに自分の土地にかかえ、それらが被害を与えたことが明らかにされたら、66シリング22ペニヒの罰金を納める。
NÖW 4, Nr.97, S.328, Schalladorf（1528）

⑪　村の中で争いが生じ、一方が他方から逃げて誰かの家の中に入ったら、3日間フライウング（平和保護）を得る。敵たちが押し入ろうとしたら、家主は彼（逃げ込んだ者）を前後から男女を問わず援助してよい。この件で賠償責任は負わない。押し入った者は2および6シリングの罰金を納める。
　　　　　　　　　　　　NÖW 4, Nr.118, S.397, Weinzierl（1455）

⑫　もし誰かが領邦君主の裁判に訴えずに敵対（フェーデ）宣告し（absagen）、また誰かがこの者を援助し、助言し、宿泊させたら、裁判当局に身体・財産の罰を負う。
　　　　　　Die salzburgischen Taidinge, Nr.35, S.311, Windisch-Matrei（17世紀）

⑬　もし誰かが名誉ある事柄のために逃亡し、敵対（フェーデ）宣告したら重犯罪（マレフィッツ）であり、裁判官はその財産を差押える。その者が何も所有しておらず、裁判官が彼を捕えようとするなら、正当にこれをなしうる。そして（差押えの場合）隣人たちに知らせたうえで、裁判所に（差押え財産の）見積もりをなす。
　　　　　　Die salzburgischen Taidinge, Nr.35, S.312, Windisch-Matrei（17世紀）

⑭　2人あるいはそれ以上の市民が互いに争って暴力をふるったが、重犯罪（マレフィッツ）ではなく、またこのことで相手を裁判に訴えず、相手と和解したら、裁判に対しては罰金を負うことはない。ただし重犯罪と55プフントの罰金相当の行為は除く。　　　　**TW IV-1, Nr.38, S.351, Klausen（1485）**

⑮　市内で誰かが争いをはじめたら、市民はそこに来て裁判官に代わり、相互に何もしないように双方に命じる。これに従わなければ裁判官に引渡し、裁判に委ねる。　　　　　　　　　　　　**TW IV-1, Nr.38, S.351, Klausen（1485）**

⑯　市に来て市民になりたいと願う者は、市民の前で受け入れられる。しかし彼は殺害による敵対関係（tödliche veindschaft）を持っていてはならない。
　　　　　　　　　　　　TW IV-1, Nr.38, S.351, Klausen（1485）

⑰　今や至るところで行われているフェーデ宣告について。誰かがフェーデ宣告を行ったら、対象とされた者はすぐに長官、裁判区長、あるいは裁判官に通知し、また何ゆえになされたのか知らせる。またフェーデ宣告された者がラント法により裁判で解決する意志を明らかにするなら、裁判区長あるいはその者が訴え出たところの裁判官は、その者を裁判の保護と権限のもとに受け入れる。フェーデ宣告された者が長官に知らせたら、長官はすぐに全ての裁判に文書を送り、その者を保護し、裁判に受け入れ、それ以上（他の裁判へと）委ねない

ようにさせる。これに反した者は処罰される。フェーデ宣告する者を誰も家に泊めたり食べ物を与えたり援助してはならない。これに反した者は長官に訴えられるべし。長官はこの者がもはや自由を享受しないようにさせる。

　フェーデ宣告した者が、裁判区長、裁判官、あるいは住人たち（裁判集会）の前で、名誉と法（裁判）を請い、それが受け付けられず、（他の裁判へと）先送りされたら、その者は、次の裁判所で同様にし、裁判を受けることができる。

　どこかある裁判区でフェーデ宣告した者が裁判区に入ったら、裁判当局は彼を追捕し、裁判のもとに収監し、その者が裁判官や裁判に敵対する行為を何もなしえぬようにし、裁判で済ませるようにする。
　　　　　　　　　　TW IV-1, Nr.57, S.557-558, Heunfels（1500 年頃）

⑱　誓約者（裁判の陪審）はフェーデを宣告する者（absager）、追い剥ぎ、殺害者、窃盗犯、その他の我が裁判区の土地と住民に危害・損害を与えるような悪しき者たちを、直ちに、遅滞なく裁判官に告発する。遅くとも 3 日目にはかくなすべし。　　　　TW III, Nr.15, S.172, Schlanders（1490）

⑲　暴力により他人を傷つけた者の逃亡をその親族が幇助しても罪にならない。
　　　　　　　　　　TW III, Nr.30, S.344-345, Münsterthal（1427）

⑳　誰も報復を行うべからず。たとえ父親を殺害されても裁判に訴えるべし。裁判なしに報復したら処罰される。
　　　　　　　　　　TW III, Nr.30, S.346, Münsterthal（1427）

㉑　誰かが他人の土地保有権（paurecht）を損なう行為をし、被害者が裁判に訴え、かつ裁判官が被害者の保有権を保証しなかったら、被害者は（親族とともに）加害者の家に火を放ち、親族とともにその前で待つ。誰かが出てきたらこれを殺し、火の中に投げ込んでも裁判は処罰しない。
　　　　TW IV-1, Nr.27, S.252, Vilanders（15 世紀末）, Nr.39, S.360,
　　　　Latzfons/Verdings（1539）

㉒　市民として受け入れられようとする者は、殺害への関わりや敵対関係を持っていてはならない。　　　TW IV-1, Nr.49, S.481, Bruneck（15 世紀末）

㉓　火事が起こり、援助のために駆けつけた者が敵対関係を持っていても、彼の敵対者は彼を攻撃してはならない。違反者は 5 タレントの罰金を納める。払えなければ手を失う。　　　NÖW 1, Nr.139, S.896, Ober-Döbling（16 世紀）
　　　ほぼ同様の内容が NÖW 1, Nr.76, S.412, Trumau（17 世紀）

これらの規定から、15、16世紀のオーストリア農村社会において feintschaft, krieg, unfrd などと表現された敵対行為、争いがかなり頻繁に生じていたこと、その際当事者はフェーデ（敵対）宣告 absagen をも行っているように、騎士フェーデと同様な意識をも持っていたことがわかる。また⑦のように敵対関係の表明が、独特の呪術的慣習をともなう場合もある。もちろんフェーデ宣告は重罪として厳禁され、また②「自身の裁判官たるべからず」と、自力救済の禁止を明示する規定も見られるのに対し、こうした争いや暴力行使を肯定的に捉える文言はほとんど見られない。⑯㉒はとくに都市や市場町（マルクト）の法にしばしば見られる規定であり、共同体にとってもこのような敵対関係が新来住民によって持ち込まれることは、避けるべきであった。しかし①「まっとうな人々の争い」、⑥⑧⑬「名誉ある事」の表現、およびこれに対する対処は、やはりある種の暴力行為に対する社会的容認や寛容を示しているようである。⑰はフェーデ宣告を行った者、受けた者、ともに裁判でその争いの原因を解決するように促すことを優先し、宣告の後にも、このような意志を示した当事者には裁判による名誉、権利の回復の機会が与えられたことを示している。この点では、第5、6章で考察する同時期のティロルの領邦令、刑事裁判令における、フェーデ宣告の厳罰自体を前面に出す規定とは異なっている。これらは国家の法原則とは異なる、地域の慣習に基づく秩序の一面と考えてよい。フェーデ行為の背景となる紛争状況を考えれば、宣告を行う者のみならず、その相手への配慮と監督をも怠ってはならないのである。

　（共同体・裁判）当局はこうした争いを直接禁圧するというよりは、第一に当事者が外部からの加勢により争いをエスカレートすることを妨げ、隣人達に被害を及ぼすことのないように配慮している（③④⑨⑩）。フェーデ行為において地域内外からの助力、支援者が現れることが、当局や住民にとって最も懸念されることであった。したがってそのような加勢を得ること、また支援することを禁ずる同様な規定は、他にも多数の慣習法文書に見られるものである。⑤では、争いが生じた場合の裁判官と参事会の義務は、これを直接収拾することではなく、その裁判区の住民の安全に留意することであった。そして⑧のように、隣人に被害を及ぼすことなく争いを遂行した場合、また⑭のように当事者間で和解が成立した場合、当事者がそれ以上裁判当局に責任を負う必要はなかった。また⑲は、このような争いにおいては、親族が何らかのかたちで関わっていたことを垣間見させる。このことは、第8章でとりあげるティロルの

裁判文書にはより明確に現れる。㉑の土地保有権に関わる自力救済的行為の承認は殺害をも容認しており、ティロルのやや特異な事例ではあるが、農民経営の存続を脅かすような重大事については、「自力」の権利をも容認したということであろうか。[58]

3　慣習法文書にみる殺害

さて上述のように法制史家も殺害フェーデ（血讐）は全ての身分に可能であったとするが、慣習法文書において殺害はどのように扱われているのだろうか。以下、関連する箇所を抜き出してみよう。

史料2

① 誰かが他人を名誉ある戦いにおいて殺害しても、60ペニヒ以上の罰金を科されず、裁判と当局にそれ以上の責任は負わない。遺族が裁判官に要求すれば、裁判官はこの者を召喚する。
　　　　　　　　　　　　OÖW 2, S.271, Hofmark Steyr（16世紀後半）

② 2人が路上または家の中で争い、一方が他方を傷つけて死なせたら、それがどのようであれ、名誉ある事柄であるなら、裁判役人に72ペニヒを払う。裁判役人は彼の財産を司祭館の上のところにまでわたって保護する。ラント裁判当局であれ、その他の人々であれ、それより外で彼の財産を差押えても、裁判役人、ゲマインデは責任を負わない。
　　　　　　　　　　　NÖW 3, Nr.4, S.33, St. Andrä vor dem Hagental（1489）

③ 路上であれ家の中であれ、2人が争って一方が他方を死なしめたら、それがいかなる名誉ある事柄によれ、裁判当局に32プフントの罰金を納める。そして裁判官はその罰金の保証がなされるまで、加害者の家を閉鎖する。妻が保証の後に家の鍵を戻すように願ったら、裁判官はそれを返す。そうしなければ妻は家を開けてよい。
　　　　　　　　　　　　　　　　NÖW 3, Nr.6, S.56, Wildenhag（1454）

④ 誰かを殺害したら、カメルン在住の者なら裁判当局に6シリングの罰金を納める。もし外来者が誰かを殺害し、それが家の中であれば、家主は賠償責任を負わず、裁判に通知すべし。それが路上であれば、全ゲマインデは賠償責任無く、裁判領主または代理人に知らせるべし。被殺害者の死体が3日間にわたっ

第3節　農村社会における紛争の形態　　　　　　　　　　　27

て放置され、誰もこれを引き取ろうとせず、ゲマインデがこれを領主かその代理人に知らせていたら、ゲマインデは裁判なしにこれを埋葬する権利をもつ。
　　　　　　　　　　　　　　NÖW 4, Nr.109, S.371, Kammern（15世紀初）

⑤　誰かがある者を殺害し、叫喚告知されずに裁判官のもとに来たり、その殺害者が32プフントの財産を持っており、裁判官にその罰金を約束したら裁判官は彼を釈放し、拘束しない。　　　NÖW 3, Nr.89, S.596, Gaming（15世紀末）

⑥　ある住民が殺害を犯しても、32プフントの財産を持っておれば、裁判官は彼を逮捕しない。（32プフントを納め、遺族が告訴しなければ釈放）
　　　ほぼ同じ規定が NÖW 2, Nr.2, S.13, Ulrichskirchen (1438-52), Nr. 112, S.757, Gars (1430), Nr.138, S.960, Kottes (1330); NÖW 3, Nr.88, S.576, Burgstall (1375-1406), Nr.90, S.613, Scheibbs (1338)

⑦　もし誰かが不幸にも他人を死なせても、死者の血縁者が加害者から30プフントを受け取ったら、裁判官は加害者を釈放する。しかし遺族と加害者の間に争いが生じたら、裁判官は加害者を裁く。
　　　　　　　　　　　　　　NÖW 3, Nr.16, S.122, Neulengbach（1441）

⑧　市内、あるいは市外で争いが生じ、誰かがある者を殺害したら、その者は60ペニヒの罰金を（裁判官に）、その役人に12ペニヒを納めれば、もはや生命・財産について責任を負わない。
　　　　　　　　　　　　　　OÖW 2, S.314, Amt Steinbach（16世紀後半）

⑨　ある者が誰かを死なせ、その親族と和解しようとして、親族がこれを受け容れようとしなければ、その加害者はまずラント裁判官と罰金によってことを済ませ、ラント裁判官はその裁判区における彼の財産を保護する。それによって彼はその財産を妨げられることなく売ることができるよう。
　　　　　　　　　　　　　　NÖW 3, Nr.3, S.30, Werden（1555）

　前掲のフェーデ関連規定と同様、ここでもまた「名誉ある戦い」（①）、「名誉ある事柄」（②③）のゆえの殺害に対して、裁判当局はとくに寛容な措置をとっている。「名誉ある」が具体的に何を意味するのか規定には現れないが、当時の通念からすれば、原因が何であれ互いの名誉に関わる紛争であり、その中で生じた物理的暴力の結果としての殺害であろう。一般に謀殺（Mord）と区別されるこのような故殺（Totschlag）に対する当局の対応には、なお当事者主

義的な性格が濃厚に見られる。(何らかのかたちで和解が成立して) 遺族が加害者を裁判に訴えなければ、加害者の当局に対する刑事責任は比較的少額の罰金のみで済まされた (①②④⑧)。上掲の諸規定にしばしば現れる32プフントという財産額・罰金額は、当時オーストリア諸領邦でラント法に規定された殺害の和解のための賠償金額であり、この額相当の財産を持つ住民は賠償能力があるとみなされ、裁判官によって逮捕されなかった (⑥)。⑦のように遺族がこの賠償金を受け取り、当事者間で和解が成立すれば、加害者はさしあたり刑事責任を問われなかった。③⑤の32プフントの罰金も、被害者の遺族に対する賠償金であろう。そうであれば前項で挙げたフェーデ事例 **史料1** の⑥の「名誉ある事柄」も殺害を意味すると考えてよい。このような加害者の賠償金による和解の意志はそれ自体尊重された。すなわち、⑨では遺族がこれを受け容れようとしなかった場合でも、裁判官に対する刑事責任は（おそらく他の事例と同程度の額の）罰金で済まされ、彼の財産は（遺族の攻撃から）保護されたのである。いわゆる「殺害の贖罪 (Totschlagsühne)」については再論するが、親族をも含めた名誉に関わる殺害に関しては、とくに（共同体）当局も当事者の意向と相互の和解を優先しなければならなかった。

第4節　小　　括

　以上のように慣習法文書の規定からは、頻繁に生じたであろう農民間の暴力をともなう争いに関しては、（外部からの）加勢によってエスカレートし、周辺に危害を及ぼすことのない限りこれを容認し、また殺害についても当事者間の和解が重視され、刑事罰については寛大に対処するという、総じて当事者主義的ともいえる（ゲマインデ）当局の姿勢が窺える。そうした認識は、農民と裁判当局に一定程度共有されていたと考えざるを得ない。また **史料2** にとり上げた規定は必ずしも「血讐」としての殺害に関わるものではない。しかしやはり **史料1**・**史料2** の事例における（まっとうな）殺害、暴力、フェーデ的行為に対するゲマインデないし地方裁判当局の対応には、そのような行為を生み出す社会の慣習に対する、きわめて細やかで現実的な配慮が通底していると言わねばならない。

　バイエルンを主たる考察対象としたライヌレもまた、ティロルの法史料に

第4節 小 括

フェーデ宣告の規定が頻出し、かつその厳罰ではなく現実的解決をめざす規定があることに注目し、南ティロルにおけるいくつかの農民フェーデの事例を紹介している。ライヌレによれば、ティロル農村社会においてもフェーデ宣告、フェーデ行為は17世紀まで、「調整の必要な」問題だったのである[59]。15世紀後半以後ティロルの領邦君主は、重大犯罪をも寛容に扱うこのような慣習を克服するため、いく度も裁判と刑法の改革を試みたが、これに対する社会の反発も強かった。殺害を公的平和・秩序の侵害として厳しく断罪する国家の刑法原理は、少なくとも16世紀の農村社会には、いまだ貫徹してはいなかったのである[60]。このような国家と社会の関係については、第Ⅱ部においてその相互性に焦点を当てて考察する。

　慣習法文書から、このような暴力的行為をも本来的要素として含む農村社会の慣習的秩序がうかがえるのであれば、こうした慣習や習俗を「フェーデ権 Fehderecht」という法制史の指標によってのみ議論することは、有意義だとは思えない。儀礼的行為をともなう騎士的なフェーデと農民の争いの類似性と相違を確認することは、「フェーデ論」においては意味がある。しかし本書における紛争研究の課題に即してより重要なのは、フェーデ的な意識や行為をもひとつのカテゴリとして含みうる、農村社会の様々な紛争の形態とその処理の仕方を明らかにすることである。ティロル農民はあらゆるレベルの紛争において暴力を行使したわけではなく、とりわけ共同体（村落）間の紛争については、フェーデ的な暴力の側面は史料にはほとんど現れない。そのような紛争の様々なアスペクトを認識するためには、慣習法文書のような法史料のみならず、実際の紛争処理を跡づけうる個別的な史料をも用いねばならない。第3章ではそのような史料を用いて、むしろ「自力」（実力行使）が抑制されていたように見える、共同体間紛争とその解決について考える。

第2章　ティロルの領邦と農村社会
―紛争・紛争解決の空間・制度・史料―

　序で述べたように本書が領邦ティロルを主たる考察対象としたのは、ティロルの農民とその地域共同体が領邦政治において顕著な行為能力を示し、かつ紛争とその解決において興味深い行動の痕跡を残しているからである。農民が領邦議会身分(ラントシャフト)に属したことや、農民戦争期の活発な改革要求運動にみられる彼らの政治的な能動性を念頭において、領邦の地域社会における紛争とその解決の特質を捉えるためには、ティロル農村社会の特質、とりわけ領邦統治と農民自治の地域単位であった、ラント裁判区の構造を理解しておかねばならない。本章ではティロル農村社会史研究の問題点を指摘し、領邦ティロルの成立史を概観した後、ラント裁判区の構造と機能を明らかにする。

第1節　ティロル農村社会と紛争研究
―問題の所在―

1　ペーター・ブリックレ――共同体原理(コムナリスムス)とティロル研究

　筆者が前著において考察したオーストリア東部の領邦（上・下オーストリア、シュタイアマルクなど）では、下級裁判権、ときには上級裁判権をも備えた自立的な貴族所領（ヘルシャフト）の遍在が、社会・政治構造を規定していた[1]。これに対してティロルやザルツブルク大司教領、フォアアールベルクなどの西部諸領邦においては、在地貴族の自立的権力基盤は弱く、むしろ領邦君主の役人による直接的な統治領域の占める割合が大きかった。そのため中世後期には君主の保護下で大半の農民は、相対的に恵まれた地位・権利を享受していた。14、15世紀以後、これらの領邦（とくにティロル）では農村地域団体（ラント裁判共同体）の代表が領邦議会に出席し、君主の軍役や課税要求を協議・承認するばかりか、自身の要求を提出し、領邦令の作成にも大きな影響を与えたのである。こうした農村共同体の強力な自治と政治的機能は、農村社会の暴力・紛争およびその解決とどのような関係にあったのだろうか。

周知のようにブリックレは、スイス盟約者団やケンプテン修道院領などの西南ドイツ小領邦、そしてザルツブルク大司教領とともに、ティロルの農民が共同体を単位として領邦議会身分(ラントシャフト)に属し、それによって農村共同体が政治的、国家的機能を担ったことを強調した。ティロルの農村共同体はスイス盟約者団のそれとともに、ブリックレが共同体原理(コムナリスムス)と表現する共同体的国制モデルを構成したのである[2]。ところで前章でも述べたように、ティロルの農民は武器・武具を所有し、領邦令でも、それらは家屋敷とともに男系子孫に相続される財とされた。そして屋敷を所有する全ての農民は共同体ごとに兵役簿に記され、領邦防衛のための軍役を負った。裁判区住民の軍役召集は14世紀初より確認され[3]、1406年、1416年の特許状において明記されている(第5章参照)。また、オスマン帝国の脅威が東ティロルに迫った1478年、1480年の軍役令では、各裁判区の軍役能力ある住民の調査と把握が命じられた[4]。このような中世後期の軍役規定を継承しつつ1511年に成立した、近世ティロルの軍制を定礎した領邦特許文書である「ラントリベル」は、財産評価に基づく召集兵員数を身分ごとに割当てているが、そこでは都市とともに農民(ラント裁判区住民)が提供すべき兵員数は、聖俗貴族の提供するそれを上回っていたのである[5]。しかもスイス傭兵と同様、近世におけるティロル農民の歩兵・射手(狙撃兵)としての評価は高く、16世紀にはイタリア都市国家やスペイン王もティロルで兵を徴募している。O・シュトルツはこのような武装能力と領邦軍役こそが、農民の領邦議会身分(ラントシャフト)の基盤であったと考えた。しかしブリックレは、ティロル農民の軍役と政治的権利(議会参加資格)の内的関連性については否定的である。ブリックレによれば、むしろ政治的発言権が農民の領邦に対する責任意識を高め、思考を広げ、そのことが領邦全体に及ぶ防衛義務を可能にしたという[6]。

ブリックレにとって共同体は都市・農村を問わず何よりも、平等主義的な原理による連帯と合理的な集団的意思形成によって特徴づけられる平和団体であった。しかしブリックレの、スイス盟約者団初期史に関する最近の叙述や、共同体原理(コムナリスムス)のコンセプトを上ドイツとヨーロッパ全体にわたって展開した近業では、フェーデ、その他の暴力の克服と平和的秩序の創出・維持・制度化が国家の枢要な任務であったとされる。しかもブリックレは、このような任務は中世盛期以後のヨーロッパ世界において、国家や諸侯権力よりもむしろ、現実には都市・農村・地域共同体によって担われたことを強調し、この点を看過してきたドイツ国制史研究における国家偏重(エタティスムス)を批判する。西ヨーロッパのコミュー

ン運動に関する研究動向に照らしても、共同体形成と平和秩序の不可分の関係を強調すること自体は説得的である。ブリックレによれば、都市は住民の誓約に基づき、フェーデと暴力を否定する刑法と裁判を強化して、「神の平和」や「ラント平和」と異なる「永久の平和」を確立した。スイス盟約者団の形成と拡大もまた、第一に平和秩序の確立を目的とするものであった。それはフェーデが横行していた森林邦（原初三邦）地域で、まず各々内的な平和の強化と、やはり平和のための誓約団体である1291年の「永久同盟」によって始まり、以後同盟関係の強化と拡大は、邦の内外に及ぶフェーデや暴力を、厳格な刑法原理によって禁止、予防しつつ平和のための法秩序を領域化していった。それによって共同体は、物理的な暴力（強制手段）を独占する国家に近づいたという。すなわち、地域的平和は支配権力ではなく、第一に住民の合意（誓約）に基づく平和（pax iurata）として定礎されたのだが、ブリックレによれば、そのようにして平和団体として確立された都市・農村（地域）共同体にとって、内部の暴力・紛争とその克服はもはやそれ自体重大な意味を持つものではなかった。しかし前章の考察をふまえるなら、平和団体としての共同体とは近世に至るまで、必ずしも暴力・紛争・フェーデを克服した法治主義の支配する空間ではなかったと言わねばならない。また邦の間の紛争を解決するためには、他の同盟邦による仲裁が不可欠であったように、自立的な共同体内の平和が共同体間関係を基盤とした領域的な平和へと拡大される過程においては、刑法と狭義の裁判ではなく、紛争解決のための仲裁など、ある種の共同行為の反復が重要な意味を持ったであろう。したがって暴力・紛争と共同体自治を、紛争解決を媒介として併存ないし相関するものと捉える視点が必要なのではないだろうか。

またティロルについてブリックレは、領邦議会における農民の代表出席と政治的役割、意義に考察の重点を置き、政治的機能を担う農村共同体の実態、すなわちその集落景観と空間構造や、放牧共同体、そして裁判・平和団体としての具体的な機能については立ち入った考察を加えてはおらず、農民の間の暴力・紛争といった問題も彼の関心外にある。

2　ティロル農民の戦士的気質？

さて興味深いのは、農村共同体の政治的自立性や自治が顕著に発展し、長期

にわたって維持された地域において、農民の武装暴力、そしてフェーデ的慣行に関する言及がしばしば見られることである。そうした例としては、北海沿岸部の東フリースラントおよびディトマルシェン地方の農民団体がよく知られている。近世初頭まで周辺領邦に対する自立性を維持したこの地方の農民団は、一定の地域的な広がりを持つ、集会を核とした緩やかな平和組織を形成していたが、現実には親族を巻き込むフェーデを繰り返していた。またスイスに関するH・G・ヴァッカーナーゲルや最近のE・ヴェクスラー、そしてティロルに関するF・コルプやH・ヴォプフナー、F・アレンスらの研究は、この地方の農民の心性が戦士的な気風と習俗、強い名誉心によって特徴づけられ、騎士と同様な宣告（Absage）をともなうフェーデや血讐の慣行が近世まで続いたことを指摘する。

もちろんヴァッカーナーゲルらの古い法・民俗学的文献は、必ずしも歴史的研究として信頼できるわけではない。この点で近年L・コールが、ティロル史研究の伝統についてきわめて厳しい批判的検証を行っていることを看過するわけにはいかない。コールはティロルの国制史、農村史研究の大御所シュトルツや、ティロル農村史について3巻の民俗誌的大著『山岳農民誌』を遺したヴォプフナー、その弟子F・フーターなど、大戦間期から戦後までの歴史学をリードし、今日なおスタンダードとされる研究を著したインスブルックの研究者たちを俎上に乗せ、そのイデオロギーと固定観念を暴き出そうとしている。彼らは反工業主義と農業文化の称揚、第一次大戦後に失われた南ティロルの回復と、そのための「大ドイツ主義」の護持などの立場と価値観を共有し、この点でナチ的思想と親和的であり、「アンシュルス」の支持者であったというのである。

ティロル州立文書館の新進気鋭、シェンナハが指摘するように、コールの記述は多分に意図された挑発性を含み、これらの歴史家の全体的評価としては明らかに一面的に過ぎるものであろう。しかしシェンナハ自身もまた、ヴォプフナーやシュトルツによって生み出され、継承されてきた伝統的なティロル史像の脱構築をめざしている。とりわけシェンナハが意図したのは、「武器使用と軍事能力に秀で、戦士的気風を持ち、自由を好むティロル農民」という、やはりヴォプフナーらも抱き続けてきた農民観を、ティロル軍制史の厳密な実証研究に基づいて批判することであった。ティロル農民が領邦防衛において果たした役割は、1703年のバイエルン軍侵入時の戦い、そして1809年のバイエルン

（フランス）軍に対するアンドレアス・ホーファーの英雄的活躍により、神話化されてきた。農民の軍役の詳細な実態解明により、そうした神話を崩そうとするシェンナハの試みは評価されてよい。しかし領邦軍制における農民の意義を厳密に検証しようとする国制史的研究は、農村社会における習俗・文化としての武器所有、武器携行、暴力、農民の心性（名誉、戦士的気風）といった社会史的、民俗的な視点を持つヴォプフナーの研究とはそもそも重ならない部分が多い[14]。確かにコルプやヴォプフナーの民俗誌的叙述は、歴史実証的研究としては曖昧な部分が多いが、逆に法や制度の検討によっては単純に否定できない部分も残るのである。またコールの伝統的ティロル史像と研究の批判においても、そのイデオロギー性が大戦間期の大家たちの個別研究にどのような歪みを加えたのかは、十分に検証されてはいない。南ティロルの「ドイツ的本質」といったシュトルツの時局的、政治的な著述は別にして、領邦ティロルとその農村社会の骨格に関する理解において、シュトルツやヴォプフナーの研究成果の多くはなお価値を失ってはいない。

　このような先行研究の問題点をも念頭におき、ティロル農村社会の紛争と暴力に関する次章以下の考察は、個別的事例に関する史料に基づいて進めていくことになる。武装能力を持つ農民たちの社会において、どのような紛争が生じ、それはどのような場で、いかにして解決されたのか。とりわけゲマインデ間の紛争は史料にどのように現れ、その原因、展開過程と解決方法はどのようなものであったのか。そうした共同体間の紛争とその解決において、領邦議会代表派遣の単位であり、課税や軍役の単位でもあるという意味で、「国家的機能」を担ったラント裁判共同体という枠組みは、農民の生活世界と地域の秩序においてどのような意味を持ったのか。このような問題を事例に即して考えること、そしてそこから「紛争および紛争解決」と共同体の政治的機能の関連について、ひとつの見通しを得ることが、第3章の考察の課題である。以下、本章の第2節、第3節ではまず、ティロルの領邦と裁判区の構造的特質について述べておきたい。

第2節　領邦ティロルの成立と発展

　まず領邦ティロルの領域的枠組みが形成されるプロセスを概観しておこう[15]。

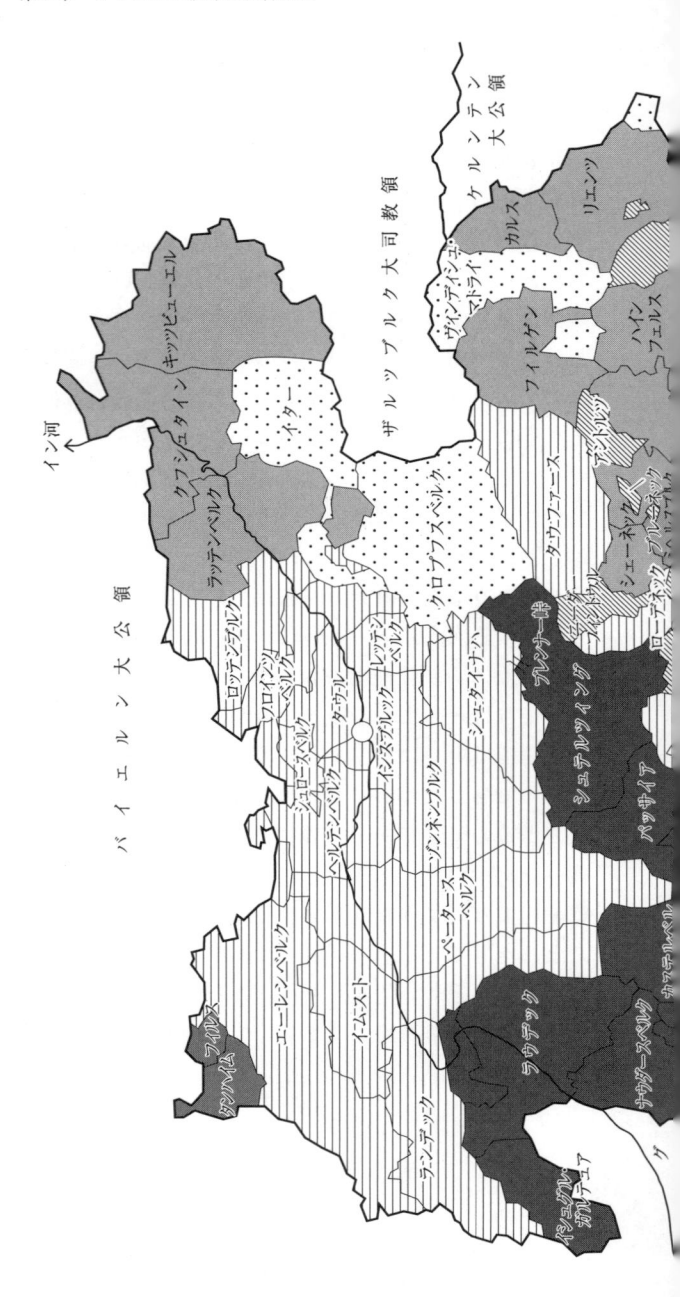

36　　第2章　ティロルの領邦と農村社会

第 2 節　領邦ティロルの成立と発展　　　　　　　　　37

① 1253年までのティロル伯の領邦
② 1253〜1363年の獲得
③ 1363〜1440年の獲得
④ マクシミリアン1世治世下の獲得
⑤ ブリクセン司教領
⑥ トリエント司教領
⑦ ザルツブルク大司教領とティロル伯の支配権の混合領域

図1　領邦ティロルの発展とラント裁判区
（裁判区名は一部省略）

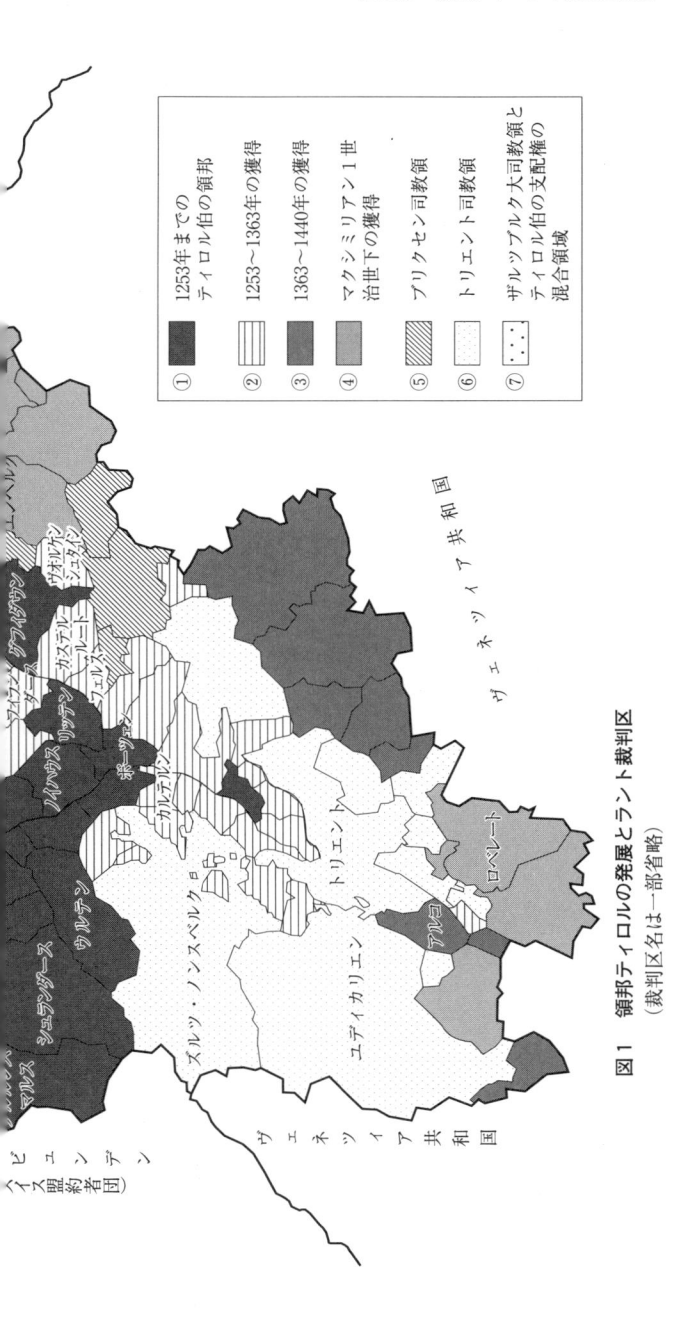

中・近世の領邦ティロルを構成したのは、今日のオーストリア・ティロル州の中心部をなす、イン渓谷とこれに合流するツィラー渓谷、エッツ渓谷、ヴィップ渓谷、バイエルンへと北上するレヒ渓谷などから成る北ティロル、今日ではザルツブルクの南部に飛島のように存在する東ティロル（旧ゲルツ伯領）、そして第一次大戦後はイタリアに属した、ブレンナー峠以南のエッチュ渓谷、アイザック渓谷などからなる南ティロルである（図1参照）。

ザリア朝時代より南北ティロルにおける多くの所領を王から与えられたトリエント司教、ブリクセン司教、その他のバイエルンの司教や修道院は、これらをヴェルフェン家、シュタウフェン家、ウルテン伯家など有力貴族に授封していた。その中でエッチュ地方の都市メラン（メラーノ、南ティロル）北方のティロル城を拠点城塞としたティロル伯は、12世紀後半には南ティロルのボーツェン伯領をも獲得し、13世紀のうちにフライジング司教、トリエント司教、ブリクセン司教の所領の守護権掌握と所領集積により他の貴族と競合しつつ、広域的なティロル伯領を形成した。13世紀半ばには、ティロル伯アルベルト3世はバイエルン系有力貴族アンデクス＝メラン家のイン渓谷、プスター渓谷（南ティロル）の広大な遺領を継承し、南北ティロルの主要部を包括する、のちの領邦ティロルの輪郭がととのった。

1253年にアルベルト3世が男系子孫を遺さずに没した後、ティロル伯領は分割を経て、その娘婿であるイストリア、ケルンテンの支配者、ゲルツ伯マインハルト1世と、息子である同2世の手に移る。マインハルト2世はさらに南ティロルにおける所領拡張と、トリエント・ブリクセン両司教領への影響力の強化により、エッチュ、アイザック渓谷からイン渓谷地方に至るティロル伯領の統合を進めた。マインハルトの統治は、領邦行政の地域的基盤にして国制の骨組みとなるラント裁判区など、重要な諸制度を漸次ととのえた他、イタリアとの商業交易の促進、イン渓谷の塩鉱獲得、メラン貨の発行などにも示されるように、積極的な経済政策と財政基盤の充実によっても特徴づけられる[16]。その結果1290年代にティロル伯領（comitatus Tyrolensis）に統合された諸地域が「ラント terra」と表現されたことは、マインハルトのもとでそれら諸地域の政治的・法的結合が進んでいたことを示唆している。城塞名「ティロル」は、このころ領邦の名称となった[17]。

1295年にマインハルト2世が没した後、息子ハインリヒは2人の兄との共同支配を経てティロルとケルンテンの単独支配者となり、一時はボヘミア王にも

第2節　領邦ティロルの成立と発展

ティロル城（南ティロル、メラン＝メラーノ近郊）。

ティロル城よりメラン市街を望む。

選ばれたが、1335年には男系子孫を遺さずに死去した。このときハプスブルク家はヴィッテルスバッハ家との協定によりティロルの分割を企てた。しかしティロル住民（貴族、市民、農民）は分割に抵抗し、ルクセンブルク家との協定によってハインリヒの娘である伯家相続人マルガレーテと結婚した同家のヨーハン・ハインリヒ（国王カール4世の兄弟）の支配下に入った。このような諸身分の政治的な意識と能動性は、当時すでに国王文書で帝国封とされたティロルの自立的領邦としての成熟を物語る。ところがヨーハン・ハインリヒの統治はティロル貴族の強い不満を招き、ヨーハンは1340年にはティロルを追われ、ヴィッテルスバッハ家のルートヴィヒ（国王ルートヴィヒ4世の息子）がマルガレーテを妻としてティロルの支配者となった。

　ルートヴィヒの息子マインハルトが1363年1月に早世すると、その義兄弟であったハプスブルク家のルードルフ4世はティロルの諸身分の合意により、ヴィッテルスバッハ家に抗するマルガレーテから早々とティロル伯領を譲られた。このときすでにマルガレーテの要請を受けたティロルの貴族はルードルフに忠誠を誓約し、またルードルフはただちにティロル各地を訪れ、シュテンデの特権を承認し、それにより彼のティロル統治が「貴族、非貴族の全ての住民」により受容されるように努めた。ルードルフは1364年にはティロル伯領を皇帝カール4世から帝国封として授封されるに至った。以後ティロル伯領は近代に至るまでハプスブルク家の領邦であり、スイスからエルザスに及ぶ同家の西部所領と東部オーストリア領邦を結合する地域として重要な意味を持った。とりわけ皇帝マクシミリアン1世は、ハプスブルク家の支配のみならず、帝国からの自立化をも強めていたスイス盟約者団に対して掣肘を加えるためにも、隣接するこのティロルの軍事力を含めた重要性を認識し、インスブルックに宮廷を造営した。そのためにマクシミリアンはティロルの軍事・裁判・政府組織に様々な改革を導入しようとし、第7章で述べるように、領邦諸身分の反発を招くことになる。

　なおブリクセン司教、トリエント司教は近世にもその帝国諸侯の地位を維持し、南ティロル北東部のブリクセン司教領、同南西部のトリエント司教領は帝国諸侯領としての自立性を守った。しかし両司教ともにティロル伯の保護支配に服し、伯には軍役と納税を果たして領邦議会に代表を派遣するなど、実質的には領邦ティロルへの従属的結合を強めた。また1500年にゲルツ伯家（マインハルト2世の兄弟の家系）の断絶によってプスター渓谷の今日の東ティロル地方

が、そして1504年にはマクシミリアン1世がバイエルンの分邦ランツフートをめぐる継承戦争に介入して獲得したティロル北東、イン渓谷下流地域のキッツビューエル、クフシュタイン、ラッテンベルクが領邦ティロルに加わった。[19]

以上のように、領邦ティロルの形成過程は、（下）オーストリアやシュタイアマルク、ケルンテンのごとく、10～12世紀に辺境伯領、さらに大公領とされ、辺境伯・大公が帝国国制上の一定の支配権と枠組みを基盤として領邦を形成し得た地域とは異なる。ここではティロル伯が、やはり伯のタイトルを帯びる同輩有力貴族を服属させ、断絶貴族の遺領を統合する一方、教会領守護権（フォークタイ）を通じてトリエント、ブリクセン司教領等の聖界所領を掌握していくことにより漸次、領域統合が進められた。その結果13世紀後半には、もはやティロル伯に匹敵する実力を持つ貴族は領邦内には存在しなかった。以後、ティロルにおける領邦貴族の主力は、ティロル伯と両司教のミニステリアーレン（非自由身分出自の下級貴族）であった。下オーストリアなど東部領邦では、有力ミニステリアーレンが、裁判権と結合した自立的所領を形成し、下層ミニステリアーレン出自の騎士身分とも区別される上級貴族身分（ラントヘレン）を形成した結果、領邦議会は高位聖職者・ラントヘレン・騎士・都市（市場町）（マルクト）の四部会構成をとった。これに対しティロルでは領邦君主の統制下にあって、ミニステリアーレンが「ヘルシャフト」（バイエルン、ティロルではとくに貴族の下級裁判支配領域をホーフマルクと称した）を形成することは稀であった。彼らは伯の政治的パートナーとしてのラントヘレン身分を確立するには至らず、身分的には騎士と区別されずに単一の世俗貴族身分を構成したにとどまった。トリエント司教、ブリクセン司教のミニステリーアレンについても同様である。ティロル伯は直轄領管理やラント裁判区を単位とする領邦行政上の職務・権限を、ミニステリアーレンや騎士に封（レーエン）として授与することは極力避け、これを騎士、市民等に役人として管掌せしめた。[20] このことは当然ながら、ティロル農民の地位や生活に大きな影響を与えることになる。この点をふまえて次に、農民の社会生活および領邦との関係において重要な意味を有したラント裁判共同体の構造を考察する。

第3節　地域共同体としてのラント裁判区

1　ラント裁判区の形成

　領邦ティロルの上級裁判区であるラント裁判区（Landgericht）は、軍役と徴税、そして領邦議会代表派遣の単位でもあるという意味で、農民と領邦当局の双方にとって重要な地域であった。単に「裁判区（Gericht）」とも称されたラント裁判区は、領邦の領域的輪郭がととのう13世紀後半にはほぼ成立していたと考えられる。ラント裁判区は地理的には比較的大きな渓谷と重なり、内部には複数の村落、数戸～十数戸からなる小村（ヴァイラー）、そして散居家屋が点在した。

　ラント裁判区の成立については、シュトルツら20世紀前半のティロル研究者は、中世初期の伯管区（グラーフシャフト）をその出発点と考えた。シュトルツはA・ドプシュの領主制説を批判しつつ、ティロルでは10、11世紀の伯管区は大きな放牧地、森林などの入会（マルク）を共有する中世初期以来の入会共同体（マルクゲノッセンシャフト）や原教区（ウアプファレ）とも一致すると述べ、またこうした共同体形成における領主（グルントヘル）の影響力をほとんど考慮しなかった。そのうえでシュトルツは、伯管区が貴族家系内（間）の相続や再編の過程で分割され、12、13世紀にラント裁判区が成立したと考えたのである。中世初期における「伯管区の遍在」や「始源的な入会共同体」を想定する学説が、実証的批判に耐えないものであったことは周知の通りである。すでに第二次大戦前にE・クレーベルが、そして1970年代にはE・ブルックミュラーが、伯管区以外にラント裁判（区）の起源となる様々な権限を考え、それらを領邦君主が集積するプロセスを重視したが、両者が強調したのは、とくに教会所領の守護権（フォークタイ）がラント裁判の重要な基盤となったことである。また1960年代にコンスタンツ中世史研究会の論集『農村共同体の成立と性格』に、ティロルにおける共同体形成に関する論攷を寄せたF・フーターによれば、11世紀以後の開墾期にはなお、聖俗領主が一種の下級裁判区であるブルクフリートやホーフマルク、そして村落守護権などの（下級）裁判支配を基盤として、共同体の形成と共有地（アルメンデ）の統制に大きな影響力を持っていた。しかし13世紀には領邦君主による、そうした聖俗領主の諸権限の制限とラント裁判区への統合が進行したという。個々のラント裁判区の歴史を遡れば、ブルックミュ

ラーも述べるようにおそらく、裁判区・原教区・入会（放牧地）共同体がほぼ重なるような一体的な地域的基盤をもつラント裁判区と、様々な地域と権限の集積により形成されたラント裁判区の2つのタイプを見出しうるであろう。いずれにせよ重要な点は、ラント裁判区の形成過程でティロル伯が、その内部の貴族、ミニステリアーレンの在地支配や裁判権を排除ないし抑制し、領邦君主直属のラント裁判が地域住民に対する最も重要な裁判権力となったこと、ラント裁判は貴族やミニステリアーレンに自有財産（アイゲン）や封として授与されることなく、君主のもとに維持されたことである。君主はしばしばラント裁判区を貴族に一時的に委ね、また中世後期から近世には債務の抵当として多数のラント裁判区が頻繁に貴族の手に移ったが、徴税・軍役賦課・鉱山権などの重要な高権は君主の手に保留され、ラント裁判が領邦直属の公的裁判としての性格と機能を失うことはなかった。[24]

2 ラント裁判と農民保護

前述のように小村や散居定住が多いティロルでは、オーストリア東部領邦のような村落裁判（一村落を単位とする完結した下級裁判領域）は発達をみなかった。ラント裁判は流血裁判など刑事裁判権（上級裁判権）のみならず、不動産に関する係争や領主・農民間の問題をも管掌した。1404年の領邦令によれば、貴族や教会（修道院）所領の農民もその領主に対する苦情を、当該地域のラント裁判に訴えることができた。[25]ティロルの領邦君主は豊かな直轄領を維持し、直轄領管理もラント裁判区を単位として行われたのだが、君主は直轄領におけると同様の農民保護を、他の領主に対しても促すことに努めたのである。[26]このような農民保護はすでに13世紀後半、ティロル伯マインハルト2世のもとで進められていた。その息子ハインリヒの時代には納税者リスト作成に際して、各ラント裁判区、あるいは都市、村落（ゲマインデ）[27]は、役人や在地領主による入会（放牧地・森林）の不当な利用と農民の権利の侵害、不正な徴税や運搬賦役など様々な問題についての苦情を記した文書をリストに付して、領邦君主・政府に陳情している。また同じティロル伯ハインリヒに対して1325年には、南ティロルのグフィダウン、フィランダースなどの裁判区住民は同様に、在地領主による共有地侵害、不当な賃租や賦役要求、領邦君主の森林や土地の占有についての苦情書を提出した。[28]こうした訴えは、領邦君主による貴族に対する農

民の保護を促したと考えられる。その結果、中世後期のティロルではバウレヒト、エルプレヒトなどと呼ばれる世襲保有が、まず領邦君主の直轄領を中心に広がり、君主はこれを領邦全体の慣習とすべく他の領主にも圧力を加えた。その際に領主・農民間の係争をも管掌するラント裁判が、こうした農民保護政策の梃子となったことは容易に想像できる。

　ラント裁判区内の（個別）ゲマインデ住民は、彼らを代表する委員組織（Gerichtsausschuss）を選出し、この代表組織は入会の利用から道路保全、税の割当てなど様々な共同の事柄を処理した。そして住民の苦情や要望事項は、この委員組織を通じて領邦君主や領邦議会に提出されたのである[29]。このようなラント裁判区を基盤とする領邦君主・政府と地域住民（農民）の直接的な相互関係が、農民の地位・権利の向上を促したことは言うまでもない。前述のように、中世後期には任意保有（Freistift）から世襲保有への切り替えが進み、また西南ドイツで争点となる隷農制（ライプアイゲンシャフト）は、15世紀のティロルではほとんど意義を失っていた。こうして中世末期に農民の大半は、納税・軍役・裁判出席（奉仕）義務と領邦議会への代表派遣資格をもつ臣民集団をなしていた。他の聖俗所領における農民の領主に対する従属も、地代納入などの経済的関係に限定されていく。農民の軍役・納税義務に対応したその慣習的権利や自由は、「領邦特権」（ランデスフライハイト）として文書化され、農民戦争後も繰り返し領邦令によって保証されたのである[30]。

3　ラント裁判の組織と機能

　次にラント裁判の組織と機能を概観しておこう[31]。ラント裁判区長＝プフレーガー（Pfleger）は領邦君主により貴族身分から任命されたラント裁判区の長であり、領邦君主の直轄領を管理し、裁判区の収支を毎年報告する義務を負った（以下ではプフレーガーを原則として（ラント）裁判区長と表記し、必要に応じてルビを付す）。裁判官は領邦君主により直接任命されるか、またはラント裁判区長が任命した。住民が裁判官を選ぶ、ないし数人の候補をたてる裁判区もあったが、少数にとどまる[32]。裁判官は概ね裁判区の、あるいは周辺の下級貴族から官吏として任命されたが、領邦君主から裁判区を抵当保有した貴族は、自分の家臣や市民、その他裁判区の有力者（農民を含む）などを（代理）裁判官として、実際の職務を委ねることも多かった。南ティロルでは16世紀には有力農民や手

工業者がそうした裁判官を勤めることも稀ではなかったという。なお裁判官は当初は手数料や罰金の一部を自身の収入としたが、16世紀の領邦令では、一定の俸給により職務を行うとされている。

同様に16世紀の領邦令は、各ラント裁判所が書記を置くことを義務づけている。裁判書記は後段でとりあげる裁判帳簿の記入を担当した他、後述するゲマインデ間の和解契約書や住民の様々な法的行為の証書の作成と交付をも行い、これらの文書の書式や裁判帳簿の記録方法への習熟など、かなりの知識を要求された。しかし裁判官・書記ともに学識者ではなく、主に裁判役所で経験を積み、知識を得た。16世紀以後、とくに専門知識や複雑な法実務能力を要することも多い都市の裁判では、大学で法を学んだ者が裁判官職に就くようになり、1687年のインスブルック大学創設によってその傾向は強まるが、17世紀にはなお当該裁判区の住民や貴族が裁判官に就任するのが、より一般的であったと思われる。新裁判官、書記の就任時には、領邦君主から詳細な内容の「職務心得」が与えられた。この他に裁判役人としては、廷吏（Fronbote）、裁判代理人（弁護人、Procurator, Anweiser）、代訴人（Redner, Vorsprecher）が存在した。また死刑を含む重い身体刑の執行は、都市ハルおよびメランに在任の刑吏に委ねられた。

さてラント裁判は裁判官の司宰下に、全ての家持住民が出席する裁判集会（エーハフトタイディング）において行われた。裁判では裁判官は、裁判区住民から選ばれた、誓約を行って就任する数名の陪審（ゲシュヴォレネ）に判決を問い、陪審の最年長者が判決案を述べ、他の陪審がこれを承認した。3日間にわたり年に2～3回程度開催されたこの裁判集会では狭義の裁判のみならず、共有地の利用、役員や領邦議会代表の選出・委任など住民の様々な問題が協議・決済された。この意味でラント裁判区の住民はひとつの共同体、すなわちラント裁判共同体を構成していたと言える。しかし農業・牧畜経営上の案件を含めた様々な問題をも扱うエーハフトタイディングのみでは、全ての訴訟を取り上げることは不可能であり、こうした通常の集会の他に必要に応じて臨時の裁判集会が開かれるようになる。このような訴えに応じて開かれるラント裁判は全住民の出席ではなく、数名の陪審と当事者の要請する証言者のみ出席する、簡略なものであった。この少数者による簡略な裁判は重犯罪（マレフィッツ）以外の訴訟を取り扱い、中世末以後頻繁化した。

他方で領邦君主ジクムントによる1481年の民事裁判改革に関する領邦令は、

出席農民に負担となる裁判集会の期間短縮を規定し、加えて全てのラント裁判官に12人の陪審の選任を義務づけている。陪審は交代で毎年4人が手当を得て、その職務に就くものとされた。以後、住民参加の裁判集会では最初の訴えのみが行われ、続く審理は当事者、裁判官と陪審のみで行われたうえ、判決は非公開とされた。さらに第7章で述べるように、皇帝にしてティロル領邦君主たるマクシミリアン1世の1499年の改革刑事裁判令、いわゆるマレフィッツ令では、刑事裁判についても同様に陪審の制度化、審理非公開（ただし名誉毀損事件は公開）が定められた。このような少数の経験者、識者による簡略な非公開裁判によって裁判は効率化し、住民の日常において裁判がより身近なものとなったことは、後に検討する裁判文書からも否定できない。他方、裁判集会の狭義の裁判機能は後退したとはいえ、その定期的な住民集会は、ラント裁判区内の共有地利用など様々な利害の調整や、領邦議会代表派遣、議会における決定事項の承認など、地域社会の合意形成の場として機能し続けたのである。なお刑事裁判はラント裁判から他の裁判への上訴は認められなかったが、民事に関してはホーフレヒトと呼ばれるメランの上級裁判所、さらにインスブルックの領邦政府カンマー裁判に上訴することができた。

4　ラント裁判区の空間構造──ゲマインデと放牧

　地理的、地形的に見れば、ラント裁判区は大きな渓谷を空間的基礎とするものが多く、それゆえにラント裁判区は渓谷共同体（タールゲマインデ）とも呼ばれる。渓谷を単位とした自治共同体の形成は、スイス、イタリア、フランスのアルプスやピレネーの山麓各地でも見られるものである。ティロルのラント裁判区は長軸で20キロメートル以上に及ぶものが少なくない。その広域的な裁判区の領域は、農民の日常生活、とりわけ山岳農民の中心的な生業である牧畜活動において、どのような意味をもっていたのだろうか。
　渓谷共同体としてのラント裁判区は、農民経済からみれば入会共同体であり、山麓や高地に広がる放牧地を共同利用する農民の共同体でもあった。集落に近い放牧地や山麓の採草地（ハイムヴァイデ、ヴィーゼ）、夏期の高原放牧地（アルム、アルプ）などの牧畜用地は、20世紀初の統計によれば北ティロル・東ティロルでは全面積の34パーセント、農地の80パーセントを占めたように、放牧はティロルの農民経営の本質的部分を構成した。地域により時期の差はある

第3節　地域共同体としてのラント裁判区

ラント裁判区ラウデック（第3章第2節4を参照）のオーバーテーゼンス付近。9月には牛を山の放牧地から里の草地に戻す。

が、おおむね5月末から9月半ばに放牧される、高度千数百メートルから2千数百メートルの山岳斜面や高原に広がる放牧地は、その麓に散在する複数の集落の農民によって共用された。山腹の中位に位置する放牧地の多くは森林を拓いて設けられたものであるが、とりわけ共用放牧地として重要なのは、高度2千メートル前後の樹林限界線の上部に広がる放牧地である。このような最上部の放牧地は、樹林に妨げられずに牧草生育の限界高度まで広がり、地形によっては広大な高原牧場の様相を呈していた。このような放牧地が山麓、渓谷底部の複数のゲマインデにより共用されたことは容易に理解できる。ラント裁判区＝渓谷共同体は、元来こうした放牧地を共有する放牧地共同体でもあった。もちろん先に述べたように、全てのラント裁判区が当初から単一の放牧地共同体と領域的に重なっていたのではないが、中世後期の慣習法文書には、裁判区規模の広域的な放牧地共同体の存在が現れている、もしくは過去のそうした存在を推測させるテクストが少なくない。[38]

このような放牧地共同体を19世紀の研究者が想定した中世初期の入会共同体に由来するものと見なすことは、ティロルの定住史からしても正当ではない。シュトルツは、入会共有団体を領主制に結びつけて理解しようとしたドプ

シュを批判しつつ、11、12世紀の史料に散見する入会（gemain）は、領主、農民の身分を問わず所有（保有）地に応じて用益権が認められる、自由な共有地(アルメンデ)であったことを強調する。後に挙げる史料にも見られるように、確かに中世後期にも、放牧地利用については在地領主と農民が同等の権利と義務を持つことは、ティロルのような山岳放牧地域では稀ではない。しかしこの点も後述するように、中世後期の史料に現れる広域的な放牧地共用関係が10、11世紀の聖界所領組織と密接な関連を有したことを示す地域もある。したがってシュトルツのごとく、中世盛期以後、そしてとりわけ中世後期の史料に頻出する広義の放牧地共同体（共有団体）ないし共用関係を、全て中世初期の自由な入会共同体に遡及させることは正当ではなく、むしろ領主組織をも含めて、様々な起源と成立時期を考える必要があるだろう。また先に言及した14世紀初めの農民の領邦君主（政府）に対する苦情書では、在地領主による放牧地利用における越権行為や、農民の利用権の侵害に対する批判が多数記されている。したがってその起源を別にしても、当時放牧地は地域の領主、住民が平等に利用すべき共有地であるという認識が広く存在したことは、否定できないところである。

　さてラント裁判区の主要な渓谷には、このような広い意味での放牧地（およびその他の入会の）共有団体が存在したとしても、中世後期にはそうした渓谷内部にすでに複数のゲマインデ、すなわち村、小村や散居家屋群(ヴァイラー)が存在し、また慣習法文書にはこうしたゲマインデの自立化志向が明確に現れていた。地域ごとに多様な集落史的発展と放牧地共同体の変容を、実証的に跡づけることは難しい。ここでは先行研究と慣習法文書に基づき、そのアウトラインを示してみよう。

　慣習法文書の分布からは、ラント裁判区内では複数のゲマインデが個別的に、あるいはいくつかの小ゲマインデ（小村・散居家屋群）がまとまって、独自の下級裁判集会を持ったことがわかる。それらは、ラント裁判所在地である渓谷低部の古い中心ゲマインデに対して、渓谷の斜面やテラスにおそらくやや遅れて成立した小村や、また大きな孤立家屋とその付属農地が分割されて成立した家屋群などである。領邦ティロルでは14世紀より、農村部（ラント裁判区）の徴税記録や軍役負担者リストなど、ゲマインデごとの、そして個人名に及ぶ記録が遺され、網羅的ではないにせよ人口動態のデータを提供している。集落史・定住史からみて中世盛期以後のティロルは顕著な人口増加を示しているが、そうした領邦臣民の人的記録は、ティロルでは黒死病の後、1400年頃以後

には人口と定住地の後退はもはや見られず、15、16世紀には回復から増加へと転じたことを示している。この傾向は少なくとも17世紀初まで続き、16世紀の間にティロルの人口は全体として50パーセント程度増加した[43]。

　ヴォプフナーによれば12、13世紀の人口増と定住の発展は、渓谷底部の主要集落より上部の、山腹の森林や放牧地であった場所への小村、そして散居定住（孤立家屋）の形成を促した。渓谷における今日の集落景観を規定するこうした数戸からなる小集落や散居家屋の居住者は、1910年の統計では南北ティロルの農村人口の4割以上を占めていた[44]。これらの集落や散居家屋群はその居住位置からして、渓谷底部の集落より山岳放牧地へのアクセスがより容易であったことからも、従来古い中心集落が共用してきた放牧地の利用権を主張し、行使しようとした。またこれら二次的に成立した小集落や散居家屋群の一部は、中世後期には独自の下級裁判集会を持ち、放牧地利用権の獲得により、自立的な共同体機能を備えつつあった。しかし実際には中心集落の反発もあり、放牧地利用の新たな個別集落への承認や割当てはスムースには進まず、その用益権や境界をめぐって頻繁に紛争が生じていたのである[45]。

　放牧地利用をめぐる対立は、古いゲマインデと新しい集落、家屋群の間にのみ生じたのではない。むしろゲマインデの史料に現れる紛争の多くは、隣接する古いゲマインデのそれであった。15世紀以後の人口増加は、同世紀後半のティロルにおける鉱山業の発達と鉱山労働者の流入と相まって、食糧需要の急激な高まりをもたらした。しかしティロルの人口増は鉱山業の発展によるばかりではなく、鉱山業が飛躍した時期の前後にも及び、また北部ティロルの鉱山業に関わりのないいくつかのゲマインデにおいても、1427〜1615年の間に人口が2〜3倍に増えたことが確認される[46]。ティロルの食用穀物は主に南ティロル、そしてイン渓谷の低地や千メートルを超える山の斜面でもライ麦を中心に栽培されたが、条件の良くない多くの地域では、住民は輸入穀物に依存し、そのために貨幣収入（牧畜と木材による）の必要度は一層増大した。それゆえ人口増は何よりも、牛と羊を中心とする食肉やチーズ、食用油脂（シュマルツ）生産のための放牧経営の拡大、そして集約化を促したのである[47]。このような農村経済の発展の中で、森林開墾による放牧地の形成と拡張が限界に達すると、前述のように新たな集落や散居定住者たちからの放牧権要求も高まり、個々のゲマインデは共用してきた放牧地のより有利な、場合によってはその一部の独占的な利用を進めようとした。その結果、放牧地共用団体を維持してきた渓谷の

主要なゲマインデの間にも軋轢が増大し、紛争が頻発したのだと考えられる。

　ゲマインデに伝来する15、16世紀の文書からは、広域的な放牧地共同体内での共有地の実質的な分割が進行していたことが窺える。しかし同時に、繰り返される紛争の記録からは、放牧地の完全な分割がきわめて困難であったこともわかる。共用地のうち森林や、集落に近い採草地、放牧地（ハイムヴァイデ）などは比較的容易に分割され、境界が設定されたようである。しかし山の上部の放牧地（アルプ・アルムヴァイデ）は個々の集落、ゲマインデから隔たっており、同じ放牧シーズン内でも、内部の微地形、日照などの条件をふまえて放牧場所を漸次移動することからも、分割は難しかったと思われる。これらの事情もあって、放牧地の共有関係が完全に解消されることはなく、地域によってはラント裁判区と重なる大きな渓谷共同体が、重要な放牧地の共同利用を近世を通じて維持することもあった。たとえば南ティロル、アイザック渓谷の「ヨーロッパ最大の放牧地」ザイザーアルプは、カステルルートを中心集落とする放牧地共同体に属し、この共同体領域はラント裁判区カステルルートと重なっていた。ここでも近世には、各々集落周辺の放牧地と森林を持つ個別共同体が自立化するが、山岳放牧地ザイザーアルプの共有は、近代まで存続したのである[48]。

　またティロル西部のラント裁判区ランデックには、ランデック（市）からザンクト・アントン、アルルベルクに至るシュタンザー渓谷を中心に、その南部のパツナウン渓谷をも含む広大な放牧地共同体が存在した。この共同体はすでに1275年に徴税記録に現れる12の個別ゲマインデにより構成され、18世紀になお24の放牧地を共有し、一部は共同利用、一部は20〜30年ごとに個別ゲマインデに割当てが行われていた[49]。シュトルツはこれらの放牧地を、このラント裁判区の全ゲマインデが共有する「裁判区放牧地（アルム）」と記している。18世紀以後も分割と縮小をともないつつ、1950年代になお存続していたこのシュタンザー渓谷の放牧地共同体の歴史については、A・モーリッツが詳細に明らかにしているのだが、そこからは、近世を貫く放牧地の共用と分割の背後に、食肉や酪農産物への需要の高まりと牧畜経営の集約化の趨勢の中で、一方で大きな放牧地の広域的団体による共同管理の利点と、他方で共用や割替えが経営改善への意欲を損なうという問題点の認識が、長らくせめぎ合っていたことが読みとれる[50]。次章で考察する北ティロル南西部のラント裁判区ラウデックや、ピッツ渓谷を中心とするラント裁判区イムスト、そして北西部のラント裁判区エーレンベルクのレヒ渓谷でも同様な放牧地共同体が存続した。ラント裁判区は、全体とし

て単一の放牧共同体であり続けたかどうかは別としても、内部の放牧地、森林など入会の利用権の錯綜した関係によって、密接な利害関係の絡まりを内包していたと言える[51]。

　ティロル農民の日常において最も濃密なコミュニケーションをともなう隣人関係の枠組みは、ラント裁判共同体よりもむしろ、その内部の村、小村、散居家屋群、つまり個々のゲマインデであっただろう。それらが持つ下級裁判集会には、ラント裁判官が巡回することも、また独自の裁判官を持つこともあった。慣習法文書から看取できるそうした裁判集会の機能は、農業・牧畜、その他の日常の共同生活に関する問題の処理が中心であり、その限りでは生活に密着していた[52]。渓谷と放牧地域をカヴァーするラント裁判の領域は、牧畜農民の活動領域としても現実的な意味を持っていた。山岳農民の牧畜経営は、個々のゲマインデ内で完結しない広範囲な移動をともなうものであった。冬季の舎飼の後、春先の集落周辺のハイムヴァイデにおける放牧を経て、5月からは家畜を山腹の草地（Bergwiese）、中腹部の放牧地である前アルム（Voralm, Asten）へ、さらに夏期には最上部の放牧地（アルム・アルプ）に上げ、9月半ば以後、再び順次下る。この間、渓谷、山腹、高地の草地における冬期舎飼用の採草と運搬という、家族総出の日に十数時間に及ぶ厳しい労働もこなさねばならない。山岳農民のこのような千メートルを超える頻繁な垂直移動は、次章で述べるように、しばしばかなりの距離の水平移動をともなっていた。それゆえに広い渓谷地域は、様々なゲマインデの農民が頻繁に出会い、協力し、また争う場でもあったと言える[53]。したがってそこで生じる農民あるいはゲマインデ間の利害対立、紛争は主としてラント裁判において処理されたとも考えられるが、現実はどうであったのか。

第4節　ゲマインデ間の紛争
―研究と史料―

1　日・独・仏の村落間紛争

　前述のように従来、農村社会の暴力やフェーデ的行為の研究は、いずれも農民個人、あるいはせいぜい家族、親族間の紛争を取り上げ、考察してきた。バイエルンの農村社会を考察対象としたライヌレもまた、農民のフェーデは個人的動機による行為であり、村落単位の農民蜂起とは異なると述べる。共同体（ゲマインデ）が紛争の主体として現れてこないのは、ライヌレ自身述べるように、村落自治が弱かったとされるバイエルンの特質とも考えられる。しかしそれ以上に、フェーデ的行為を、独特の法意識・法文化に規定された個人の紛争行為として考えようとするライヌレの問題関心によるところも大きい。農民の暴力・紛争あるいは犯罪を、村のミクロストリアとして再現することが重要な課題であることは間違いない。しかし筆者の関心は、個々の村落内の閉鎖的なコミュニケーション世界に限定されず、農村住民の活動範囲に対応し、より広い地域社会にわたって展開する紛争とその解決のための住民の行為に向けられる。その際、国家権力の影響如何もまた検討されることになろう。この関心と観点からすれば第一に、村、ゲマインデ間の紛争が対象とされねばならないのである。

　周知のように日本では、惣村の発達する中世後期、とくに戦国期には畿内を中心に、入会をめぐる村落間の紛争が頻発した。そうした紛争はときには「村の合戦」と称すべき、少なからぬ犠牲者をともなう武力衝突へと拡大した。その際農民たちは、在京の寺社や公家である荘園領主に裁判における支援を期待することはあっても、必ずしもその軍事力を恃みにすることはできず、むしろ緊急の実力行使（自力）においては、近郷集落の加勢（合力）が重要な意味を持っていた。少なくとも（公）権力の低下が顕著な地域では、個々の村落とその地域的結合（ネットワーク）を主体とし、紛争と紛争解決の双方を促す、国家権力から自立した協力関係があったと言える。

　次章でも参照するこのような日本中世の村落間紛争については、すでにかなりの研究蓄積があるのだが、それはもちろん自力、訴訟、和解など紛争に関わ

第 4 節　ゲマインデ間の紛争

る村落文書や同時代の（公家の）日記における関連記事など、きわめて豊かな伝来史料に支えられた成果でもある。なかでも琵琶湖北端の隣接する集落、菅浦・大浦は、鎌倉末期より150年余にわたって激しい堺相論（境界争い）を断続的に行ったことで知られる。この紛争が明らかになったのは、中世以来菅浦住人が多大の努力をもって自身の手許に保存してきた訴訟関係文書、その他の証文等1200点を含む「菅浦文書」の調査に負うところが大きい。この稀有な村落文書群は「文安六年菅浦惣荘置書」のような、大浦との戦いの顛末を記した一種の「合戦記」をも含み、全体として村落間紛争における訴訟、自力、近郷の合力、費用、戦いの仕方、住人の意識などについて様々な情報を与える第一級の史料群である。[55] 村落間の紛争について実証研究の蓄積のないヨーロッパでは、このような紛争に関する史料は現存しないのだろうか。ティロル以外の地域に目を向けてみよう。[56]

　ドイツの近世裁判文書にはおそらく、この種の記録も含まれるものと考えられる。一般に近世に入って公的な地籍簿が作成されるまで、境界争いは頻繁に生じたが、とりわけ放牧地、森林などの入会の境界をめぐる村落間の争いが多く、またその解決は容易ではなかったであろう。この点では日欧の農村社会は共通の問題を抱えていた。しかし裁判史料によってバイエルン農村における様々な紛争を考察したW・ヘルムも、村落間の訴訟については、そのほとんどが放牧地など入会をめぐるものであったと述べるにとどまる。[57] こうした共同体間の紛争がどのように解決されたのか、それは共同体や地域社会の自治、そして公権力（国家の裁判権力）にとってどのような意味があったのかといった問題に取り組んだ研究は、ヨーロッパにおいていまだ現れていない。[58]

　ただしフランスの山岳農村については、比較的新しい実証的な紛争研究を挙げることができる。F・ムートンは、13～16世紀初のアルプス西部、サヴォア、ドフィネ地方における、放牧地をめぐる村落と修道院領主との、および村落相互の紛争を考察している。様々な象徴的行為や、儀礼化され、限定された暴力をともなうそうした争いは、在地領主や管区司教により仲裁されることも多かったが、仲裁交渉の場には当事者の代表、仲裁人、公証人など多数の関係者が立会った。ムートンによれば、このような紛争は山岳農村の日常であり、また紛争と仲裁を通じて村落共同体の結束が強化されたのだという。[59] J-P・バラケと前述のデプラの近業は、ピレネー西部におけるベアルン、ビゴール、ナヴァール、アラゴン地方の農村（渓谷）共同体間の放牧地争いを考察対象と

し、この地方に伝来する多数の和解文書を手掛かりに、やはり仲裁を主体とした和解に至るプロセスを明らかにしている[60]。そうした紛争において当該地域の農民たちは、強い結束と自治権をもつ渓谷共同体を単位として武装し、敵対共同体に対して家畜差押えに始まり、場合によっては放火、掠奪、ときには殺害をもともなう実力行使を敢行した。しかしバラケによれば、そうした行為は全て、相手との交渉と合意形成を導くための戦略であり、あくまで平和を目的とする統制された暴力であった。中世後期にはベアルン副伯の裁判も機能したが、そうした司法権力は平和を強制するのではなく、共同体間の直接交渉によって成立した平和をオーソライズしたに過ぎない。そのような渓谷共同体間の交渉と和解のシンボリックな儀礼は、近世を通じて行われていたという。こうしたピレネー渓谷共同体の統制された戦略としての実力行使は、共同体幹部（jurats）と、住民集会や規則文書を持つ渓谷単位の自治組織によって計画的に遂行された。ベアルン地方の渓谷共同体の自治特権と武装は近世にもなお、スペインに対する辺境防衛や治安への貢献を根拠に主張され、その統制強化をめざす国王政府もこれを容認せざるを得なかった[61]。

　フランスの歴史家たちによる事例研究は、いずれも社会史、民俗学、法人類学の関心に導かれ、そのプロセスや当事者の意識と行動を明らかにしようとしている。しかしまたいずれも、従来ほとんど関心を惹かなかった史料（和解文書など）への着目から生まれた成果でもある。従来の農村社会における暴力、犯罪の研究は、当該農村地区における裁判当局の公式記録を主たる拠り所としていた。しかしそうした裁判記録からは、農民個人の暴力・犯罪を確認し、あるいはフェーデ的行為を瞥見することは可能ではあるが、村落間の様々な紛争が記録される可能性はそもそも少なかったのではないだろうか。なぜならそうした紛争はしばしば、個々の裁判区を越えて展開したであろうし、また広域的な管轄区を持つ裁判当局にとっても、入会、境界をめぐる村落間紛争は、通常の判決で決着をつけることは難しかったであろうゆえである。後述のように、村落間紛争に関わる文書史料は、村落自体に保存され、伝来することが多かったと思われる。したがってバラケやデプラらがピレネー地方の文書館に見出した多数の和解文書により、同地方の紛争文化を明らかにしたように、今後地方共同体や地域の文書館の精査による史料の発見、利用により、農村社会の集団的な紛争の事例研究が可能になることを期待してもよいだろう。

　また、こうした村落間の紛争とその解決は、当該地域の社会経済的、政治的

環境により様々であって、必ずしも暴力をともなうフェーデ的な様相を呈するとは限らない。たいていは名誉をめぐるパーソナルな争いとして展開する個人のフェーデとは異なり、言及した村落間紛争では通例、入会の利用や境界のような物質的利害関係が前面に現れる。したがってフェーデ固有の実力（暴力）行使のスタイルにこだわらず、農村社会の多様な紛争と紛争解決のプロセスを広く視野に収めることにより、そうした行為を地域や社会の構造・秩序との相互関係において捉えることに努めねばならない。

　前節で述べたように、中世後期〜近世のティロル渓谷地方では、渓谷内の小集落間で共同放牧地や森林の利用をめぐる紛争が頻発していた。ではそのような個々の紛争事例は、どのような史料から知ることができるのだろうか。あらためてティロルにおける紛争関連史料を確認しておこう。

2　ティロルにおける紛争関係史料

(A) 裁判帳簿

　前章までに参照・言及した農村社会に関する史料は、領邦令にせよ慣習法文書にせよ規範史料であった。そうした規範・規律が具体的にどのような紛争や問題に対処しようとするものであったのか、また現実にはどのように対処し、処理したのかを多少とも知るためには、個々の紛争に関する文書史料を参照しなければならない。

　ドイツの諸地方と同様にオーストリア中世の裁判は、長らくオーラルな世界であった。中世末よりようやく告訴、これに対する被告の弁明、証言、判決が記録され、また当事者の希望に応じて判決や裁定内容が、裁判官の印璽付きの文書として交付されるようになった。このような記録が系統的に行われ、保存されるようになるのはまず都市においてであり、ティロルでは1468年、1471年の都市メランの裁判帳簿が、その最初期の例である[62]。他方、農村地域のラント裁判でも、16世紀には文書利用と記録保存が広がった。1525年の農民戦争時の「メラン箇条」が、逐一の証書交付が不要になるよう、全ての裁判所は裁判帳簿を備えるべきであるとしているように、こうした記録とその保管は農民の要求でもあった[63]。これに応じて1532年の領邦令は、各ラント裁判所における裁判帳簿の作成を自明の前提とし、また1573年の領邦令はあらためて、裁判書記が帳簿を作成し、確実に保管することを義務づけている[64]。ティロルではフェアファッハブーフ（Verfachbuch）と呼ばれた裁判帳簿は、ほぼ均一にフォリオ判

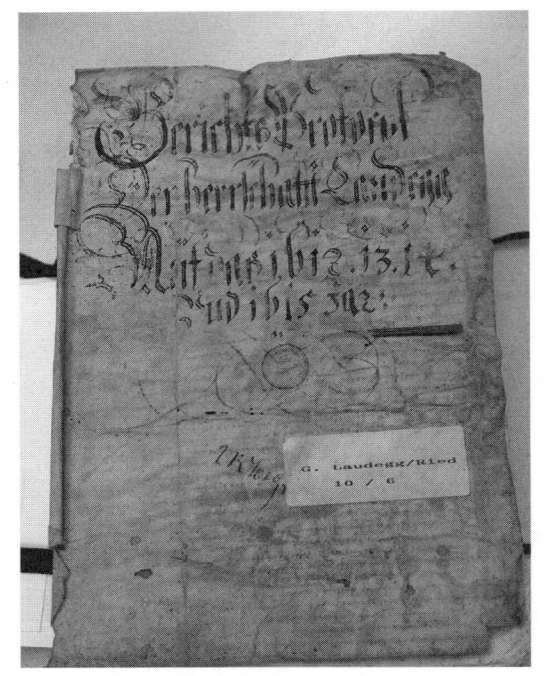

ラント裁判区ラウデックの裁判帳簿（1613年）。

の紙製冊子であり、単葉に記したものを日付順に重ねて冊子としている。[65] 1冊が150葉程度で、年に1〜2冊のペースで裁判書記によって作成された裁判帳簿は裁判役所に保管された。このような裁判帳簿は16世紀半ばにはティロルのラント裁判区に普及し、後には領主の下級裁判においても作成されるようになった。多くのラント裁判区は、19世紀に至るまで各々数百冊にのぼる帳簿を遺し、その大半は今日インスブルックのティロル州立文書館に集中保管されている。[66]

　裁判帳簿の記録内容は狭義の裁判記録に留まらず、住民の様々な法的行為の登記にも及んでいる。不動産の売買譲渡契約、金銭貸借、抵当設定、相続、後見人の指定、結婚契約など多岐にわたる記録は、実際には帳簿の中で裁判記録よりもはるかに多数を占めている。[67] イタリア都市のような公証人制度が発達しなかったティロルでは、裁判帳簿への記入が、公証人の台帳登記に替わる役割を果たした。裁判帳簿の記録自体は法的効力を持たなかったにせよ、住民は記

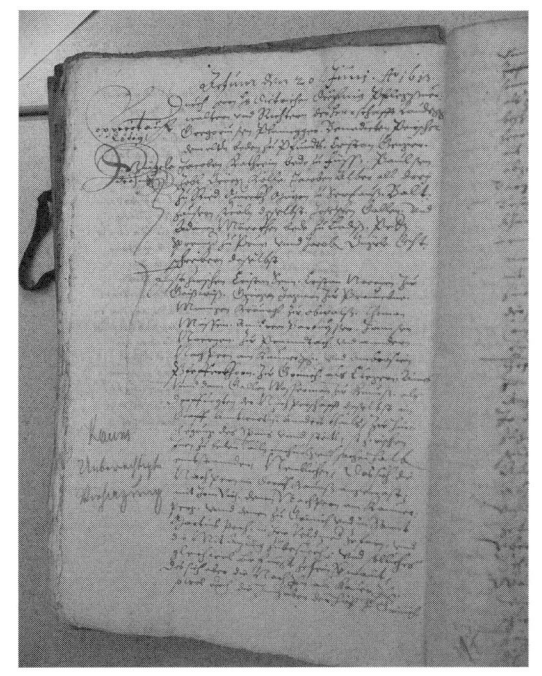

同帳簿の記事。この記事の内容は、第3章第2節 史料8 の⑪。

録に基づき、手数料を納めて、法的効力を持つ印璽付き証書の交付を裁判所に申請することができたのである[68]。

このようないわば台帳的機能を持つ帳簿の導入は当局にとって、個別的な証書の作成・交付の手間を省くという利点を持ったが、農民にとっては次のような意味もあったと考えられる。すなわち前章で述べたように、16世紀には裁判官や陪審、当事者のみの少数者による非公開の裁判が一般化したのだが、それは裁判が、多数の住民の参加する集会における共同行為としての性格を失ったことを意味する。周知のように中世の裁判では、判決の効力は多分に当事者とその社会的関係に依存していた。それゆえ、裁判集会における隣人たちの確認と集団的記憶による判決の有効性の保証が期待できなくなったとすれば、当事者たちが文書によって、これを将来にわたって少なくとも確認できるように配慮したことは、容易に理解されよう。

現オーストリア領のティロルでは、裁判帳簿の伝来する裁判区は90を越え

る。その内訳は20の（当該地域の全ての）ラント裁判区の他、25の下級裁判区に加え、大半は教会に属す領主所領の裁判所が31、都市裁判所が5、などである。留意すべきはラント裁判所とその下級裁判所、都市裁判所が早い時期から多数の裁判帳簿を遺しているのに対し、領主所領の裁判所では、裁判帳簿の導入はたいてい17世紀後半以後と遅く、またその数もはるかに少ないことである。このことからも、住民にとって基本的な公証機能を持つラント裁判に対して、領主所領の裁判は、支配権力としての影響力をほとんど持たなかったことが認識されよう。この点でも領邦貴族の家産的な裁判権が、中・近世農村社会における地方官庁として機能した、オーストリア東部諸領邦との差異は歴然としている。

　なおティロルの裁判帳簿は以上のような多様な記載内容から、農村社会の犯罪史や本書のテーマである紛争とその解決の他、家族史など社会史のための豊かな情報源をなしている。にもかかわらずその膨大な数量のためか、最近まで若干の法制史・家族史論文において断片的な例証に利用されるにとどまっていた。しかし1999年に出版されたM・ハイデッガーの著書『村のドラマと諸関係』は、彼女の故郷でもあるラント裁判区ラウデックの裁判帳簿を1581～1595年にわたって網羅的に調査し、そこに含まれる紛争の当事者や証言者の記録から、この地方の農村社会を生き生きと描出している。ハイデッガーのいう「ドラマ」とは、隣人、夫婦、親子を問わず、村びとの争いには常に周囲に「観衆＝証言者」が存在したことを意味している。実際に詳細を究めるそうした証言記録を村社会のコミュニケーションの記憶として精査しつつ、著者はそのようなプライバシーのほとんど維持され得ないオープンな隣人社会における生活の基調、価値観、ジェンダー、対立と協調の人間関係を活写したのである。ハイデッガーの研究成果はそうした生活世界の諸側面の点描にとどまり、農村世界の構造や社会システムを明らかにする意図は見られないのだが、そこから得られる当ラント裁判区の情報は、比較のためにも大変有益である。本書第8章では、2つのラント裁判区の裁判帳簿に見出される記事により、農民間の紛争について考察する。

(B) ゲマインデ文書

　前章でも述べたようにヨーロッパ史では、北イタリアにおける農村コムーネ間の紛争や、近年のフランス山岳地域における2、3の事例研究を別にして、

第4節　ゲマインデ間の紛争　　　　　　　　　　　59

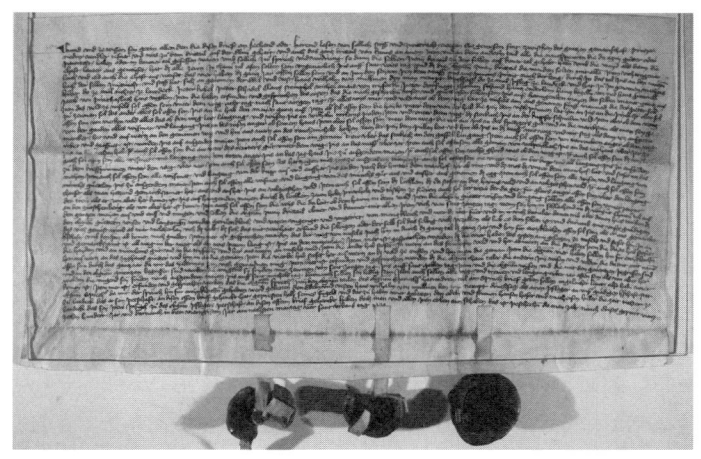

ラント裁判区ラウデック、リートのゲマインデ文書。内容は第3章第2節 **史料8** の①。

　ドイツ農村のゲマインデ間紛争に注目する研究は皆無に近い。ティロルについてはラント裁判共同体の政治的機能に注目するブリックレも、ゲマインデ間の紛争については何ら言及しておらず、シュトルツやヴォプフナーらのティロル史研究者も、とくにそのような紛争について史料研究を行うことはなかった。ティロル農村社会におけるゲマインデ間紛争の史料は存在しないのだろうか。
　上に述べたティロルの裁判帳簿（フェアファッハブーフ）には、農民（個人）間の紛争、訴訟に関する記事は少なくないが、管見の限りではゲマインデ間の紛争に関する記録は稀であるように思われる。そもそも裁判帳簿の作成が始まる、ないし伝来するのは、たいていのラント裁判区では16世紀後半以後であり、17世紀末以前の帳簿は現存しない裁判区も少なくない。この点でも15、16世紀に重点を置いた本書の考察のためには、裁判帳簿から得られる情報はわずかでしかない。また後述のようにゲマインデ間の放牧地紛争の処理が、領邦令の規定に基づく刑事、民事の訴訟とは異なる性格のもので、裁判帳簿への記載になじまなかったと考えることもできよう。
　他方、各ゲマインデに伝来する文書群（ゲマインデ・アルヒーフ）には、ゲマインデ間の紛争に関するきわめて多数の文書が含まれている。このことは、ティロル州立文書館の館長を務めたS・ヘルツルがゲマインデごとに、あるいはラント裁判区、または今日の行政区を単位として刊行してきたゲマインデ文

書群の要録を通覧することにより確かめうる。こうしたゲマインデ文書群は中世後期から、当初は教会の聖具保管室や村長の私宅に、後には村役場の文書庫に保存されてきた。リファンの1589年の村落規則によれば、ゲマインデ（村）の幹部が村落帳簿（Dorfbuch）とともに文書群を長持ちに収め、聖母教会の聖具保管室に保存し、その長持ちの鍵と村落帳簿の写しを村長が自身の家に保管した。村長は職務を退くときに、これらを後任に引き渡すのである。ゲマインデ文書群の一部は現在、インスブルックのティロル州立文書館に保存されており、閲覧可能であるが、半数以上はなお各ゲマインデに所蔵され、州立文書館ではマイクロフィルムでのみ読むことができる。次章におけるゲマインデ間紛争の考察では、主としてこれらの文書群を史料として用いる。今日に至るまで各ゲマインデが、その紛争に関する文書を自身の手元に保存してきたことは、それ自体ゲマインデと紛争の関係を考えるうえで重要な事実である。後述のように当事者ゲマインデは、和解契約の内容が裁判帳簿に記入される場合でも、別に裁判官の印璽を付した和解文書の作成、交付を要請し、これを自身の文書庫に保存している。ここには、争いと訴訟に備えて自身で文書を保存しようとするゲマインデの慣習が見て取れるのである。

　ティロルのゲマインデ間紛争に関する本格的研究はないと述べたが、唯一の研究書として、2001年にはK・ヒンターヴァルトナーが、このテーマについての学位論文を『中世から1823年までの裁判区リッテン、ヴァンゲン、フィランダースにおける放牧地経営と放牧地争い』とのタイトルで刊行している。この研究においてヒンターヴァルトナーは、現イタリア領に属する南ティロルにおける同じゲマインデ（裁判区）の間の、500年にわたって続いた放牧地争いの経緯を再現したのだが、その際に史料として用いたのは、リッテンのゲマインデ文書群に含まれる、「放牧地争い（Almstreit）」との見出し語で括られた260通をかぞえる文書群であった。ひとつのラント裁判区でもあるゲマインデ、リッテンの中・近世を貫く隣接ゲマインデとの紛争のドキュメントは、住民の生活、生存のための抗争の記録であるにとどまらず、断続的に生じる紛争に対処するための当事者の手段でもあった。このようなゲマインデ、紛争、文書利用の関係も、以下の考察の論点となる。

　さらにゲマインデ間紛争を知るための今ひとつの重要な史料として、ティロル慣習法文書がある。19世紀にI・フォン・ツィンガーレとK・Th・フォン・イナマ＝シュテルネックが編纂したティロル慣習法文書、4巻には、編者のコ

第4節　ゲマインデ間の紛争　　　　　　　　　　　　61

ンセプトに従って、厳密な意味でのヴァイステューマー（Form-Weistum）、すなわち判告の形式を取る慣習法テクストのみならず、その他の農村史料も補完史料として採録されていた。N・グラスが述べるように、農村史研究者にとってきわめて有益なこの編集方針は、グラスらによって編集された第二次大戦後の補遺版、すなわち1966年刊の第5巻「下イン渓谷・補遺」、1994年刊の第6巻、第7巻「上イン渓谷・補遺」にも一層、意識的に取り入れられ、その結果これらの新版には、共同体間の入会地紛争に関する少なからぬ文書（和解契約・放牧規則など）が採録されることになったのである。そうした文書の出所はやはり、各ゲマインデに伝来する文書群である。それらの内容が示すのは主として紛争の結末であり、また合意（和解）後に守られるべき放牧のルールであるが、共同体間の利害関係や、仲裁・和解に関する情報が得られる有益な史料であることには相違ない。

　これらの広義の証書史料、法史料に対して、具体的な紛争のプロセスを伝える叙述史料は残念ながら対象とする時期には確認できない。多くの証書・法史料を採録したJ・A・フォン・ブランディスの『ティロル領邦長官の歴史』（叙述は1542年まで）や、シュタムス修道院の司祭、W・レーバーゾルクの浩瀚な『年代記』（叙述は1600年頃まで）など、いずれも17世紀前半に成立したティロルの歴史叙述にも、管見の限りではゲマインデの紛争に関する記事は見出せない。したがって紛争経過は、その結果（処理・解決）を示す文書から垣間見るほかはない。

第3章　ゲマインデ間の紛争とその解決
―地域秩序の自律性―

　前章で述べたラント裁判区・渓谷共同体・放牧地共有団体の構造と動態を念頭に置き、本章ではゲマインデ文書群より、ゲマインデ間の紛争に関連する文書（大半は和解契約文書）の内容を示し、紛争とその解決の特質を明らかにしようとする。対象とする地域は上に挙げた史料の利用可能性から、北ティロル（現オーストリア領ティロル）のインスブルック以西、いわゆる上イン渓谷（Oberinntal）の諸地域、そしてブレンナー峠の麓から北行し、インスブルックでイン渓谷に合流するジル河の流域のヴィップ渓谷地方である。各地域、裁判区の事例分析の前に、当該地域、裁判区の歴史的、地形的特質について簡略に述べることにする。

　本文中の事例番号①②……に対応した史料は、各項の末尾に置かれているので、その都度参照されたい。

第1節　ヴィップ渓谷地方のゲマインデ間紛争

　インスブルックから南方のブレンナー峠へと遡るジル河流域のヴィップ渓谷は、古くからイタリアに向かう重要な交通路であり、中世末期にはその奥部から、峠を越えた南ティロルの都市、シュテルツィングにかけては鉱山開発も進んだ。この渓谷の上部には東西に広がり、グシュニッツ渓谷をも擁するラント裁判区シュタイナハが、そしてその下部（北部）には、シュトゥーバイ渓谷を含み、イン渓谷にまでおよぶラント裁判区ゾンネンブルクが存在した。両裁判区の渓谷、支渓谷には豊かな放牧地が散在していたが、とりわけ規模の大きなシュトゥーバイ渓谷は集落の密度も高く、ゾンネンブルク裁判区の中で、一定の自律性をもつ下級裁判区を形成していた。このヴィップ渓谷地域における紛争とその処理、放牧地共用の慣習と規則など、ゲマインデ間の相互関係については、ティロル慣習法文書（ヴァイステューマー）の第5巻に少なからぬ関連文書が採録されている。本節では主として慣習法文書の中に見出される、ゲマインデの紛争（解決）

記録を取り上げる[1]。

(77〜86頁の **史料3** ①〜⑨を参照)

1　ラント裁判区シュタイナハ

　ラント裁判区シュタイナハの領域的基礎は、アンデクス＝メラン家の、マトライ（シュタイナハ北部の集落、後に市場町（マルクト））を拠点とする支配領域（伯領）にある[2]。この地域はアンデクス＝メラン家の断絶（1248年）後はティロル伯に帰したが、当裁判はしばしば抵当として貴族に委ねられ、1519年以後はシュネーベルク家、ヴェッリンガー家が抵当保有した。裁判区の中心は当初、領邦君主の直轄領管理組織（プロプスタイ）の所在地でもあったマトライであり、マトライはまたこの地域の教区教会の所在地でもあった。しかし14世紀のうちにプロプスタイとラント裁判所は、南部の市場町（マルクト）、シュタイナハに移された。史料にしばしば「マトライ教区のラント裁判」と表現されたように、当ラント裁判区はこの教区と重なり、北部のプフォンス、ミュールバハルからブレンナー峠に及んでいた。17世紀の徴税台帳によればこの裁判区には、19の大小のゲマインデが存在した。16世紀にはその5カ所で下級裁判集会が開かれていたが、重犯罪（マレフィッツ）やラント裁判区の重要な案件（放牧地・森林の利用、水利・潅漑など広く地域住民に関わる問題）、そして名誉や暴力の関わる紛争は、シュタイナハのラント裁判集会で処理された。

(A)　グシュニッツ渓谷のゲマインデ間紛争

　①②の事例はラント裁判区シュタイナハの南部、ブレンナー峠に近いグシュニッツ渓谷のゲマインデ、トリンスとグシュニッツの紛争である。この渓谷の中心集落であるゲマインデ、トリンスはシュタイナハのラント裁判に服し、マトライの教区に属したが、14世紀には「共同体（Bauerschaft, Nachbarschaft）」と呼ばれ、自身の下級裁判集会を持った。また以下に示されるように、その放牧地は広く渓谷内各所に散在しており、このことが渓谷の奥部のゲマインデ、グシュニッツとの紛争の背景にあった[3]。

　①の紛争は、グシュニッツ渓谷上部のゲマインデ、グシュニッツが下部のトリンスの地域を、家畜をともなって通行する際のトラブルが原因であった。放

第1節　ヴィップ渓谷地方のゲマインデ間紛争　　　65

図2　ラント裁判区シュタイナハ／ゾンネンブルク（下級裁判区シュトゥーバイ）

牧地が散在し、共用関係が錯綜する渓谷では、このような家畜移動にともなう紛争は頻繁に生じていた。ここではシュタイナハの裁判官が紛争解決のイニシアチヴをとり、近隣ゲマインデの住民たちとともに現地実検を行って裁定した。ここにはすでに、ラント裁判官の役割、近隣住民による実情をふまえた仲裁など、本章で取り上げるゲマインデ間紛争の解決におけるいくつかの特質が現れている。なお①の史料原文では裁判官が一人称の主体であるが、文書の末尾部分では仲裁者（陪審）が一人称複数の主体になり、また裁判官が仲裁（裁定）者の1人とされているのは、仲裁の実質的な担い手であった近隣住民たちと、その結果を文書でオーソライズする裁判官の役割関係を示唆して興味深い。

　グシュニッツとトリンスの争いは、①と同じくトリンスに伝来する1630年のゲマインデ文書②にも記されている。この紛争の当事者シュタウデンホーフは、グシュニッツの東に隣接する散居家屋群であり、グシュニッツの村域に属していた。グシュニッツは小村であり、大きなゲマインデであるトリンスが放牧するエリアは、争点となった境界の位置からすれば、グシュニッツの近くまで広がっていたと考えられる。その範囲を正確に地図に示すことはできないが、挿入された1408年の文書から、トリンスとグシュニッツの争いがそれ以前から続いていたことがわかる。にもかかわらず17世紀に入っても、両ゲマインデの放牧地の境界は曖昧であったように、ひとつの渓谷におけるゲマインデの範囲、領域を完結的に画定することは、きわめて困難であった。同じゲマインデ間で紛争が繰り返される背景には、このような渓谷の放牧地、その他の入会利用の錯綜した関係があった。また1630年の紛争の際に、200年以上遡る過去の仲裁文書が当事者によって提出され、その効力が認められている事実にも注目すべきであろう。この時期（15世紀）の仲裁、和解に関する記録は、なおフェアファッハブーフ裁判帳簿が存在しないこともあり、もっぱら当事者ゲマインデの意志で一通の文書として作成され、その手元に保存されたのである。

(B) ゲマインデ内の放牧地利用——争いと規則

　先に述べた通り、本章の課題はゲマインデ間の紛争の事例を個別的に考察することであった。またゲマインデ文書の圧倒的多数は、ゲマインデ間の紛争に関連するものであった。各ゲマインデにとって、牧畜経営における最も重要で厄介な問題は、やはり放牧地利用をめぐる他のゲマインデとの利害調整だった

からである。ゲマインデ内部の放牧地利用に関する慣習的規定は、慣習法文書(ヴァイステューマー)にしばしば現れる。そのことから当然、現実にはゲマインデ内の住民間においても、放牧における様々なトラブルが生じていたと考えてよい。しかし放牧規則が文書として遺る場合でも、現実に生じたゲマインデ内のトラブルへの言及は稀にしか見られない。そうした事例のひとつである③では、トリンスの住民間での放牧をめぐる混乱を、ラント裁判区長(プフレーガー)がイニシアチヴをとり、裁判区住民が協力して仲裁している。原文はかなりの長文であるが、放牧の実際について垣間見せてくれる記述でもあるので、内容全体を若干簡略化して記している。

　この事例③で争いの対象となったオクセンアルムは、前述のトリンスから北へ一山越え、5キロメートルほど隔たった放牧地である。この放牧地の他、関連して記されたいくつかのトリンス住民が利用する放牧地が、グシュニッツ付近にも広がっていることから見て、おそらくトリンスはかつて、前掲事例①②で現れるグシュニッツとともに、グシュニッツ渓谷全体の主要な放牧地を共有する放牧共同体を形成していたのではないかと思われる。ゲマインデ、トリンスには36名の放牧地利用権を持つ農民がおり、彼らは家屋敷と付属地を所有するゲマインデの正式構成員である家持農民(ホーフバウエルン)であったと考えてよい。後段で述べるように、ティロルの山岳農村においても中世後期には小屋住農であるゼルロイテ(Sölleute)など、放牧地の利用を制限された下層住民が増えるが、ここでは文書中に隣人たち(nachpar)と記された家持農民の間の放牧ルール確立が懸案であった。過去から共用されてきた渓谷に散在する放牧地の利用が、そのようなゲマインデ住民の間にも軋轢を引き起こす事態になっていたのである。しかもそのような事態の収拾と放牧地利用の秩序化に際して、ラント裁判区長の権威を借りねばならなかったという事実は注目に値しよう。史料③では省略した放牧地利用規則は、家畜の種類や放牧期日をきわめて詳細に規定している。このような規則の作成は、文書に言及された全権委任代表が行ったのであろうが、その遵守を確実にするには、裁判当局の権威と文書が必要だと認識されたのである。

　この点からもラント裁判区の各ゲマインデは、個別に(裁判)集会や慣習を持つ場合でも、ラント裁判当局とは密接な関係にあったことがわかる。また証人として裁判区住民が立ち会っていることからも、少なくともトリンスというひとつのゲマインデの放牧活動が正常化することは、周辺集落の住民にとって

も関心事であったと言えよう。放牧活動、放牧地利用は決して単一のゲマインデの問題にとどまらず、地域の問題でもあった。

　以上のように裁判区シュタイナハのグシュニッツ渓谷は、トリンスを中心とするひとつの放牧共同体ないし放牧地共用団体を構成していたと言ってよい。しかし住民の密な放牧地利用関係は、15、16世紀にはゲマインデ内、ゲマインデ間に軋轢を生み出していた。そのような様々なレベルでの紛争解決と放牧地利用関係の調整のために住民たちは通例、裁判当局の権威のもとに近隣住民の協力を得て交渉を行ったのである。

2　ラント裁判区ゾンネンブルク

　ラント裁判区ゾンネンブルクの地域は前述のラント裁判区シュタイナハと同様、アンデクス＝メラン家の支配領域（「イン渓谷伯領」）に由来する。[4] 同家のもとで12世紀に provincia と表現されたこの裁判領域は、アムパス、ヴィルテン、パッチュ、テルフェス、アクサムの5つの教区を含み、そのうちアムパス、ヴィルテン、アクサムの地域は、一体的な入会（放牧地）共同体をなしていた。1248年のアンデクス＝メラン家断絶の後、この地域はティロル伯アルベルト、そしてマインハルト2世の手に移った。貴族への授封の後、15世紀初からは領邦君主が役人に管理させたが、15世紀末以後はしばしば抵当とされている。15世紀初の領邦君主の土地台帳によれば、このラント裁判区の11のゲマインデにおいて開かれる年3回の下級裁判集会の際に、定められた裁判税（Malpfennig）をラント裁判官が徴収した。3月、6月、10月の各々2週間足らずの間に11のゲマインデが相次いで裁判集会を持ち、ラント裁判官が巡回してこれらを司宰したのである。シュトルツによれば、こうした裁判集会は、ラント裁判共同体の大きな枠組みの中から14世紀のうちに二次的に成立した。しかし重犯罪（マレフィッツ）はインスブルック周辺で、また1330年以後はその西郊のガルゲンビヒルに移されたラント裁判集会において裁かれ、この裁判には15世紀半ばにもなお、裁判区内の11のゲマインデから陪審が加わっている。[5]

(A) 領邦政府役人の主導する仲裁

　この地域におけるゲマインデ間紛争の解決には、様々な領邦政府の役人（高官）が重要な役割を果たしている事例が、他の裁判区に比して相対的に多い。

第1節　ヴィップ渓谷地方のゲマインデ間紛争　　　69

それはこの裁判区がインスブルックの宮廷に近いことによるものであろうか。あるいはゾンネンブルクのラント裁判当局、さらには個々のゲマインデが領邦当局との何らかの直接的関係を有したためであろうか。いくつかの事例を検討してみよう。

　事例④では、アクサムとオーメスの放牧地アルミント・アルムをめぐる争いが、双方の共同体の代表の要望により、森林長官とアクサムの裁判官によって仲裁されている。この地域が属するラント裁判区ゾンネンブルクのイン渓谷部分においては、バイエルンのフラウエンキームゼー女子修道院の所領が広がり、その下級裁判権は14世紀になおアクサム、ビルギツ、そしてアクサムの西方のグリンツェンス、ゼルラインに及んでいたが、この下級裁判も当地のラント裁判権に服していた。10世紀の史料に言及されているアクサムは、同下級裁判所の置かれたこの地域の中心集落であり、また古い大教区の中心でもあった。これに対してオーメスはアクサム北部の小村に過ぎない[6]。しかしアクサムとオーメスは南部の山々に広く散在する放牧地を共用し、あるいは個別的に利用していた。両集落はビルギツ、グリンツェンスなどのゲマインデとともに、フラウエンキームゼー女子修道院の所領組織と結びついた放牧地共用団体を形成していたのであろう[7]。オーメスはアクサムなど古い中心集落に対して、中世盛期にあらたに成立した小集落であると考えられる。

　争いの対象である放牧地アルミント・アルムは、オーメスから10キロメートル余り南西に隔たったフォッチャー渓谷奥部の放牧地である。この放牧地はオーメスに属すとされているが、オーメス住民にも自由な利用が許されたのではなく、アクサム住民も一定の利用権を持ち、かつ双方共に定められたルールに服したのである。この意味で、両ゲマインデはなお、渓谷の広域的な放牧地利用において密接な利害関係にあったと言える。そしてこの文書に述べられているように、おそらくオーメスの周辺に存在したであろうフラウエンキームゼー領など、領主所領の農民と家畜もこのルールに従わねばならなかった。この意味でアクサムとオーメスの放牧地利用規則は、この地域のルールとしての意義を持ったのである。

　この事例は確かにラント裁判官ではなく、領邦の森林長官とアクサムの裁判官（フラウエンキームゼー女子修道院の下級裁判官）がイニシアチヴをとり、彼らが主体的に裁定を下したという印象を与える。このことが何かの偶然の事情（たとえばラント裁判官の不在のような）によるものか否かはわからない。アクサ

ムの裁判官のみならず森林長官が関わったのは、インスブルック東部やヴィップ渓谷上部の製塩業、鉱山地帯に近いこの地域では、領邦の森林資源を管轄する森林長官の影響力が強かったという事情によるものとも考え得る（本書第6章参照）。いずれにせよ実際には双方の当事者の交渉があり、また裁定を導く交渉には、証人として現れるビルギツやインスブルックの住民も関わったのであろう。

　事例⑤では、インスブルック、ヘティングとツィーアルの放牧、木材、石の採取場の境界をめぐる争いが、大公の顧問官・宮廷長官、および財務官らにより収拾されたように、領邦役人の紛争解決への関わりは一層明らかである。史料に記されたこの紛争処理はやや複雑な経緯を示しているが、インスブルック住民、およびそのイン河対岸のヘティング（現在はインスブルック市内）の住民が、インスブルックから10キロメートル余り西のゲマインデ、ツィーアルと、これらのゲマインデの間に存在したであろう放牧地、森林の利用（採石、木の伐採）をめぐって争ったことが、紛争の軸をなしている。フラーゲンシュタインはツィーアルの上部にある領邦君主の城塞で、その管理人とされるウルリヒ・ラムングは、このころ領邦財務長官を務めた人物であった。この人物がツィーアルの権益を擁護する立場から、インスブルック、ヘティング住民の利用権を制限しようとしていたわけで、このようなサポートもあってか、ツィーアルは容易に和解に応じようとはしなかった。インスブルックは領邦の宮廷都市とはいえ、とりわけヘティングのような周縁部ではなお農業（牧畜）は重要な意味を持っていた。また宮廷都市であるだけに、その住民は領邦君主への直接的訴え（ここでは嘆願書）にも馴染んでいたのであろう。ツィーアル側に有力者の後ろ盾があることをも考慮し、インスブルック、ヘティング住民は領邦君主に直訴したのである。そこで領邦君主ジクムントは、南ティロルの主要都市ボーツェンから2人の宮廷役人に宛てた文書で、この問題の処理を委任した。このようにインスブルック周辺地域では、ゲマインデ間の争いに領邦政府関係者が関わっていることが、その収拾のプロセスに大きな影響を与えることもあった。

　この事例では近隣住民の協力、関与は何ら文書には現れない。文書からわかるのは、役人たちが双方の言い分を十分に聞き取った後に行った仲裁が、最終的には奏功したことである。このような領邦、宮廷役人が紛争解決（交渉と和解）のイニシアチヴをとる事例は、必ずしもインスブルック周辺の地域に限ら

れないものの、相対的に宮廷へのアクセスが容易な地域で多い。たとえば1473年には、イン渓谷からヴィップ渓谷への入り口に位置するムッタース、ナッタース、およびその西部のゲツェンスの間の、ルフィスと称する放牧地の利用をめぐるトラブルを、ゾンネンブルクの裁判官と、森林長官の代理である領邦君主の厩長官（stalmaister）が事情聴取と現地実検により裁定している。

（B）ゲマインデ内の階層間対立と政府役人の仲裁

　事例⑥は前掲③と同様、ゲマインデ内の紛争を示す数少ない事例のひとつであり、前掲④の紛争当事者であったゲマインデ、アクサムの内部における住民間（階層間）の争いとその収拾を示すものである。このようなゲマインデ内部のいわば構造的問題がゲマインデ文書に記されて伝来するのはやはり稀であるが、このような紛争の処理においても領邦役人が重要な役割を担っていたことは注目に値する。このゲマインデ内紛争について、その一般的背景をもふまえて考えてみよう。

　既述のようにティロルの農村人口は、黒死病流行後も15世紀には増加に転じ、各ゲマインデにおける人口稠密化は、すでに明確な階層的分化をもたらしていた。ゼルトナー、ゼルホイスラーなどとも呼ばれる小屋住農は、家屋敷を所有し、森林や放牧地の完全な利用権を有する住民（ホーフバウエルン、バウロイテ、インザッセンなど呼称は様々）とは明確に区別され、差別された下層住民である。その語源 salida, selde（小家屋）が示唆するように、彼らは通例、土地所有住民の屋敷地の片隅、菜園、あるいは村外れに小家屋を設けて住み、共有地利用も制限されていた。小屋住農は鉱山労働、手工業、その他の日雇い労働を生業としたが、農村に住み、若干の菜園や牧畜をも行って生計を立てていた。彼らは外部からの移住者のみならず、とりわけ15世紀末以後の顕著な人口増の中で、土地・屋敷を相続できなかった農民の子弟も多かった。中世後期にすでに渓谷上部への新定住（散居・小村）が飽和化により不可能になって以来、そうした人々は既存集落の屋敷地の（相続）分割や共有地の一部の獲得により地片を得、小家屋を設けて家族生活を営むようになった。G・イェーガーによれば、このような住民層の人口割合は17世紀初のティロルのゲマインデにおいて平均して20パーセント強を占めていた。またアクサムでは1669年に163人の納税者が記録されているが、このうち土地所有住民は70人、これに対して小屋住農は48人、間借り人は45人であり、近世にはもはや小屋住農はマイノリ

アクサムにおいてこのような住民の重要な部分を占める小屋住農が、土地所有農民に対して求めたのは、やはり森林、放牧地の利用、税負担における公平化であった。土地所有住民が、限られたリソースの優先利用にこだわり、小屋住農の利用を排除ないし制限しようとしたのは容易に理解できる。しかし鉱山業にとっても重要な存在であった非農業労働者や、その他の労働力を農村社会の中に安定的に定住させ、生活させることは、領邦政府の大きな関心事であり、政策でもあった。アクサムの小屋住農の実態がどうであったのかは明らかではないが、ティロルには不在の君主（ここでは国王にして領邦君主であるフェルディナント1世）の代理を務めるような領邦の高官たちが、このようなゲマインデ内の争いを収拾するためにいく度も骨を折ったことは、そのような一般的な事情をふまえてのみ理解しうる。また放牧地等をめぐるゲマインデ間の紛争と異なり、こうしたゲマインデ内の問題の解決に他のゲマインデの住民が全く関与していないことも興味深い。紛争とその解決における地域的なコミュニケーションの広がりは、紛争の性格により様々であったと言えよう。

(C) 渓谷共同体の自律と紛争解決——下級裁判区シュトゥーバイ

 ヴィップ渓谷から西南に入り込むシュトゥーバイ渓谷地方にも、領邦君主の直轄領が多数存在した。空間的にまとまったこの渓谷は、テルフェスに教会を置く教区と重なり、前述のようにラント裁判区ゾンネンブルクの中で、14世紀前半には独自の広域的な（下級）裁判区を形成していた。その裁判官は、ゾンネンブルクのラント裁判官に下属したが、1441年の慣習法文書によれば、シュトゥーバイ裁判区内のゲマインデ、フルプメス、テルフェス、ミーダース、シェーンベルクの代表がシュトゥーバイの住民共同体、裁判共同体として、ヴィルテン修道院の裁判官にシュトゥーバイの裁判官の任命方法（共同体住民が推薦した3人の中から直轄領管理官が選ぶ）の確認を要請し、森林監督官がこれを認めている。裁判所は当初テルフェスに置かれたが、裁判集会はノイシュティフト、ミーダース、フルプメスでも開かれ、全ての家持住民が出席義務を負った。シュトゥーバイ渓谷はその渓谷両側の千〜2千メートルの山腹に豊かな放牧地を擁し、渓谷内のゲマインデ（住民）は、放牧活動、そして紛争とその収拾において、密なコミュニケーションを維持していたようである。
 事例⑦は、テルフェスとクライトの放牧地争いであり、本章で扱うティロル

のゲマインデ間紛争に関する記録としては最も古いものである（ただし伝来するのは18世紀初の写本である）。クライトはシュトゥーバイ渓谷の入り口に近いゾンネンブルク裁判区の小村であり、テルフェスは前述のようにシュトゥーバイ渓谷の中心集落である。両者が訴えたインスブルックの直轄領管理官（プロプスト）はペーター・フォン・シェンナンの代理としてこの訴えを受け付け、仲裁を試みたことから、ペーター・フォン・シェンナンはゾンネンブルクのラント裁判官職の本来の保有者であったと考えられる。文書末尾にはシュトゥーバイ渓谷の裁判官の代理も証人として記名されていることから、ここでは両当事者の所属に対応して、ゾンネンブルクとシュトゥーバイ渓谷の両裁判官の職権が働いていることになる。またインスブルックで行われた仲裁にはインスブルック市民の他、テルフェスの隣村、ミーダースの住民などが立ち会っていた。争いの対象となった放牧地の位置は確認できない。14世紀前半という早い時期のこの紛争事例は、当事者がシュトゥーバイ渓谷の内外に及ぶこともあり、渓谷を単位とした自律性は明確ではない。

　次の⑧は、渓谷内のゲマインデ、テルフェス、ガゲルス、カプフェルスの間の、放牧地利用をめぐる利害調整のプロセスを示す。テルフェスはシュトゥーバイ渓谷の中心的集落であるが、前述のように渓谷の下級裁判はノイシュティフト、ミーダース、フルプメスでも開かれていた。こうした裁判は形式的にはゾンネンブルクのラント裁判官に服し、これを代行するという体裁をとっているが、実質は、先に言及した裁判官選出の手続きにも見られるように、渓谷のゲマインデ住民の固有の裁判という性格を備えていた。この事例は、テルフェスとこれに付属する小村の間の放牧地利用のルールを再確認するプロセスを窺知させ、また在地の古老による慣習の提示に基づく、典型的な慣習法文書（ヴァイステューマー）のスタイルをとっている。裁判官は最初から、当事者たち、在地住民の協議によるルールの再確立という手段を採用し、そのためにかなりの時間を要したのであろう。

　この問題解決のための交渉、協議はおそらくテルフェスと2つのゲマインデの住民自身の間で行われたようであるが、そのためには渓谷の裁判集会という公的な場において確認されることが必要であった。問題の放牧地の位置は確認できないのだが、隣接する地域内のゲマインデ間の問題であっても、放牧地利用の慣習規則を確認して平和的な放牧活動を保証することは、周辺のゲマインデ住民にとっても関心事であったと思われる。

なお渓谷住民が協力して放牧地紛争を解決する事実は、ひとつのゲマインデ内の争いに関しても見られる。とりわけ1436年の放牧地利用に関するテルフェス住民間のトラブルに関する事例が示唆的である。このときはテルフェスの3人の農民が、規則通りに共同体の牧童に委ねずに自身で放牧したことからテルフェスの住民間で争いが生じている。この争いは「双方のよき友人たちの負担となった」ので、シュトゥーバイの裁判官を含むミーダース、フルプメスの長老たちが古くからの慣習を語り、双方がこれを受け容れて収拾されたのである。放牧地利用に関する慣習の確認やルールの確立のためには、やはり渓谷内の隣人たちの記憶や知恵が必要であった。

とはいえ、紛争が広く主要なゲマインデの間に広がっていた場合、当事者と渓谷住民の交渉と仲裁は容易ではなかった。そうした事例として最後に、フルプメス、ミーダースとノイシュティフトの住民が、木材伐採、採草、放牧をめぐって争った事例⑨を挙げる。その収拾はシュトゥーバイの裁判官から領邦の森林官へと委ねられることになる。

この事例⑨における紛争当事者の関係は、文書ではややわかりにくい。一方のフルプメスおよびメトラツはひとつのゲマインデとして代表を出しているように、後者は前者から派生した従属集落だったのであろう。他方、シュミーデン、ノークなどの地名は、文書にイム・タールと記されたゲマインデ・ノイシュティフト付近の散居集落名であり、エッセヴィッセンも含めて全体としてゲマインデ・ノイシュティフトに属していたと考えられる。したがってフルプメス、メトラツとノイシュティフトが紛争当事者ゲマインデであった。双方共に渓谷の古い中心集落であり、これらのゲマインデ間の放牧地、森林利用をめぐる争いは、シュトゥーバイの裁判官のもとでは、双方が合意に至らず、仲裁が成立しなかった。そこで森林官が領邦森林長官の権威をも借りて、当事者住民を集めて仲裁を行った。両者は原則的に仲裁案に同意したが、両者の放牧地、森林の利用地域区分を境界石により明確にすることを望んだので、直ちに現地での境界確認と境界石の設置が行われたのである（仲裁者や和解の記述と境界設定のそれが前後している）。そうした境界地区と境界標示がかなり広範囲に及んだからか、以後の紛争に対しても配慮があり、ふたたび当事者双方が立ち会い、仲裁人、裁判官、森林官があらたな境界設定（境界石の追加？）を行うとされている。上に挙げたヴィップ渓谷におけるゲマインデ間紛争において、その解決に尽力する政府関係者としていく度か森林長官など、森林管理役人が現

れていたが、この事例においても下級裁判官のもとで合意に至らなかった争いは、森林役人に委ねられた。領邦政府の森林管理はこの地域においても、それだけ重要であったということだろうか。

　ここでは逐一記さなかった、境界表示により区分された放牧地域は、その全てを地図で同定することは難しいものの、ノイシュティフトとフルプメスの間の地区に限られず、ノイシュティフトのはるか南方の渓谷奥部に及んでいた。両者の放牧地利用関係はやはり、空間的に錯綜していたのである。そのような関係を調整するための境界画定と境界石の設置という困難な作業では、当事者ゲマインデの代表と共に、文書に記名されているカプフェルスの住民など近隣の人々が重要な役割を果たしたのであろう。

3　小　括

　シュトゥーバイ渓谷の住民がひとつの裁判共同体としての一体性を認識していたことは、先に述べたように、1441年の慣習法文書において、フルプメス、テルフェス、ミーダース、シェーンベルクの4ゲマインデが隣人団体ないしは裁判民共同体として、裁判官候補の推薦権の確認を求めていること、さらにここには挙げなかったが、1621年になおシュトゥーバイの慣習法文書の冒頭で、当裁判区の（ゾンネンブルク、シュタイナハのラント裁判区に対する）境界が、いく人かの長老住民の記憶に基づく証言によって確認されていることからもわかる[17]。今日でも見られる両側の山腹の豊かな放牧地を擁するこの渓谷は、イン渓谷に比べて狭小ではあるが、それだけまた各ゲマインデによる渓谷内の放牧地利用は相互密接な関係にあった。そうした関係はすでに14世紀の史料において、しばしば紛争を生じさせていた。しかしその際の紛争主体は、必ずしも個々のゲマインデ、集落だったのではなく、フルプメスやノイシュティフトなど主要な集落が周辺の、おそらく二次的に成立したと考えられる小集落をも含めて、ひとつの地区共同体として相互に争った。さらにテルフェス地区では、中心集落テルフェスと、その近傍の2つの小集落の間の放牧地利用関係が、すでに混乱に陥っていた。

　シュトゥーバイ渓谷におけるこのようなゲマインデ、集落間の結合、放牧地共用と対立の錯綜した関係は史料的には、大きな共同体が次第に細分化していくプロセスとして実証することは難しい。明らかなのは、共同と紛争の関係が

その都度、事情、状況に応じて、異なる様相を呈したという事実である。また今ひとつ指摘すべきは、放牧地利用は完全にゲマインデごとに個別化したのではなく、15、16世紀になお放牧地、森林など入会利用をめぐるゲマインデ相互の密接な利害の絡まりは、たとえばミーダースの16世紀の慣習法文書が、テルフェス、グラインスに加えて、渓谷外のマトライに及ぶ周辺のゲマインデに対して、各々個別に相互の放牧権を規定していることからも読みとれる[18]。⑦のシュトゥーバイ裁判区外に跨る集落間紛争や、⑨のようにシュトゥーバイの裁判官の仲裁が不調に終わった場合には、領邦役人が収拾のイニシアチヴをとっているが、その場合でも渓谷住民や渓谷（裁判区）外の住民も立会い人や証人として現れている。また⑧ではひとつのゲマインデ内の紛争の収拾に際して、近隣の古老、住民の記憶と働きかけが決定的な意味を持った。この意味で、15、16世紀にはなおシュトゥーバイ渓谷（裁判区）も、個人（集落内）、集落間の緊張をはらんだ密接な利害関係に基づく地域共同体であったと言えよう。そうした放牧地利用関係は、一部はなおシュトゥーバイ渓谷外、ヴィップ渓谷部にも及んでいたと考えられる。

　グシュニッツ渓谷、シュトゥーバイ渓谷は、内部の個別ゲマインデ（散居家屋群）とその相互関係に規定された、各々のラント裁判区内で相対的な自律性をもつ放牧共同体ないし放牧地共用団体であったが、同時にその放牧地利用をめぐる利害の調整、すなわち紛争解決と秩序（規則）の確認には、渓谷内のみならず、両渓谷が合流する主渓谷であるヴィップ渓谷に及ぶゲマインデ住民の関与があった。その際通例は管轄のラント裁判官、下級裁判官がそうした紛争解決のイニシアチヴをとり、あるいは結果をオーソライズし、ゾンネンブルク裁判区では領邦役人がそのような役割を果たすこともあった。農民たちは自身の問題解決への発端と、回復された秩序の確認・強化のためには、状況に応じて当局の権威を利用したのである。

　以上のヴィップ渓谷地方の事例には、ゲマインデ、渓谷、より大きな地域、裁判区という様々な重なり合う枠組みの中での、対立と協力の相互関係の展開、領邦の裁判、政府関係者の関わりなど、全体としてティロル農村社会の紛争と紛争解決を特徴づける諸相が看取できる。もちろんそうした特質は地域的条件により、多様な現れ方をするのである。

　以下、本章各項末の史料記述は原文の逐語訳ではなく、境界表示の地名など

第1節　ヴィップ渓谷地方のゲマインデ間紛争　　　　77

詳細な叙述は、省略ないし簡略化して示している。また内容略述の疎密は一定ではなく、とりあげる事例と文書内容の重要性に応じて様々である。下線を施した部分は、ゲマインデ間紛争の解決における重要な、あるいは共通する特質を示す文言であり、これらの語句、文章はほぼ史料原文に忠実な訳である。文書中の（　）内は全て筆者の挿入である。「……」は省略した部分があることを特記する場合に挿入した。

⬛ 史料典拠の略号

TW I-IV : *Die tirolischen Weistümer* I-IV, Hg. von Zingerle,I.V./Inama-Sternegg, K.Th. von, Wien 1875-1891 ; TW V, Hg. von Grass,N./Finsterwaldner,K., Innsbruck 1966. TW VI, VII, Hg. von Grass,N./Faussner,H.C., Innsbruck 1994.

TLA : Tiroler Landesarchiv.

GA : Gemeindearchiv.

GAKL : Hölzl,S., *Die Gemeindearchive Kauns/Gerichtsarchiv Laudegg*, Innsbruck 1984.

GAA : Ders., *Die Gemeindearchive Arzl im Pitztal und Längenfeld*, Innsbruck 1986.

GAL : Ders., *Die Gemeindearchive des Bezirkes Landeck*, Innsbruck 1991.

GAI : Ders., *Die Gemeindearchive des Bezirkes Imst*, Innsbruck 1995.

GAR : Ders., *Die Gemeindearchive des Bezirkes Reutte*, 2 Teile., Innsbruck 1997 /98.

Stolz : Stolz,O., *Geschichte der Gemeinden Telfs, Pfaffenhofen, Oberhofen und Rietz*, Beilage, Urkunden und Ordnungen, Schlern-Schriften 112, 1955.

〔なお、史料の見出しに続いて年月日（文書に記された協定、和解成立の日付）、史料略号と引用箇処等を記した。〕

⬛ 史料3

① グシュニッツ渓谷住民とトリンスの住民の採草地への通路をめぐる争い
　　　　　　　　1471　7.25　TW V, Trins, S.362-364（GA Trins, Nr.24.）
　グシュニッツの渓谷の住民とトリンスの住民の間で、トリンスの採草地を通る道をめぐって争いが生じた。グシュニッツ住民はこの道を渓谷（下部）へ行くために不可欠と考えていたが、トリンス住民は、グシュニッツ住民の夏期の通行が

採草地に大きな被害をもたらしているとして、彼らの通行を妨害した。この争いのためにシュタイナハ裁判区の直轄領管理官であるゲルク・マメンデルファーがグシュニッツの領主レオポルト・フォン・シュピースの代理として、シュタイナハのラント裁判官ゲルゲン（ゲオルク）・メッシングにグシュニッツ住民が件の道を通行できる措置をとるよう訴えた。そこで裁判官は争いを抑え、よき友好的関係と隣人関係を回復するために、大なる尽力と費用負担をもって、マリア・マグダレナの日に両当事者の立会のもとで争いの場所を実検し、両者の言い分を聞き、裁判官が招集した人々とともに両者の和解を試みること、和解が成立すればよし、さもなくば双方が法（recht判決）を受け容れるべきことを伝えた。

件のラント裁判官は上述の日に件の境界の地に来たり、そこでマトライ市民 Grimm, Leinhart Merner, maister steffan Mawrer, ゲマインデ・シュタイナハの住民 Stoffel Gügritz, Hainreich Schneider, マウエルンの住民 Steffan Per, Hanns Sperr, Hainreich Lusch は陪審たちとともに上述の通路について確認し、話し合い、以下の点について合意がなった。すなわち両者はこのたびの争いがなければ、友好的でよき平和な関係にあった。前述のグシュニッツの住民は彼らの渓谷への道を上の草地の垣根に沿っていつでも、あらゆる必用に応じて通行し、騎行するべきで、またこの通路においては双方にその権利と境界が示されるべきである。……（詳細な境界の記述）……またグシュニッツ、トリンス各々が2人ずつを選び出し、彼らが通路のそれぞれの範囲を検分し、それが利用しやすく維持、保全されるように監督する。……

裁判官が陪審たちとともに以上の裁定を双方に示し、自由な判断に委ねたところ、彼らはこの裁定を喜んで受け容れ、今後この裁定を永久に損なわず守ることを誓約した。また双方が裁定を印璽付き文書として交付することを望んだので、裁定者のひとりでもあった裁判官ゲルゲン・メッシングの印璽が裁定者たちの要望によって付された。……

② グシュニッツのシュタウデンホーフ所有者とトリンス住民の放牧地争い
　　　　　　　1630 TW V, Trins, S.371-377（GA Trins, Nr.55）
　グシュニッツのシュタウデンホーフと称する屋敷（農地）所有者たち4人（GSと略記）が、ゲマインデ・トリンスの地区に所有すると主張した放牧地の範囲をめぐってトリンス住民との間に争いが生じた。トリンス住民の訴えによれば、GSは自分たちの農地の範囲を超えて不当にトリンスの森や放牧地に放牧し、かつ他人の家畜をも引き受けてトリンスの地域に放牧しているという。この争いにおいてGSは1408年の同じ争いの際に、領邦君主フリードリヒがシュテルツィングのコンラート・デア・シュトロインに仲裁させた際の文書を提出した。トリンス側も彼らの慣習的権利は文書によって保護されていると主張した。

　このような不和と諍いが平和的に仲裁され、出費や他の支障が取り除かれるよう、シュタイナハの裁判官フェルディナント・フライヘル・ツ・シュネーベルク

は裁判区住民の立会いのもとに、数回の実検をふまえて仲裁した。仲裁裁定は以下の通り。

　GSの主張する地域の放牧権を正当とするが、トリンス住民が苦情を述べた、GSの農地に一体化されていない複数の土地については、どれだけの家畜をそうした土地から放牧できるか、あらためて見積もりをなす。差押えによる被害は相互に補償し合い、裁判費用は折半とする。これにより双方は友好的に、隣人にふさわしく合意、和解、宥和し、またかくあり続けねばならない。このことはティロル伯領のラント法にしたがい、有効で恒常的な取り決めとされるべきである。

　この和解文書が双方に示され、読み上げられた後、双方が協議し、最初にGS4人が、続いてトリンスを代表する村長と13人の住民たちが自由な意志により受け容れ、永久にこれを守り、これに反することは決してしないと、上述の裁判官の前で誓約した。

　（続いて言及された1408年の仲裁文書が挿入され、そこではコンラート・デア・シュトロインはシュタイナハ、シュテルツィングの住民、その他の近隣住民からの事情聴取、証言、実検、文書の確認により、基本的にGSの主張を認める裁定を行っている。）

③　トリンス住民間の放牧地利用をめぐる争い
1560 7.8 TW V, Trins, S.367-371（GA Trins, Nr.47 u.a.）

　（1646年にも同じ放牧地をめぐる争いのために、付加的規則がラント裁判官の前で作成されている。）

　トリンスの住民たち全ての間で、オクセンアルムにおける彼らの過剰な放牧のために不和、対立、争い、軋轢が生じた。トリンスに属す全ての者が放牧したために、正しい秩序が失われ、相互に苦情を言い合った。今後このような争い、不和が収まり、永久によき隣人関係と和合が彼らとその子孫のもとで維持されるよう、全ての名誉あるトリンスの隣人団体、富めるも貧しきも、このオクセンアルムに部分（持ち分）と共有地を持つ者全て、すなわち以下に記名された者たち……（36人の名）……は、シュタイナハのラント裁判区長であるフリードリヒ・フィリプゼン・フォン・シュネーベルクの前に来たり、彼らのオクセンアルムへの放牧について今後永久に守られるべき規則を定め、彼らとその子孫の間で争いが生じないよう、裁判官に示した。そしてこの争いが落着するように、彼らに協力し、助言をあたえるよう要望した。トリンスの全住民は裁判当局の前で委員団を形成するため、この件に関する全権委任の代理人として次の人々（村長 Stoffl Molln を含む7人）を選んだ。全住民は彼らに、裁判当局の助言、同意と立ち会いのもとに、彼らに代わって交渉し、割当て、調停し、各住民が、所有する家畜、雄牛、牡牛（種牛）のどれだけをどの程度オクセンアルムに、また他の家畜を他の放牧地に放牧しうるかを決定する全権を委任した。この全権委員の決定を全住民とその子孫は受け容れ、遵守すべきである。続いて次のような規則と割当

てが決められた。

　……（13項にわたる牧規則）……

　最後にトリンスの全住民に以上の規則、割当てに関して、助言と同意を行った当局によって永久に保護が与えられる。この文書の確認のために、上述の6人の代理人・全権委任代表として選ばれた住民が裁判区長殿(プフレーガー)とともに、トリンスの全ゲマインデ、住民に代わって彼らとその子孫のために、この規則を永久に守ることを誓約し、前述の裁判区長殿に印璽付き文書を作成することを要望した。4人のシュタイナハ裁判区の住民がその証人となった。

④　アクサムとオーメスの放牧地アルミントをめぐる争い
1472 2.9 TW V, Axam, S.215-218（Landesregierungsarchiv Urk. II, 5531）

　我々4人のアクサム住民……（記名）……はアクサムとオーメスの全住民（ゲマインデ）に代わって全ての人々に以下のことを知らしめる。

　この2つのゲマインデの間にアルミントと称する放牧地をめぐって争いが生じ、我々双方の熱心な要望に応じて、オーストリア大公にしてティロル伯ジクムントの森林長官であるシュテファン・ハーダーとアクサムの裁判官であるハンゼン・ザウアヴァインは、我々相互の間に損害と不和がより大きくならぬように、この争い（の収拾）を引き受け、双方のよき和解へと至った。前述の森林長官と裁判官は友好的な裁定者、仲裁人として我々の争いに対し、以下のように裁定した。

　第一に、双方の間に争いがなければ、相互に助け合い、よき友にして隣人たらねばならない。次にアクサムの住民は1人であれ複数であれ、搾乳家畜をつれてオーメスの放牧地、アルミントに入ることができるが、その放牧地に放牧可能なだけの数を放牧すべきであって、多すぎてはならない。そしてオーメスの人々に、この放牧地について、賃租を適正に支払わねばならない。彼らはこの賃租を、直轄領管理区(プロプスタイ)・アムラスの管理官に、オーメスが所有する管理官の文書の示すところに従って納める。

　アクサムの住民たちは非搾乳家畜を前述の放牧地に一晩放しておくことができるが、悪天候になったら危険を避けて4晩、プレンツィングレーガーと称する放牧地に置いて、その後放牧地から去ることができる。

　オーメスの住民たちは搾乳家畜をアルプファッチュと称するアクサムの放牧地に、賃料なしに放牧しうる。しかしもしアクサムの住民たちがアルミントに放牧するつもりがないときは、これをオーメスの住民に適切な時期に知らせ、その場合オーメスの住民は、適正な賃租を得るため、外部の人々にこの放牧地に放牧させることができる。しかしそれはアクサムの住民に知らせたうえで行われるべきである。

　……Hans Helgerの保有するフラウエンキームゼー（女子修道院）の農場Stifthofも、全ての法をオーメスの人々と共有する。……

双方は、前述の2人の裁定者、シュテファン・ハーダー、ハンゼン・ザウアヴァインに対し、この裁定に忠実に従うことを誓約した。我々、上記のアクサムの代表4人と我々オーメスの全住民の誠実な要望により、上述の裁定者の2人は、同じ内容の2つの文書に印璽を付した。その証人はアムラスの Hans Mesner、ビルギツの Thoman Wolff, Peter Plankh, Melchior Mayr、インスブルックの Jacob von Kerschprich、その他の人々。

⑤　インスブルック（ヘティング）とツィーアルの放牧地、石材、木材をめぐる争い　　　　　　　　　　　　　　1476　8.2　TW V, Innsbruck, S.268-271

　我々、オーストリア大公ジクムントの顧問にして宮廷長官であるヨルク・ディーペルスキルハー（以下 JD）、同じく大公の財務官であるヨルク・ランドルファー（以下 JR）の両名に、我が君主（大公）は委任命令を下された。その内容は次の通りである。

　私の忠実なる顧問官にして宮廷長官 JD、財務官 JR にオーストリア大公ジクムントは、インスブルックの市長、参事会とヘティングの住民たちが私に差し出した嘆願書を送付する。<u>そして汝らが、両者を出頭させ、両者から事情を聞き、私の助言に従って和解するように促すべし。もし合意が成立しなければ私のために、いずれの側も他方を不正に苦しめることなく、相互に妨害することなく、慣習を維持するように命令すべし。</u>

　　　　　　　　　　　　　　　　　　　1476年5月8日　ボーツェンにて

　我々はこれを義務として受け容れ、また加えて宮廷長官レオポルト・フォン・シュピースおよびブルデンツのフォークト、ヴィルヘルム・パラフをも呼び寄せた。そして当事者双方を定められた日に我々のところに召喚し、インスブルックとヘティングから提出された嘆願書を受け取り、また彼らから直接聴取した。それによれば、彼らはランゲ・ヴィーゼの放牧地にアルヘ（Arche，杭の列に木の枝などを綱で横に張った河川の護岸設備。用水を引くためにも利用された）を設け、また必要な石と木材をそこで採取している。放牧地は常にアイルブルンネンまで適切な利用を行ってきた。しかしウルリヒ・ラムングは自身のために、またフラーゲンシュタインの管理人として、この石と木材を採取する権利を認めようとしなかった。そこで我々はウルリヒ・ラムングの石と木材をめぐる反論を聴取した。またツィーアルから共同で、放牧地、木材、森林に関する苦情がインスブルックに対して寄せられ、インスブルックからツィーアルに対しても同様であった。ツィーアルの人々は大公の命令に従おうとしなかったが、<u>しかし我々は彼らも善意を持ってよき隣人として裁定を望んでいるのを知り、フラーゲンシュタインとツィーアルの苦情を、同様にインスブルックの反論・損害を、各々文書と口頭で提出させ、聴取した。</u>その結果我々は以下のような和解のための裁定を行おうとした。

ツィーアルは十字架の立つ樫の木より下手に入ってはならない。その樫から山の中腹の大きな岩まで、そこから上って石の壁まで。フラーゲンシュタイン、ツィーアルはそれより下では、いかなる必要のためにも木を伐採してはならない。同様にインスブルックの側はこれより上では伐採してはならない。……また放牧地については、インスブルックとヘッティングは、十字石からからまっすぐ険しい岩まで、そして標示のあるヨッホ（鞍部）まで。それより上へは不可。同様にツィーアルはそれより下へは不可。もし家畜がこの境界を越えたら、他方はこれを差押えるのではなく、隣人として扱うべし。……このことは双方から2人ずつの、4人の誠実な人々により確認される。

このような裁定を我々は双方に、彼らとその子孫に善意を持って守るべく、提示した。彼らはこれを守ることを手によって委任官たる私、JDに誓約し、また印璽付きの文書にすることを要望した。印璽を付したのはJD、レオポルト・フォン・シュピース、ヴィルヘルム・パラフ（JRはこの間に死去）。

⑥　アクサムの小屋住農と家（土地）持農民の放牧、木材利用、税をめぐる争い
　　　1557　8.16（インスブルックにて）　TW V, Axam, S.219-220

少し前からアクサムの小屋住農(ゼルロイテ)と家（土地）持農民（ainsässen, lehensässen）の間で、放牧、木材、税をめぐる争いが生じていた。そこで国王の代理人、上部オーストリア諸邦（ティロルとフォアアールベルク以西のハプスブルク家西部所領を指す）の君主代理人や顧問官によって調査され、仲裁案が提示されたが不調に終わった。そこで政府は、小屋住農の要望により国王の顧問官、ハンゼン・マイア・フォン・フライジングを特別委任者（コミッサール）として再度両者を仲裁するよう、また必要なら現地実検を行うよう命じた。彼は自分で選んだ数人の者とともに実検を行った後、仲裁を行ったが、双方に拒否された。その後、前述の小屋住農のさらなる要請により双方は、君主代理職管理官、君主代理人、顧問官の前に召喚され、家（土地）持農民が小屋住農に、彼らの禁制林において、小屋住農の需要、家屋の屋根や板、その他の用材のために、いくらかの木の伐採を認めるかどうか、もう一度和解のための交渉を行った。しかし家（土地）持農民らはこれに同意せず、小屋住農がふさわしくふるまうなら、彼ら家（土地）持農民はこれに対して隣人らしく対応するが、そのように義務づけられることはないと主張した。この問題については頻繁に交渉が行われたが、成果はなかった。また家（土地）持農民らは、自分たちが徴税に関して小屋住農を圧迫したことはなく、今後もしない。そして各人にその家屋によって課税する、と述べた。その後、政府の顕官たちは彼らの代理人を通じて、以下の仲裁裁定を与えた。

第一に、家（土地）持農民は小屋住農に必要な薪、パン焼き用薪を採ることを、慣習通りに認めるべし。第二に、小屋住農は放牧に関しては、慣習通りに扱われる。第三に、税に関しては、家（土地）持農民は小屋住農を不当に圧迫する

第1節　ヴィップ渓谷地方のゲマインデ間紛争　　　　83

べきではない。小屋住農は彼らの中から2人を選び、課税に関してはこの2人を加えて、誰も不当に圧迫されることなきよう適正に行う。小屋住農は滞納分を含めて今後遅滞なく納めるべし。最後に、両者の間の不和は、これをもって解消され、消滅すべし。今後は相互に悪意を持って、法（裁判）以外でいかなる企てもなすことなく、互いに友好的な隣人関係のなかで暮らすべし。

　また、いずれの側も他方に対していかなる悪しき企てをもなすべからず、との条項に対しては、双方が自身とその保護下にある者たちのために誓約し、約束した。

　この決定を家（土地）持農民は自分たちの費用で文書にし印璽を付すことを要望し、国王の小印璽を付して作成され、与えられた。

⑦　クライト、ブライトファルクとテルフェスの放牧地をめぐる争い
　　　　　　　　　　　1344 5.13　TW V, Telfes, S.334-335

　インスブルックの直轄領管理官（プロープスト）である私、マルカー・フォン・リーデンの前に、同じ農地に属すクライト、ブライトファルクの住民が来たり、訴えた。すなわち、テルフェスの住民が家畜を彼らのホーフに属す放牧地に放牧しているが、彼らはその権利を持たず、なすべきではないと。そこでクライトとブライトファルクの住民およびテルフェスの住民に、決められた日にインスブルックに出頭し、彼らの権利を、高貴なる騎士、宮廷（厨房）長官エーバーハルト・モルンベッケン殿の前で示すように命じた。この日に3ゲマインデの住民は来たり、裁定を求めた。私はモルンベッケン殿の意志により職務のためにテルフェスに出向き、そこで双方が彼らの子孫のために善意を持って、完全なそして永久的な正しい裁定を行うことを私に委任したので、私は双方の意志と同意により次のように取り決めた。

　テルフェス住民とその子孫は、今後常に彼らの雄牛、牛、豚を農地の手前、柵の前まで放牧できる。……さらに山の最上部からプレンエプナーホーフを越えて谷の底部まで、彼らは馬と小家畜を放牧し得る。双方はこの裁定に満足し、私の上司、ペーター・フォン・シェンナンの印璽付きの文書を交付することを希望したので、彼らのために私は、この内容の確認のために印璽を文書に付すことを上司に要望した。

　立ち会った証人は、私の伯父ルプレヒト・デア・エールリンガーが、従兄弟でシュトゥーバイの裁判官オッテンのかわりに。さらにインスブルックのMarquart, Conrad父子、Eberhardt der Schneiderの息子Jacob, ミーダースのHans, Toldenの息子Hainrich、その他の人々。

⑧　テルフェス（ガゲルス、カプフェルス）住民による放牧地利用の慣習の確認
　　　　　　　　　1387　TW I, Telfes, S.279-280（GA Telfes, Nr.6）

　我が上司、（ゾンネンブルクの）ラント裁判官ルプレヒト・デア・ケールリン

ガーに代わって、ノイシュティフトでシュトゥーバイ渓谷の下級裁判官を務める私、ハインリヒ・デア・ゼルクのもとに、テルフェス、およびそのゲマインデ地域に属すガゲルス、カプフェルスの住民たちが来たり、牧童の雇用やその他様々な事柄について、古くから法と慣習であったことが今や廃れてしまい、大きな困難を強いられていると訴えた。……そこで私はどのように決定すべきか、（裁判集会にて出席者に）誓約のうえ共同で判断するように要請し、（前述のゲマインデの）住民たちの中で最も年長にしてふさわしい人々に、古くからの法と慣習の通りに行うこと、誓約のうえ語られたことは裁判により承認されるべきことが告げられた。そしてそのように行うことを私は多数の名誉ある人々に約束した。

　そこで（年長の）人々は語った。上述のテルフェス、ガゲルス、カプフェルスの3ゲマインデは、互いに誠実に忠実に、また同じ牧童により共同で放牧地に馬、牛、羊、山羊、豚を放つ。誰もこれとは別に放牧してはならない。また搾乳家畜を放牧地の他の人々の（放牧している）ところに放牧したいときは、これを知らせたうえでいつでもできる。ただし後で牧童にその費用を与えねばならない。……

　誰かが意図的にこれに反し、（共同の）牧童のもとに放牧しなかったら、その者はこの牧童に本来支払うべきであった賃金を全て負担する。そして損害を与えた者に賠償する。これらに従わなかった者は、52ポンドの罰金を科される。その半分は裁判に、半分はゲマインデに納められる。……牧童が放牧しうる家畜は全て牧童に任せねばならない。……

　これらの規則は長い時間をかけて明らかにされ、それは合意の協議によってふさわしく公正に行われた。そして前述の住民たちは、ミーダースの我が上司の裁判集会（タイディング）で、（その代理である）私の前でこれらの規則の承認を要望したので、我がヘルの代わりに印璽を付して裁判文書として、前述のテルフェスのゲマインデに与えた。

　証人は Chunrad von N., パッチュの Hainreih der Narr, ズントハイムの Niklaus, 裁判官、インスブルック市民の Hans der Ganzler, ハクローゼン Hacrosen の Chünz der Schrof, ミーダース住民の Seibot, ……その他多数。

⑨　フルプメス／メトラツとエッセヴィッセンの放牧と木材伐採をめぐる争い
　　　　　　　　　　　　　　　1540 7.30 TW V, Fulpmes, S.326-330.

　フルプメス、メトラツとエッセヴィッセンの間で木材伐採、放牧をめぐる不和、争いが生じ、一方では、シュトゥーバイの裁判官クリストフ・バルタザールの印璽付き文書によりフルプメスとメトラツのゲマインデの全権を委任された代表として Hannsen Schmidts, Ulrichen Schegl, Paulen Tannzerg が訴え、他方でシュミーデン（ノイシュティフト北部の散居家屋群）の Hansen Wißflegkher, Geörgen Spän, エッセヴィッセンの Paullen am Nogkh, Melchior Hofer が、やはり前述のシュトゥーバイの裁判官の印璽付き文書により自身とその親族の全権

代表として、これに対応した。フルプメス、メトラツの住民とゲマインデは、彼らの（以前の）判告に従って下の側ではナッセン・シュロッフェンまで、他方前述のイム・タール（ノイシュティフトを意味する）の住民たちはザンクト・マルガレテン川を越えてメトラツの裏のヴォルフェストラッテンまで、慣習通り入り利用し放牧することを望んだ。しかしフルプメス、メトラツの住民たちはイム・タールの住民たちに、それほど広い権利を認めようとせず、彼らの要望を承認しなかった。そしていずれの側も相手の要望と判告を認めようとしなかったので、皇帝の共有森林官ヨーゼフ・ヴストは彼の職権により、またティロルの森林長官ヴィルヘルム・キュヘンファインの代理として、両当事者の和解のための集会をもち、争いを平和的、隣人的な手段で収拾することを命じ、また認めた。（その内容は以下の通り）

　イム・タールの住民たちには、今後採草・放牧・木材伐採が認められ、それによって彼らとの間に隣人的な権利共有関係が存在すべきである。……この裁判費用は折半とする。費用自己負担で印璽付き文書の交付を望むなら、与えられる。

　双方は善意と感謝により、この裁定を受け入れ、森林官にその遵守を誓約し、また直ちに境界の画定と必要なだけの境界石を設置することを要望した。境界石の設置は翌日にかけて行われた。境界は支渓谷を除く主渓谷の底部と、その共同の道の下にある放牧地、採草地において、そして同じ渓谷の下の道の中程に境界石が置かれ、同じ道の上には山に向かって斜め方向の中程に境界石が置かれた。……（境界石の設置場所の詳細な既述）……各境界石には十字が刻まれた。

　この和解と裁定は上述のシュトゥーバイの裁判官と、双方が依頼した Bläsien Kapfrer, Cuenzen Kapfrer, 森林監視人 Hannsen Triendtl, Balthasar Theniffl, そして裁判書記 Cristoff Ebner が仲裁人として双方から選ばれて行った。続いて双方が現れ、不和、苦労、費用、損害を避けるために、相互に平和的に和解することを要望した。そして文書と口頭で相互に事情を詳細に確かめ、その権利を認め合った。

　また（今後）合意ができず、争いが生じたら、最初に理解され、示された各々の権利とその範囲を損なうことなく、（シュトゥーバイの）裁判官、森林官と仲裁者たちは速やかに定められた日に争いの場所に行き、そこで双方の立ち会いのもとに実検し、裁定により境界石を置く。……（境界石設置場所の再確認と追加）……双方が森林官のもとで確認できた場合は、境界（線）に柵を設けることが許される。この境界内に属す放牧地、森林は今後、イム・タール（ノイシュティフト）の住民が利用できる。この境界の外側、あるいはこちら側の放牧地、森林はフルプメス、メトラツの住民たちが利用する。フルプメスやオルテン、ヴィンツノクの小屋住農はフルプメス、メトラツの住民たちとともに納税し、軍役を負い、また採草・放牧・木材伐採権を共同で利用する。

　フルプメス、メトラツの代表 Hanns Schmid, Ulrich Schlegl, Paul Tanzer は同じ裁定文書を2通作成し、裁判官クリストフ・バルタザール、森林長官ヴィル

ヘルム・キルヘンファイン、森林官ヨーゼフ・ヴュストの印璽を付すことを要望し、交付を受けた。上述の仲裁人、その他の多くの人々が証人となった。

第2節　上イン渓谷地方のゲマインデ間紛争

　インスブルックの西方、ツィーアルからランデックに至る上イン渓谷は、13世紀初までシュヴァーベンのロンスベルク伯の所有する「上イン渓谷伯領」を形成していた。1212年の同伯家の断絶後、その東部地域は13世紀前半に上バイエルンの貴族エシェンローエ家の手に移った。伯管区[19]と表現された、城塞ヘルテンベルク（プファフェンホーフェン南部）を中心とする裁判権領域がティロル伯マインハルト2世の手に移ったのは、1281〜86年である。他方、シュタムス以西の西部地域はウルテン伯の手に移り、そのもとで後のラント裁判区ザンクト・ペータースベルク（以下ペータースベルクと略記）、イムスト、ランデックは各々独自の裁判権をもつ領域となったが、それらのラント裁判区としての枠組みが整うのは、同伯家の断絶後1260年代に、これらの地域がティロル伯マインハルト2世の所有下に移ってからのことである。1311年にはランデックに至る4裁判区の裁判官が、「上イン渓谷の裁判官 iudices vallis Eni superioris」[20]として史料に現れる。[21]

1　ラント裁判区ヘルテンベルク——ヴィーダースベルクをめぐる争い

（96〜104頁の　史料4　①〜⑥を参照）

(A) 裁判区の歴史と構造

　マインハルト2世は上イン渓谷東部の領域的な再編・統合を進める際に、リーツ、シュタムス、ハスラハ、タンラインをラント裁判区ヘルテンベルクから、その西のラント裁判区ペータースベルクに編入した。他方で東部のツィーアルとその周辺地域は、ヘルテンベルクに統合された。16世紀の文書には、ラント裁判区ヘルテンベルクの東端ツィーアルおよび西端テルフスにおける、イン河を跨ぐ橋梁の保全を義務づけられたゲマインデ（集落）として、インツィング、ポリング、フラウアリング、ランゲン、ハティングなど同裁判区のゲマ

第2節　上イン渓谷地方のゲマインデ間紛争　　　　　　　　　　87

ラント裁判区ヘルテンベルク、テルフスから、争いの対象であったヴィーダースベルクの放牧地を望む。

ラント裁判区ヘルテンベルク、イン河付近よりゲマインデ・フラウアリングを望む。

インデに加え、各々東西に隣接する裁判区ゾンネンブルク、ペータースベルクのいくつかのゲマインデも挙げられている。また裁判区内の中心的な教区フラウアリングに属するフラウアリング、ポリング、オーバーホーフェン、プファフェンホーフェン、ハティングには、中世初期以来広く領主直営地組織が存在し、そのもとにこれらのゲマインデは、重要な放牧地を長期にわたって共有し

図3 ラント裁判区ヘルテンベルク／ペータースベルク／イムスト

第 2 節　上イン渓谷地方のゲマインデ間紛争　　　　　　　　　　89

N

エールヴァルト

ラント裁判区ヘルテンベルク
Landgericht Hörtenberg

ュヴェント
バルヴィース　　　　ヴィルダーミーミング
　　　　オーバーミーミング　　　テルフス　　オーバーホーフェン
ーゼ　ゼー　　ミーミング　　　　　　　　　　ペトナウ
タブラント　　ウンターミーミング　　プファフェン
　　　　　　　　　リーツ　　　ホーフェン　フラウアリング
ト　メッツ　　　タンライン　　　　　　　ポリング
マリング　　　　　　　　　　　　　　　　　　　　　　　　ライト
　　　　　　　シュタムス　ハスラハ　　　　ハッティング
　　　ジルツ　　　　　　　ヴィーダースベルク　　　　　　　ツィーアル
ザンクト・ペータースベルク城　　　　　ヘルテン　　　インツィング
　ヴィゲン　　　　　　　　ベルク城
ファフェンエーベン　　　　　　　　　　　　　ランゲン　　　　至インスブルック
▲ファルテガルテン
▲フェルトリング

○キュータイ

ラント裁判区ゾンネンブルク
Landgericht Sonnenburg

ステン
ハウゼン

ザンクト・ペータースベルク
richt St. Petersberg

グリース
レンゲンフェルト

0　　　　　　10km

ラント裁判区ペータースベルク、プファフェンホーフェンの上部、ヘルテンベルク城付近からイン河対岸のテルフスを望む。

た。西部のテルフス教区でも、いくつかのゲマインデが放牧地利用の協定を行っていた。このように、裁判区内にはおおよそ教区の広がりと対応する広域的な放牧地共同体が存在し、全体として緊密に結び合わされた生活空間を構成していた。

しかし以下に示すように、15、16世紀の慣習法文書(ヴァイステューマー)によれば、教区フラウアリングの共有放牧地については、領主直営地組織が解体した後、個別共同体間の利用をめぐる争いが絶えなかった。またラント裁判区ヘルテンベルクはイン河の渓谷により、隣接する東西のラント裁判区と空間的に連続しており、支配者による区域再編という成立事情からも、閉鎖的な経済領域でなかったことは明らかである。このことは、上述のような裁判区の境界地域の橋梁など広域的な共用施設の維持が、裁判区を越える広い範囲の住民の義務とされたことからもわかる。なお裁判所は近世には、ヘルテンベルク城から対岸のテルフスに移されていた。14、15世紀にはフラウアリング、インツィング、ツィーアル、オーバーホーフェン、ハッティング、テルフスにおいても、ラント裁判官の司宰下に下級裁判集会が開かれていた[23]。

ラント裁判区ヘルテンベルクにおけるゲマインデ間のいくつかの紛争は、慣習法文書に採録されている文書からも知ることができる。そうした事例から

は、ヘルテンベルク裁判区の中央部、イン河の右岸に沿うフラウアリング、ポリング、オーバーホーフェン、プファッフェンホーフェンなどのゲマインデが、ヴィーダースベルクと称するイン河南部の山腹の放牧地をめぐって15世紀初から18世紀まで繰り返し争っていたことがわかる。以下ではこの放牧地紛争に関連する文書を、時代を追って考察する。

(B) ゲマインデ間紛争事例――放牧地ヴィーダースベルクをめぐって

　事例①（1450年頃）はオーバーホーフェンの村法である。この村法はゲマインデ内部の法秩序よりも、隣接するゲマインデとの境界と放牧地の共用のルールを確認する内容を示している。住民の経営と生活において近隣ゲマインデとの利害調整は、それだけ重要であったと言えよう。カンツィングバッハと呼ばれる小川を境として東に隣接するフラウアリングとの間には、以下の事例でわかるように、その後も繰り返し放牧地等をめぐる争いが生じることになる。おそらくこのとき、すでにしばしば争いが生じていたのであろう。その放牧地利用関係の規定は詳細である。またオーバーホーフェンとプファッフェンホーフェンは元来ひとつのゲマインデであった。両者の間の境界もいくつかの地点により明示されている。しかし次節でも見るように、一般に渓谷放牧地域においては、隣接するゲマインデの境界を完結したラインで画定することは難しかった。ゲマインデの上部には、なお共用される大きな放牧地が存在したからである。この村法においてもオーバーホーフェンは、ヴィーダースベルクの放牧地(アルム)をフラウアリングと共同利用し、またプファッフェンホーフェンとは、オーバーフェルトと称する放牧地を共同利用していたことがわかる。

　しかし1544年の事例②を見ると、ヴィーダースベルクの放牧地利用はオーバーホーフェンとフラウアリングのみの問題ではなかったことがわかる。事例②～⑥のように、長いタイムスパンで見ると、この放牧地は様々な周辺ゲマインデ住民が利用し、また利用をめぐって争っていたことが明らかになる。フラウアリングの南西（プファッフェンホーフェンの南）に位置するヴィーダースベルクの放牧地(アルム)は、フラウアリングの東に隣接するポリングの住民も利用しており、②のように両ゲマインデの間でも諍いが生じていた。この対立はラント裁判においても容易に解決に至らず、この度は裁判区長(プフレーガー)のもとに両ゲマインデの代表者と、双方が選んだ他のゲマインデの住民が加わって、ようやく仲裁・和解が実現した。ここでは当ラント裁判区東部のゲマインデ、ツィーアル、イン

92　第 3 章　ゲマインデ間の紛争とその解決

図 4　ラント裁判区ヘルテンベルク西部〜ペータースベルク、放牧地ヴィーダースベルク

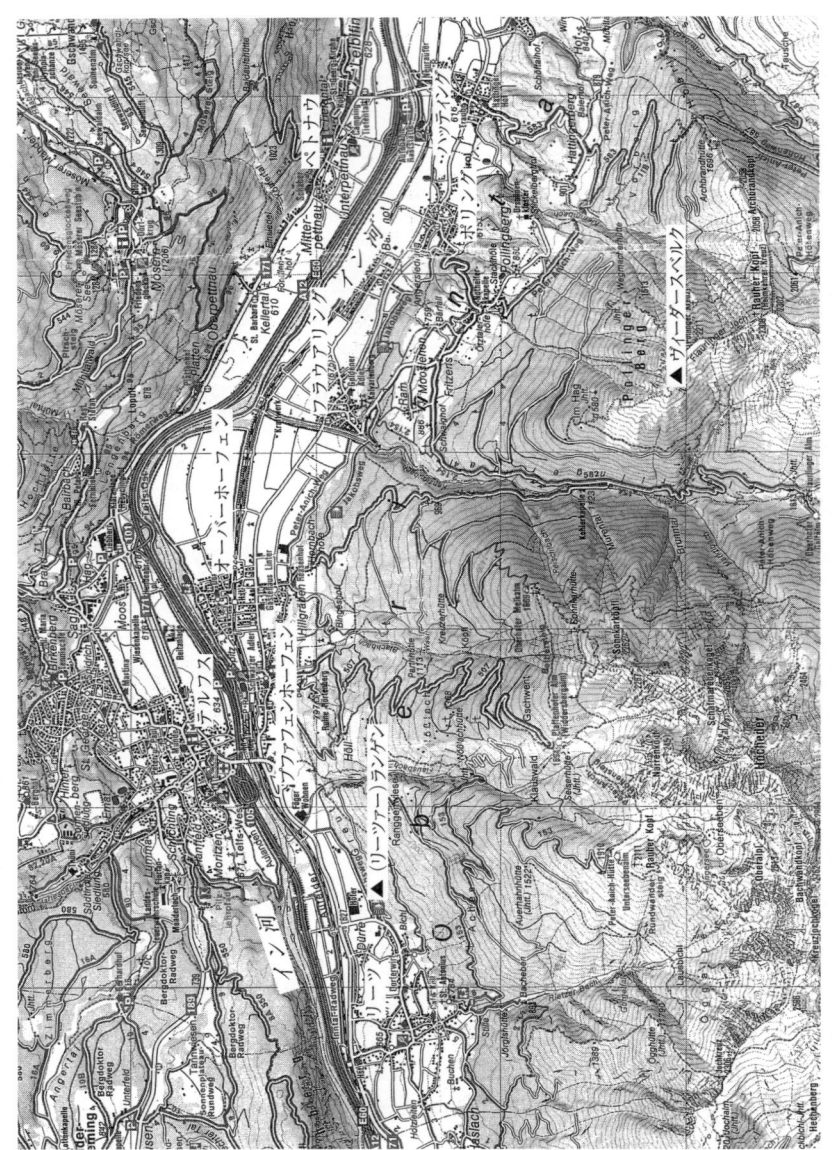

ツィングと、フラウアリングのイン河対岸のペトナウ住民が仲裁に協力している。②の裁定の冒頭に記された和解の精神を謳う規律化的文言は、両ゲマインデ住民の争いが日々の営みの中で頻発し、双方にとって負担となっていたことを示唆している。またおそらく仲裁交渉において提示されたであろう、以前の放牧規定文書の有効性が確認されたことは、やはりゲマインデ自体による文書保存の目的、意義を示すものと言える。

　しかしフラウアリングの住民はヴィーダースベルクの放牧地における優先的な用益の確立をめざしていたためか、ポリングとの紛争を解決した5年後(1549年)には、事例③のようにオーバーホーフェンとの争いに直面することになる。両ゲマインデの「共同の放牧地」とされるヴィーダースベルクにおいても放牧家畜の差押えが頻発していたことは、共用のルールが曖昧であったか、あるいはこれを無視した放牧が行われていたことを示唆する。①のオーバーホーフェン村法からもわかるように、両ゲマインデの境界自体、カンツィングバッハを指標としつつも入り組んでおり、明確な村域の画定はやはり困難であった。なお家畜差押えはティロル領邦令の規定にもあるように、放牧地利用・境界の紛争において最も一般的な実力行使の手段であり、それ自体は法的にも認められた行為であった。[24] この仲裁は裁判官と陪審によるラント裁判（集会）において行われたようだが、陪審には双方の希望によって、オーバーホーフェンのイン河対岸のゲマインデ、テルフスの風呂屋が加わっている。しばしば仲裁に協力する風呂屋、居酒屋（宿屋）といった営業主は、普段から地域住民の接触、交流の場を提供し、こうした役に適していた。

　半世紀後、やはりヴィーダースベルクの放牧地の放牧地管理をめぐってポリングとフラウアリングの争いが再燃する（事例④、1605年）。前述の1545年9月17日の放牧地文書（Almbrief）の解釈をめぐって対立が生じたのである。このときポリングの4人の代表が、ラント裁判区長、書記、ツィーアルの居酒屋主人、オーバーペルフス、ライトの住民を中立的立会人としてフラウアリングを訴えた。その結果ポリングの文書提出により、その放牧に関する権利主張が承認された。この④の仲裁には訴えに立ち会ったツィーアルの居酒屋主人をはじめ、数人の近隣住民が加わっている。今回の紛争では、提出された半世紀前の文書（前掲②）の放牧料規定に基づいて、ポリング側の主張が認められた。ポリングが提出した1545年の和解文書は双方に交付されたはずだが、この度はポリングがこれを根拠に放牧権を主張し、フラウアリング側は同じ文書内容を不

利とみてあえて根拠として提出することはなかった。

　ともあれ当局の裁判帳簿(フェアファッハブーフ)作成がいまだ始まっていなかったであろう1545年には、当事者が交付文書を保存しており、裁判当局も提出された文書を参照する他はなかった。そして過去における双方の合意を示す印璽付き文書は、やはり裁定において重視されたのである。他方、④の仲裁（和解）文書はポリングの代表者の要請により、1605年11月22日にヘルテンベルクの裁判区長(プフレーガー)、アルバイン・ラトゥルナーが、ヘルテンベルクの裁判帳簿の記載に基づき、これを1通の証書として交付したとされるものである。そして確かに、ヘルテンベルク裁判帳簿の1605年の簿冊を見ると、10月25日の記事として上述の仲裁文書が確認される。ポリングのゲマインデ文書からこのテクストを採用した慣習法文書(ヴァイステューマー)の編者は、この裁判帳簿の記事について何ら言及していないが、裁判帳簿の作成が定着していた当時のヘルテンベルク裁判区では、ゲマインデ間の争いもラント裁判官（ないし裁判区長）がその解決に関わった限りでは、ここに記録されたのである。しかも当該ゲマインデは、これをさらに1通の印璽付き文書として交付させ、自身の文書庫（ゲマインデ・アルヒーフ）に保存した。ヘルテンベルクの裁判区長は上記の文書の交付に際して、ポリングの人々が必要に応じてこれを用い、提示することができるように、と述べている。[25] ゲマインデは証拠文書の記録、保存を裁判当局に委ねてしまうのではなく、紛争、係争の際の手段としてこれを自分たちの手元に保存することを望んだのである。またこの裁定においては、裁判区長も文書を管理し、交付する当局の責任者の役割を果たしてはいるが、仲裁の交渉においては近隣ゲマインデの住民が構成する「中立的陪審」とともに立ち会ったとあるように、実質的には当事者と関係者、隣人たちの協議が裁定を導いた。

　しかし長期的には文書も現実の動きを食い止めることはできなかった。上に挙げた1549年のオーバーホーフェンとフラウアリングの和解協定から1世紀半後の1699年の文書⑤に、再び両ゲマインデ間の紛争に関する記事が現れる。この事例⑤によれば、17世紀末の時点においてもオーバーホーフェン（プファフェンホーフェン）側は、ヴィーダースベルクをフラウアリング、ポリングとともに共用すべき不可分の共同放牧地であり、その変更はこれら全てのゲマインデの合意を必要とするときわめて強い調子で主張している。フラウアリング、ポリングも現実の行動はともかく、おおやけにはヴィーダースベルクの共同利用を維持することを確認せざるを得なかった。この放牧地の安定した共同利用

第2節　上イン渓谷地方のゲマインデ間紛争

はおそらく地域の秩序、そして文書にあるように、住民間の「平和、協調、友好関係」にとって不可欠のことであった。そこでこの放牧地を共同で維持していくためのいくつかの規定が設けられた。ここでは裁判区長代理人、裁判書記、裁判代理人という裁判関係者のもとで、当事者（各ゲマインデ代表）たちが行った交渉が、かろうじて当事者を合意と和解に導いたのである。

　ティロル慣習法文書の第 6 巻に編集されたこの文書⑤は、フラウアリングのゲマインデ文書から採録されたものであるが、この文書もヘルテンベルクの1699年の裁判帳簿に元の記載がある。この時期には裁判所、裁判官の関わった係争の大半は、裁判帳簿に記載されていたと考えられる。それでもなお各当事者ゲマインデは、その内容を各々 1 通の証書として交付し、自らが保管することを望んだ。ゲマインデの文書保存と利用における「当事者主義」の伝統と言えようか。

　この和解の80年後、同じくヴィーダースベルクの放牧地についてフラウアリング、ポリングとオーバーホーフェンの間で厳しい対立、争いが生じた。事例⑥が示すその仲裁・和解は、領邦政府の関与が強く現れる点など、明らかに従来とは異なった様相を呈している。中世以来、共同利用されてきたヴィーダースベルクの放牧地は、ここに至って両ゲマインデ（厳密にはフラウアリング、ポリングと、オーバーホーフェン）に分割して割当てられた。しかも当事者による訴えから仲裁、割当てに至るプロセスでは、完全に領邦当局の関連部局とその役人がイニシアチヴをとっている。それはフラウアリング、ポリングによる上訴の結果とも考えられるが、ヴィーダースベルクはこの時点ですでに製塩局の管轄に属したことから、訴えは最初から領邦政府に対して行われたのかもしれない。

　詳論は第 6 章に譲るが、15世紀末以後、ティロルにおける鉱山業・製塩業の発展にともない、領邦君主は森林資源の確保のため領邦令によって領邦直轄森林のみならず、農民が共同利用してきた共有森林に対する利用規制をも強化しようとした。放牧地自体はそのような統制を受けることはなかったが、山岳放牧地は森林と混在し、また森林を拓いて設けられることも多かったため、ヴィーダースベルクは全体として製塩局の管理下に置かれたのであろう。ともあれ⑥のように、18世紀末にはゲマインデ間の紛争解決における領邦当局の関与は、明確なかたちで現れることもあった。しかもこの分割は、多数の境界石の設置をともなう、これまでにない詳細なものであり、こうした新たな境

界設定は、過去の和解文書の内容をご破算にするという点でも画期的であった。事例⑤のように1699年の同じゲマインデの和解は裁判帳簿に記され、ゲマインデ文書としても作成・保存されたのであるが、それらが参照、考慮されることはもはやなかった。

とはいえこのような境界設定が役人により機械的に行われるはずはなく、製塩局の調査委員は、現地で実検と協議を重ねたのである。また境界を越える家畜の差押えという、伝統的な実力行使手段をを禁止していることも、紛争に対する国家のこれまでとは異なる対応の一端を示しているように思われる。紛争とその解決、その他における地域共同体の自律性と領邦当局による統制の関係については、次章で包括的な考察を行うことにしよう。

小　括

ここではヘルテンベルク裁判区の放牧地（アルム）、ヴィーダースベルクをめぐる周辺ゲマインデの争いについて、断片的ではあるが300年以上にわたる事例を取り上げた。この放牧地は森林限界の上部に広がる豊かな高原状放牧地で、麓のゲマインデ（フラウアリング）のみならず、いくつかの周辺ゲマインデも利用する共同利用度の高い入会であり、そうした共用性については⑤に現れるように、場合によっては不当な個別利用に対抗する論理として、利用者に強く意識され、またアピールされた。こうした放牧地をゲマインデ単位で分割することは難しく、ようやく18世紀末に領邦当局の指導により比較的精度の高い利用区分が行われた。この間の紛争解決には、当然ながら裁判当局が関わる場合でも、近隣ゲマインデの住民や、当事者が選んだ隣人たちの仲介、仲裁が重要な役割を果たしていた。そうした紛争解決と、18世紀の領邦当局による裁定と分割（⑥）との相違を、国家による在地紛争処理への介入と統制の強化という歴史的な変化と考えてよいのか、この点についてはなお他の事例や、後続章における別種の史料的考察をもふまえ、多面的に検討することになろう。

史料4

① 1450年頃のオーバーホーフェン村法　Dorföffnung und Ehehaft
Stolz, S.362-364

神の恩寵においてアーメン。裁判官殿、我々（オーバーホーフェンの住民）は

祖先から伝えられてきた村の規則をあなたに示します。
　フラウアリングと我々の境界は、イン河からカンツィングバッハに沿ってヨッホ（山の鞍部）に向かい、フラウアリングと我々はこの堺を越えて放牧してはならない。ただしヴィーダースベルクの放牧地は例外で、ここでは双方が友好的に放牧することができる。しかし他のゲマインデの家畜を放って我々の家畜の飼料を失わせてはならない。フラウアリングの人々は隣人たちのために誠実な牧人 Senner を雇い、放牧地が荒廃しないようにすべし。またフラウアリングの人々は、放牧地に酪農小屋（Bergkessel）を設け、必要な物を置くべし。そのかわり彼らは酪農権（Tayenrecht, ヒュッテで乳製品製造を行う権利）を持ち、チーズ、凝乳、油脂を製造する。
　裁判官殿、フラウアリングに対して我々は次のような規則を持ちます。フラウアリングの人々は4つの製粉所を持つべきであり、そこで用いられる漏斗は……。通水（路）を整備し、水がもはやミュールバッハの右岸以外に流出しないようにすべきである。……
　裁判官殿、以下はプファフェンホーフェンに対する境界であります。それはイン河から……へと至る。プファフェンホーフェンの人々、そして我々は相互に境界を越えて、木材伐採、放牧、採草を行ってはならない。ただしオーバーフェルトを除く。ここではプファフェンホーフェンの人々が我々と共にノートガッセ（避難用通路？）まで共同放牧を行う。……（後略）

② 　フラウアリングとポリングの放牧地ヴィーダースベルクをめぐる争い
　　　1544 5.14/1545 9.17 Almbrief　TW VI, S.13-17（GA Flaurling Nr.11）
　ヘルテンベルクの裁判区長、クリストフ・フォン・ヴァンガは、この裁定と和解文書により知らしめる。フラウアリング（とその山側集落 auf dem Berg）の人々は、ポリング（とその山側集落）の人々と、ヴィーダースベルクの放牧地をめぐって長らく争ってきた。フラウアリングとオーバーホーフェンの人々はヴィーダースベルクで古くから放牧を行い、ポリングは当地への放牧のために、家畜1匹につき3クロイツァー以上の放牧料をフラウアリングに納めることはなかった。フラウアリング側は、この額では牧童の雇用費の長期的な上昇のため、困難を来しているとして、ポリングから3クロイツァーをとらず、またヴィーダースベルクにポリングの人々を入れないようにした。
　両者の間に何度も仲裁が行われたが奏功せず、相互に裁判に訴え、それゆえ大きな出費、争いと損失を強いられた。そこでこの度は、フラウアリングの側から Sigmundt Egkh, Hans Rapoldt, Martein Nogkher が代表として、ポリング側からは Crista Fritz, Peter Schaffenrath が代表となり、その他の人々も出席して友好的な交渉が長く続けられ、あらゆる争いと対立に関する相互の要望と弁明を余すところなく述べ合った後、裁判区長たる私に対して言葉と手により誓約し、約束した。すなわち、私と下記の人々により彼らの争いについて裁定されたこと

を、拒否することなく常に守る、と。

　裁判区長たる私、クリストフ・フォン・ヴァンガ、ヘルテンベルクの私の裁判官ペーター・シュニッツァーの他に、双方が要請した仲裁者として als iren, gemelten partheien, freundtlichen erpethnen sprechern unnd unndterhanndlern ツィーアルの住民 Hannsn Treuzen, Caspern Hagl, Jhenewin Puzer, Thoman Holzapf、ペトナウの住民 Gregorien Wolffen、インツィングの住民 Manngen Scharrer が加わった。

　仲裁裁定　guetig spruch, mitl unnd enntschidt
　まず、双方の間に、上述の問題のために言葉と行為により今に至るまで行われてきた、あらゆる不和、争いはこれをもって取り除かれ、相互に報復したり rechen、裁判に訴えたり、非難したりせず、永遠に許し合い、共同体住民 comnaunsleuten にふさわしく、互いに友好的で、隣人的な、助け合いの態度を示すべきである。
　ヴィーダースベルクと称する放牧地にはフラウアリングの人々がまず早朝に家畜を放ち、1、2時間後にポリングの人々が同様にし、相互に害がないようにする。フラウアリングは双方の家畜を、牧童によって安全に司牧する。
　ポリングがどのような搾乳家畜を何頭放牧するかを、フラウアリングが任命した放牧地管理人（Bergmeister）に知らせる。いずれかが他方の過剰放牧により迷惑を被っていると見なしたときは、その意志があれば、ふさわしく和解し、合意すべし。……
　ポリングは放牧家畜について放牧料を支払う。それは牝牛1頭2クロイツァー、馬、雄牛、山羊は6クロイツァー……。
　フォークトたるマッチェの故ウルリヒ・グラーフおよびキルシュベルクのヘルたちの印璽を付して作成された古い放牧地文書（Alpenbrief）は、いくつかの放牧料の規定を除いて、その他の全ての点で有効であり、守られるべきである。ポリングは放牧料の未納分29グルデンを納入する。その他の件で損害を被った者は、今日の裁判費用と同様に、相殺で済ませる。
　この裁定が読み上げられ、フラウアリング側の代表 Sigmundt Egkh, Hans Rapoldt, Martein Nogkher、ポリングの代表 Crista Fritz, Peter Schaffenrath が、私、裁判区長たるクリストフ・フォン・ヴァンガに永久に遵守することを言葉と手で誓約した。また双方は私の印璽を付した文書として交付することを要望した。
　証人は上記の裁定人、およびその他の出席した人々。

③　オーバーホーフェンとフラウアリングのヴィーダースベルクをめぐる争い
　　　　　　　　　　　　　　　　　　　　1549　5.31　TW VI, S.18-21
　この文書により知らしめる。オーバーホーフェンの代表 Hanns Staudacher, Jo-

chim Mair, Claβ Kuen, Michel Schreyer の 4 人と、フラウアリングの代表 Cristoff Ceggen, Jacob Trennchwalder, Geörg Pafnizer, 同山側集落の Barthasar Vunckhner の 4 人の間で、双方の共同の放牧地、ヴィーダースベルクにおける家畜の差押えについて交渉が行われた。

両ゲマインデの土地は相互に接し、入り組んでいたので不和、争いがしばしば生じており、アルプへの放牧において、多大の損害や出費を強いていた。しかし今後は、和解が行われねば生じるであろう損失や失費は避けられねばならない。また土地が相互に接している両ゲマインデの間に、争い、不和が続くことなく、相互の協調と扶助、奉仕の関係があらねばならない。また双方は、どのようにして、どの程度の差押えを行いうるか、いかにしてそれらが受け戻されるべきかを知らねばならない。

そこで両者、上述の人々は、続いていた不和、争いのために裁判官の前に現れ、十分な事情聴取と理解ののち、合意と信頼に至った。そしてヘルテンベルクの裁判官ハンゼン・ツェントナーおよび後述の陪審により、変わらざる、永久の、損なわれざる、また撤回されざる和解と協定が成立した。

裁定　Guettig spruch：

オーバーホーフェンとフラウアリングの双方のゲマインデ住民はよき友人となり、いずれかの側が他方に言葉あるいは行為により加えたことは、これをもって帳消しとし、このような争いにもはや言葉によっても行為によっても、他のいかなる方法でも、報復したり非難してはならない。今後は相互にふさわしく、よき隣人的な意志を示し、証さねばならない。

……（具体的な合意内容）……

ヴィーダースベルク、あるいはモルヒ渓谷の放牧地における（違反放牧の）家畜差押えとその罰金（馬、牛は 3 クロイツァー、羊は 1 クロイツァー）による請け戻し……。

聖ゲオルクの日（4月23日）以前、ミハエルの日（9月29日）以後に耕地、柵を施された採草地（Anger, Wismader）に家畜を入れたら、家畜を差押え、種類にかかわらず 1 頭に付き 1 クロイツァーを徴収する。この両日の間であれば 3 クロイツァーを徴収する。

両ゲマインデの間の小川、カンツィングバッハの最下流部では、各ゲマインデは採草地の間に半分の高さの柵を施し、被害が少なくなるようにする。

裁判費用は折半すべし。

両ゲマインデはこれをもって、上述のような不和、対立のために（今後は）、永遠に、損なわれることなく、ティロル伯領のラント法に従って完全に、永久に相互に和解し、協調し、裁定されるべきであり、それは可能なはずである……。

両ゲマインデに対してこの和解協定と裁定が示され、読み上げられ、双方は納得し、感謝をもってこれを相互に誠実に守ることを約束し、仲裁責任者であるヘルテンベルクの裁判官ハンゼン・ツェントナーに言葉と手により誓約した。また

第3章　ゲマインデ間の紛争とその解決

両者は自分たちの費用で、これを裁判官の印璽を付した文書として交付することを希望した。

この和解のために双方から加えられた陪審にして印璽（文書）の証人として立ち会ったのは、テルフスの風呂屋（外科医）maister Bartlme Ziegler、ヘルテンベルクの裁判書記ブレジヒ・グフェサー、廷吏のアンドレ・アニヒ。

④　ポリングとフラウアリングのヴィーダースベルクをめぐる争い
　　1605　10.25　TW　VI, S.21-25；GA　Polling, Nr.18；TLA, Verfachbuch Hörtenberg, 1605, fol. 283 r-284 v.

裁判区ヘルテンベルクの裁判区長、アルバイン・ラトゥルナー・ツム・トゥルン、裁判書記ハンゼン・ツェントナー、ツィーアルの居酒屋主人であり裁判代理人である Hanns Mayr、オーバーペルフスの住民 Blasig Lindacher、ライトの住民である Thoman Stixner が中立的な陪審として仲裁に立ち会う。彼らの前でポリングのゲマインデは Caspar Muessackh aufm Stickhlperg, Veith Jhenebein, Hanns Kderer, Caspar Mader の4人を代表とし、さらに彼らが依頼した補助者としてムッタースの Michaelen Häckhl とともに、フラウアリングをヴィーダースベルクの放牧地の利用権について訴えた。……（以下、ヴィーダースベルクの放牧をめぐって生じたフラウアリングによるポリングの家畜差押え、牧童費用の負担をめぐる争いについて、双方が陳述、抗弁）……。

（ポリング側の主張では）1545年に裁判区長であるクリストフ・フォン・ヴァンガを通じて双方の間で作成された、同じ内容の印璽付き真正文書である協定書によれば、ポリングとその山側集落の人々は非搾乳家畜、搾乳家畜をヴィーダースベルクの放牧地において、フラウアリングと同様に放牧することができ、またその際、正式に雇われた牧童に管理させ、放牧料をフラウアリングより2クロイツァー多く支払うことになっている。それなのにフラウアリングは、秋に早々と自分たちの家畜を引き上げてブレント（樹木を焼いて造成した空き地）に入れるので、ポリングは他の牧童を新たに雇わねばならず、多大の負担となっている。そこで当局が、ポリングの人々が印璽付き文書の通りに放牧する限り、正式に雇われた牧童を使わせるように命じることを望む。

これに対してフラウアリングの側も、彼らが依頼した裁判代理人 Blasien Kürchmayr を通じて抗弁した。すなわち、ポリングの家畜の牧童による司牧の妨害や放牧地への引き留めは行っておらず、放牧地（の牧草）が尽きたので他の場所に移動したのみである。フラウアリングがポリングの家畜を差押えたのは、ヴィーダースベルクではなくフラウアリングのアイゲン（固有の土地）においてであった、と。

他方、ポリング側はフラウアリングの陳述に反論し、同じ主張を繰り返した。

裁判当局は双方に、提出された文書に、いつ非搾乳家畜を（放牧地に）追い上げ、また連れ戻すか、時期が記されていないので、友好的な手段で和解するよう

促し、フラウアリングの要望をも考慮し、最終回答のために1605年11月22日に、さらなる交渉の場を設定した。裁判区長であるアルバイン・ラトゥルナー、裁判書記ハンゼン・ツェントナー、裁判代理人 Hannsen Mayr, Wolfen Öfner（両者はツィーアルの住民）、オーバーペルフスの Blasig Lindacher、ライトの Thoman Stixner が要請された陪審として、この設定された交渉に出席した。フラウアリングから送られた代表者団は、ポリングは最近はるかに多くの非搾乳家畜をヴィーダースベルクに放牧しているので、牧童が容易に雇えるよう、文書に定められたよりもさらに家畜1頭につき1クロイツァー多く支払うべきであると主張した。これに対してポリングのゲマインデは、文書に反する負担増を認めない。オーブリヒカイトが自分たちを保護することを望む、と抗弁した。

　以上の訴えと弁明、ポリングの文書提示に基づき、オーブリヒカイトによる裁定が下された。

　　裁定　Beschaid :
　ポリングとその山側の人々のゲマインデは、正式に作成された文書に記された権利を維持し、保護されるべきである。フラウアリングの人々はこれに対して、より信頼できる文書や証人を提示し、ポリング側の文書に反駁しなければならない。裁判費用は折半とする。
　以後、双方はよき隣人的関係を維持し、この争いのために、よからぬことを企てたり、相互に賠償を要求してはならない。

⑤　オーバーホーフェン／プファフェンホーフェンとフラウアリング／ポリングのヴィーダースベルクをめぐる争い
　　1699　10.1　Almbrief　TW　VI, S.25-29：TLA, Verfachbuch (Gerichtsprothocol) Hörtenberg, 1699, fol.279 r-282 v.
　ヘルテンベルクの裁判区長代理人ヨーハン・クリソストモ・シェリングと、陪審である裁判書記ラレンツェン・プファウントラーおよび裁判代理人でオーバーペルフス在住の Conraden Lindacher の前に、Stephan Grassmayr, Matheuss Rueff（両者は裁判区住民）、さらにゲマインデ委任代表 Michael Puellacher、区長 Cristian Muessach、そして Matheuss Daumb, Gabriel Schöpf がオーバーホーフェン・プファフェンホーフェンを代表して次のように訴えた。
　オーバーホーフェン・プファフェンホーフェンはヴィーダースベルクの放牧地を不可分のものとしてフラウアリング、ポリングとともに利用、所有してきたが、フラウアリングのゲマインデがシュタイントゥルン、ガイアプラント、プレヒテンと称する地区を自身の所有（アイゲン）として要求しようとした。……このようなことは一方的に行われるべきではなく、オーバーホーフェン・プファフェンホーフェンなど全ての利害関係者の合意により共同で行われねばならない。これら全ての地区に、フラウアリングの人々が羊、山羊を他の家畜の中に放

つもりなら、そんなことは断じて行われてはならない。いかなる変更も妨げられ、中断されねばならない……。6週間と3日（後）の裁判期日にフラウアリング側が彼らの考える法を証明するべきで、さもなければ裁判なしに、永遠の沈黙を強いられるべし。すでに科された罰を別にしてさらに100ターラーを、<u>企てられる抵抗や暴力行為に対して、問題の完全な解決まで保留し相殺する。</u>

　これに対しポリング、フラウアリング側は、ヴィーダースベルクの放牧地において何ら変更を加えるつもりはなく、従来の慣行を守るつもりである。<u>差押えは双方が行った。</u>またオーバーホーフェンの牧童のふるまいが原因ではないか、と抗弁した。

　そこで（陪審は）<u>両者の間に今後、よき平和と協調が根付くことによって、もはや誤解が生じないよう、和解と今後守られるべき規則を双方に知らしめ、提案し、読み上げた。</u>

　　仲裁と関連規則　Vergleichsmitl und respective ordnung：
　アルプのための古くからの文書は効力を持つ。また1年前のプファフェンホーフェンのための和解はなお有効とされるべきである。
　……毎年、あるいは必要に応じて、フラウアリング、オーバーホーフェンのゲマインデとその利害を共にする人々は、各々1人の住民を放牧地（アルプ）に派遣し、どの場所が整地（灌木などを除去すること）を必要としているかを調べる。……（中略）……
　（フラウアリングはヴィーダースベルクの）放牧地にあるシュタイントゥルンを私有地にするために放牧地から切り離してはならず、一体たるべきである。ただし、これについて特別の判決を望むなら、6週間と3日以内に裁判所に要請し、手続きしなければならない。さもなければ永久に沈黙を守らねばならない。……
　<u>これをもって双方は、この件で永遠に、よき友好関係を守るべし。</u>
　この和解（裁定）が双方に公に読み上げられたのち、その内容の全てに従い、守ること、これに違うことは現在、将来にわたって行わないことを、前述の両当事者は裁判区長の面前で、言葉と手により誓約した。そして訴えられた側は（裁判費用負担分）12グルデンを支払った。またオーバーホーフェン、プファフェンホーフェン、フラウアリングのゲマインデは3通の文書の交付を要望し交付された。

　証人はインスブルックの上部オーストリア政府の弁護士であり法学リケンチアトゥスのパウル・モーザー、またテルフスの裁判代理人クリストフ・グフェザーが立会う。

⑥　フラウアリング／ポリングとオーバーホーフェンのヴィーダースベルクをめぐる争い　　1783 8.30 Neuordnungsinstrument　TW VI, S.30-33
　フラウアリング、ポリング（と各々の山側集落）の住民はオーバーホーフェン

のゲマインデに対して、これまで共同で利用してきた製塩局管轄下のヴィーダースベルクの放牧地に関して激しい争いを引き起こした。フラウアリングとポリングは領邦政府に訴え、領邦当局は 6 月 20 日に製塩局に対して次のように指示した。

「領邦当局の名においてシュテベレの上級森林官に伝える。訴え人たちの費用負担により、要求されている実検を行い、争っている両ゲマインデを彼らの協力により正式に調書作成へと合意させ、この争いを公正に仲裁すべし。そこで交渉されたことを当方に伝え、また製塩局の鑑定意見を付して領邦当局に報告すべし。」

その後製塩局の側では、言及された製塩局のシュテベレの上級森林官から 6 月 28 日に、当該の調査委員会に委任した。そこでシュテベレの調査委員は 7 月 9 日、フラウアリングに赴き、いく度か尽力したのち和解に至り、この和解は 7 月 26 日に製塩局の側から、鑑定意見を付して領邦当局に報告され、領邦政府により 1783 年 8 月 13 日に正式に承認された。

和解　vergleich：

第一に、オーバーホーフェンとフラウアリングの両ゲマインデおよび双方に結びつく人々の間で行われてきた争いと不和、敵対は停止され、解消されるべし。

第二に、これまでに作成された全ての協定、合意、契約、その他のあらゆる文書は、双方のゲマインデによりこれまで共同で利用されてきた放牧地とヴィーダースベルクに関係する限り、さもなくばまた起こりうる争いを避けるため、今後はこの和解の効力において、永久に破棄し、解消され、無効にして価値なきものと見なされるべし。

第三に、これまで共同で利用されてきた放牧地（アルペン）の分配について。

エーフェンとヴァッサープラッテンの間に 2 つの✚を並べて岩のくぼみの左右に立て、この 2 つの✚の間に 1783 年の数字が刻まれた。この岩からまっすぐ上へ線を引き、エーフェンの側はオーバーホーフェンに、ヴァッサープラッテン、デアレンはフラウアリングとその利害関係者に帰すものとする。2 つの✚から下へ、ラッケンを経て下へ 200 メートルほど下った小さな丘の上に境界石を置く。この境界石の上とその両側に✚を、したがって 3 つ刻む。……（詳細な境界の確認など）……

一方のゲマインデの家畜が他方の放牧地に入り込み、あるいは柵を跳び越えて入ったら、他方の牧童はこれを打って追い出すのではなく、他方に知らせて引き取るようにする。したがって差押えが行われてはならない。このことをゲマインデはその牧童に毎年、知らしめねばならない。

柵の設置場所は……、調査委員の費用は折半……。

最後に双方は自身の費用によりこの和解文書の写しを希望した。そして個々に記されている事柄全ての遵守と効力のために、双方は調査委員に誓約し、署名し

た。✚を付したのは、文字が書けない者で、他の者が代わりに記した。……フラウアリング、ポリング各々の山側集落からは……（14人の名、うち✚は3人）、オーバーホーフェンからは……（11人の名、うち✚は1人）。

　この和解の作成、誓約、署名はフラウアリングにおいて、同地の<u>居酒屋主人</u> herr Michael Schweigl、森林監視人 Anton Hornstainer、裁判役人の Ingenuin Albuin Kuen を証人として、同年7月13日に行われた。

　この文書に私、ローマ皇帝・国王陛下の上部オーストリアの政府顧問官にしてハルの製塩・造幣局長ヨーハン・ヨーゼフ・メンツ・フォン・シェーンフェルトはその職権により自身で署名し、皇帝・国王陛下の印璽を押印し、3通の同じ内容の文書を作成させ、1通はフラウアリング、もう1通はポリング、もう1通はオーバーホーフェンのゲマインデに交付した。以上は皇帝・国王陛下のハルの製塩局にて1783年8月30日に行われた。

2　ラント裁判区ペータースベルク

(A)　裁判区の歴史と構造

　ヘルテンベルクの西に連なるラント裁判区（ザンクト）ペータースベルクは、ジルツ付近の同名の城塞を核とする裁判区であり、その主要部は、ジルツに教会を持つ大教区を形成していた。[28] 裁判区東端のリーツは元来、前述のようにラント裁判区ヘルテンベルク西部のオーバーホーフェンなどを含むまとまった領主所領（ホーフマルク）に、そして教区テルフスに属していた。そのため、この領主所領からの分離とペータースベルクへの編入後も、オーバーホーフェンやテルフスとの間で、放牧地や森林の境界をめぐる争いが頻発した。また西の教区イムストに属したロッペンも同様に、後になってペータースベルク裁判区に編入された。この裁判区の14、15世紀における裁判開催地としては、ジルツ、ミーミング、エッツの3ヵ所が現れ、これに対応してジルツの大教区内からミーミング教区、エッツ教区が自立化し、裁判地に対応する3教区となった。

　この地域にはアウクスブルク司教領、シュタムス、フラウエンキームゼー女子修道院など、聖界所領が多い。シュトルツは、このラント裁判区ペータースベルクの基盤となったのは、ウルテン伯の上イン渓谷の伯領であると述べるが、ブルックミュラーは、<u>教会領守護裁判権</u>（フォークト）の集積によりマインハルト2世のもとで、このラント裁判区が成立したと考える。[29] 当裁判区の中心部をなす、（ウンター／オーバー）ミーミング、メッツ、ゼー、ジルツ、ハイミングの地域

は、11世紀にはアウクスブルク司教の一体的な所領（ホーフマルク）を形成しており、ヴェルフェン家が教会領守護として支配した後、ウルテン伯の支配下ではこの裁判領域に、南部に延びるエッツ渓谷が加えられた。そしてウルテン伯家断絶後、ティロル伯マインハルト2世のもとで上述のようにリーツをも加え、ラント裁判区ペータースベルクとして再統合されたのである。おそらく広域的な古い伯領の内部が中世盛期以後、より緊密な支配空間へと再編されるに際して、教会領守護権が重要な意味を持ったことは否定できないであろう。いずれにせよ、かつて単一の所領組織に属す集落として放牧地を共有した上記ゲマインデも、中世後期にはその利用権をめぐって相互に争うに至る。比較的稠密な集落の分布により、この裁判区におけるゲマインデ間紛争の史料は多い。争いの原因も、放牧地利用、森林の木材伐採、護岸設備の設置、水路利用など多様であるが、以下ではまずゲマインデの境界をめぐる争いを取り上げる。

（B）ゲマインデの境界をめぐる争い——テルフスとリーツ

（109～112頁の 史料5 ①～⑥を参照）

最初に挙げる紛争例は、裁判区の東端に位置するゲマインデ、リーツと、その東のヘルテンベルク裁判区に属すテルフスの境界紛争である。既述のようにリーツはかつてテルフスやオーバーホーフェンとともに、放牧地、森林などの入会地を共有するひとつの所領組織に属しており、裁判区が整う13世紀以後に分離してペータースベルク裁判区に編入された。しかしテルフスとリーツの間には、15世紀にも入会地、村域の境界をめぐる紛争が頻発していた。事例①の仲裁（裁定）文書は、リーツのゲマインデ文書群の中に1通の羊皮紙文書として伝来するが、その末尾には、テルフスにも同じ文書が与えられたとの書き付けがある。両ゲマインデの境界が2つのラント裁判区の境界に関わるためか、当事者双方は（②の証言からもわかるように）領邦君主に仲裁を願い出たようで、その結果この紛争は領邦君主の指示により、広く地域の役人および住民を集めて仲裁が行われた。アムラス、シュタルケンベルクという、当事者の裁判区ではない、第三者的な地域の裁判区長（プフレーガー）が仲裁責任者に選ばれていることに加え、仲裁者を出したゲツェンス、フェルスも、ヘルテンベルクの東、ラント裁判区ゾンネンブルクのゲマインデである。仲裁は関係者、近隣の人々の参加した現地実検、証言聴取、双方の陳述をふまえて行われた。

留意すべきは、両ゲマインデが各々イン河を挟んで南北に位置したことであ

る。16世紀の史料ではテルフスにイン河を跨ぐ橋があったことがわかるが、以前からイン河はゲマインデのテリトリーの境界にはならなかった。争いの対象は、山の上部の放牧地(アルム)ではなく、イン河両岸のアウ（河沿いの低湿地）であり、ゲマインデに隣接する入会（採草地、放牧地、森林）の用益権であった。したがって、争いはゲマインデの境界争いであったとも言える。

　入念に行われたかに見える①の裁定後も、紛争は容易には収まらなかったようである。リーツはこの争いにおいて仲裁文書を積極的に利用したが、2つのラント裁判区に跨るゲマインデの紛争では、裁判における文書の提示のみでは充分ではなかったとみえ、事例②～⑤のように、1445年にリーツ側はインスブルック都市裁判、ペータースベルク、ヘルテンベルクの両ラント裁判、その他の場所で1ヶ月の間に4度に及ぶ証言聴取を行わせた。それによって広範に自身の主張と根拠の正当性を認識させることにより、最後にはヘルテンベルクの裁判区長から、1416年の仲裁内容の確認を獲得したのである。

　②～⑤の証言文書からわかるように、証言内容はほぼリーツの期待した通り、30年前の裁定①と同じものであった。②でリーツが示した文書が①の文書とどのような関係にあるのか不明であるが、証言者 Caspar von Völs が28、29年前にも立ち会ったと述べているのは、彼が上掲①の仲裁に関わっていた事実を指している。④で下イン渓谷のヴェルグルからこの人物の証言を要請したのも、同様な事情によるのであろう。証言は①の仲裁内容にほぼ一致し、おそらく①の際の交付文書を提示されて、裁判官が行った⑤の証言も同様である。②③も含めて、むしろ証言者は1416年の文書の内容を確認しているような印象を与える。ともあれ、以上の証言、文書確認をふまえてヘルテンベルクの裁判区長は、⑥のように、①の内容をほぼ確認するごとき裁定を下したのである。[32]

　以上の証言事例は当時の文書と証言のある種の関係性について考えさせる。当局の交付した仲裁裁定・和解の文書が紛争再発の際に重要な意味を持ったことは否定できない。しかし古い文書の内容が現状にそぐわず、あるいは上の事例のように和解後も争いが続く場合、生きた隣人たちの証言により、かつての和解文書の内容と放牧の実績をおおやけに（オーラルに）確認させることも必要となる。そうした生き証人の語り（オラリティ）が文書（テクスチュアリティ）に効力を与えるのである。

　また2つの異なるラント裁判区に属すゲマインデの争いは、このように双方の裁判官、裁判区長が関わり、あるいは当事者が双方を利用することによって

第 2 節　上イン渓谷地方のゲマインデ間紛争　　107

ラント裁判区ペータースベルク、リーツ西部のイン河に面した低湿地（アウ）。しばしば隣のゲマインデとの境界争いが生じた。

処理された。このケースではそもそも①の仲裁から、第三者的な広い地域（裁判区）の役人や住民が関わっていた。これら一連の文書に登場するリーツ住民 Castel Puchler（Püchler）（CP）は、村長ではなかったようだが、ゲマインデから権限を委任された代表者として有益な証言をおおやけにし、紛争を有利な解決に導くために、精力的に関係の人物や当局に働きかけている。なかでも森林長官であった Jacob Gemsieger（JG）なる人物との接触とそのサポートは、重要な意味を持っていたように思われる。1426年にはJGは領邦政府の意向により、全ての低湿地をバン（木材取得や放牧などによる利用の禁止）のもとに置いたが、その際リーツ住民の願いにより彼らに、リーツの下からテルフス付近に及ぶ低湿地（Schlattau）などを付与した。さらに1436年にもJGは、以前からリーツが採草地として利用してきたものの、近隣との争いを招いていたあるアウを、その範囲を証言により明確にしたうえでリーツに与えている[33]。領邦の高官である JG が、リーツをこのように厚遇した理由はわからない。後段のジルツ・ハイミング間の紛争（事例①）において、1426年にその仲裁責任者の1人であった穀物枡管理官の Castel Puechler、同じく1433年の事例③でペータースベルクの代理裁判官を勤めた Castel Pühler と、このリーツのCPが同一人物であるなら、CPはリーツの指導的存在であったと言えよう。そうであれ

ば、領邦役人でもあったCPが1445年には、リーツのために領邦役人とのコネを利用した可能性も考えられる。

①②が示すようにこの2つの裁判区に跨るゲマインデ間の争いにおいて、当初（1416年）より双方は領邦君主に、仲裁のイニシアチヴをとるよう請願した。またその裁定の確認のために、関係した領邦役人に証言が求められたのは理解できる。しかし1416年の仲裁人の中にも、この地域の住民と考えられる数人が含まれており、⑤ではプファフェンホーフェン、オーバーホーフェンなど近隣ゲマインデの住民が、おそらく彼らの日常の経験、慣習に基づいて証言していることも看過してはならない。当然ながらゲマインデ間の境界争いは、役人のみで収拾できるものではなく、同じ地域社会のメンバーである隣人たちの証言と確認（立会者、証人として）は、裁判官や仲裁役の政府役人による裁定のための情報を提供し、また当事者には合意への圧力にもなったのである。このような紛争解決に関わる近郷のゲマインデ、住民の様々な行為については、以下の事例でしばしば言及することになろう。

前述のように、両ゲマインデのテリトリー、ないし用益権地域は、イン河の南北に及んでおり、境界設定は容易ではなかった。境界に関するいずれの証言も、リーツァー・ランゲンと称するリーツ南東の山腹斜面の境界石から、おそらくイン河沿いのホーレンシュタインと称する地の境界石へと北に引いたラインを、両ゲマインデのおおよその境界としている。しかし、山の上部にある放牧地(アルム)のみならず、ここで取り沙汰されている集落周辺の入会もまた②⑤が示すように、森林や季節的な採草地、放牧地等を含むゆえに、その画定はさほど容易ではなかった。仲裁裁定や証言にもあるように、リーツの放牧権等は境界石を結ぶラインを越えて、テルフス側の低湿地(アウ)にも及んでいるからである。渓谷底部のゲマインデ周辺においても、その完結したテリトリーの設定は、現実には困難であったと言えよう。逆にゲマインデの領域のオープンな構造が地域（ラント裁判区）において、紛争と紛争解決のみならず、日常のコミュニケーションにおいて重要な意味を持っていたことは、以下の事例でも明らかになる。

如上のプロセスにより、リーツとテルフスの境界地域の争いが決着したとは考え難いが、ゲマインデ文書でたどれる経緯はさしあたりここまでである。

史料5

① リーツとテルフスの間の境界をめぐる争い

　　　　　　　　　　　　　　1416 1.21　TLA GA Rietz, Nr.2.

　リーツとテルフスの両共同体の間で、リーツとリーツァー・ランゲン（Rancken, Ranggen は「斜面」「坂道」を意味するが、半ば地名のようにも用いられている）の間の低湿地およびそこに存在する森林と放牧地をめぐる不和、争い、衝突（zwayung, krieg, stöss）が生じたので、両ゲマインデはオーストリア大公エルンストの前に、その争いの裁定を請願した。大公は文書により、アムラスの裁判区長、マルクス・フォン・ゲツェンス、ハインリヒ・オルコプ、アルト・シュタルケンベルクの裁判区長、ハンス・ホーファー、さらに Caspar Füger, Hans Doren, Matheus von Götzens, Caspar von Völs を仲裁者として選ばせ、彼らに、当該の低湿地を騎行して実検し、双方の訴え、抗弁、証言を聴取し、文書を調べた後、和解あるいは判決によって（mit der myne oder mit dem rechte）、最終的に解決し、和合させるよう命じた。そこで仲裁人たちは善意、見識と宥和（の精神）により、以下のような内容で、双方をまったき堅固なる和解と合意へと導いた。

　リーツには十字を立てたホーレンシュタインより上の低湿地が属し、それは上へ、リーツァー・ランゲンの坂道の上の石の十字まで至る。これらの2つの十字より上の、イン河両岸における山の間の低湿地はリーツの人々とその子孫に属す。そこで彼らは自由に放牧地と森林を利用し、管理し、護岸(アルヘ)設備を設けることもできる。テルフスには前述の2つの十字より下、ハスラハ・ヴィーゼに至るまでのイン河両側における山の間の低湿地が属す。ただしこの範囲の放牧地はリーツの人々とその子孫に属し、自由に利用できる。テルフスの人々が低湿地に採草地を設けたら、それはヴァルプルギス（4月30日）からせいぜいバルトロメウス（8月23日）まで、1度のみの採草のために柵で囲われる。この時期以外にはリーツの人々がこの早期採草地（Frühmahd）を放牧地として用いる。……（中略）……

　以上の裁定を損なうことなく、述べられた通りに維持すべし。我々上述の仲裁者は、これを公の文書としてリーツの人々に与え、ハンス・フォン・フロインツベルク殿の印璽を付し、さらにより確実にするため、ウルリヒ・フォン・シュタルケンベルク殿にも印璽を付すことを要請した。その証人は、シュタムス修道院長ヨーハン、副修道院長ハンス・ラムング、その他の人々。同様にして我々は、テルフスの人々にも文書を与えた。

② リーツとテルフスの間の境界争い：証言

　　　　　　　　　　　　　　1445 4.3　TLA GA Rietz, Nr.5

リーツの Chastel Puchler（以下 CP）はリーツの住民たちを代表して私、Caspar von Völs のもとに来たり、私の主君、エッチュ地区の長官であるブフベルク伯ウルリヒ・フォン・マッチュの交付した裁定文書をもたらし、リーツとテルフスの人々の間に低湿地(アウ)と護岸設備(ヴェル)をめぐって生じた不和と争いのために、神と神の法により証言聴取を行うことを私に要請した。CP はエッチェ地区長官の裁定文書を示し、私は以下のように証言した。
　およそ2、30年前にリーツとテルフスの間の、リーツの下およびリーツァー・ランゲンの低湿地、森林、放牧地をめぐる不和、争いのために、双方がオーストリア大公エルンストに対して恩顧を請うた。大公は文書（gnaden brieff）をもってアムラスの裁判区長、マルクス・ゲツナー、ハインリヒ・オルコプ、……私、Caspar von Völs に件のアウを騎行して実検させ……（以下、①とほぼ同じ）……。
　かくして（低湿地の帰属は）上述のように損なわれることなく、永久に、確かなものとして存続すべし。そしてこの証言は真実であり確かであることを知らしめ、誓約し、このこと全てを、この公開の証言聴取文書に私自身の印璽を付して確証する。ただしこれにより私と私の子孫に害が及ぶことはない。1445年、復活祭の後の土曜日に。

③　リーツとテルフスの間の境界争い：証言
　　　　　　　　　　　　　　　1445 4.12　TLA GA Rietz, Nr.6.
　インスブルック市民であり、この都市の裁判官である私クリストフ・ハイトファルクのもとに、Castel Puchler（CP）がリーツの住民全体の代表として、裁判代理人とともに裁判集会に来て訴えた。すなわち30年ほど前、ペータースベルク裁判区のゲマインデ、リーツとヘルテンベルク裁判区のゲマインデ、テルフスの間に、<u>低湿地、木材と放牧地をめぐって争い（krieg und stoss）が生じたとき、名誉ある人々による裁定が行われたが、その裁定内容に反する行為があり、裁定に立ち会っていた信頼できる人々の証言聴取と裁定が必要となったので、証言聴取を行うように要望する</u>、と。そこで私は裁判（集会）の全ての人々に、CP がたてる証言者を認めるべきか問うたところ、集会出席者は、CP がともなってきた者を、贔屓や贈与、友好、敵対、恐れ、脅し、その他の一切を介在させずに明確に真実を語ることを誓約させたうえで、承認すべきであると答えた。
　CP は森林長官であるヤーコプ・ゲムジーガー（以下 JG）を私の前に証言者としてたてた。JG は上述の以前の裁定文書を読ませ、記憶するところを語った。すなわち JG はリーツにおける裁判集会と裁定の場に出席しており、裁定内容は以下のようであった。……（①とほぼ同様）……これが JG が真に知るところであり、証言しようとしたことであると。
　CP は、JG が神と全ての聖人にかけて、またオーストリア君主の森林長官として誓約のうえ証言したとし、それに基づいて裁定が行われることを願い、彼のゲ

マインデの住民にかわり、右手の2本指により神と全ての聖人にかけて誓約の上、この証言を文書にし、裁判の印璽を付すことを要望した。私自身は印璽を持たないので、私の依頼によりインスブルック市民 Hainreichen des Dorn も印璽を付した。この判決と聴取に立ち会ったのは Chunrat Püchler, Hainreich Stoll, Hanns Saindler, Chunz Pader, Hanns Püchler, Hanns Pager, Ulreich Tucherer, 以上はインスブルック市民、やはりインスブルック住民 Jost Gris、さらに Hanns Vögele von Praithaslach。また印璽の依頼の証人として、インスブルック市民 Hanns Holzer, Hanns Messersmit, Jörg Wermiger。

④　リーツとテルフスの間の境界争い：証言
　　　　　　　　　　　　　　　1445 4.22　TLA GA Rietz, Nr.7 ; TW VI, S.114-116.
　私、ペータースベルクの裁判官ハインリヒ・フオラーは、私の主人である騎士ヴォルフガング・フォン・フロインツベルク殿の委任により代理としてジルツの裁判開催場所に滞在中、リーツの村長 Chuonczl von der Hueben と Paertl Schmidt がリーツのゲマインデを代表して、リーツとテルフスの間に生じた（境界）争いのために私の前に現れ、彼らのたてた証人から証言聴取を行うことを要望した。

　ラッテンベルク裁判区のヴェルグル在住の Hannsen Haider は、恩顧、恨み、金銭、贈与、友情、敵対等に一切関わりなく真実を明確に述べるように命じられ、次のように述べた。すなわち、28年か29年前にも立ち会ったが、石の十字が境界標識としてリーツァー・ランゲンに設けられた。それは坂道の上に立っており、正当なものである。それ以前はテルフスの人々は、ローテ・ヴァントまでを（境として）主張していた。しかし仲裁者の裁定が行われて、テルフスの人々の主張は否定された。それ以後、それは正当ではない。そして2つの境界石より下は、2つの山の間でハスラハの採草地（ヴィーゼ）に至るまでテルフスに属すものとされた。……（中略）……。

　以上は真実を語った証言である。上記の2人はリーツの全共同体を代表して、証言を裁判の印璽を付して、すなわち裁判、判決をもって裁定されたこととして交付するよう、また相手側が希望するなら相手側にも交付するように要望した。
　このとき証言に立ち会ったのはランデックの Volreich Kropff、ミルズの Klas ab (von) der Mills、ヴェンスの Heinz Schaz、エッツの Stoffl Genewein、ハビヘンの Kristan Asem、ジルツの Michel Jaeufer, Caspar Winkler, Caspar Glanz、同地の廷吏 Martein、その他。

⑤　リーツとテルフスの間の境界争い：証言
　　　　　　　　　　　　　　　　　　　　1445 4.29　Stolz, S.361-362.
　私、クリスティアン・シュタウダッハーが……ヘルテンベルクの裁判官ゲオルク・エアラーの代理として同裁判官の職にあるとき、私のもとに Castel Püchler

がリーツのゲマインデを代表して、その裁判代理人とともに来たり、証言聴取を行うように要望し、私の主人であるエッチュ地区の長官、ウルリヒ・フォン・マッチュの文書（Geschäftsbrief）を私に提示した。それはリーツとテルフスのゲマインデの間の争いに関して、正式にリーツに与えられたものである。

そこで私、裁判官であるシュタウダッハーは次のように証言した：私の隣人たち、オーバーホーフェンの人々からしばしば聞くところでは、境界はリーツのランクシュタイクから他の山に上り、その上部がリーツに、その下部がテルフスに属すものである。またテルフスは採草のために低湿地を、聖ヴァルプルギス（4月30日）から聖バルトロメウス（8月23日）まで囲い込み、その前後はリーツが放牧地として利用する。

ヘルテンベルクの廷吏 Jakob Baldauf が誓約のうえ証言した：リーツの道 Steig の下のランケンに石の十字が立てられており、（境界はそこから）イン河を越えて両側で山の中へと至り、その上はリーツに、下はテルフスに属す。

プファッフェンホーフェンの Georg Schmid が続いて証言した：自分はその十字がランケンの泉の傍らに立っているのを見た。またリーツとテルフスの人々の間で分割が行われた。

オーバーホーフェンの Kaspar Winkler は誓約のうえ、証言した。……

そこで私、前述の裁判官は、Pühler とリーツのゲマインデ住民たちに、証言を文書とし、ヘルテンベルクの裁判官ゲオルク・エアラーの印璽を付して与える。この裁判集会の証人は、森林長官クレルニ・ラトナー、プファッフェンホーフェンの Wenzl Reichel、オーバーホーフェンの Markli Karg, Jacob Seuffer, Hans Dosser, Peter Scheiring, その他の多くの裁判集会参加者（裁判区住民）。

⑥　リーツとテルフスの間の境界争い：裁定

1445 5.2　TLA GA Rietz, Nr.8.

ヘルテンベルクの裁判区長、ウルリヒ・ヴィンデックはリーツの共同体を代表する Castel Püchler の依頼により、リーツとテルフスの間の争いの解決のために、32年ほど前、リーツの下のアウ、森林、放牧地をめぐる同じ争いにおいて、オーストリア大公エルンストがウルリヒ自身とアムラスの裁判区長、マルクス・ゲツェンス……を選び、以下のように仲裁を行ったことを確認した。（以下①とほぼ同じ）

(C)　放牧地アルツヴィーゼをめぐる争い

（119〜125頁の 史料6 ①〜⑦を参照）

前述のように、かつて放牧共同体的関係にあったメッツ、ジルツ、ハイミングなど、ペータースベルク裁判区の中央部、イン河両岸のゲマインデは、中世後期にはいくつかの放牧地をめぐる争いを繰り返していた。ティロルの渓谷共

同体における放牧地や森林をめぐる争いは、必ずしも前述のリーツ、テルフスの争いのようなゲマインデ間の境界紛争としてではなく、むしろ紛争当事者であるゲマインデから隔たった（山岳）放牧地をめぐる争いとして展開することが多い。複数のゲマインデが共有ないし共用する放牧地は、広い地域に散在するのが通例で、その場合当然ながら、そうした放牧地などを村域として取り込むことは困難であった。したがって紛争事例でも見られるように、放牧地の各ゲマインデへの割当てが行われる場合など、その文書に記された地域割りは複雑をきわめている。平地の農耕地域に比して、山岳の牧畜農村地方では完結的な村域の画定は難しかったのである。

　ここではペータースベルク裁判区の中心的ゲマインデ、ジルツとハイミングが関わった紛争について、アルツヴィーゼと呼ばれる放牧地の争いを中心に事例を挙げる。アルツィーゼは今日、地名としては遺っていないようである。ジルツ、ハイミングから見るとイン河の対岸、直線距離にして5～6キロメートルほど北にアルツベルクと呼ばれる山があり、その裾野に今日もなお豊かな採草地・放牧地、すなわちヴィーゼが広がっている。周辺には今もアルツカステンと称する地名ないし放牧施設も存在することから、15、16世紀にもこの地域の採草地・放牧地がアルツヴィーゼと呼ばれたと考えてよいだろう（図3参照）。イン河南部のゲマインデが、北部にある放牧地をめぐって争うという紛争の事例は、ゲマインデの用益権域の空間的広がりと非完結性（開放性）、換言すれば牧畜農民の活動領域の広さ、そしてそこから生じる紛争とその解決の特質をも示している。

　1424年の事例①の訴えの場であるジルツは、ラント裁判区ペータースベルクの最も重要なラント裁判（集会）開催地であった。争うジルツとハイミングは、おそらく裁判区内のかなりの住民が出席したであろう正式の裁判集会に、紛争解決を委ねたのである。紛争の対象はアルツヴィーゼの他、両ゲマインデの周辺に広がる放牧地・森林・河川の利用権であり、裁判官はこうした多数の裁判区住民が参集する集会において、個々の用益権の調整による仲裁を、近隣の4ゲマインデの住民に委ねた。ジルツとハイミングが争った対象は、イン河北部（アルツヴィーゼ）と南部（ミュールバッハ周辺）の地域にわたり、したがって仲裁に協力したのはイン河の南北両側の住民たちであった。その中には、前述のように当時、テルフスとの紛争を抱えていたリーツの指導者 Castel Püchler と思しき人物および、もう1人のリーツ住民が含まれている。仲裁は個々の放

ラント裁判区ペータースベルクの放牧地アルツヴィーゼ。周辺ゲマインデの紛争の対象となった。

ラント裁判区ペータースベルク、ゲマインデ・ハイミングの家並み。

第 2 節　上イン渓谷地方のゲマインデ間紛争　　　　　　　　　　　115

牧地ごとに詳細な利用のルールを確認しているが、完全な放牧地の分割、割当てではなく、小地域ごとの優先的な利用と共用の規則を示した規定が多い。そのためか、この放牧地をめぐる紛争がついえることはなかった。なお、この訴えが裁判集会で行われたとしても、この集会で直ちに仲裁が行われたとは考え難い。この文書からは具体的なプロセスは読み取れないものの、おそらく集会の後、現地実検と交渉の期間を経て仲裁・和解が成立したのであろう。

　翌1425年の事例②におけるジルツ、ハイミングの争いの対象となった放牧地は、この文書にはその地名が記されてはいないが、前年の紛争（①）と同じアルツヴィーゼが関わっている可能性は高いだろう。この場合もジルツ側が同じジルツの裁判に訴え、裁判官は、4人の仲裁者と1人の仲裁責任者による仲裁のための集会を、別の日に設定したのである。この集会ではイン渓谷から隔たったエッツ渓谷やキュータイの住民をも含めて、ほぼラント裁判区全域にわたる地域の住民が仲裁に関わり、加えて隣の裁判区イムストの住民も参加していた。また当事者の一方、ハイミングが仲裁裁定の受け容れに難色を示し、判決を求めたのに対し、興味深いことに裁判官の側が、この種の紛争は裁判・判決では容易に解決しないとして、仲裁人による裁定を受け容れさせようとしている。

　①でジルツとハイミングが争ったアルツウィーゼは、1448年の事例③ではハイミングと、その対岸のゲマインデ、メッツの争いの原因となる。やはりアルツヴィーゼも、広い地域のゲマインデの共同放牧地であった。この争いは裁判には訴えられたものの、双方が選んだのは、彼らが選んだ近隣ゲマインデ住民による仲裁であった。その中に、①のようにハイミングと同じ放牧地をめぐって争うこともあったジルツの住民が加わっていることは注目に値する。放牧地を共同利用するゲマインデは、ある時は争い、そうでないときには仲裁への協力も行う、そのような相互関係にあった。なおこの仲裁では、裁判官ヴォルフガング・フォン・フロインツベルクは②と同様、不在であったのか、ほとんど姿を見せない。フロインツベルクはこの地域の有力在地領主であるが、本章に挙げていない他の紛争事例でも自身で裁判を司宰せず、たいていは代理人に委ねている。このときは地元住民の陪審が訴えを受理し、また市場町イムストの有力市民であろう人物が、印璽を付して裁判官代理のような役割を果たしている。裁判官職がこのような状態であるから、紛争の収拾において陪審や地域住民の協力は、一層重要性を増すことになる。なお9グルデンの損害賠償は、争

いがかなりの実力行使をもともない、物的損害を生じさせていたことを示唆している。また前述のいくつかの事例でリーツの代表として活躍した Castel Püchler がここでも仲裁に立ち会い、証人として名を連ねている。

　1485年の事例④におけるジルツとメッツの争いは、イン河北部のアルツヴィーゼとその南部のラー、グリューンベルク、ジマリングという、広範囲に存在する放牧地、森林の利用をめぐるものである。ここでも両ゲマインデの放牧活動の広がりと、その密接な絡まりが認識される（図3参照）。またメッツ側の代表者としてアルツヴィーゼに近いゲマインデ、ヴァルト、フィンスターフィーヒトなどの住民が記名されているように、このときジルツと争ったのは、メッツからアルツヴィーゼに至る地域の複数のゲマインデであった。あらためてアルツヴィーゼの広範囲な共用関係がわかる。さて裁判区の抵当保有者（とその息子）は紛争解決の実質的な役割を担い得ず、そのペータースベルクの（代理）裁判官と西隣のイムストの裁判官などに加えて、紛争現場（アルツヴィーゼ）に近い北隣の裁判区エーレンベルクのエールヴァルトや裁判区イムストのナッセライトを含めた多くのゲマインデの住民が仲裁に協力した。ジルツ、メッツと争うことも多かったハイミングも、ここでは仲裁に協力している。仲裁人のひとりがシュタムスの「居酒屋」と特記されているのは、地域のコミュニケーションにおけるこの職種の重要な位置づけを思わせる。この他にもヘルテンベルク裁判区のテルフスの住民が立ち会った。紛争当事者ゲマインデと対象エリアの広がりに対応して、この仲裁がかなり大がかりであったことがわかる。この仲裁の内容は、40年後の紛争再発と仲裁を示す下記の事例⑦でも再確認されている。

　事例⑤はアルツヴィーゼをめぐる紛争ではないが、ジルツとその東隣のゲマインデ・シュタウダハの間の、両者の南部に隣接する森林における木材伐採をめぐる争いである。この争いはシュタムスの下級裁判において、ハイミング、メッツなどジルツと争うこともあったゲマインデの住民も協力して仲裁が行われた。ペータースベルクの裁判官は、仲裁裁定を最後に確認し、文書に印璽を付す役割のみにとどまる。他方でジルツの廷吏を仲裁責任者（オブマン）とする仲裁者団を構成したのは、ハイミング、メッツ住民4人の意志であったかの印象を与える。彼らは双方の主張を聞き、事情を調べ、現地実検を行うことによって仲裁を奏功させ、またイン渓谷北部からエッツ渓谷南部に至るまで、ラント裁判区の広い範囲から住民が集会に参加し、仲裁を確認している。「以上は全てペー

タースベルク裁判区の住民」との文言は、このことを強調する意図を感じさせもする。裁定は基本的に従来の慣行を確認する「先例主義」によっている。ここでは、しばしばジルツと争っていたハイミング、メッツが（自主的に）仲裁を担ったことを再度、強調しておきたい。

　しかしそのジルツとメッツは、次の事例⑥では再びアルツヴィーゼ等の放牧地をめぐって争うことになる。このジルツ・メッツ間の争いは前掲④の紛争の再燃であり、ここでも④と同様、ハイミングの住民が仲裁に協力している。この文書⑦では双方の住民代表自身が、子孫の平和で友好的な生活のために交渉を進めたように読め、ペータースベルクの裁判官は、仲裁を促す主体として、あるいは司宰者としても明確には現れず、成立した和解を確認し、印璽付き文書を交付する以外には、積極的な役割を果たしていないという印象を与える。しかし他方で和解協約への違反は当局により処罰されるとあるように、協約遵守のためには当局の権威をも利用しており、同時期の事例にほとんど見られない規定として注目される。

　さて1631年の事例⑦が示すように、17世紀に入ってもなおアルツヴィーゼとその周辺の放牧地は、メッツ、ハイミング、その他のゲマインデも加わって共用される、あるいは少なくとも用益権域が複雑に重なる放牧地であった。そしてアルツヴィーゼをめぐるこの度の争いには、メッツとハイミングに加え、オプシュタイク、ミーミンガーベルク（ミーミングの山側集落）という、いずれもアルツヴィーゼに近いイン河北部のゲマインデが加わっている。この度は放牧地に最も近いゲマインデが、イン河を隔てたゲマインデ（ハイミング）に対してその主張を強めたようである。このような紛争の新たな展開に対して、領邦政府の委任官がその解決のためにイニシアチヴをとったという事実は、17世紀にはゲマインデ間紛争における領邦政府の影響力が強まったことを意味するのであろうか。しかしこの文書における境界記述はきわめてシンプルで、これによりアルツヴィーゼ自体が分割されたとは考え難い。むしろアルツヴィーゼからイン河にかけての地域における放牧地の優先利用エリアの区分が示されたのである。であればアルツヴィーゼはなお複数ゲマインデの共用放牧地域であり続けることになる。[35]

小括にかえて——紛争と仲裁のネットワーク

　ラント裁判区ペータースベルクは、インスブルック以西の上イン渓谷におい

ても流域の低地部分が比較的広く、集落の密度が高い。教区教会の所在地ジルツやハイミング、対岸のメッツなど、裁判区の中心的ゲマインデに加え、シュタウダハ、ミーミング、ヘペルク、グシュヴェントなどの中小集落も、上記の事例に現れるメッツ側のイン河から北に5〜6キロメートルほど隔たったアルツヴィーゼ、同じくイン河左岸のグリューンベルク、ラー、ジマリング、そしてイン河右岸のミュールベルク、シュタドリヒベルクなど、イン河両側の平地、山麓に広がる放牧地や森林の利用をめぐって争った。しかしすでに述べたように、同じ放牧地をめぐって繰り返される紛争において、ジルツ、ハイミング、メッツは、三者のうち直接紛争に関わらないゲマインデが、他の二者の争いに際して交互に仲裁に協力するという関係を示しており、いわば紛争と平和維持の両面的な相互関係を持っていたことに注目したい。

このような争いと仲裁の相互行為が見られるのは、この3ゲマインデ間に限らない。別稿で示したところでは、この3ゲマインデを中心に、その周辺に散在するリーツ、タブラント、シュタウダハ、グヴィゲン、(ウンター／オーバー) ミーミング、ゼー、オプシュタイクなどのゲマインデもアルツヴィーゼ、その他の放牧地利用についてハイミング、ジルツ、メッツの争いに関わり、あるいは3ゲマインデの関わらないゲマインデ間の争いを生じさせていた。同時にそうしたゲマインデもまた、直接自身が関わらない紛争に対しては仲裁への協力者を送っている。この仲裁における協力関係は、ペータースベルク裁判区に属すものの、独立した空間という印象を与えるエッツ渓谷のゲマインデと、上記のイン渓谷のゲマインデの間にも見られる。したがって紛争と紛争解決における相互関係のネットワークは、上の文書に記された放牧地、森林等の利用において密接な関係にあった近郷近在のゲマインデ間のみならず、裁判区内の比較的隔たった渓谷のゲマインデをもその内に包み込んでいたと言えよう。さらにこの関係は、ときにはヘルテンベルク、イムスト、エーレンベルクなど、隣接するラント裁判区にも及んでいたのである。[36] 紛争解決に協力するこのようなゲマインデ間の関係は、いかなる要因によって規定されていたのだろうか。上の史料では、裁判官がいくつかのゲマインデの住民個人に仲裁者を委ねるケースや、仲裁者が紛争当事者の希望により選ばれるケースなどが確認できる。その背景には、一般に争いの原因となった放牧地や森林が、そのようなゲマインデ住民にとっても無関係ではなかったことが考えられる。

しかし紛争と仲裁の関係を規定するのは、広い範囲の入会の共用などの利害

関係のみではなかった。たとえば1472年にメッツ・ジルツ間で護岸設備(アール)の設置をめぐる争いが生じたとき、これを裁定できなかったペータースベルクの裁判官は、隣の裁判区ヘルテンベルクのゲマインデ、ツィーアル、ペトナウの住民、およびペータースベルクの4ゲマインデの住民に仲裁や実検を委ねていた[37]。これらのゲマインデはイン河沿いにあるものをも含め、ジルツ、メッツの護岸設備によって影響を受ける位置にはなかった。それゆえにこそ第三者として仲裁や実検を行い得たのだが、視点を変えれば、利害の関わりから紛争解決に協力したのではなかったとも言える。

　紛争解決に様々な形で協力し合う関係の背後にはまた、既述の、リーツのCastel Püchler のように、おそらく仲裁役を務めるような各ゲマインデの指導的人物の活動や家族の間の日常的なつながり（親族関係など）があったのかもしれない。このようなゲマインデの家族、親族に関する情報は、16世紀まではきわめて稀少であるが、同名の人物が仲裁役としていく度も登場するケースなどから、ゲマインデから住民個人へと踏み込んだ地域社会のネットについて考えることは可能かもしれない[38]。

史料6

① 　ジルツとハイミングの放牧地アルツヴィーゼをめぐる争い
　　　　　　　1424 12.9　ジルツ　TW VI, Silz, S.153-155（GA Silz, Nr.3）
　ジルツとハイミングの間で、放牧地アルツヴィーゼの放牧と森林利用の境界等をめぐる争いが生じ、ジルツの裁判集会にてジルツの村長 Sprenger が、ゲマインデを代表してこのことを訴えた。これに対し、ハイミングの村長 Heinrich Wuellfing が反論を行った。そこでペータースベルクの裁判官ハンス・エーベンハウゼンと穀物枡管理官 Castel Puechler は、両村長と両ゲマインデの全住民の出席下に集会を持った。その際、<u>両村長は、タン（ライン）の Jaecken、ゼーの Pawlen Taschen、リーツの Hannsen Pracken、シュリーレンツァウの Werenlein Jaeger の4住民を仲裁者に、また Rudolffen Jaufer を仲裁責任者(オプマン)として選んだ。</u>この4人の仲裁者とオプマンは、アルツヴィーゼ、ミュールバッハ、グシュヴェンク（グシュヴェント）、ファルハッハ、ヴァイデ・アム・ベルクの放牧地の利用について、以下のように裁定した。

　アルツヴィーゼではジルツの人々が、ロスピュヘル、ホーフアウまで木材伐採、放牧を行うことができる。ここではハイミングの人々はジルツの人々を妨げてはならない。ハイミングは従来の慣習通りメルリスまでその権利を維持する。

ミュールベルクから流れるミュールバッハはグヴィッゲンの上で、ペータースベルク側とジルツ側に分割される。ジルツ側の3分の2（の流水）はジルツのゲマインデに属し、3分の1はペータースベルクへと引かれる。……（以下、グシュヴェンク（グシュヴェント）、ファルハッハ、ヴァイデ・アム・ベルクにおける両ゲマインデへの個々の放牧地の割当てと、共同利用部分、その利用の仕方等についての詳細な規定）……

双方はこの裁定を受け容れ、永久に遵守すること、違反して他方に害を加えたら、これを償うことを仲裁人とその責任者に誓約した。仲裁責任者と仲裁人たちはペータースベルクの裁判官に、この文書に印璽を付すことを要望した。

② **ジルツとハイミングの放牧地をめぐる争い**

1425 3.7　TLA GA Silz, Nr.4

ジルツの裁判所において、私の主人、ヴォルフガング・フォン・フロインツベルク殿の代理、委任者である私、ハンス・エーベンハウゼンの前に、ジルツのゲマインデを代表して Oswald Glauer が現れ、ジルツとハイミングの両ゲマインデの間に、ある放牧地と放牧をめぐって争い、不和が生じたことを訴えた。裁判官（エーベンハウゼン）は当局にかわり、双方の訴えを容れて両者の間で和解の交渉の日を設定し、争いの仲裁を仲裁責任者と4人の仲裁人に委ねるよう促した。双方は和解に難色を示したものの、これが和解交渉であることを理解し、全ての場所で境界を越えることなく、また裁定されたことを今後は損なうつもりはないと述べた。そして双方は裁定をよき文書にしたため、私、ハンス・エーベンハウゼンの印璽を付すこととし、また仲裁責任者と仲裁人たちもこのことを請うた。裁定内容が双方に知らされ、ジルツの住民が草案を作成し、全ての人々に聞かせ、誰もこれに異を唱えなかった。そこで彼らは（正式）文書作成と印璽を要請しようとしたところ、ハイミングの住民が異を唱え、文書が真正であるか否か、正式の判決が下されるまで、この（ジルツ起草の）文書には反対すると述べた。

これに対し私、裁判官エーベンハウゼンは、ジルツ住民が裁判で下された裁定の正確な文書化を誓約して行ったこと、また判決が行われてもゲマインデ間の争いが収まらないことから、当局を代表する裁判官と、当事者のよき友人たちが、大きな損害や争いを避けるために、争いを仲裁することとした。そして双方は、仲裁責任者と仲裁人の裁定に従うこと、今後は協調し、決してこれに反することを語らず、裁定のあらゆる内容に従って、ふさわしい記憶のために、裁判の印璽を付したよき文書を持つべきこと、そのために私、裁判官はジルツ、ハイミング双方の住民に件の文書を仲裁責任者と仲裁人に従って私の印璽を付して与えることを確認した。ハイミングの住民も同じように裁定文書を、私の印璽を付して与えることを望んだ。この裁判に立ち会った証人は、イムストの Melchior von Imst, ミーミンガーベルクの Peter Klawbenschedl, エッツの Fell, Gunthalm im

Steig、キュータイの Benz, Ulab Aw, Heinz ab der Hüb ab Au, Hartman Dulchelstainer ab Ötz、ザウテンスの Sawrer von Sautens、マーガーバッハの Leihart、ピベルクの Kupprian, Jörg ab dem Hewperg、その他の信頼できる多数の人々。

③メッツとハイミングのアルツヴィーゼをめぐる争い
1448 日付なし　TLA GA Mötz, Nr.4

　メッツとハイミングの間に、放牧地アルツヴィーゼへの放牧をめぐる争いが生じた。ハイミングの住民がメッツの住民の土地に入ってアルツヴィーゼに放牧したが、メッツ側は、文書によっても、また慣習としてもハイミングはそのような権利を持たないとし、双方が裁判に訴えた。誠実な人々（陪審）がこれを受理し、和解ないし裁判によって両者は争いを止めること、もし裁判によって判決が下され、かついずれかがこれに不満であれば、上訴できることを告げた。双方の希望により、イムスト住民 Hans Ruepp, Thoman Frischeysen、ジルツ住民 Kaspar Winkler, Michel Jaufer、シュタウダハ住民 Hans Ochaim、ウンターミーミング住民 Thoman Marck が仲裁人として選ばれ、ヴォルフガング・フォン・フロインツベルク殿の要請によりイムストのアンドレ・マウアが仲裁責任者とされた。仲裁人は領主と裁判官の同意と許可により現地実検、事情聴取、提出文書に基づいて、友好的な仲裁を行った：

　メッツはかつてコンラート・デア・ミュルス、ヘルマン・フォン・ヴァンガ（以前の裁判官？）が交付した文書の内容に従って、その権利を維持する。メッツ、ハイミング双方は、その間のラーを境とし、これを越えて放牧、採草してはならない。各々は、（各部分における）損害を自分で補い、共同の負担をも負わねばならない。裁判の費用は双方が負担する。メッツ側はハイミング側に、定められ期日までに9グルデンを損害の賠償として与える。ヴォルフガング・フォン・フロインツベルクが来たり、双方はこの（文書に基づく）裁定内容を忠実に守ることを誓約した。そして裁定を文書として、Andrä Mauer の印璽を付して交付することを要望した。

　証人：リーツの Castel Püchler、イムストの Berchtold Tasch、ハルの Han Fruet。

　印璽を付したのはイムストのアンドレ・マウア。

④ジルツとメッツのアルツヴィーゼ等放牧地をめぐる争い
1485 7.26 GAI Silz, Nr.20.

　ジルツとメッツは、アルツヴィーゼ、ラー、ジマリング、グリューンベルクにおける木材伐採と放牧地をめぐって争い、ラント裁判の抵当保有者ウルリヒ・フォン・フロインツベルクはイン渓谷の長官である息子トマンに裁定を委ね、ト

マンは双方から多数の住民が出席した裁判集会で、ペータースベルクの裁判官ハンス・ツェシュガーを仲裁責任者とし、イムストの裁判官ハンス・フォン・ポホ、同地の鉱山裁判官ハンス・パウル、エッツミュールの Cristans Klotz、エールヴァルトの Paul Sticker、ハイミングの Wolfgang Pryminger、ナッセライトの Oswald Schreyer、シュタムスの居酒屋主人 Cristein Scheuring、リーツの Konrad Nageli など近隣集落の住民9人に仲裁させた。……

（メッツ、ヴァルト、フィンスターフィーヒト、シェンゲンハウゼン、ノイデックの代表として17人の記名、ジルツの代表として村長 Hans Stamser など10人の記名。）

証人：リーツの Balthasar Posch、テルフスの Hans Posch gen. Hagel、イムストの Jos Heugel。印璽を付したのはハンス・ツェシュガー、ハンス・ポホ、ハンス・パウル、Paul Sticker, Oswald Schreyer。

⑤　ジルツとシュタウダハの木材伐採と放牧地をめぐる争い
　　　　　　　　　　　　　1491 7.22　TLA GA Silz, Nr.22.

村長 Hannsen Tablander と Hainrich Hanekampp, Oswaldt Wameis, Caspar Hämerli, Hanns Stamser を全権委任代表とするゲマインデ、ジルツと、Moriz Stringel, Hanns Klückli, Ludwig Heiβ を全権委任代表とするゲマインデ、シュタウダハの間に、ある境界に関連して、すなわち木材伐採をめぐって不和、争いが生じた。シュタウダハの住民はシュタドリヒベルク、フェテツェル渓谷において木材を伐採していたが、ジルツの住民はこれを自分たちの地域における伐採であって危険な行為だと見なし、ペータースベルクの裁判官バルタザール・ロッシュに子細を告げて訴えた。これに対しシュタウダハ住民は、ジルツ住民の主張は不当であり、自分たちは家に不可欠の木材を伐採したのみであると抗弁した。そして領主（シュタムス修道院？）にこの件を伝え、彼らの言い分が認められることを希望すること、不正に木材を利用していないことを縷々申し述べた。

そこに誠実で信頼される賢明な人々が多数来て多くを語り（仲裁し）、双方が平和的な現地実検を行った。さらに思慮深く、信頼ある、賢明な人々、すなわちクリスティアン・ショイリング（シュタムスの裁判官）、ハイミングの Jacob Nägelen、メッツの Basstian Kleubenschedl, Simon Walcher, Paul Tengler は全員が善意を持って和解させることを願ったので、上述のペータースベルクの裁判官は自身の代理としてジルツの廷吏、Christan Wameis をオプマンに任じ、友好的な合意により問題を解決すること、双方がその権利を損なわれず、善良な意志により合意に至り、またそれが遵守されるようにすることを命じた。これら仲裁者たちは当事者たちの願いに応じ、彼らの申し立てと要望を聞き、こうした事情聴取の後、現地に赴いて争われた場所を実検し、友好的な協議を行い、以下のような裁定を行った。

第一に、シュタウダハの住民はシュタドリヒベルクにおいて木材を伐採する権

利を持つ。ただしツィマーリスとプロホリス（リス Ris ＝木材を曳く木道）の間で、またフェテツェル渓谷まで。……伐採する場合、事前にジルツの村長に伝え、採りすぎることなきようにする。

　ジルツの住民はローエレンツェンにおいて慣習通り全ての権利を持つべし。しかしジルツ、シュタウダハの住民も相互に損害を与えるような伐採をすべきではなく、それによってシュタウダハの住民も今後、損害、不足を来たすことなきように。……（この地区の）放牧地については古くからの慣習通り、シュタウダハの人々は彼らの家畜を放牧する権利を保留する。また規定された境界の外側では、双方の権利は古くからの慣習通り、損なわれず維持される。

　双方は友好的に協議し、自発的に裁定を受け容れ、ペータースベルクの裁判官バルタザール・ロッシュに、これらをいかなる拒否も行うことなく維持することを誓約した。そして前述の双方の代表は裁判官にこのことを、同じ内容の2通の文書にし、印璽を付して交付するように要望した。印璽付与の証人はウムハウゼンの Hanns Perger, Hanns Jäger zu Hueb, リーツのホルツライテンの Hanns Told, ヴァルトの Hanns Phölli, Hainrich an der Zwirch, 以上は<u>全てペータースベルク裁判区の住民</u>。その他の人々。

⑥　**ジルツとメッツのアルツヴィーゼ等における通行、放牧、木材伐採をめぐる争い**　　　　　　　　1527 3.14　TLA GA Silz, Nr.40

　村長 Hans　Brechstainer および Sechsen の Michael Hammer, Klassen Rieser, そして3人の裁判代理人 Paul Haug, Hans Zobl, Hans Payr を代表者とするゲマインデ、ジルツと、村長 Oswald Rappolt および Hans Fergen, Martein Reyndl, Jörg Walcher, Hans Zischgen, Hans Koppen を代表とするゲマインデ、メッツは、アルツヴィーゼ、ラーにおける通行、レルガトビヒルの境界の変更、ロートヴァント周辺における木材伐採に起因する争いについて、<u>よりよき取り決めにより今後、平静、平和を取り戻して、彼らの子孫が相互によき友好的な隣人として生き、暮らすよう望み、双方が相互に主張と答弁を交わした</u>。そしてペータースベルクの穀物庫管理官エラスムス・オーバーハウザーをオプマンとし、ミーミンガーベルクの Augustin Mayr, Hainrich Jörg, エッツの Lienhard Harder, ハイミングの Hans Regensburger, Hans Puchler を仲裁者として裁定すること、双方の了承により、友好的な裁定を行うことが要請された。裁定は以下の通りである。

　第一に、<u>全ての争い、そして双方の間で、悪意ある言葉と行為をもって、続いていた敵対的行為は、完全に止めねばならない。今後はいずれの側も、誰も、言葉であれ行為であれ、この（過去の敵対行為）ゆえに、相手を裁判に訴えてはならない</u>。

　第二に、以前にペータースベルクの裁判官であり裁判ヘル（裁判区保有者）であった、トーマス・フロインツベルク殿の時代に、<u>前述の両当事者のために交付</u>

された古い裁定文書は、その内容の全ての点において例外なく、価値と効力を損なわれることなく維持されるべきである。

　第三に、ジルツが権利を持つ地域は、前述の古い裁定文書に従ってより明確に示される。放牧地（Voralm）は上のレルガトビヒルに及び、そこには3本のつるはしを持つ十字があり、周辺には3本のつるはしと十字が岩に刻まれている。それらの十字からまっすぐロートヴァントの稜線(ヨッホ)まで。そこでは双方が古い裁定文書に従う。

　第四に、境界を越える不正な木材搬送については双方で損害を相殺、和解し、今後は違反すれば裁判当局に訴えられ、処罰される。……

　第六に、ジルツの人々は今後、ミハエルの日（9月29日）から聖ゲオルクの日（4月23日）まで、週に1日、メッツの権利地域の中のラーと呼ばれる場所に、彼らの大小の家畜を放牧する権利を持つ。

　第七に、いずれかの側が裁定に違反したら、その内容に応じて前述のヘルシャフトと折り合いを付ける（処罰される）。

　第八に、本日のこの交渉について裁判当局と裁定者の費用の負担は、双方の折半とする。これをもって双方は、その子孫にわたり、完全に相互に裁定され、和解したものとして、前述の裁定内容を受け容れ、確実に、損なうことなく維持することを約束した。そしてペータースベルクの裁判官ハンス・エールベッケンに手により誓約し、両ゲマインデの代表は、この和解契約を印璽付き文書にして交付するように要望したので、この件に関する真の証書として、裁判官の印璽を付した文書が交付された。裁定遵守誓約と印璽要請の証人は前述の裁定責任者と裁定者たち。

⑦　**メッツ・オプシュタイク・ミーミンガーベルクとハイミングのアルツヴィーゼ等放牧地をめぐる争い**

1631 8.4（1723 11.19 の写本）　　TLA GA Obsteig, Nr.7

　ペータースベルクの裁判において、メッツ、オプシュタイクのゲマインデ住民およびミーミンガーベルクの（放牧地）共同利用者と、ハイミングの住民の間で以下のような和解が成立した。すなわち皇帝陛下（領邦政府）の特別委員により、メッツ、オプシュタイクの住民および（放牧地）共同利用者と、ハイミングの間の放牧地の境界をめぐる争いに対して領邦政府のコミッションによる仲裁が示され、放牧地の境界はイン河左岸（メッツ側）のアルツヴィーゼからグリューンベルクを経て、道の分岐点までとされた。ハイミング側はこの境界設定に何ら反論の根拠を示せなかったので、この境界が正当なものとなった。この境界内ではメッツ、オプシュタイク、ミーミンガーベルクの利用権が保護され、ハイミングは境界を越えて放牧してはならないとされた。この裁定の遵守を誓ったのは、メッツの村長 Sebastian Kurz, オプシュタイクの区長 Paul Gaßler, Stift の居酒屋 Thomas Gaßler, タブラントの Martin Walcher, Matthäus Förg, Jeronymus Walcher, Hans, Sebastian Kleubenschödl, Jakob Hosp, Christoph Föger.

3 ラント裁判区イムスト——渓谷（放牧）共同体の分化と紛争

（133～134頁の **史料7** ①②を参照）
(A) 渓谷共同体の地域構造

　ラント裁判区イムストは、イン渓谷に交わる北部の河川、ピガーバッハの流域地方と、南部の長大なピッツ渓谷よりなる（図3参照）。ヴォプフナーによれば1300年頃の史料では、ピッツ渓谷は大放牧共同体イムストの一放牧地域をなしていた。大放牧共同体イムストは、個々の小ゲマインデ（ないし散居家屋群）に一定の放牧地を割当て、人口増にともなって成長した個別ゲマインデは、大共同体としての関係を希薄にしていったという[39]。ヴォプフナーの言う大放牧共同体の存在は根拠、実態ともに曖昧である[40]。とはいえピッツ渓谷に広がる放牧地の利用関係が錯綜していることから、かつて渓谷のかなりの範囲で、放牧地の共有・共同利用が行われていた可能性は否定できない。とりわけ渓谷の規模が大きく、山腹に豊かな放牧地を抱えるピッツ渓谷の北部には多くの小集落が散在し、放牧地の共同利用関係が錯綜していた。1560年ころのヴェンスの慣習法文書（ヴァイステューマー）によれば、ヴェンスからイェルツェンスに及ぶ渓谷の住民（下記の「上教区」のゲマインデ）は、古くから特別の慣習と自由（特権）を有し、イムストの裁判当局の関与なしに独自の（下級）裁判集会を持っていたとされる[41]。ラント裁判区内でのそのような自治は、おそらくピッツ渓谷全域に及ぶものであった。しかし、そのような渓谷の広域的な放牧地共用（共有）団体が、いくつかの地域団体（やはり放牧地を共用する複数のゲマインデよりなる）に分化し、さらにその内部における個々のゲマインデの個別的放牧地利用が進んでいたこと、それにともなって様々なレベルで軋轢が顕在化しつつあったことが、16世紀のピッツ渓谷における史料から読み取れる。

(B) 渓谷北部と南部の争い

　さてピッツ渓谷の北部（入り口付近）のアルツルを中心とする集落は、16世紀初になお密な放牧共同体を維持していた。これらの集落（アルツル、ヴァルト、上・下ラインス、ティムルス、ホッホアステン、リート）は、16世紀にはすでに「アルツル下教区 Unteres Kirchspiel Arzl」として、その南部、ヴェンスを中

ピッツ渓谷のヴェンス付近から渓谷奥部、やや左手の山間にイェルツェンスを望む。

ピッツ渓谷、ヴェンスの教会墓地から対岸、ラインス方面を望む。

心とする「上教区 Oberes Kirchspiel」（ヴェンス、グライト、ブレンヴァルト、ラルハハ、イェルツェンス）と区別され、1560年の合意文書によれば、両地域はこれまで共同で負担してきた領邦税納入、軍役等を、以後は各々別個に行うことになった[42]。またピッツ渓谷のさらに深部、イェルツェンスより南部（上部）の小村、ないし散居家屋群も、紛争解決の交渉に代表を選ぶような放牧共同体を形成していた。

　史料①はこの渓谷南部の放牧共同体（ピッツ渓谷住民と記される）と、アルツルを中心とする「下教区」のゲマインデとの争いである。1500年のゲマイン

デ・ヴァルトの慣習法文書には、この紛争にも現れるネッセルベルク、シュヴァルツェンベルクの他、ピルヘルベルク、タシャッハを加えた4つの放牧地は、アルツルの（下）教区全体が相互に共用するものとされている。他方でリッツェンリート以南のピッツ渓谷住民（前述の渓谷最南部の住民）は、タシャッハの放牧地を利用できるが、放牧料を納める義務を負い、当地を占有（管理）してはならず、また自身の牧童を雇うことはできないと記されている。渓谷北部の住民は、20キロメートル以上（グラスによれば12時間行程）を隔てたピッツ渓谷最奥部、タシャッハの放牧地（タシャッハアルペ）まで放牧に訪れていたわけで、当然ながら渓谷南部住民の放牧との調整は不可欠であった。1500年の慣習法文書をも併せ考えると、この紛争は、かつてアルツルを中心とする下教区地域のゲマインデと渓谷最南部の住民が、おそらくピッツ渓谷内の各所で相互に放牧地を共有ないし共同利用していたこと、すなわちピッツ渓谷が全体として1つの放牧共同体をなしていたことを推測させる。しかし渓谷内部での上教区、下教区、それ以南の渓谷部分（ホルバッハないしリッツェンリートとシュティレバッハの間）といった地域の分化は、前述のように教区、さらに徴税や軍役といった領邦行政の枠組みとしても進行し、放牧地利用においては地域間の争いが生じていたのである。

　この度の紛争においては、双方が文書を根拠として提出したようだが、アルツル側の提出した60年前の和解文書が、正当と認められた理由はわからない。ともあれその内容に従って、アルツル側の両放牧地の優先的利用権と、ピッツ渓谷住民の限定的利用が認められた。またその範囲など現地における細部の確認のために設けられた仲裁者団は、60年前の仲裁におけると同様、両当事者が選んだ、直接紛争に関わっていないヴェンスの住民、その他の渓谷住民により構成された。

　この1530年の紛争と仲裁の後、1539年および1553年にもアルツルを中心とする下教区のゲマインデとピッツ渓谷（南部）のシュヴァイクホーフ、マンダルフェン（ピッツ渓谷最奥部）の住民などとの間に、タシャッハの放牧地をめぐる争いが生じ、各々イムストの裁判区長、裁判官によって仲裁されている。やはりピッツ渓谷のゲマインデ、散居家屋（群）は渓谷全体規模の放牧地利用関係の絡まりにより、緊張をはらんだ密接な利害関係の中に置かれていたのである。

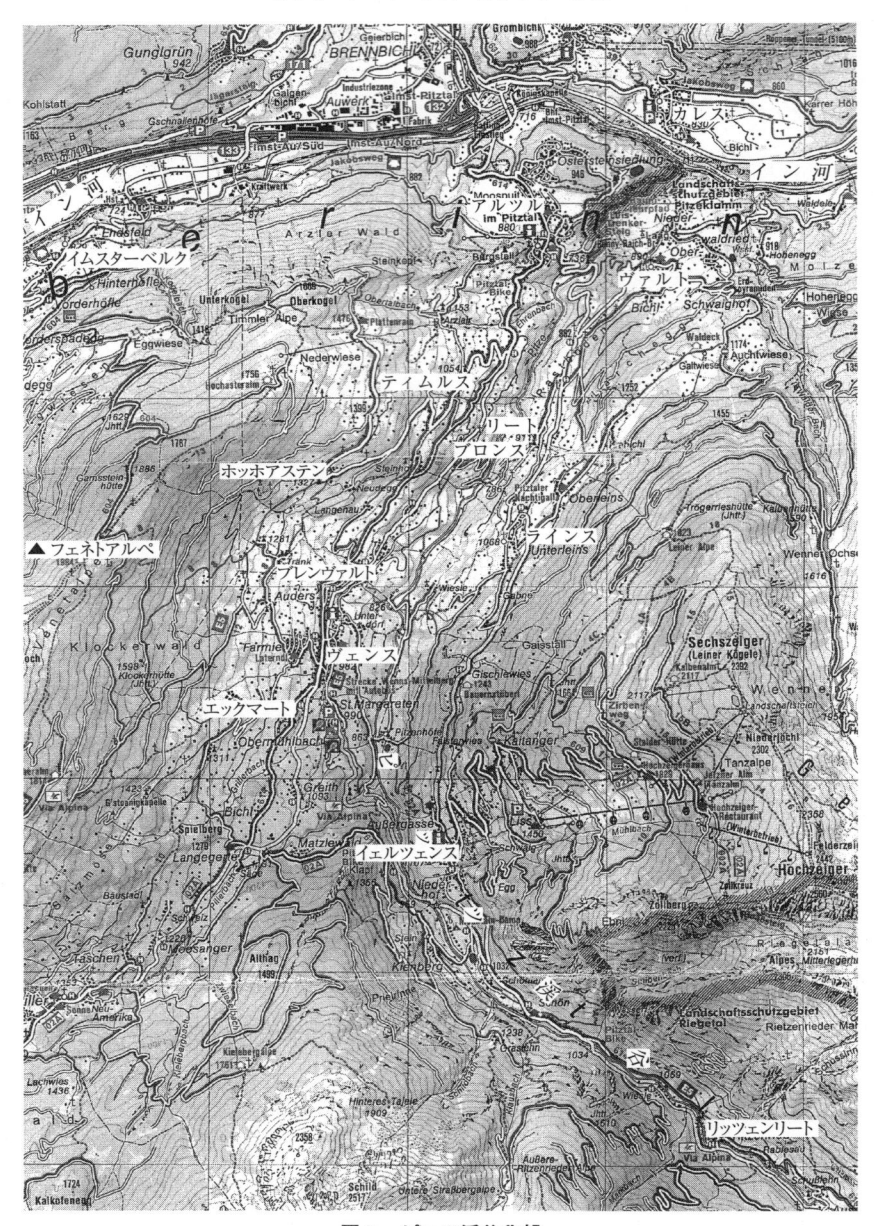

図5　ピッツ渓谷北部

第2節　上イン渓谷地方のゲマインデ間紛争　　　　　　129

(C)　渓谷北部地域内の争い

　放牧地をめぐる紛争は、以上のような渓谷の北部と南部地域の間にとどまらず、16、17世紀にはさらに上教区と下教区のゲマインデ間に、さらには各教区内のゲマインデ間にも及んでいる。史料②の事例は、紛争がそのような地域の枠組みの内外に及ぶケースである。

　訴えたのはブレンヴァルトの個人であるが、実質は下教区のブレンヴァルトと、同じ下教区のラインスおよび上教区のヴェンスのゲマインデ間の争いである。両者の同様な争いは、すでに1543年にも文書を遺している。このときはラインスとヴェンスが、ブレンヴァルトの下部地域への通行、放牧権を主張してブレンヴァルト住民を訴え、ヴェンスの提示した証言文書により、前者の主張が認められた[48]。しかし争いは鎮まらず、1555年にもヴェンスは裁判において、いく人かの証言者をたてた。このときジルツ（ペータースベルク裁判区）、プルッツ、フリース（ともにラウデック裁判区）、ピラー、ラインス（イムスト裁判区）など裁判区を越えるゲマインデの住民をも含めて、多数がヴェンスのために証言やその確認を行っている[49]。このとき証言の中心になったのは、ヴェンスの Hans Vischer の兄弟で、ジルツに住む牧童 Bartlmä Vischer であった。紛争解決におけるゲマインデ（住民）間の協力には、このような血縁、親族関係も一要因をなしていたのである。またこの牧童の証言内容は、30年近く遡る過去の牧童としての経験であった。前掲のリーツ・テルフス間の紛争でも見られたように、1世代も遡る放牧地の過去の用益事実に関する近隣住民の証言が、裁定において文書に劣らない重要な意味を持っていたわけである。

　ヴェンス側は1557年の9月、11月にも証言聴取を行わせた[50]。このような証言の文書と記憶（口頭）による確認の積み重ねが奏功したのであろう。同年12月の裁定（史料②）は、基本的にヴェンス、ラインス側の主張を認めるものであった。なおこの度の陪審（仲裁者）はイムストとその北部のナッセライト、およびピッツ渓谷の上・下教区のゲマインデから出ている。和解契約文書の文言からは、争いがかなり暴力的な実力行使をもともなっていたこと、そうした根強い不和・諍いを解消させるため、宥和を強調する規律化的言辞を繰り返していること、また和解は費用節約のためでもあったことが読み取れる。

　この他にピッツ渓谷北部地域内での紛争事例として、時期が前後するが、1489年には上教区のヴェンスと下教区のヴァルトの間で、一連の放牧地をめぐる争いが生じている。このときは数回にわたりイムストの裁判官のもとで証言聴取

が行われ、6月4日にはホッホアステン、ラインス、ティムルス、プランス（ブロンス）の住民がヴェンスのために証言した。さらに6月22日には、イン河以北、イムスト、タレンツ、ナッセライトの13人の住民が裁定者となり、現地に赴いて新たな放牧地の境界を境界石によって画定した。また1493年には、イェルツェンスとラインスの間で、ラインスの放牧地ペルシュターデル・アルムをめぐる争いが生じ、ヴェンスの村長と住民、およびラルハハの住民によって仲裁され、境界石の設定により、放牧地の分割が行われている。1517年にはラインスとヴァルトがラリヒ・マイスにおける放牧をめぐって争い、イムストの鉱山裁判官と仲裁人により、現地実検の後、境界が確認された。

すでに15世紀末に見出される、このような渓谷北部のゲマインデ間の争いは、16世紀から17世紀にかけても繰り返された。1613年にはヴェンスはラインスとの争いにおいて、ラインス住民の家畜を差押えたとあり、また1628年にはヴェンスとヴァルトの間で放牧地や森林の利用をめぐる争いが生じている。いずれの場合でもイムストの裁判区長のもとで、双方の代表に、裁判区のゲマインデ住民を仲裁者、陪審として加え、交渉と仲裁が行われた。このように17世紀に入ってなお、少なくともイェルツェンス以北のピッツ渓谷全体が、錯綜した放牧地利用関係により、争いと平和（仲裁）のネットワークを織り成していたのである。1628年のヴェンスとヴァルトの間の和解文書（仲裁裁定）では、「これをもって、ふたたび、常に、永久によき、友好的な、隣人としてふさわしい和解が行われた。こうして、相互に激した不穏当な言葉によって、フェーデにおけるごとく、争ったことどもは全て裁判当局により完全に清算され、除去された」と格調高く平和を宣揚しているが、逆に現実における紛争の高いポテンシャルとその厳しさを思わせる。

(D) 渓谷・裁判区を越える紛争

以上で取り上げたのはピッツ渓谷内の紛争であるが、放牧地をめぐる紛争が当該渓谷、あるいはまた裁判区内に限定されなかったことは、この地域についても指摘しうる。イムスターベルクはピッツ渓谷との合流点に近いイン渓谷に位置するが、両渓谷の境界に広がる山岳放牧地の利用により、ピッツ渓谷住民と密接な利害関係を有していた。1464年にはイムスターベルクと上教区のヴェンス、ラルハハは、ヴェンス西方、ピッツ・イン両渓谷に挟まれた山、フェネトの北部山麓に広がる放牧地、フェネトアルペの放牧をめぐって相互に争って

いた。イムストの裁判官を仲裁責任者(オブマン)とし、ナッセライト、イムスト、ザインス、タレンツ、「ピッツ渓谷」の住民ら６人が仲裁役となって成立した和解協定（1464年６月26日）では、今後争いが生じたら、当事者は各々その地域から誠実な隣人を選び、その裁定を尊重すべしとされている[55]。イムストの裁判官も、原則的に解決を地域住民間の交渉と仲裁に委ねようとしているわけである。またこのときの仲裁者が、イムスト以北のゲマインデおよび渓谷南部の住民など、紛争当事者の属する上・下教区を除く、ラント裁判区イムストの全域から出ていることに注目しておきたい。

　このとき紛争の原因となった放牧地フェネトアルペは1563年には、一方のイムスターベルクおよびその東に接するイムスターアウと、他方のラルハハ、ヴィンクル、エックマートの間で、合意文書によりその利用区分、地区割りが確認されている。後者はフェネトアルペに最も近い、その麓の小村と散居農家群であり、前者は前述のようにフェネト山の反対側（イン渓谷）に位置する。フェネトアルペはピッツ渓谷西側のゲマインデ、散居家屋群や、山を隔てたイン渓谷側のゲマインデの共同（共有）放牧地であったが、15世紀以来の紛争の中で、完全な分割は可能ではなかったとしても、さしあたりピッツ渓谷側とイン渓谷側のゲマインデの間で、各々の優先利用地域の画定が試みられたのである[56]。

小　括

　ピッツ渓谷はラント裁判区イムストの中でも、その完結的な渓谷地形により独自の地域共同体を形成していた。渓谷北部に比較的稠密に存在するゲマインデのみならず、渓谷深部の小集落や散居農家も、同様に渓谷の入り口から南端までの各地域に散在する大小の放牧地の共有・共同利用により、相互密接な利害関係にあった。おそらくそうした放牧地共用の調整のためのルールは古くから存在したのであろう。このような点で、地形的にも開放的な前述のラント裁判区、ヘルテンベルクやペータースベルクのゲマインデが示す共同関係に比して、ピッツ渓谷のゲマインデ、集落は、緊張をはらんだより密な関係を結んでいたと言えよう。15世紀以後の文書史料に現れるのは、そうした放牧利用の共同関係が頻繁に軋轢と紛争を引き起こし、その処理・解決のためのゲマインデ間の交渉が繰り返されていたという状況である。

　紛争は渓谷の北部地域と南部地域の間で、そして北部地域の上教区と下教区の間で、さらに各地域内のゲマインデ間で展開した。しかしこれをヴォプフ

ナーが考えたような、大きな放牧共同体が下位の地域共同体へ、そして個々のゲマインデへと、放牧地利用の利害対立と分割により分化、分裂していくプロセスと考えることは、論理としてはともかく、実証的にはさしあたり困難である。少なくともゲマインデ文書で確認できる限りでは、そのような地域間、地域内の紛争の事例は、15世紀以後に並行して現れているからである。そのような史料に現れる様々なレベルでの紛争からは、近接し、密な放牧地共同利用関係にある地域内のゲマインデ、集落は頻繁に相互間の軋轢も生じさせるが、おそらく利害調整も比較的容易であったこと、そして相互に争うことはあっても、事例①のように、地域外のゲマインデとの争いにおいては、共同でこれに対処したことが見て取れる。

またゲマインデ間の協力関係は、直接の紛争当事者ではない場合には、渓谷の広範囲のゲマインデ住民が仲裁者、あるいは証言者、現地実検の立ち会い、仲裁・和解の証人など、様々な役割を担って紛争解決に関与していることにも現れている。放牧地とその個々のゲマインデによる利用が、渓谷全域に及ぶ錯綜した関係を生み出していたため、紛争と紛争仲裁におけるゲマインデ住民の、いわば争いと平和のためのネットもまた渓谷全域に及んだ。この関係が場合によっては渓谷外、さらにイムスト裁判区の外にも及ぶものであったことは、前述の通りである。

このように渓谷地方の紛争におけるゲマインデ間関係は、助力と敵対の固定的、持続的な党派結合ではなく、紛争の当事者、あるいは関係者、そして第三者的仲裁者として、その都度立場と役割を替える流動的なネットワークである。そこから渓谷住民の意識、アイデンティティといったものを直接導き出すことは容易ではない。この点は後段で再論するが、1560年のヴェンスの慣習法文書（この場合は裁判規則）には、「ヴェンス教区民と共同体（nachperschaft und pfarrmenig zu Wenns）すなわちブレンヴァルト、イェルツェンス、ラルハ、グライト、ランゲナウは従来、自身で村長を選び、イムストの裁判当局から独立して訴訟や係争を扱ってきた……」とあり、さらにイムストの裁判区長やラント裁判官が保留する係争以外の、ヴェンスの（下級）裁判（プフレーガー）が管掌すべき事柄として、放牧地（wun, waid）、放牧（azung, trib, besuech）、森林（木材）（holz）、河川（wasser）、境界（gemerck, anstöβ）、道路（weg, steg）、ゲマインデ間の係争（ain nachperschaft gegen der andern）が挙げられている。ここには放牧地、その他の共有地、入会に関わる紛争の解決を含めた、上教区という地

域レベルでの自律性に対する認識が明示されている。

　また前述のように、同じくヴェンスの1651年の慣習法文書（この場合は徴税規則）では、上教区と下教区の納税・軍役等の負担の分割が規定されたが、このときヴェンスなど上教区住民は、こうした義務を古くからの慣習通りに共同で負担することに固執した。ここにも地域の紛争を自身で解決し、領邦の負担は共同で担っていくという意識の一端が窺われよう。しかしこうした意識と行動が、かつては渓谷のより広い範囲に及んでいたとするには、さらなる論証が必要であろう。

史料7

①ピッツ渓谷南部の住民とアルツルおよび周辺ゲマインデの放牧地をめぐる争い
　　　　　　　1530　6.14　TLA GA Arzl im Pitztal, Nr.104.
　Anthoni Grutschen, Thoman Streun を代表とするホルバッハとシュティレバッハ両川の間のピッツ渓谷住民と、Andrä Gerold, Ludwig Fikh を代表とするアルツル、ヴァルト、ラインス、リート、ティムルス、プランス（ブロンス）、エステンの各共同体の間で争いが生じた。アルツルは長い間、ネッセルベルク、シュヴァルツェンベルクの放牧地を利用してきたが、ピッツ渓谷の人々は同渓谷の採草地、その他、彼らに属す山、放牧地を利用しており、両者の対立、争いは大きな混乱をもたらし、相互に、不当な放牧により大きな被害を被っているとした。そこで両者は裁判当局に文書を証拠として提出した。

　アルツル側は、1470年の和解文書を提出した（この文書が当文書に挿入されている）。それによれば、同じ放牧地に関する両共同体の争いは、1470年にイムストの裁判区長、カスパル・フレハー、裁判官ハンス・メッガーのもとで、双方が依頼したイムストの裁判官など同裁判区の住人7人を含む9人の仲裁者により以下のように仲裁された。すなわち、アルツル側は上記の2つの放牧地を、1年を通じて自身の牧童を雇って利用することができる。他方ピッツ渓谷住民は千匹程度の羊をこれらの放牧地に放牧できる。その場合、アルツル側と同じだけの放牧料を納める。ピッツ渓谷側がアルツル側に与えた損害については賠償金15ポンド（ベルン貨）を支払う。さらに2つの放牧地とピッツ渓谷の間の放牧地、採草地の実検のため、ヴェンス、ピッツ渓谷から信頼できる中立的な各2人を選ぶ。

　この和解文書が読み上げられ、双方によって理解された。そこで改めて双方が中立的な仲裁者（ヴェンスの住民2人、ピッツ渓谷住民2人、ブロンス、グシュヴェントの住民各1人）を選び、仲裁者は対立と多大な裁判費用を避けるために、和解を促した。そして双方の立ち会いのもとに、個々の山（放牧地）の現地実検によって境界を確認し、境界石と十字形境界石を置いた。……（実検、境界

確認、境界石設置の詳細な記述）……またこの境界によって両者は平和的、友好的な関係を保つべきであるとされた。双方はその遵守を裁判当局に誓約し、これを文書にして印璽を付し、交付することを要望した。

② ブレンヴァルト住民とヴェンス／ラインス住民の放牧地、森林をめぐる争い
1557 12.4 TLA GA Leins（Arzl）, Nr.108.

ブレンヴァルトの住民マルティン・レデラーは、ヴェンス住民およびラインスの代表である４人の住民を、放牧地と森林の利用と境界をめぐる争いのゆえに訴えた。イムストの裁判区長は、イムストの市場町長（ビュルガーマイスター）とその住民、ナッセライト、カレス、アルツル、イェルツェンスの住民たち12人の陪審とともに、「訴訟を続けた場合に要する多額の費用を避けるためにも」平和的な和解を促した。双方は文書を提出し、証言をとり、陳述と反論が繰り返された後に次のような裁定が行われた。

両当事者は、相互の争い、対立、敵意を、今後は和解によりよき友好的関係へと転じ、悪意や怒りによって相手を非難することなく、よき隣人関係を保つべきである。1456年の証言文書に従い、ラインスの住民は聖ゲオルクの日（４月23日）から聖ガレンの日（10月16日）まで、ピッツアイン河までは自由に放牧できる。ブレンヴァルトの住民はこれに対して妨げたり、争ったり、暴力をふるってはならない。ただし別の証言文書に基づき、カレスの放牧地はブレンヴァルト住民のみが利用できる。双方はこの裁定を受け容れ、遵守を誓約し、印璽付きの文書として交付することを要望した。

4　ラント裁判区ラウデック――渓谷間のコミュニケーション

（151〜160頁の**史料8**①〜⑪を参照）

(A)　裁判区の空間構造

ラント裁判区ラウデックは、11〜13世紀にはなお３つの自立的な領域として、ヴェルフェン家、その後継者シュタウフェン家、さらに抵当保有者ロンスベルク伯等の支配下に置かれていた。その中心は、ホーフマルク・プルッツと呼ばれ、イン渓谷、カウナー渓谷の合流点にあるゲマインデ、プルッツを中心に、その北部、ポントラッツ橋から、ゲマインデ、リート、テーゼンスを経て、渓谷上部（南部）のシェーネックに至るイン渓谷の右岸地域である。これに、イン河から500メートルほど登った西側のゲマインデ、ゼルファウス、フィス、ラディスを擁する高原地域、さらにイン渓谷の東に山地を隔てて走るファッゲ河流域のカウナー渓谷地域が加わる。これら３つの地域は1239年に

第 2 節　上イン渓谷地方のゲマインデ間紛争　　　　　　　　　135

図 6　ラント裁判区ラウデック

岩山の上のラウデック城。ゲマインデ、プルッツの上に位置し、ラント裁判区ラウデックの核であった。

ティロル伯アルベルトの手に移った後、1288年にはティロル伯マインハルト2世の支配下で、ひとつの（ラント）裁判区ラウデックとして現れる。ラント裁判区への統合後、ホーフマルク・プルッツは「平地地区（Drittel in der Ebene）」、西部の高原地域は「山岳地区（Drittel am Berg）」、カウナー渓谷地域は「カウンス地区（Drittel zu Kauns）」と呼ばれた。ラディスの下、プルッツを見下ろす岩山の上には、ティロル伯の支配以前からラウデック城が築かれており、上級（ラント）裁判の拠点であったが、中世後期には裁判（集会）場所はプルッツの近郊、ガルゲンビヒルと称する場所に移され、近世にはさらに南部のリートに移されている。

　この裁判区は元来、リートの教会を中心とするひとつの教区でもあり、またカウナー渓谷の放牧地を共有する共同体でもあった。ティロルにおけるイン渓谷の最上部にあたる、平地の少ないこの裁判区の人口、集落の密度は低かった。しかしゼルファウス、フィス、ラディスよりなる「山岳地区」は、中世後期にはすでに自立的な放牧地共同体にして教区（ゼルファウス）として、再び他の地区からの自立化傾向を強めている。「山岳地区」内ではさらに、個別ゲマインデが独自の放牧地や森林の利用権を強めて自立化する傾向が見られたが、イン河右岸の低地を中心にプルッツ、リート、フェンデルス、テーゼンス

などのゲマインデが存在する「平地地区」とカウナー渓谷の「カウンス地区」は、中世後期にもなおプルッツにおいて共同で下級裁判集会を持ち、また共通の会計を維持していた。この2つの地区は各々1人の代表を出し、この2人が「両地区共同体（Zweidrittelgemeinschaft）」を代表した。

「両地区共同体」の8つの中心的集落は、元来カウナー渓谷全体を共同放牧地域としていたが、カウナー渓谷内にあらたに成立した散居家屋や小集落は、以下に挙げる紛争事例①のように、中心集落の放牧権を制限しようとした。そうした渓谷間（および渓谷内）の対立が顕在化する中で、両地区の間でも15世紀にはいく度か放牧地の分割（割当て）が行われた。下記の③に現れた1470年の分割の際、「平地地区」では、プルッツ、リート、フェンデルス、テーゼンスの各ゲマインデの間で放牧地がさらに分割されたように、すでにこの広域的放牧共同体内部での個別ゲマインデの自立化が進行していたのである。ただしカウンス地区ではなお放牧地の共有が17世紀まで維持された。

これらの3地区は、放牧地利用の他、橋梁の保全や徴税の単位でもあった。しかし重犯罪や流血裁判事項はプルッツで、そして17世紀にはリートに移って年3回（1月6日、5月、11月25日）開催された、ラント裁判集会において裁かれた。1548年の羊皮紙写本により伝来しているこの裁判集会の古い慣習法文書を、ヴォプフナーは14世紀後半のオリジナルに由来するものと考えた。留意すべきはこの慣習法文書では、ラント裁判区住民全体、すなわちラント裁判共同体に関わる、ラウデックの城塞保守のための運搬役、徴税、結婚、手工業の営業、刑法などの規定の他に、3地区相互の、そして個別ゲマインデ間の放牧地の共同利用関係とその範囲、（放牧家畜の）通行、さらに森林伐採、水利、橋梁建設、維持などに関する詳細な規定が現れることである。[59]そのような3地区、とりわけ以下でも述べる「両地区」（「平地地区」・「カウンス地区」）の緊密な共同体的結合から、このテクストを、放牧地の分割や割替えが導入される時期以前の状況を映し出すものと考えることは可能であろう。すなわち、14世紀にはなお個別ゲマインデの間の、さらにまた地区を越える相互の放牧地、入会利用は存続しており、プルッツの裁判集会を核とするラント裁判共同体はそのなかで、不可欠の広域的な利害調整機能を担っていたのである。またこのような放牧地の広域的な共用関係は、15世紀以後も消滅したのではなく、絶えずゲマインデ間の利害調整（紛争解決）をともないつつ存続していたことも事実である。1548年に慣習法文書の写本が作成されたことは、当時そうした関係が決し

ラント裁判区ラウデック、カウナー渓谷の入り口付近。

カウナー渓谷中部の中心的ゲマインデ、カウナータール付近。

て、意義を失った過去のものと考えられてはいなかったことを示唆している。このことは以下に挙げる事例から明らかとなる。

なお、この裁判区に属す11のゲマインデのうち、リート、プルッツ、フェンデルス、カウンス、フィス、ラディス、ゼルファウスは集村であるが、ファッゲン、カウナーベルク、カウナータール、テーゼンスは複数の小村や孤立屋敷(ヴァイラー)の集合体であった。

(B) 渓谷間の協働・紛争・仲裁

事例①は渓谷（地区）間に及ぶ紛争であるが、対立関係は複合的である。まずこの事例からは、「平地地区」のゲマインデ住民が、3千メートル近い山々（グロッケントゥルム・カムと総称される）で隔てられたカウナー渓谷にも（おそらくイン渓谷からカウナー渓谷の入り口へと迂回して）放牧に出向いていたことがわかる。カウナー渓谷に自有地や世襲保有地を持つ人々とは、カウンス地区において、自立的な牧畜経営を行う散居家屋の住民であろうか。とすればカウンス地区の放牧地利用についても、外部、すなわち「平地地区」のゲマインデとの軋轢のみならず、カウンス内部でも利害関係は一様ではなかったと言える。その背景としてピッツ渓谷と同様に、次のような事情が考えられる。すなわち、カウナー渓谷北・中部の中心集落は渓谷上部、深部に放牧地を有したが、人口増にともない、そうした渓谷上部、深部にも散居定住が広がり、自身の放牧地利用を主張するようになると、中心集落は自分たちの放牧権の保留を条件に、新集落の要求を認めていった。しかし時を経てそのような事情の認識が希薄になり、また放牧地利用の集約化に関心が向かうと、渓谷奥部、上部の集落は自身の放牧を制限するこうした中心集落の放牧権を排除しようとし、両者間の軋轢が強まったのであろう。

さらにこの対立に平地地区のゲマインデも関わったことの背景には、先にも述べた両地区＝両渓谷の密接な関係があった。前述の14世紀後半に成立したと考えられるラウデック裁判区の慣習法文書によれば、当時は「両地区共同体（Zweidrittel）」は共同でカウナー渓谷に、その最奥部のタウファーヨッホに至るまで狩猟、水利、放牧権を所有していた。そこには「われわれはカウナータール全体においてタウファーヨッホの境界石に至るまで、河の両側で狩猟、水利、放牧（の権利）をあらゆる名誉、利益、権利とともに持ち、それらは貧しい者、富める者にも（利用が）自由である。これはわれわれの古くからの法で

ある。カウナー渓谷を貫く道は開放されていなければならない」とある。[61]

　しかしカウナー渓谷の内部、奥部への定住が進むなかで、上の紛争に顕在化したように、すでにこのころからその住民たちは、「両地区共同体」の中心的ゲマインデの放牧権に不満を持っていたのであろう。すなわち「両地区共同体」のゲマインデは古くからの権利として、放牧地と放牧地に至る道路を開放しておくことを望み、他方でカウナー渓谷（上部の）住民は自身の放牧経営のためにこれを制限しようとしていたのである。

　以上のような背景を持つ、「両地区」の住民、すなわちイン渓谷のゲマインデおよびカウナー渓谷の中心集落と、カウナー渓谷上部の（散居）農民たちの争いは、ラウデックの裁判区長と裁判官のもとで行われた仲裁により、当事者相互の譲歩をもって収拾された。仲裁には双方の地区の住民が加わっていることも、やはり紛争が地区内のそれではなかったことを示唆している。この度の仲裁の結果、放牧（採草）地の柵の開放終了は5月末（現在の6月10日頃）とされ、これまでより14日早められた。また、放牧地ドゥングヴィーゼは聖ゲオルクの日（4月23日）まで、そのいくつかは聖ゲオルクの8日後までとされた。このように、カウナー渓谷内部の放牧地の開放（利用）期日が明記されたことにより、両地区住民の放牧権は、一定の縮小をともないつつも維持されたわけである。ヴォプフナーによれば、両地区共同体住民の放牧権の名残は、彼らのカウナー渓谷への家畜移動中の休息所、すなわち慣習法文書にも現れるHage（アルムヒュッテ）と呼ばれる、石積みの壁や木柵で囲まれた酪農小屋の周辺の場所に、現在もなお見出されるという。[62]

　事例②では、プルッツとカウナー渓谷の入り口に近いカウンスの、おそらくファッゲ河、イン河合流点付近の低湿地をめぐる争いは、ラウデックおよび北に隣接するラント裁判区ランデックの裁判官のもとに、ゼルファウス、フィス、フェンデルス、リート、すなわち「山岳地区」、「平地地区」の主要なゲマインデの住民を仲裁者として収拾された。裁定文書によれば「双方に名誉を」という原則により、双方が満足ないし妥協できる条件が、おそらく現地の事情に精通し、あるいは実検した仲裁者を介しての交渉により確認され、合意に至ったのであろう。「山岳地区」のゲマインデ住民が証人としても名を連ねていることからも、「平地地区」のゲマインデと「カウンス地区」のそれの争いを収めるために、「平地地区」と「山岳地区」の広い範囲のゲマインデが協力したことがわかる。この意味で、少なくとも紛争解決において、3地区はなお

第2節　上イン渓谷地方のゲマインデ間紛争　　　　　　　　　　141

密接な協力関係を維持していたと言えよう。

　次の事例③もまた、そのような紛争とその解決における3地区の、したがっ
て裁判区ラウデック全体の密なコミュニケーションを認識させるものである。
この和解文書によれば、20年前、すなわち1450年頃には「平地地区」と「カ
ウンス地区」の間で放牧地の分割、割当てが行われたようである。この文書に挙
げられている、対象となった放牧地の全てを地理的に同定することは困難だ
が、確認できる限りでは、それらの分布はカウナー渓谷のほぼ全体と、「平地
地区」東部の山麓に及んでいる。両地区の各ゲマインデの放牧地利用は両地区
に跨っており、その住民の放牧活動は広域に及んでいた。それだけに紛争ポテ
ンシャルも大きかったのである。裁判区長は紛争に関わらない「山岳地区」の
フィス、ラディスの4人の住民に加えて、「平地地区」のフェンデルス住民1
人に仲裁を委ねた。このような包括的な分割、割当ての再調整には相当な労力
を要したと思われる。しかし紛争が当事者たちに大きな負担と損害を与えてい
ることから、交渉に出席した各ゲマインデの代表もまた、妥協、合意形成に努
めたのであろう。この度の仲裁裁定では、「カウンス地区」に対しては一括し
ていくつかの放牧地が割当てられ（ファルペタンのみ一部異なる）、「平地地区」
に対してはゲマインデごとに割当てられたのは、両地区の放牧共同体としての
構造の相違を示していると言えよう。換言すれば、「平地地区」では個々のゲ
マインデを単位とする放牧がより重要になってきているのである。そのことは
次の事例④、⑤が示す、「平地地区」における紛争の事例、すなわちリートと
テーゼンスの、マトンベルクの放牧地をめぐる争いからも明らかである。

　なお、1553年には「カウンス地区」と「平地地区」のゲマインデ（カウン
ス、ファッゲン、ファルペタン、カウナータール、プランタハ、プルッツ）代表が集
まり、ランゲツベルク等の放牧地利用について、20年間の期限付き協定を結ん
だ。このときは以前の割当て文書に基づき、また籤によって割当てを行ってい
る。おそらく1450年、1470〜1471年の割当てと併せて考えると、このころには
20年ごとに両地区のゲマインデ住民が参集して、新たな割当て（割替え）、再調
整を行うことが慣行となっていたのであろう。またこの1553年の協議には裁判
官や裁判区長は関与せず、当事者たるゲマインデ代表の交渉が、新たな放牧地
利用について合意を形成している。このような放牧地の定期的な割替えは、条
件の異なる放牧地の利用を公平化し、争いを抑制するための方策として経験的
合理性に基づき案出されたものとも言えるが、たとえ籤であっても、テーゼン

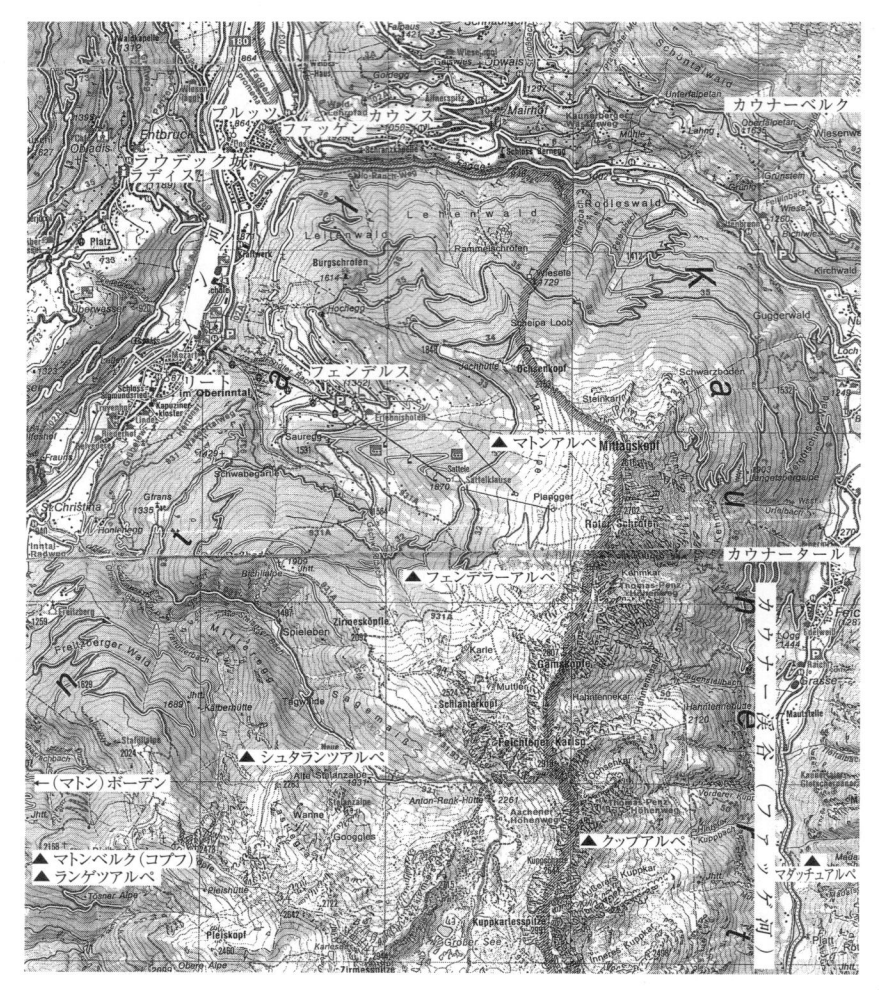

図7 ラント裁判区ラウデック北部

スやプルッツ住民にカウナー渓谷南部の放牧地や、さらに最奥部の放牧地ゲパッチュアルペが割当てられることは、それ自体不合理と感じられたかもしれない。

(c) 渓谷内の紛争と仲裁

先にいく度か言及した14世紀後半の慣習法文書には、各地区におけるゲマイ

第2節　上イン渓谷地方のゲマインデ間紛争　　143

ンデ間の放牧活動に関する利害調整規定が見られたが、このことは当時すでに、各地区の近接するゲマインデ間の放牧地利用をめぐるトラブルが、頻繁に生じていたことを窺わせる。以下では、こうした地区内の紛争事例を挙げ、紛争とその解決を地域内外のコミュニケーションという視点から考察する。④⑤⑥は、「平地地区」におけるゲマインデ間の紛争収拾を示すものである。

　④⑤で争点となっているマトンベルク（マトンコプフとも呼ばれる）はテーゼンスの東、リートの南に位置する2千メートルほどの山である。この程度の山では、頂上に及ぶ最上部全体が良質の放牧地をなすことが多く、またそのような放牧地は広い範囲の周辺地域住民により利用されていた。この放牧地をめぐるテーゼンスとの争いを有利に解決するため、リートは④のように現場に近いマトンボーデン（dingstattとあり、何らかの集会場所と思われる）の裁判集会において証言聴取を行わせた。3人の証言者は各々、3年から12、3年前に、おそらく牧童としてテーゼンスの家畜を放牧した際の放牧範囲について、当時関係者から聞いたことを含め、きわめて具体的に証言している。繰り返し指摘したように、確かな証明手段がない放牧地の境界や利用実績を主張し、承認させるためには、このような過去の放牧の事実を証言により明らかにすることも重要な意味を持ったのである。⑤の仲裁裁定は日付が欠けているが、おそらく④の証言聴取の後に行われたものであろう。その際リートが提出した文書とは、この証言を記録した印璽付き文書だったと考えてよい。なお④の証言聴取にはランデック裁判区住民3人に加えて、ラウデック裁判区（プフンツ、およびその他のゲマインデ）の住民12人が証人として立ち会い、文書の人名表記に揺れがあるものの、その大半は⑤の裁定者、陪審と重なっている。同じ人々が、証言聴取から仲裁まで責任を負ったのである。イン渓谷南部に自立的下級裁判区を形成しており、他のゲマインデとの放牧地共用関係も希薄であったと思われるプフンツの住民が、この紛争の解決において一貫した関わりを示している点にも注目される。他方、ラント裁判官は、そのような場を設定し、裁定を文書として交付する役割のみを果たしている。[64]

　次の1563年の事例⑥もリートとテーゼンスの紛争に関わるものである。この度の争いのもっとも重要な対象であるモルス、モルス・ヨッホは、事例④、⑤の争いの原因となったマトンコプフ、ランゲツアルペの谷を隔てた南側に位置する。この争いを解決するためにラウデックの裁判区長は、早々とプルッツのある住民を仲裁責任者（オプマン）とし、カウンス、フェンデルス、プルッツという、両地

ラント裁判区ラウデックの放牧地、マトンコプフ（手前）とランゲツアルペ。

区北部のゲマインデの住民に仲裁を委ねた。このように④、⑤と同様、「平地地区」内の隣接するゲマインデ間の紛争を解決するために、「カウンス地区」からも住民が加わったのである。とくに④、⑤と同様、ゲマインデ、カウンスの住民が関わっていることは、このカウナー渓谷の入り口に位置するこのゲマインデの、「平地地区」との密接な関係を示唆している。裁定はモルス周辺の放牧地について、両ゲマインデの優先的利用エリアと共用の場をきわめて詳細に区分している。そこに記された山や渓谷の部分を示す地名は、今日では5万分の1の地図でも確認は難しいのだが、いずれにしてもリートとテーゼンスの放牧対象地域は、両ゲマインデの東南部の山々に、複雑に絡み合いながら広がっていたことがわかる。

　事例⑦は、平地地区の隣接するゲマインデ、リートとフェンデルスの間の紛争である。フェンデルスはイン河に面した平地地区の他のゲマインデとは異なり、「山岳地区」のゲマインデのように、イン河から500メートルほど上部の山腹に位置する村である（標高1350メートル）。このような山岳集落は、相対的に近い放牧地に対して独自の利用権を持つことが多いのだが、それでも放牧地を含めた自立的、排他的なテリトリーを持つことはなく、渓谷底部の近隣ゲマインデとの緊張をはらんだ共用関係を維持していた。

第 2 節　上イン渓谷地方のゲマインデ間紛争

史料④の集会の場、(マトン) ボーデンから上イン渓谷奥部、プフンツ方面を望む。

ボーデン付近から「平地地区」とカウナー渓谷を隔てるグロッケントゥルム・カムの山々とシュタランツアルペ方面を望む。放牧地 (への通路) にはしばしばこうした宗教的な木像などが立っている。

「平地地区」のゲマインデ、フェンデルスから上に広がる放牧地、フェンデラーアルペ、マトンアルペを望む。放牧地の入口（村はずれ）にはこうした祠が建てられた。

⑦の争点となった、フェンデルスの南東、シュタランツァー河の渓谷最上部に広がる放牧地シュタランツアルペ（シュタランツァーアルペ）は、③の「両地区共同体」による割当ての対象でもあったように、マトンコプフ、ランゲツベルク（アルペ）などの放牧地と同様に、「平地地区」の各ゲマインデが共同利用してきた重要な放牧地であり、かつしばしば紛争の原因にもなった。シュタランツアルペはフェンデルス、リートからともに平面距離でも5キロメートルほど隔たり、両ゲマインデの境界となるような位置にはない。その意味でも双方の入会（共同利用地）である。フェンデラーアルペはシュタランツアルペの北部の、文字通りフェンデルス上部（東方）の放牧地である。この争いは当事者の要請により、プルッツ住民3人とカウンス住民1人が仲裁を行い、境界地域の放牧と水飲み場への通行に関する詳細なルールが確認され、収拾された。ここでは仲裁者たちは、リート側が主張していた山稜、ヴィスヨッホを境界として確認し、かつフェンデルス側にも水飲みのためには家畜をヴィスヨッホを越えて、彼らの主張する境界である小川まで下らせることができると認めて和解させた。原則的にはフェンデラーアルペはフェンデルスの放牧権を、シュタランツアルペは1470／71年の割当てと同じく、リートの放牧権を前提とし、その

境界領域の調整が行われたわけである。同時にまた放牧地の一定部分は、交互に利用すべき共用地域とされているように、やはり放牧地全体の完全な分割は現実的ではなかった。その意味ではもちろん、仲裁裁定は各ゲマインデのテリトリーを画定したのではない。

この事例⑦でもまた④⑤⑥と同様に、「平地地区」のゲマインデ間の紛争を解決するために、「カウンス地区」のゲマインデ、カウンスの住民が協力している。他方でラウデックのラント裁判官は、文書に印璽を付しているが、仲裁において実質的な役割を果たしてはいないようである。またこの事例で④⑤で、リートの代表者であった人物 Martein Kurtz がやはり代表として名を連ねているのは当然として、⑤において仲裁者であった Klaus（Clas）Zengerle（Zengeli）が、ここでは紛争当事者フェンデルスの代表として誓約を行っている。紛争当事者としてゲマインデを指導し、かつ近隣ゲマインデの紛争解決に関与するゲマインデの指導者の姿が垣間見える。なおこの文書はリートのゲマインデ文書として保存され伝来したものであるが、同じ文書はフェンデルスのゲマインデ文書の中にも見出される。

さてこの事例⑦のように、カウンスの住民がリートとフェンデルスの仲裁に協力している事実は、他方で1523年には事例⑧のように、カウンスとフェンデルスの間でルファネルの放牧地をめぐって争い、ラウデックの裁判官のもとで証言聴取が行われ、その際の証人（陪審）としてリート、プルッツ住民が立ち会っていることを併せて考えると興味深い。このときフェンデルスの住民は次の⑧のように、裁判での証言聴取とさらに今後の訴訟のために代表者（全権委任）をたて、裁判官の印璽を付した証書により、ゲマインデの権限を委任した。ゲマインデを代表して紛争に関わる法的行為を行う代理人は、ゲマインデとの間にフォーマルな全権委任契約を交わしたのである。放牧地紛争の解決は、ゲマインデ全体の公的な問題として認識されていたことがわかる。フェンデルスの全権代表とされた Martein Gross は前掲⑦では村長として誓約し、同じく Caspar Zengerle も⑦ではゲマインデを代表して誓約を行っているように、両人ともフェンデルスの指導的人物であったことは間違いない。

このような住民による全権委任のための契約的文書としては、裁判区からの領邦議会への代表派遣のそれがある。いずれもゲマインデの法的・政治的行為能力を示唆する興味深い文書である。なお、以下の⑨⑩は⑧の全権代表の要請による証言聴取の文書である。ここでも、これまでの様々な事例で指摘した、

紛争と仲裁の関係は固定的ではなく、相互のネットワーク的関係の中で行われるという特質が確認される。なお1523年3月前半の2週間の間に作成されたこれら⑧⑨⑩の3通の文書に登場する各ゲマインデの指導者と思しき人々の中には、⑤⑦などの文書にも記名された人物が見出される。前述のようにフェンデルスの代理人とされた Martein Gross, Caspar Zengerle が村長、代表として⑦に記され、⑧で記名された Klaus Zengerle も、⑦ではゲマインデを代表して誓約を行っている。また⑦では紛争当事者であるリートの代表者であった Ruep Pair は、⑨⑩では証言聴取の立会証人であった。ゲマインデの指導層の一端が窺える。

さて、放牧共同体として緊密な関係を維持していたかに見える「カウンス地区」北部のゲマインデ間にも、17世紀には紛争が生じていた。1613年の事例⑪は、「カウンス地区」内のゲマインデ、カウナーベルクとカウンスの争いである。この争いは裁判に訴えられ、どのような解決方法がとられたのかはわからないが、ともかく容易には解決に至らなかった。そして争いが続いた後、双方が2度目に裁判に出向いたときには、明らかに仲裁による和解を期待したのである。その際には、裁判区長の代理人（プフレーガー）など裁判当局が和解を指導したかの印象を与えるが、仲裁にはリートの居酒屋など「平地地区」の住民、「山岳地区」のゲマインデ、フィス、ゼルファウスの住民も加わっている。おそらく放牧地の共用関係という点では、カウナー渓谷のゲマインデとは直接的関わりがなかった「山岳地区」の住民が、その紛争解決に協力したことについては、別にその背景を考える必要があろう。なお事例⑪は、ラウデックの裁判帳簿（ゲリヒツプロトコル）にも記載されている（第2章、56、57頁の写真参照）。

(D) 公共的負担をめぐる争い

取り上げてきたゲマインデ間の紛争の大半は、放牧地や森林、河川（護岸設備（アルヘ）の設置）などの入会の利用が争点となっていたが、原因は他にもあった。ゲマインデ文書に見出せる例では、領邦税の負担、橋梁や道路などの地域の公共施設（インフラ）の維持、補修の負担なども、しばしばゲマインデ間の諍いを招き、またそうした紛争も放牧地をめぐる争いと同様、仲裁により解決された。

1527年のリートのゲマインデ文書によれば、リートとフェンデルスは、イン河に沿うリート・ブライトハスラハ間の（公）道の保全義務負担をめぐって対立したが、ラント裁判官のもとで双方代表が協議し、詳細な負担区分を定めて

第 2 節　上イン渓谷地方のゲマインデ間紛争　　　　　　　　149

和解した。この文書には、「負担分割について我々、双方の村長……はリートとフェンデルスのゲマインデと全ての子孫にかわって、かたく、変更することなく守ることを誓約した。以後双方は定められた道の部分について、相互に新たな要求や企てを行ってはならず、また自身と子孫のために相手側に不利益や損害を与えてはならない」とある[69]。このような裁判区内の主要道路の保全が、道路に接していないゲマインデも含めて裁判区の住民全体の義務であったことは、前述のようにラウデックのラント裁判集会の慣習法文書にも記されていた。また1548年にはリートとフェンデルスの間で年租の負担をめぐる争いが生じ、ラント裁判官のもとで、エントブルック、カウンス、ゼルファウス、フィスの住民 4 人が陪審、証人として立会い、リートの年租納付の額と期日が確認された[70]。

　このように放牧地紛争と同様、公共的負担をめぐる争いにおいてもまた、「公共＝国家の問題」として当局が一方的に裁定するのではなく、当事者の交渉に加え、地区を越える広い範囲のゲマインデ住民が仲裁に協力していた。ラント裁判区や地区内におけるこのような問題をめぐる争いが、放牧地争いと同様なゲマインデ間の共同行為によって解決されたとすれば、逆に放牧地争いも、地域（地区、裁判区）の公共的な問題と認識されていたと言えるのではないだろうか。

　　小　　括

　以上のように、ラント裁判区ラウデックは、中世後期には行政上の単位でもある 3 地区共同体に区分されており、各地区が放牧共同体として自立化するのみならず、地区内の各ゲマインデもまた一定の放牧地利用を割当てられて、ゲマインデ単位の放牧活動を行うようになった。しかし紛争当事者の広がりからは、各ゲマインデが他の地区に放牧地ないし放牧権を持つという相互関係が15、16世紀になお存続していたことがわかる。とくに「平地地区」と「カウンス地区」のゲマインデは、この時期にも地区の境界を越える共用関係を維持し、そうした錯綜はしばしば紛争を引き起こしてもいた。他方で地区共同体内の、あるいは地区共同体を越えるゲマインデ間紛争は、やはり地区の枠を越えるゲマインデ間の協力によって仲裁された。その際、直接には放牧地紛争に関わることのなかった「山岳地区」のゲマインデが、平地・カウンス両地区における紛争の解決に協力することも稀ではなかった。先に述べたヘルテンベル

ク、ペータースベルク裁判区に比して、ラント裁判区ラウデックのゲマインデ
は、2つの渓谷を含む3地区を擁しながらもその地理的な閉鎖性が強いことも
あり、全体として放牧活動、そして紛争と仲裁における密なコミュニケーショ
ン・ネットワークを16世紀になお維持していたと言える。そのようなゲマイン
デ間の、立場を替えて相互に行われる紛争と仲裁の繰り返しに示される関係
は、前項（D）で述べた、道路、橋梁などのインフラ維持、領邦税、城塞保全
などラント裁判区や地区における公共的な負担を調整する、自律的（自治的）
行為と無関係ではなかったであろう。放牧地、森林、河川など渓谷住民の重要
なリソースをめぐる紛争解決は、地域全体の公共的な問題として認識されてい
たのではないだろうか。[71]

　最後にラント裁判区ラウデックのゲマインデの放牧活動が、イン渓谷の境を
なす北西部の山稜を越えた広がりを有したことを示す事例を挙げておこう。す
なわち、1496年のフィスのゲマインデ文書によれば、ゲマインデ・フィスが、
ザムナウン山脈で隔てられた北部のパツナウン渓谷のゲマインデ・ゼーと、
ゼーのすぐ南側の放牧地、メトリング（今日のメトリヒアルム）をめぐって争っ
ていた。フィスからこの放牧地までは直線距離にして10キロメートル余りだ
が、2700〜3000メートルの山々に遮られ、山間の隘路を経てのアクセスは決し
て容易ではなかったと思われる。しかし、リート、カウンス、ラウデック（プ
ルッツ）、ゼルファウスの住民5人を仲裁者とし、ラウデックの裁判官を仲裁
責任者として行われた裁定は、明確にゼーの放牧エリアに属すと見えるこの放
牧地について、両ゲマインデのほぼ平等な利用権を細部にわたって規定してい
るのである。[72] 近世にはパツナウン渓谷の大半は、ラント裁判区ランデックに属
したのだが、その渓谷下部、ゼー南側一帯は裁判区ラウデックに属していた。
これに対応して山岳地区のフィス、ゼルファウスの放牧エリアも元来、同地域
に及んでいたのである。このようにラウデック裁判区のゲマインデ住民は、山
稜の彼方にも赴き、その地のゲマインデ住民たちとも共同利用関係を持ち、そ
してその利害調整にはやはり、広く裁判区住民が関与したことがわかる。また
モーリッツが明らかにしているように、パツナウン渓谷はさらにその北部の
シュタンザー渓谷とともに、裁判区ランデック全体に及ぶ放牧共同体を、長期
にわたり維持していた。このようにして渓谷ゲマインデの農民たちの放牧活動
は、渓谷、地域を越えるネットを織り成していたのである。

第2節　上イン渓谷地方のゲマインデ間紛争　　　　　　　　　　151

史料8

① 平地地区／カウンス地区とカウナー渓谷住民の放牧地利用をめぐる争い
　　　　　　　　　　　　　　　　1440 3.23　TLA GA Ried, Nr.5.
　一方でプルッツ、リート、フェンデルス、平地地区共同体、カウンス地区共同体と、他方でカウナー渓谷に自有地または世襲保有地を有する人々の間で、前者が後者に対して、カウナー渓谷においては聖ファイトの日（6月15日）までは柵を開放して自由な放牧ができるようにすること、上記ゲマインデ（地区）には河の両側において、木の長さ分の幅がヴァツェンバッハまで開放されることを要求したことから、争いが生じた。そこでラウデックの裁判区長、ハンス・ウィルヘルム・フォン・ミュリネンは、ラウデックの裁判官マティアス・フーバー、そしてファッゲン（Tryfacken）の Peter Kobel, Peter Schädel, Hans Stemphel, Michel Mais、リートの村長 Thoman Schmid、同村の Hans Enderlein, Heinz Kögelli、ブライトハスラハの Hans Gramell, Jakob, Hans Vöglei を仲裁者とする裁定の場を設けた。
　それによれば、ヌフェルズの採草地は道より下では聖ゲオルクの日（4月23日）より8日後まで開放されるべきである。ヌフェルズの（道より上の）採草地は5月を通じて開放される。……（その他、多くの詳述された地区において）……開放される。また個々の放牧地、採草地について柵の開放期間が確認された。

② プルッツとカウンスの放牧地をめぐる争い
　　　　　　　　　　　　　　　　1445 6.29　TLA GA Kauns, Nr.3.
　プルッツの共同体とカウンスの共同体の間に（低湿地ファッカー・アウをめぐる）不和、争いのゆえに、ランデックの裁判官ハンス・トラウトマン、仲裁責任者（オブマン）であるラウデックの裁判官ペーター・コーベル、ゼルファウスの Jakob Plasy, フィスの Hans Lengenzli, Thoning Gotschli, フェンデルスの Heinz Leiner, リートの Paul Diemeller, Klaus Schädl, Heiz Gramell が仲裁者（Sprecher）を務めた。双方の全権委任代表としてプルッツからは Mtthaus Hochhuber、村長である Peter, Ulrich Grutsch von Enepruck（エントブルック）、Thoman Schmid, カウンスからは村長である Hans Wamas, Hans Pridun, Hans Nas, Peter Schädl が仲裁人の前に現れた。仲裁人は双方に名誉を与え、相互のよき関係のために、双方の合意を得て次のように裁定した。
　双方はよき友人であるべし。悪意を持ってことをなしてはならない。またファッゲンへの道の両側に境界石を規定通りに（示された通りに）設置すべし。そして以前より慣習であったように、柵で囲うべきである。しかし一方が牛、その他の家畜を中に入れ、害を与えるなら、他方はその家畜を差押えることができる。さもなくばその家畜を惑わせたり（他の場所へ追いやる？）捕らえたりして

はならない。カウンスの放牧地の境界は……。

　プルッツの人々はファッゲンの橋より草地の外側、ファッゲンまで、そしてイン河まで、そして境界石より外、パルヴァインス・グッファーからポントラッツ橋まで、（ファッカー）アウを利用し、開墾できる、……（以下、柵の設置、通路の利用、低湿地の部分的な開墾に関する詳細な規定）……。

　双方がこの裁定を文書として交付することを望んだので、我々上述の仲裁責任者、裁判官と上述の仲裁人はこの裁定文書を双方に与え、また仲裁人の願いによって、ランデックの裁判官ハンス・トラウトマンが仲裁責任者として、同じく名誉ある賢明なラウデックの裁判官ペーター・コーベルとともに、自身の印璽を付した。

　証人は、Hensl Chüzli vom Klosterli, Ulrich Gramell, Georg und Erner Rud, Jakob von Phaws, フィスの Hans Nigelli, ラディスの Rudolf Maurer, Hans Macki, Lin Schroff.

③　平地地区のゲマインデとカウナー渓谷住民の放牧地争いと放牧地の割当て
　　1470/71 11.30　TLA GA Ried, Nr.8 ; TW Ⅶ, S.199-202 ; GAR Ⅱ, Fendels, Nr.38/3.

　ラウデックの裁判区長、ハンス・フォイトは知らしめる。「平地地区」のプルッツ、エントブルック、リート、フェンデルス、オーバーテーゼンスと、カウナー渓谷のカウンス、ファッゲン、ファルペタンの間で、20年前に分割された放牧地とランゲツベルク、その他の放牧地をめぐって不和、争いが生じた。その放牧地とは……（下記の割当て対象放牧地）……。各地区の個々のゲマインデから村長およびいく人かが、ゲマインデおよび地区共同体全体の権限を委任された代表者として私の前に来たり、争いを裁定することを要望した。そこで私は、<u>大きな損害、出費、不和を抑制し、除去するために、この要請を受け容れ、双方が要望した共通の誠実な、中立的な（親族関係にない）隣人たち、すなわちラディスの Hansen Freyen, Lienharten Wakher, フィスの Hans Grutsch, Claus Götschlein, フェンデルスの Klaus Stoffel に要請し、これらの人々とともに双方に対して適切に、最善の方法で裁定し、双方の子孫に至るまで永久に、争うことなく、誠実にこれを守るように示した。</u>

　まずプルッツとエントブルックの人々とその子孫はフェルパイル、アスラート、ゲパッチュの3放牧地とその付属地を永久に利用すべし。リートの人々とその子孫は、シュタランツ、シュタインフェルを利用すべし。ニーダーベルクの放牧地はオーバーテーゼンスが、そしてランゲツヴァイデはフェンデルスが利用する。カウンス、トリファッケン、ファルペタン、カウナータールの人々とカウンス地区の全ての子孫はアルプカウンス、ナッセライン、ガルトルットおよびアイゼンの3分の2を（3分の1はフリースが）利用できる。またユッチェンベル

ク、クップ（アルペ）とその全ての付属地も、彼らの利用に属す。

　ファルペタンの人々は今後アルプカウンスへは放牧せず、ここにはカウンス地区（渓谷南部）の住民に放牧させる。しかしこの放牧地が空いたら放牧できる。ファルペタンの人々はランゲツ（ベルク）アルペに境界榜示杭より下で放牧できる。

　カウナータールの小放牧地、リュゼルとマダッチュ（アルペ）は病の家畜のために保留し、その必要がないときには両共同体が、1年ずつ各々1つの放牧地を利用し、次の年は交換する。

　その他の共同の囲い地や放牧地があれば、それらは古い慣習通り、共同で利用すべし。いずれかの側の共同体がこの合意に違反したら、罰金10メラン・マルク貨を科される。またいずれかの側が他方の放牧地に入り、混乱させたら、4ベルン・メラン・プフント貨を、半分は村長に、半分は住民に納める。

　以下の人々が両地区、そしてゲマインデを代表して以上の裁定を永久に忠実に遵守することをラウデックの裁判区長、ハンス・ヴォイトに誓約した。プルッツの村長 Adam Stahel、プルッツの Hanns Hueber, Hans Ruedly、エントブルックの Lienhart Grutsch zu Kneprugk、リートの Jörg Geruet, Martein Kurtz、テーゼンスの Claus Fögely、フェンデルスの Claus Stoffel、カウンス地区からは、カウンスの村長 Jacob Rayss、カウンスの Haintz Greuter, Hans Vederly, Kristan Schädly。また彼らは裁判区長の印璽を文書に付すことを要望した。このことの証人は上述の仲裁者であるラディスの Hans Frey, Lienhart Wakher、フィスの Hans Grutsch、その他。

④　リートとテーゼンスの放牧地マトンベルクをめぐる争いと証言聴取
　　　　　　　　　　　　　　　　1510 7.3　TLA GA Ried, Nr.304.
　ラウデックの裁判官リンハルト・モスプルッガーはラウデックの裁判区長、カスパル・マルティスに、（マトン）ボーデンの通例の裁判場所において証言聴取を行ったことを報告した。裁判官と陪審のもとに Hans Kollner, Martin Kurz, Klaus Göntsch がゲマインデ、リートから権限を委任された代表者として現れ、マトンベルクの放牧地、放牧、境界をめぐってテーゼンスとの間に不和、争いが生じたので、テーゼンスのゲマインデに対抗する証言聴取を行うように要望したからである。そこで裁判官は、放牧地の境に関して3人の近隣住民から証言聴取を行った。

　Heys Valser の証言：<u>7、8年前に彼がランゲツベルクでテーゼンスの家畜を放牧したとき</u>、（テーゼンスの）放牧地管理人（Bergmeister）は、トログリとツィチュバッハの上で放牧すべきであり、それより下に入ってはならないと言った。……また彼（Valser）はマトンコプフ（マトンベルク）とマトン（ボーデン）でも放牧した。……Hanns Niggelewel の証言：<u>3年ほど前に彼がランゲツアルペにテーゼンスの家畜を放牧したとき</u>、テーゼンスの放牧地管理人は彼に、

ボデンリの下を通るように命じた。……Peter Hegeli の証言：およそ12、3年前、彼がテーゼンスの家畜をランゲツベルクのアルプ（ランゲツアルペ）で放牧していたとき、テーゼンスの住民から、テーゼンスの人々は聖ファイトの日（6月15日）までマトンボーデンへと放牧できること、それ以後はテーゼン、リート、いずれの人々も放牧できないことを聞いた。次の夏、プフンツとテーゼンスの家畜を放牧したが、リートの住民は彼がトログリを越えて放牧するのを許さず、テーゼンスの人々もトログリを越えないように指示した。……

以上の内容について証言者たちは、神と聖人にかけて誓約した。リートの代表は、これらの証言内容を印璽付きの文書にして交付し、これに基づいて自分たちの正当性が認められ、裁定が下されたら、双方が受け容れることを希望した。

この証言の証人として：プフンツの Hans Rupp, Kaspar Fürding, Sepp Schmid，ランデックの裁判区住民、Cunrad Rodler, Thoman Schweiz, Caspar Damerle，ラウデック裁判区の住民 Jacob Ghit, Hanns Stainprugger, Cristan Stampser, Cristan Plisig, Hans Zingli, Martin Hansenriet, Grutsch Felis, Koller, Cristan Walser.

⑤　リートとテーゼンスの放牧地マトンベルクをめぐる争い
　　　　　　　　　　　　1510（日付なし）　TLA GA Ried, Nr.11.

リートとテーゼンスの間に、リートの夏期放牧地とテーゼンスの放牧地ランゲツベルクが接する、マトンベルク（マトンコプフ）における境界をめぐる争いが生じ、リートの代表者 Hans Kollner, Martin Kurz, Class Göndtschim（Klaus Göntsch）とテーゼンスの代表者 Peter Schroffen, Konrad Schroffen, Lienhart Ury は文書と言葉によりラウデックの裁判官リンハルト・モスプルッガーの前に訴えた。そこでプフンツの住民 Hanns Rupp, Casper Frudinger, Sepp Schmid にラウデックの裁判区住民 Cristan Poedl, Cristan Stamser, Clas Zengeli, Cristli Walser, Hans Martiner, Oswald Vennz, ランデックの裁判区住民 Cunrad Rodler, Casper Fendler, Thoma Schweiz を仲裁（裁定）者、そして陪審（rechtsprecher, beisizer）として招集し、彼らは双方の文書をもとに、あらためて次のように境界を示し、裁定した。

双方はこの争いから生じた敵対関係を、これをもって解消し、以後友好的、隣人的関係を保たねばならない。トログリ、プルンドリが双方の境界とされ、プルンドリでは双方が家畜の水飲み場を利用し、お互いにその利用を妨げてはならない。裁判官と後述の陪審は境界の柵に境界石を置き、十字を刻む。マトンコプフのふもとの雪崩防御用土塁（シュトリヒ）にも境界石を設ける。その他の境界と境界石は……。

……リートは聖ゲオルクの日（4月23日）から秋は聖ナンツの日まで境界の上でマトン（ボーデン）とマトンコプフの間で放牧できる。この日以後はリートとテーゼンスの双方がマトン（ボーデン）とマトンコプフの間を利用でき、お互い

に妨げてはならない。……

　境界石は裁判官と、プフンツの Seep Schmid, Clas Zengeli, カウンスの Cristen Walser, ランデックの Thoma Schweizer が陪審として設置した。裁判費用は折半とする。

　双方の代表は、裁判官にこの裁定の遵守を誓約した。双方はこの和解契約を印璽付きの文書にして交付することを要望した。仲裁者が証人をも兼ねた。

⑥　リートとテーゼンスの放牧地モルス・ヨッホをめぐる争い
　　　　　　　　　　　　　　1563 9.13-15　TLA GA Ried, Nr.21.

　数年前、リートとテーゼンスのゲマインデとその住民たちの間で、モルスとモルス・ヨッホの放牧地とその放牧、および付属する権限と（用益の）正当性をめぐって不和、争いがあった。そのため双方は、争っていた地域の土地について平和的、友好的な裁定と仲裁のため、皇帝陛下の顧問官にしてラウデックの裁判区長であるクリストフ・フォン・ヴェヒンゲンによりこの件のために選ばれた、正式の代理人であるプルッツの Christan Zängerle（父）を仲裁責任者とし、ラウデック裁判区の Nichlaus Spöttl と Eustachius Schguren（父）、フェンデルスの Symon Heyser, Jörg, カウンスの Hans Rochen, Veit Greuter, Urban Wennser, プルッツの Hans Steudl を中立的な人々として合意により選んだ。またリートの側からは David Walser, Gregor Köki, Michaes Sturmb, Hans Schilcher が、テーゼンスの側からは Christan Gall zu Breithaslach, Gerog Ruedl, Christan Kessler, Alexander Ambrosi の計8人が、正式の委任者にして代理人として、領邦ティロルの慣習により、委任文書を提示した。それは前述の仲裁責任者 Christan Zängerle 自身の印璽を付して作成されたものである。その日付は1563年9月8、12日。

　双方は彼らの争いを明確に示し、彼らの希望により、応答、陳述、抗弁、および証言、抗議、権利証書提示、そして全ての弁論が行われた。それにより、繰り返された不和、争いを解決し、よき平和な和合と隣人関係を維持するため、またそれによって双方のゲマインデ、その子孫が、モルス、モルス・ヨッホの山に放牧し、これに付属するものを利用する、彼らのふさわしい正当な権利、権限を用いることができるよう、以下のような平和的解決、和解契約が取り決められ、裁定され、決定された。そして前述の代理人たちは、自身と双方のゲマインデ、その親族、全ての子孫を代表して、助言者、双方のゲマインデの立会人とともにこの和解を永久に拒否することなく、また以下のような個々の項目を永久に、異議を呈することなく固く遵守することに同意し、確認し、承認した。

　まずノンスベルクにおいては、……（境界の詳述）……プフンツの裁判地域まで。この範囲内ではリートのゲマインデとその子孫が、その中の全ての放牧地、放牧権、道路（通行）、河川その他の権利を、ゲマインデ、テーゼンスのランゲツベルクをも含めて、あらゆる争い、不和なく利用し、用い、享受すべく、永久

に彼らの手にとどめる。

　他方、テーゼンスのゲマインデと子孫たちは、……前述の境界から上へ、モルス、モルス・ヨッホからプフンツの境界まで、そこから……リーダースベルクまで、リートのゲマインデおよびその子孫の妨げと反対に遭わずに、放牧地、放牧、水利、その他の正当な権利、権限を利用し、享受することを認められ、確約される。

　ただし仲裁責任者とその4人の陪審によって公正に悪意なく、境界の設定が行われるべきことが（条件として）留保される。……（仲裁責任者と陪審の示した、十字と境界石による境界の詳述）……

　いずれかのゲマインデが違反したら、2ライン・グルデンの罰金を遅滞なく支払う。双方のゲマインデは、この交渉のために支出したこれまでの費用について、自身の負担を他方に対して賠償するよう要求してはならず、以後、相互に請求してはならない。この度の和解に関して両当事者は等しく費用を負担し、これをもって完全に、いかなる留保もなく永久に和解し、和合しなければならない。

　ここに記された和解による契約を全ての内容とともに、前述の代理人、Dabid Walser, Gregor Köli, Michael Sturm, Hans Schilcher, Christan Gall, Georg Riedl, Christan Kessler, Alexander Ambrosi は、自身と両ゲマインデ全体、その子孫の名において、彼らの確言と誓約により、上記の通りに維持する。代理人たちは2通の同じ内容の文書を、前述の裁定責任者 Christan Zänngerle の印璽を付して交付することを要請した。

⑦　リートとテーゼンスの放牧地シュタランツアルペとフェンデラーアルペをめぐる争い

　　　　　　　　　1517 11.30　TLA GA Ried, Nr.13, GA Fendels, Nr.38/4 a, b.

　リートの全ゲマインデとフェンデルスの全ゲマインデの間で、リートに属すシュタランツアルペとフェンデラーアルペの2つの放牧地の利用と家畜の水飲み場をめぐって不和、争いが生じた。両放牧地はヴィスヨッホで相互に接している。リートの人々は、フェンデルスの人々はヴィスヨッホの尾根を越えて放牧することはできないと考えていた。他方フェンデルスの人々は、小川まで自由に放牧でき、彼らの家畜に道の上と下で水を飲ませることができると考えていた。そこで双方はお互いを言葉で非難し、続いてプルッツの Jakob Contzet, Petter Prunner, Jacob Ganntweinn の3人とカウンスの住民 Hanns Martein に争いの解決を委ねた。彼らは双方に陳述、抗弁をなさしめ、その後、以下のように仲裁の裁定を行った。

　第一に、双方のゲマインデの間の争いは、中止され、収められ、取り除かれるべきである。そしてどちらも他方に対して敵意を持ってはならない。第二に、道の上手のヴィスヨッホに2個の石を置いて境界石とすべし。第三に、フェンデルスの人々は家畜を道の方へ上って小川まで導き、そこで水を与えることができ

る。その際には牧童が家畜を注意深く統率し、水を飲み終わったら直ちに道の方へ下り、上へ行ってはならない。しかしもし家畜が牧童から離れて勝手に小川を越えて、1歩、あるいは10、20、30、あるいは40歩中に入っても、フェンデルスの人々に責任はない。しかし常に牧童は、最初の家畜が小川に着いたら、小川を越えて行かないように用心していなければならない。……

　リートの人々も同様である。さらには、パルケンと称する放牧地は小川まで、ある年はリートが（最初に）2日放牧し、ある年はフェンデルスが（最初に）2日放牧すべし。何れが放牧するにせよ、最初の2日放牧し、2日が過ぎるまで他方は放牧してはならない。2日が過ぎ、他方が件の放牧地に来たら、一方は家畜とともに譲り、家畜に害の及ばぬようにする。もし最初の2日に定められた側が来なかったら、もう一方が放牧できる。

　仲裁者の費用については双方で折半する。<u>これをもって双方は自身とその子孫や親族のためにこの放牧地をめぐる争いについて、和解し、合意すべきである。</u>

　双方はこの裁定を守ることを誓約し、当局を代表してJacob Conzeten、リートを代表して村長Ulrich Dulg、さらに住民Martein Kurtz, Ruep Pair, Lienhart Radanが、またフェンデルスを代表して村長Martein Gross、住民Hanns Miss, Caspar Zengerlen, Klaus Zengerlen, Hanns Sprengerが誓約した。双方はこの裁定を文書にし、ラウデックの裁判官リンハルト・モスプルッガーの印璽を付して交付することを要望した。そこで同裁判官は双方に同じ内容の文書を作成し、自身の印璽を付して与えた。

⑧　**放牧地ルファネルをめぐるカウンスとの争いにおいてフェンデルスは全権委任代表を選ぶ**　　　　　　1523 3.1　TLA GA Fendels, Nr.5.

　我々、ラウデック裁判区のフェンデルスのゲマインデと住民は、この文書により、Klaus Zenngerle……（13人の記名）……の名において以下のことを知らしめる。すなわち我々は、誠実なる住民Martein Gross, Caspar Zenngerleを自身と我々全ての代理人として定め、ティロル伯領の領邦の法により、全ての支配者当局、領邦、都市、裁判区、地区、法、慣習と、各々の裁判区長、裁判官に対して、何であれ例外なく、現在我々が抱えている、あるいは今後に生じるあらゆる問題、訴え、法的要請について、この文書により最高の、最良の権限を持つべく、全権を委任した。とりわけカウンスの人々に対して、ルファネルにおける放牧をめぐる問題とその交渉について、すでに我々がカウンスの人々に通告し、彼らもこのことを理解したように、前述の代理人は和解あるいは裁判により処理すべく裁判に訴え、また必要なら領邦内外からの証言聴取を行い、これを印璽付き文書として交付するよう要請する。……<u>代理人、そしてその後任たちが、前述の我々の問題を全体として、あるいは個々に交渉し、和解により、あるいは裁判によって処理することは、我々ゲマインデの全住民のよき意志によるものであり、また我々ゲマインデが命じ、保証するところである。</u>このことは、我々と我々の

子孫に対しても常に確かなことであり、同様に前述の我々の代理人とその後任は、全権代理を、我々と子孫、その財産にかけて現在、そして将来にわたって危害なく維持すること、もし前述の代理人がさらに、この権限委任以上に多くの権限を必要とするなら、我々はそのような権限を必要に応じて定め、与えようとする。ここに全ての権限を書き留め、忠実に真正の証書にし、そして我々、上述のゲマインデ住民はラウデックの裁判官であるリンハルト・モスプルッガー殿に、この委任文書にその公的な印璽を付すことを要望し、印璽付文書に反することは行わないと誓約した。この印璽の要望と誓約の証人は、プルッツのJacob Hackenschmid, Melchior Waltpand, リートのMartin Bauman。

⑨　⑧の争いにおけるフェンデルス側の証言
1523 3.14　TLA GA Fendels, Nr.38/6 a.

　私、ラウデックの裁判官リンハルト・モスプルッガーは知らしめる。本日、プルッツの通常の裁判場所にて、私と下記の陪審の前に、Martein Gross と Caspar Zengerle がフェンデルスの全ゲマインデと住民の全権代理として来たり、神の正義のために下記の証言聴取を行い、印璽を付した文書として交付することを要望した。それはルファネルの採草地、放牧地への放牧のために、カウンスの全ゲマインデ、あるいはその地区に対して必要となったためである。その証言聴取には、カウンスの村長 Wolfgang Fiegg と Melchior Fuchs が、廷吏によって通知され立ち会った。続いて私の前にユーバーザクセン（マトンボーデン付近の地名）の Hannsen Durner と Hannsen Jon が現れ、私は彼らに、明確な真実を語り、縁故や贈与、友人関係、敵対関係のいずれによっても語ることなく、証言聴取にふさわしいように、必要な言葉をもって語るようにと命じた。

　Hans Durner は次のように証言した。およそ50年前、彼がフェンデルスの牧童であったとき、家畜をルファネルに連れて行った。そこには Martlen Greuter の所有する草地があり、それは森林まで広がっていた。その草地の上へと家畜とともに進み、さらに家畜は草地の中へと下ったが、その際何ら妨げられることはなかったし、そこで争い、対立があったとは聞いたことがない。

　Hans Jon は次のように証言した。彼はおよそ28年前、フェンデルスの雄牛を放牧していたとき、ルファネルに入り、草地の上および下を通った。そして反対側からカウンスの山羊番がルファネルに入ってきており、山羊番は彼の間食を食べてしまい、そのかわり別の間食を届けると約束したが、彼は以後現れなかった。

　この2人はその証言を、指を立てて神と聖人に誓約することにより、確証した。フェンデルスの代理人の要望により、証言は印璽付き文書として交付された。立ち会った陪審はリートの Ruep Pair, プルッツの Hans Tärscher, Hans Ortwein。

第 2 節　上イン渓谷地方のゲマインデ間紛争　　　159

⑩　⑨に続く証言
　　　　　　　　　　　　　　　1523 3.14　TLA GA Fendels, Nr.38/7 a.
　私、ラウデックの裁判官リンハルト・モスプルッガーは知らしめる。……（前掲⑨の前文と同じ）……そして私と裁判の前に、プルッツの Oswald Newer, ヴェンスの Klaus Hermann, Hans Auderle の 3 人の証言者が現れ、私は彼らに……語るよう命じた。
　まず Oswald Neuer の証言：　約32年前、彼はフェンデルスに移り住み、牧童としてルファネルに放牧していたが、フェンデルスの人々がそこで妨害を受けたことは聞いたことがなかった。フェンデルスの人々は、ルファネルに、何ら妨げ、支障なく放牧していた。ルファネルの放牧が不法であると聞いたこともなかった。
　Klaus Hermann の証言：　彼は24年ほど前、フェンデルスから転居したが、フェンデルスで生まれ育ち、居を構えていた。使用人に家畜をルファネルに放牧させていたが、フェンデルスの住民がそこで妨げを受けたとは聞いたことがなく、何ら混乱はなかった。……
　Hans Anderle の証言：　およそ27年前、フェンデルスで（牧童として）雇われていたとき、家畜をルファネルに放牧していたが、彼がルファネルはあんたがたより、はるかにカウンスに近いと悪態をついたところ、彼の雇い主 Heis Greuter は次のように語った。神のご加護によりかの放牧地は我々のものであり、そのことは老人たちからも聞いている。……
　これら 3 人の証言は、神と聖人にかけて誓約したうえで、ふさわしく行われた。前述のフェンデルスの代理人たちの要望により、私（裁判官）はこの証言を印璽付き文書として交付した。立ち会った陪審は……（⑨と同じ）……。

⑪　カウナーベルクとカウンスの放牧をめぐる争い
　　　1613 6.20　TLA Gerichtsprotokol (der Herrschaft) Laudegg 1613, fol 216v-221v；TW VII, S.234-239.
　カウナーベルクの住民はカウンスの住民が不当にグリニヒ、ザンクト・マルティンスバッハの採草地で放牧していることに対して、グリニヒ、ザンクト・マルティンスバッハの農地所有者（ホーフ）と共に訴えた。これに対してカウンス住民は、カウナーベルク住民が不当に渓谷道を越えてルファネルまで下って放牧していることを訴えた。またガイスヴィス、オプヴァルスの農地所有者がその羊を秋にカウンスの共同放牧地（アウフト）に放牧しているが、それは不当であると述べた。これに対してカウナーベルク住民は、自分たちがそれらの場所で放牧する権利を有すると述べた。かくして数度にわたり、やりとりが行われ、不和と争いが続いた。
　そこでラウデックの裁判区長の代理人にして裁判官のハンス・ディートリヒ・ドライリングと陪審の前で交渉するために、再度、双方の関係者（記名）が出頭し、現今の争い、不和を仲裁し、和解に導くように要望した。裁判区長代理人と

陪審は、争い（訴訟）の長期化と費用の増大を避け、友好関係、隣人的関係が維持されるよう、その要請を受け容れた。そして双方の訴え、主張、抗弁、要請された証言聴取、提出文書をふまえて以下のように仲裁裁定を行った。
　……（カウナーベルク、カウンス住民、プランタハ住民、グリニヒ、ガイスヴァイス、オプヴァルスの農地所有者の放牧地利用権に関する規定）……
　裁判費用は折半とする。これを持って双方は最終的に合意し、和解すべし。
　この裁定内容が読み上げられ、双方の関係者（記名）はあらかじめ十分に相談したうえで、自身とその子孫のために、これを受け容れ、これに反する行為を行わないことを裁判区長の代理人にして裁判官に口と手で誓約し、文書にその印璽を付すことを要望した。
　陪審、仲裁人：プフンツ住民2人、フィス住民2人、リートの居酒屋を含む3人、ゼルファウスの住民2人、ラディスの2人、プルッツの1人、ラウデックの裁判書記。

第3節　ゲマインデ間紛争と地域社会のコミュニケーション
―総括と日欧の比較―

1　紛争・紛争解決の情報とメディア

　本章では、ヴィップ渓谷、上イン渓谷にわたる6つのラント裁判区におけるゲマインデ間の紛争について、主としてゲマインデ文書として伝来する、紛争解決ないしそのプロセス（証言聴取など）を示す史料をできるかぎり詳細に紹介しつつ、考察してきた。それらの文書はラント裁判当局や領邦政府の役人が印璽を付した、証書的性格をもつもので、裁判書記等によって作成され、形式は定型的である。このようなゲマインデや地域共同体間の紛争後の和解契約は、言及したピレネー西部、ベアルン地方の文書館にも12世紀から18世紀にわたって作成されたものが多数伝来しているという。ティロルの和解契約文書は、裁判帳簿の作成が始まる時期以前には、当事者ゲマインデが紛争再発と訴訟にそなえ、教会や村役場に大切に保管した。こうしたゲマインデ自身による文書保存と訴訟における利用は、規模は異なるものの、1200点に及ぶ菅浦文書など、日本中世の惣村文書と共通した性格を持つ。また後に和解内容が裁判帳簿に記されるようになっても、多くの場合当事者ゲマインデは、独立した和解契約文書として自身で保管することを望んだ。この点でも、いわば文書当事者

第3節　ゲマインデ間紛争と地域社会のコミュニケーション　　161

主義が際だっている。[73]

　ティロル農村社会のゲマインデ間紛争において、当局の交付する和解契約文書が紛争再発の際に重要な意味を持ったことは明らかである。しかし言うまでもなく、紛争解決において一通の文書が持ちうる効力は、自ずと限られている。口承の記憶に比べて文書の内容は確かに不変であるが、逆に固定された文書の内容は絶えず変化する現状に対応できない。本章の事例では文書とともに、関係者の証言がきわめて重要な役割を果たしている。P・J・ギアリが指摘するように、とりわけ紛争と紛争解決においては文書（テクスチュアリティ）と証言（オラリティ）は相互に対照され、補い合うことにより機能する。すなわちオラリティはテクストの評価、解釈のための道具、つまりコンテクストを与える。[74] 換言すれば古い文書も、生き証人（隣人、牧童、関係役人など）によりローカルな記憶として語られ、おおやけにされることにより、その効力を保つのである。また本章の事例における証言というオーラルなパフォーマンスも、原則として再び印璽付き文書とされた。紛争とその解決のプロセスにおいて、文書と証言はそのようなスパイラルなコミュニケーション構造を構成していたと言える。日本中世においても訴訟では文書万能の印象を与えるが、事情を知った「近郷」住人による仲裁では記憶、交渉、妥協が和与に導いたのであろう。ピレネーの和解契約文書（passerie, patzeria）、日本中世の「和与状」をも含め、共同体間の和解とその記憶の伝承において、これらの文書とオーラル・コミュニケーションがどのように機能したのかを明らかにするには、近郷のゲマインデ、住民の和解（仲裁）への関わり方、相互関与を長期のタイム・スパンで考察する必要があろう。[75]

　もちろん和解文書は紛争解決の結果を確認し、その状態を維持することを目的とするものであるから、紛争の背景や経過についてはごく僅かな情報しか与えない。とはいえ、争いを諌める規律化的文言や、争いの被害、悪しき影響など、ある種の定型句の繰り返しから、紛争の実情や、争いが与えた様々な影響を読み取ることもできる。しかし何より重要なのは、紛争当事者であるゲマインデの放牧地利用をめぐる利害関係、ゲマインデと放牧地の空間的関係、紛争解決の経過、紛争当事者と紛争解決に何らかの形で関わるゲマインデ（住民）の関係であり、これらを渓谷共同体（あるいはその複合）としてのラント裁判共同体という、法、経済生活のフレームワークの中に位置づけることである。取り上げた50ほどの事例はこれらの点において、地域構造や時期、紛争対象の性

格などに応じて、多様性とともに共通性をも示している。この両面に留意して、本章の考察において明らかになった点を総括し、同時にまた農村社会における紛争と紛争解決のより広い比較史的パースペクティヴにおいて捉え直してみたい。

2　争いの作法

　ゲマインデ間紛争の原因は、放牧地の利用権そのものから、その境界、そして共用のルール、すなわち放牧開始・終了の時期、放牧家畜の種類や頭数、採草、柵の設置、水利・潅漑設備の設置と維持、家畜の通路、牧童の雇用など、圧倒的に牧畜経営に関するものである。その他にも上掲事例では、護岸設備（アルヘ）の設置、森林の木材伐採、道路や橋梁の建設・維持、さらに税や軍役負担など、農業経営から日常生活の公共設備、国家的負担に至るまで多岐にわたっている。

　さて紛争の意味を考えるには、やはり紛争当事者たちの現場での行動を知ることが前提になるのだが、前述のように和解文書は、紛争のプロセスについて詳しく記すことはない。そのためティロルのゲマインデ住民が、争いにおいてどのような戦略と行動をとったのか、つまびらかにはできない。すでに言及したように、他のヨーロッパ山岳地方については、近年、デプラとバラケが、ピレネー西部、ベアルン、ビゴール地方における、12世紀から19世紀に及ぶ渓谷共同体間の入会（森林）紛争、放牧地争いについて考察し、この地方に伝来する多数の和解文書等を手掛かりに、ティロルと同様な仲裁を主体とした和解に至るプロセスをも明らかにしている。[76] そうした紛争においてピレネーの山岳農民たちは、強い結束と自治権をもつ渓谷共同体を単位として武装し、敵対者に対して家畜差押えに始まり、場合によっては住民を軍隊のような武装集団に組織し、放火、掠奪、ときには殺害をもともなう実力行使を敢行した。同様に、ムートンは中世盛期・後期の西アルプス（サヴォア、ドフィネ地方）における村落共同体間の放牧地をめぐる紛争について考察し、様々な暴力行使や象徴的行為をともなうそのプロセス、そして仲裁・和解による解決とその変容を明らかにしている。こうした山岳地方の農村紛争は、決して地方と中央の司法当局の影響なしに展開したのではないが、ピレネーの暴力紛争は革命期に至るまで、副伯、国王（役人）や高等法院による解決への努力にもかかわらず断続的に生

じたように、自治、自由、地域アイデンティティと結合した共同体住民の「自力」の慣習は強固であった。

このように、いずれも放牧地を重要な生活資源とする山岳農村は、暴力的局面をも含む紛争と紛争解決(仲裁)に現れる自律性において、一定の共通性を示している。しかしいずれの地域についても研究者が指摘するのは、そうした放牧地利用と村(渓谷)のテリトリー(用益エリア)保全を目的として行使される暴力は無統制ではなく、むしろこれを抑制し、また象徴と儀礼によって、自他の人的、物的損失を最小化する方策をもともなっていたことである。たとえばデプラは、ピレネー農民が近世には、大規模な人畜への攻撃や差押えを行うかわりに、1頭の雄牛、大鎌、斧などの象徴的な生産用具の差押えを行ったと述べる。

日本中世においても境界の不明確な入会の利用権を認めさせるには、普段の用益と実力による占有が肝要であった。湖北の菅浦・大浦の争いの対象となった境界地域の田畠では、一方が田地の打ち返し、田植え、刈り入れを行おうとすれば、他方がこれを踏み荒らし、刈り取ろうとし、やがて合戦に至るという様はこのことを示している。しかしこうした村落間紛争の中にもやはり段階に応じたルールが、暴力の無統制な拡大を抑制する方策として存在していた。菅浦・大浦の文安相論(1445～1446年)の初期段階では、菅浦方が境界地に入った大浦住人の「鎌を取り」、大浦方は菅浦の「船を奪う」といった生産用具略取が紛争のリチュアル(相手の用益権の否定、報復としての差押え)として現れる。この相互行為により被害意識が相殺されたところで近郷の「扱い」(仲裁)が入り、奪った鎌、舟を相互に返して和したことも、日欧に共通する習俗として注目される。この他、質取、相当、解死人といった過酷な犠牲者相殺の慣習も、争う村落間の和解に必要な手続きであった。

さて、ティロル山岳農民もまた様々な武器を所有し、領邦君主に軍事奉仕を行う能力を持ち、第1章で見たように、慣習法文書にはフェーデ的行為を容認する規定も散見する。にもかかわらず検討してきた史料が語る限りでは、ティロル農村社会においては、ゲマインデ相互の紛争が掠奪、放火、殺害など武装暴力をともなうフェーデの様相を呈することはなかった。第Ⅱ部で述べるように、ティロルの領邦君主はしばしば、その裁判制度の機能不全とフェーデや刑事犯罪の横行、当局による取締りの不十分なることを嘆き、裁判制度の改革を試みた。また第8章でみるように、農民個人間の争いに関する裁判記録で

は、侮辱的言辞から殴打などの暴力行為へのエスカレートは、ほとんど歯止めがなかったかの印象を与える。しかし少なくとも放牧地など入会をめぐる争いについては、農民は原則として、ラント裁判という領邦の制度を利用しつつ、ゲマインデ間の交渉によりその収拾をはかった。それは放牧地利用が基本的にゲマインデ単位であったからでもあるが、同時にそのような紛争処理は、後段で述べるように、放牧地利用に関して渓谷住民の共有する意識をも示しているように思われる。さしあたりここでは、ラント裁判区がひとつの地域（渓谷）共同体として固有の慣習法を持ち、またそれは個々のゲマインデの慣習法とともに、放牧活動から訴訟、領邦への義務や負担に至るまで農民の日常を規定していたことを強調しておきたい。そしてラント裁判区が、そのような慣習的秩序と領邦の法制の結合した地域共同体として、農民生活の基本的枠組みをなしていたことが、フェーデのような実力行使が（自己）抑制された背景にあると考えてよいだろう。[81]

　しかし放牧地や森林など入会の利用や境界をめぐる紛争が、常に直ちに裁判における平和的解決へと委ねられたわけではない。検討してきた文書には、すでに長く、また繰り返して争いが生じ、当事者ゲマインデ双方のみならず、周辺住民の放牧活動にとっても大きな障害となり、被害をもたらしていたことが直接、間接に表現されている。前掲事例の証言聴取において、以前からの利用実績が執拗にアピールされたように、個々のゲマインデにとって、集落から隔たった境界の不明確な山岳放牧地の利用の正当性は、普段の用益に基づく慣習として主張し、また実行することにより保証され得るものであった。その意味で、後に裁判に訴えるにせよ、まず実力によってそのテリトリーと権利を確保し、主張することが重要であった。競合するゲマインデによる差押えに抗してでも、放牧を続けようとするゲマインデ住民の事例は、このような農民の意識と戦略を示している。

　農民の紛争行為として文書には、「ことばと行為による侮辱」「相互の報復」といった一般的な文言しか現れないのだが、そのような「行為」の中では、家畜差押えという一種の統制された実力行使が最も一般的であった。このような家畜差押えは、慣習法文書や領邦令でも一定の仕方で行うことを認めており、紛争におけるシンボリックな、また儀礼的な意思表示の方法としても、広く農村社会に見られる慣習であった。[82] しかしこのような限定的な実力行使であっても、農民の放牧活動を妨げ、多大の損失をもたらしたことは和解文書の随所に

読み取れる。ラント裁判区ラウデックの農村社会史研究を行ったハイデッガーも述べるように、山岳農民にとっては、放牧地の僅かな喪失でさえ経営と生活を脅かす危険性をはらんでおり、それゆえ農民たちは放牧地の利用権や境界の維持防衛のためには、徹底した争いを行ったのである。[83]

和解文書には単に物的な規定のみならず、そうした具体的な合意条件の前に、そしてたいていはその冒頭に、平和と和解の精神を説く規律化的文言が記されている。すなわち侮辱的言辞や暴力を慎み、隣人、友人としてふさわしい友好的、平和的な隣人関係を、現在と将来、子孫のために回復、維持すべしと説諭するのである。争いが隣人関係に及ぼした感情的しこりを示唆すると同時に、隣人・友人としてのつき合い、子孫への配慮といった文言は、紛争当事者双方の共有しうる価値・理念（モラル）でもあった。

3　裁判・仲裁・和解

前述のように、ラント裁判は確かにゲマインデ間紛争の解決に不可欠の枠組みを与えていた。ゲマインデ間の争いが昂じて当事者間では処理し難くなったとき、当事者の一方、ないし双方が、ラント裁判官、ラント裁判区長、あるいは下級裁判官、またときには領邦君主や領邦政府の役人に収拾を依頼した。そうした裁判官や役人、領邦君主の命令を受けた特別委任者（コミッサール）の紛争収拾への関わり方は様々である。しかし言うまでもなく渓谷と山岳の入会に関する争いを、権威者個人がその判決により解決することは不可能であり、双方の主張や証拠文書の確認、周辺住民、関係者の証言聴取、現地実検をふまえ、仲裁によって合意と和解に導くのが通例であった。収拾への協力を求められた裁判官、あるいは領邦君主から委任された政府役人が、個人として積極的に仲裁に働きかけるケースもあった。それには地域の政治的性格や紛争当事者の広がり（裁判区を越える場合など）も一因する。しかしやはりそのような個人が実質的な仲裁を進めることは難しく、当事者に周辺ゲマインデの住民を加え、交渉、仲裁、和解を促すのが最も一般的な選択であった。

また大半の事例では、ラント裁判官ないし裁判区長が何らかの役割を果たしており、そのかぎりでは裁判（所）において仲裁が行われたと考えてよいのかもしれない。しかしゲマインデ間紛争の仲裁と交渉が、正式の裁判集会（エーハフトタイディング）や、それ以外の随時、非公開（16世紀初め以後）で持たれた

通常のラント裁判の場所で行われたとは思われない。いくつかの事例では、ラント裁判官や役人が仲裁を住民代表に委ね、自身は文書に印璽を付す以外には、何ら関与していなかった。また裁判官も仲裁者や立会人のひとりとして現れているに過ぎない場合もあった。総じて裁判官は、積極的な役割を果たしていないという印象を与える事例が少なくない。この点については第Ⅱ部でも論じるように、ゲマインデ間の入会紛争は、領邦令や刑事裁判令に規定のある刑事・民事の事項とは異なり、おそらくフォーマルな裁判訴訟になじまない問題であったことも考慮する必要があろう。多くの事例では当事者（当該共同体の住民代表、村長など）と仲裁に関わった第三者ゲマインデの住民が、実質的な役割を果たしている。またそのような仲裁や証言聴取の場も、通例の裁判地以外に、現場に近い野原やゲマインデ内の居酒屋などが選ばれることは稀ではなかった。こうした事実をふまえるなら、和解文書を生み出す場となった仲裁のための集会（交渉の場）は、通例の裁判集会の枠や形式に規定されず、必要に応じて紛争に関わりの深い場所で開かれたと考えてよいだろう。

　こうしたゲマインデ間紛争の、地域社会と密着した解決のあり方は、ゲマインデ間紛争以外の訴訟を扱う（正式の）ラント裁判においても、地域住民から選ばれた陪審によって判決発見が行われ、またしばしば当事者間の和解が促されたことを考えれば、そのような通常のラント裁判や下級裁判とは全く異質のものであったわけではない。しかしマクシミリアン１世の裁判改革以後、通常のラント裁判が非公開、特定関係者のみで行われる閉鎖的な司法空間へと変化しつつあったのに対し、ゲマインデ間紛争の解決は、あくまで広く地域住民の協議と合意、確認に基づくオープンな問題解決のための場において行われた。この点において、近世には両者の相違が一層明らかになるのである。また確かに17、18世紀における領邦政府、役人の関与が際だって明らかないくつかの事例は、ゲマインデ間紛争の解決が示した、そのような地域と当事者の合意形成の場としての性格も、この時期以後は後退するのではないかと思わせる。しかしこのような国家の関与が必ずしも現場の紛争解決に貢献するものではなかったことも明らかである。このことは先に言及したように、領邦や皇帝政府の尽力にもかかわらず、500年にわたって続いた南ティロルのゲマインデ間紛争や、ほぼ同様の期間にわたるピレネー西部の渓谷間の紛争についても指摘し得るところである。[84]

　さて菅浦・大浦の山野相論においても、「合戦」「近郷の扱い（仲裁）」のみ

ならず、あるいはそれらと並行して訴訟が行われていた。幕府への訴訟は、訴訟の専門家（雑掌）を擁する領主を通じてのみ可能であり、双方は多大の費用（礼銭、礼物）と労力を費やして領主に訴訟への協力を要請した。また菅浦住人たちは自身で文書を整え、訴訟担当者は菅浦、領主、京都の間を奔走したが、そのような苦労が勝訴により報われるとは限らない。寛正相論（1461年）では、勝訴した大浦は近郷の合力を得て菅浦を攻め、降伏させたように、訴訟は「自力」の正当化に利用されることもあった。蔵持氏が述べるように、訴訟もなお自力の慣行と未分化だったのである。にもかかわらず訴訟によって幕府や領主権力の裁可を得、これを文書として保管することは、以後の相論に備え、子孫の利用に供するためにもきわめて重要なことと認識された。自力も訴訟もともに、紛争を有利な決着に導く手段であり、状況に応じて選択的に利用されたのである。比較の観点からは、菅浦・大浦の相論においては地域社会の参加と合意に基づく公的裁判が存在しなかったという事実を、ティロルにおける紛争解決の歴史的条件との相違として認識すべきであろう。このことは同時に、日本中世の村落間紛争における「自力」の激しさの背景でもある。

4　地域社会の紛争解決とコミュニケーション
　　──ゲマインデのテリトリーとゲマインデ間関係

　ゲマインデ間紛争の主要な「現場」である放牧地は、渓谷のゲマインデに近い底部から、渓谷の外枠を構成する山々の中・上部に広く散在していた。またラント裁判区は、そのような渓谷を単位に編成されていた。ゲマインデ間の紛争と紛争解決の歴史的意味を広いパースペクティヴにおいて考えるためには、こうした地理的、空間的枠組みと、そこにおける農民の活動を理解することが不可欠である。

　大きな主渓谷を軸として、これに交わる支渓谷を加えたラント裁判区は、内部の個別ゲマインデの農民が放牧のために移動する活動領域に、ほぼ対応していた。「入会共同体」（マルクゲノッセンシャフト）の始源性を説く古い学説は論外としても、本章で考察したラント裁判区についていえば、ゾンネンブルクの北部（ヴィルテン、アクサム地域）、ペータースベルクの中央部、イムストの中・南部（ピッツ渓谷とイムスト周辺）、ラウデックの全域、あるいはイン河右岸地域などの、各ラント裁判区の主要部ないし中核的地域は、ひとつの放牧共同体（放牧地共同利用団体）と

しての関係を比較的遅くまで維持していた。このような放牧地とその共同利用関係は、とくにイン渓谷においては聖界所領に由来することも稀ではない。しかし中世後期の史料からはすでに、ラント裁判区・渓谷において大小様々な放牧地の共同利用と管理のためのネットワーク的関係が、ゲマインデを主体として形成されていたことがわかる。

しかしそのような放牧地の共用関係は常に緊張をはらんでおり、関連史料が現れる中世後期には紛争を頻発させていた。それは大局的にはラント裁判区、渓谷に存在した放牧地共同体、ないし共用（共有）団体が、個別ゲマインデの用益権が強まることにより解体していく過程と考えることができる。したがって、そのような紛争の主体はゲマインデであった。ピッツ渓谷やカウナー渓谷に見られたように、渓谷奥部の散居定住地では、家持農民が個別に利用権を持つ場合もあったが、その場合でも権利を主張し、紛争当事者として現れるのは、散居家屋の集合体であった。山の上部の放牧地（アルム、アルプ）は地形の微妙な差異に応じて牧草の生育等にも差や時期的ずれがあった。そのため大きな範囲で共有・共用し、これを柵で仕切りつつ、区域ごとに時期を違え、家畜の種類を区別して放牧するのが有効な利用法であって、これを細分化し分有することは本来、不適当であった。それゆえ、渓谷に広がる重要な放牧地の利用権は、基本的にゲマインデを単位として承認・維持されたのであり、また複数のゲマインデが共用してきたのである。

しかし10、11世紀に史料に現れるような、放牧地共用団体の中核をなす渓谷底部の古いゲマインデに対して、その周辺、とくに山側に新たに成立する小集落、散居定住の家屋群は、自らも放牧地の利用権を要求し実践することによって、しばしば古いゲマインデとの間に軋轢を生じさせるようになる。また中世後期以後の人口増加と牧畜経営の発展は、主要ゲマインデの間の争いをも頻発させることになった。ヴォプフナー、シュトルツらの古い研究成果に加え、イェーガーらの集落、定住史研究は、ティロル農村の人口が黒死病による減少の後、早くも15世紀には回復から増加へと転じたことを明らかにしている。また15世紀後半からの鉱山業の飛躍的発展と鉱山労働者の大量流入による食糧需要増大にも加速され、ティロルの牧畜業は好況のなかでその集約化が進み、放牧地利用をめぐる争いは、繰り返し述べてきた共同放牧地の分割をもともないつつも、一層頻繁化した。個別ゲマインデは、その放牧地を含めた用益権領域に対する権利主張を強め、あるいはテリトリー意識を強めていたと言えるかも

第3節　ゲマインデ間紛争と地域社会のコミュニケーション　　　169

しれない。

　日本中世の惣村共同体は、様々な点でヨーロッパの村落共同体（ドイツ史家のいうドルフゲマインデ）との共通の構造と機能を持つように思われる。その中で紛争に関わる特質として、惣村の成立とともに「村の領域」が現れることに留意したい。日本中世における村落間の山野相論については、成立しつつある惣村が農業の集約化、施肥の普及とともに重要な資源となった周辺山野の領有をめざすようになり、それにともなって村落間紛争は「村の領域」をめぐる争いとなることもあった。瀬田勝哉氏によれば、菅浦・大浦の紛争も単なる境界領域の土地をめぐる争いではなく、少なくとも菅浦方の言説には田畠、山野を含めた村のテリトリーの観念がみとめられるという。確かに「菅浦絵図」にもまたそのような「菅浦領」形成への志向が読み取れるのである。また菅浦では14世紀半ばには全戸（在家）に相当する72人が、大浦との争いの対象であった境界に位置する日差・諸河の田地を分有し、その永代売禁止を掟とした。それにより惣（共同体）として領域を占有し、境域を防衛する体制を構築したのである。

　K・S・バーダーは、中世盛期に成立する村落共同体（ドルフゲマインデ）が、固有の法・平和領域を持つ領域団体であったことを明らかにした。ティロルにおいてもまた、中世盛期から近世初期にわたる人口増加と牧畜経営の好況、放牧地利用の集約化が、個々のゲマインデによる放牧地、森林など入会の占有ないし優先的利用への志向を促し、紛争の原因となっていた。そしていくつかの事例では森林や放牧地をめぐる争いが、ゲマインデの境界をめぐる紛争として現れていた。しかし通例、渓谷内に広く散在する放牧地を共同利用するゲマインデには、そのような放牧地を分割し、取り込んで完結した領域を形成することは容易ではなかった。逆に、相互に交錯するゲマインデ住民の放牧活動の広がりと、ゲマインデのオープンな空間構造が、渓谷共同体（ラント裁判区）における争いを含めたコミュニケーションの基盤となっていたのである。

　このような背景を持つゲマインデ間の対立は、隣接する共同体間のそれが最も多いのは容易に理解できるが、しかし大小の放牧地の分布とゲマインデの多重的なその利用関係の広がりと錯綜性から、個々の紛争における当事者（ゲマインデ）の分布はかなりの範囲に及んでいた。放牧地利用は原則としてゲマインデ単位であったと述べたが、ティロルの牧畜業は集団経営ではなく、家畜を所有し、放牧地を利用するのは個々の農民である。山岳農民の活動は、春〜初

夏～盛夏の時期に応じて、集落に近い放牧地であるハイムヴァイデから、山の中腹、森林間隙の前アルムへ、さらに樹林限界から上部のアルム、アルプへ、そして初秋のハイムヴァイデへの帰還という規則的な移動をともなう。この間にまた、渓谷の斜面や森林間隙の草地における採草、森林における、家屋用材、放牧地の柵の用材や薪の伐採など、彼らの垂直・水平の移動範囲は小さくなかった。それはゲマインデの周辺にとどまらず、ペータースベルク、イムストやラウデックの事例からもわかるように、利用する複数の放牧地・採草地の分布に応じて、渓谷の内外、そしてラント裁判区（および裁判区外）の広い範囲に及んだ。そのような広い放牧地利用関係に対応して、個々の紛争の当事者（ゲマインデ）はかなりの範囲に及ぶこともあった。またそうした場合、その仲裁に加わるゲマインデ（住民）も近隣のそれのみならず、裁判区内の遠隔のゲマインデ、そしてときには、隣接ラント裁判区にも及ぶ広がりを示していた。

　このような仲裁や証言、合意の確認など、様々なかたちで紛争の収拾に関わったゲマインデ住民の相互協力を支えるコミュニケーションが、いかにして形成され、維持されたのかを知ることは難しい。いくつかの事例で見たように、特定のゲマインデの古老ないし有力者と思しき人物が、繰り返しこのような役割を果たしている事実が窺われる。牧童としての過去の雇用関係や、親族関係がその背後にある場合も散見する。そのような個人的な関係、ネットワークの確認はフーターが示したように、ゲマインデの指導層に関するデータが増える17、18世紀世紀以後については可能かもしれない。[93]本章で扱った時期については、徴税や軍役召集者リストなどの人名をデータベース化することにより、どのような可能性が拓けるのか、今後の研究に委ねざるを得ない。しかしそのような個人的つながりを別にしても、ラウデック裁判区の平地・カウンス地区に属すゲマインデ間の紛争を、同裁判区の山岳地区をも加えたゲマインデ住民が仲裁する事例や、ペータースベルク裁判区中央部のゲマインデの事例で示された紛争と仲裁の関係は、ゲマインデ間ネットワークといってよい日常的なコミュニケーションの存在を想わせる。もちろん紛争は一度の仲裁・和解で収まるものではないが、ここではその都度繰り返される仲裁という共同行為が、ティロル農村社会の自律的な地域秩序の維持に貢献していたことに注目したい。そうした相互関係は、特定の固定的利害で結びついた党派的な関係ではなく、ペータースベルクの事例でも見られたように、ある紛争に対して直接の当事者でない限り、相互に仲裁に協力するというものであった。このネット

第3節　ゲマインデ間紛争と地域社会のコミュニケーション　　　171

ワークは常に軋轢と紛争のポテンシャルを含み、同時に争いを克服もするコミュニケーションに支えられていたのである。

　このネットワークの基底にあるのは、第一に放牧地の共同利用関係の連鎖であると考えることもできる。しかし繰り返して述べたように、仲裁に加わるゲマインデの範囲は、ラウデックの山岳地区のゲマインデや、ペータースベルクのエッツ渓谷のゲマインデのように、そうした共用関係を越えて広がってもいる。そのようなゲマインデ間の協力関係をここでは次のように考えたい。すなわち、ゲマインデ間の放牧地、森林などの利用関係を調整し、ノーマルな放牧活動のために地域秩序を回復・維持することは、地域のゲマインデ住民には重要な共通の課題と認識されていたのではないか。換言すれば、放牧地紛争とその解決という経験の積み重ねを通じて、すでに15、16世紀のラント裁判区住民の間では、放牧地利用の利害調整は、個々の直接的な利害関係を越えて、裁判区の地域全体に関わる広域的、公共的な問題として認識されていたのではないだろうか。そのことは、裁判区の道路や橋梁の改修・保全が共同義務とされ、その負担をめぐるゲマインデ間の対立が、放牧地紛争と同様な複数のゲマインデ住民を加えた仲裁により解決されたことからも推測できるところである。

　このようなゲマインデ間の紛争解決、ネットワークと地域的公共性（意識）の関連は、日本中世の村落間紛争における合力、その他の村落間結合と、より広域的な一揆の結合（既存権力から自立した地域的な平和秩序）との比較をも可能にする。第Ⅱ部の考察を経た本書の総括において再論しよう。

第Ⅱ部　中・近世移行期の国家と地域社会
―領邦令と農村の慣習―

第4章　社会的規律化とポリツァイ
―近世国家の社会統制をめぐって―

　前章では、ゲマインデ間の紛争とその収拾においては、裁判当局の介入は総じて緩やかであったことを明らかにしたが、さらに農村社会の暴力・紛争・フェーデ的行為、その他の「犯罪行為」への対処をも含めて、ティロルの領邦君主・政府はどのように社会秩序を促したのであろうか。既述のように領邦の司法当局は地域において、紛争の性格に対応して当事者間の和合を重視し、柔軟な措置をとったように思われる。しかし考察した中世後期から近世初期、すなわち14、15世紀から17世紀の間に、領邦当局が一貫してそのようなソフトな対応と措置を続けたわけではないだろう。この間に明確な転換、あるいは直線的な変化・発展を指摘することは難しいが、領邦ティロルを特徴づける政府・君主の精力的な法制定に着目すれば、とくにある時期には国家と社会の関係が、緊張度を高めつつ展開していることがわかる。本章以下の第Ⅱ部では、様々な法令の制定とその事情、そして社会の反応をも併せて考察することにより、中世末から近世初頭の領邦における秩序化の試みと、領邦当局・地域社会の相互関係について考える。

第1節　近世国家と社会的規律化

　本章では「社会的規律化」、「ポリツァイ」をめぐる研究動向をふまえつつ、近世初期の国家と社会の関係を考えるうえでの問題点を指摘してみたい。国家・支配権力による暴力の抑圧と社会の平和化のための様々な努力は、周知のように「社会的規律化」概念をひとつの手掛かりとして考察されてきた。M・ヴェーバーは『支配の社会学』において「規律」を、合理化を指標とした社会秩序の最高段階と位置づけ、これを典型的には軍隊・近代工場・官僚組織において実現されるものとした。[1]「規律化論」を歴史的な分析概念として用いたのは、絶対主義にむかう初期近代国家の重要な統治手段として「社会的規律化」の意義を強調したG・エーストライヒである。[2]以来「社会的規律化」は、近代

国家による馴致された平和的な臣民の創出を促す過程を考察するためのモデルとして、中・近世史研究において重用されてきたと言ってよい。近年ではH・シリングらが宗教改革期、とりわけ16世紀後半にカトリック、プロテスタント双方の領邦・都市で進行した「宗派体制化 Konfessionalisierung」において、領邦（都市）当局と教会が協力して臣民の規律化に努めたことを明らかにした[3]。最近の「社会的規律化」論者は、エーストライヒらの視点が、国家から社会への作用を偏重していたのに対し、近世の国家統合が宗教改革と密接に関連することからも、教会の役割を重視しつつ（教会規律 Kirchenzucht）、規律化を受容する社会・共同体自身の事情や動向をも考慮しようとする点に、特色がある。シリングが考察したカルヴァン派都市エムデン（東フリースラント）では、教会規律を監督した長老会議は信仰上の過ちのみならず、夫婦関係や性行為から喧嘩、暴力、口論、誹謗中傷をも取締まりの対象とした。当時の都市社会では暴力紛争は日常茶飯事であったが、長老会議は当事者に対して一方的処罰ではなく贖罪と和解を勧告し、当事者を悔悛により信徒共同体に復帰させることを目的としたという。シリングのテーゼとプロジェクトは「社会的規律化」論を、ドイツ国制史の枠をこえて全ヨーロッパ的な比較研究へと導いたのである。

他方、「共同体原理（コムナリスムス）」の提唱者、ブリックレの門下であるH・R・シュミットは、スイス、ベルン市支配下の農村共同体における16～18世紀の風紀裁判を考察し、「社会的規律化」は都市・農村共同体のキリスト教倫理に基づく自己規律・自己調整（Selbstregulierung）として始まったのであり、この裁判は共同体住民自身の「ゲマインデ＝聖餐共同体」を理念とする平和的な隣人関係の維持を目的とするものであったと述べた[4]。これに対してシリングは雑誌 *Historische Zeitschrift* の学界展望論文において、シュミットのいう共同体の「自己調整メカニズム」を、必ずしも実証されていない仮説としてその過大視を批判し、共同体の上位権力（ベルン市当局とその教会）による監督・支配との関連を考慮すべきであると指摘した[5]。シュミットは翌年、同誌に寄せた論攷において、シリングのいう「宗派体制化」モデルをエーストライヒの国家主義的な「社会的規律化」論の転用であるとして、精力的な反批判を展開した。シュミットによれば、「宗派体制化」は領邦権力を欠く地域でも、あるいはそうした地域でこそ顕著に「自己宗派体制化」として展開したという[6]。さらに同論文でシュミットは近世、絶対主義時代のヨーロッパ全体に視野を広げつつ、国家

の平和・秩序維持機能もまた共同体住民自身の価値観と意志、自己調整機能に依拠していたことを再度強調している。シリングも、隣人団体や共同体の自己規律・自己調整は西欧文明の基本構造を規定するものであることを認める。しかしシリングはまた、共同体の規律化はミクロな世界で完結せず、宗派体制化の時期には教会規律、次節で述べるポリツァイ令、領邦令により外部世界の作用（帝国、領邦、教会）が入り込んでくると述べ、むしろ帝国、領邦のマクロな世界と、都市や村落共同体に至るミクロな生活世界の規律化の双方向的な作用を考えるべきであるとする。[7]

中世末から近世に頻繁に現れる、「社会的規律化」の手段としてのポリツァイ令（Polizeiordnung）は、総合研究プロジェクト等により、最近研究の著しい進展をみているが、そうした成果によれば、ポリツァイ令は帝国・領邦のみならず、地域によっては在地領主をもその発令主体としたこと、また領邦君主は貴族、その他の領邦身分団体（シュテンデ）の提出した陳情や要求にそって、領民の支配と地域の風紀・秩序を維持するために、ポリツァイ令を発令したことがわかる。そもそもポリツァイ令の起源は中世後期の都市にあり、また近世には村落が村の法令（Dorfordnung）を作成することも多い。領邦のポリツァイ令は帝国ポリツァイ令の影響を受けているが、他方でシュミットが指摘するように、中世以来の共同体の自己調整機能に配慮し、また依拠せねばならなかったことも否定できないだろう。したがって社会的規律化は、都市・農村の生活世界から領邦、帝国まで様々なレベルで、その社会的必要と要請に応じて、相互に影響・作用しながら展開したのだと考える方がよいだろう。[8]それは社会の様々な身分・集団・共同体の利害関係を調整しつつ、全体的な秩序の担い手として国家が成長するプロセスでもある。シリングとシュミットは、国家と社会（共同体）への重点の置き所は異なってはいるが、両要素の（あるいはマクロ世界・ミクロ世界の）相互作用への留意が必要であることについては一致しているのである。

しかし当然ながら、共同体の自己調整機能や自己規律化と国家当局のめざす規律化の方向にはずれがあり、これが両者の間の軋轢を生じさせたことは、農民戦争期の農民の領邦君主に対する苦情や要求からも読みとれる。しかも国家の側からの社会的規律化やポリツァイ令の現実的な効果についても、後述のように懐疑的な研究者は多い。規律化のための諸法令が繰り返し発令されたことが示すように、少なくとも社会的規律化とは中・近世の長期にわたるプロセス

を意味した。R・ミュシャンブレッドは『近代人の誕生』において、「近代人の有罪化」、すなわち近代国家の刑事裁判の強化による暴力社会の克服を強調した。しかしフランスにおいてもそれは17、18世紀にわたる紆余曲折の過程であり、実際の裁判では紛争当事者のいずれかを処罰するよりも、私的な報復の鎖を断ち切って平和的関係を回復させるために、むしろ両者を仲裁して和解に導くことに重点が置かれたという。裁判はまた住民たちが見守る中で、処罰するよりも、犯罪者を悔い改めさせるための贖罪儀式としての性格を持ち、それによって住民に善悪の区別と自己規制を教える教育的場でもあった。こうした狭義の司法を越える裁判の機能は、宗派を問わず、ドイツの領邦や都市・農村共同体における裁判についても指摘しうる。

　また興味深いことに、前述のように共同体の風紀裁判が共同体住民自身のキリスト教的倫理観念にそうものであったと述べるシュミットも、そうした教会的規律化は、何ら農村社会の「平和化」に貢献しなかったと考えている。少なくともシュミットが対象としたベルン地方の農村共同体や、その他のいくつかの事例研究によれば、18世紀まで隣人間紛争・暴力の告訴件数は、増加こそすれ目立った減少を示してはいない。このように国家的刑法原理が貫徹する過程が長期を要したことは、ドイツでも同様であり、刑法史上の画期をなす1532年のカロリーナ帝国刑法が、個々の領邦や帝国都市の実際の裁判においてそのまま適用されることは、16世紀にはほとんどなかったと思われる。社会的規律化において重要なのは、帝国刑法典のような基本法ではなく、部分的にはその影響をも受けつつ発令される多数のポリツァイ令であり、またK・ヘルターが述べるように、フォーマルな法的手続きと並行して行われる、仲裁、当事者と関係者の交渉、和解、嘆願などのインフォーマルな行為の絡まりであった。

第2節　ポリツァイと近世国家
―国家と社会の交渉―

　以上のように、社会的規律化が国家・支配権力の一方的な統制・圧力としては効果を持ち得なかったとすれば、社会的規律化は近世国家の理念と目標たるにとどまったのだろうか。規律化とはそもそも対象の側の内面に及ぶ作用であるとすれば、隣人団体や政治的ゲマインデが自己規制・調整の担い手であるのが西欧文明の特色だというシリングらの所説の当否はさておいても、広範な社

会層・共同体による受容と自己規律の背景やプロセスを問うことが重要である。しかしシリング、シュミットの「教会的規律化」論、「宗教的・共同体的規律化」論も、これを受け容れる社会の実態や規律化の意味・機能についての考察は不十分であり、自己規律と国家・教会による規律化・調整の相互関係がいつどのようにして展開するのかを明らかすることが課題となろう。このようなプロセスを考えるうえで、近年史料刊行をも含めた広範なプロジェクトが進行している「ポリツァイ」研究は、示唆的な視点や実証研究の成果を示している。M・シュトライスとK・ヘルターを中心にフランクフルトのマックス・プランク・ヨーロッパ法史研究所において、1996年以来、各地域、都市ごとのポリツァイ関連法令の一覧である叢書『近世ポリツァイ令目録』の刊行が続けられ、また同じくシュトライスの編集により、叢書『ポリツァイとポリツァイ学の研究』の刊行も進められている。加えてヨーロッパ法史研究所の叢書『ヨーロッパ法史研究』にも、ポリツァイに関連する共同研究の成果が論文集として公にされている[12]。ポリツァイ研究の新動向については、すでに佐久間弘展氏が紹介と論評を行っているので、以下では本書の論点に関わりの深い研究や問題点のみを取り上げたい[13]。

　周知のように「ポリツァイ Polizei, Policey」はギリシア語のポリテイアに由来し、良き社会状態、さらにそのための規範、法を意味した。その実現・促進は「公共の利益」の増進と結びつき、近世における君主の統治行為を正当化する価値概念となった。そして具体的には、社会生活の規範としての信仰やモラル、「公益」と抵触しない経済活動のありかた、共同生活における防災や衛生にまで及ぶポリツァイ令は、「立法国家としての近世国家」を特徴づけるものであり、社会的規律化という国家・教会の理念と密接に関連する法令であった。ヘルターが指摘するように従来の法制史研究は、このようなポリツァイ令の規律化領域と規範内容の体系的な把握にとどまり、その機能、成立事情、実施とその効果を視野に収めることはなかった[14]。しかし社会的規律化の国家中心的解釈に対する批判や、その実効性への疑問からしても、立法主体である国家の視点を中心的とするポリツァイ理解には、同様な疑問が生じる。事実ポリツァイ令については、これをストレートに近世国家や絶対主義と結びつけるような解釈は問題外としても、その国家と社会の関係における機能と位置づけをめぐっては、1990年代以後の研究における議論の中から多様な解釈が生まれている。

広義のポリツァイ令は中世後期から近世初頭には、帝国、領邦、都市、さらに領主所領など様々なレベルにおいて相互に関連し、影響を与え合いながら展開している。その起源は、最初に稠密な政治・経済の共同社会を形成した都市の法令にあると考えてよいだろう。しかし近世にはその主体は帝国へ、さらに領邦へと移る。1487〜1603年に51のポリツァイ関連の帝国法令が現れるのに対し、16世紀には39領邦で150近いポリツァイ令ないし領邦令が発令された。さらに三十年戦争後にはもはや帝国ポリツァイ令の公布はなく、逆に各領邦が夥しい数の包括的、あるいは個別的なポリツァイ令を発令するのである。領邦ポリツァイ令が、先行する都市のポリツァイ令および、とりわけ同時代の帝国ポリツァイ令の影響を受けていたことは明らかであるが、近年の研究は、各領邦がそれぞれ固有の状況に応じて帝国ポリツァイ令の内容を調整し、選択的に受容しつつ、領邦ポリツァイ令を公布したことをも明らかにしている。この点をふまえても、やはり16世紀のポリツァイは主に領邦レベルで展開したのだと言えよう。このように16世紀に本格化する領邦君主の立法において、多少とも包括性のある国家の法としての領邦令と、犯罪取締り、風紀、道徳、信仰、衛生、営業など社会生活の個々の領域を対象としたポリツァイ令の公布は、一般的には密接に関連していたと言ってよい。

　また確かに君主と政府のポリツァイ令への関心は、領邦により極端な差があった。ヴュルテンベルク大公領では19世紀初までに3千を越えるポリツァイ令が発令されたのに対し、それらしき法令が皆無の中小領邦も少なくない。しかしそのような両極端の領邦を別にしても、後に見るティロルの場合も含めて、多くの領邦では領邦令とともに、部分的、包括的なポリツァイ関連の法令が繰り返し出されている。このような高い頻度で繰り返されるポリツァイ令の効果については多くの研究者が、まさにその頻度が効果のなさを示すのだと考えたのは当然であろう。しかし中世末期〜近世の社会と公権力の関係を考えるなら、国家の立法が字義通り施行され、遵守されるという前提に照らして、その意義を評価することには無理がある。帝国（ドイツ）の諸領邦、諸地域について言えば、絶対主義的権力の構築が進むとされる17、18世紀においてもなお、独自の地域慣習法を有し、住民集会でこれを確認するようなローカル・コミュニティが多数存在したのである。ポリツァイ令の歴史的意味を考えるには、自ずと別の視点が必要であり、また実際近年の研究はこの点について、柔軟で複眼的な視点から多様な解釈を試みている。たとえばJ・シュルムボーム

によれば、(近世国家の)法は臣民を実際に規律化しようとしたのではなく、繰り返して公示され、読み上げられることにより、統治権力の姿勢(人民の上に立ち指導するという)と権威をデモンストレーションすることに意味があったという[19]。こうした国家の意図は、本書第7章に示す、ティロルの1573年の領邦令に付されたポリツァイ令が毎年、幾度もおおやけに読み聞かされるよう命じていることからも理解できる (本書261頁)。しかしこのような近世国家の権力表象を考えさせるシュルムボームの見解も、基本的にはポリツァイ令が法としては効力を持たなかったとの立場にあり、国家と臣民、社会の相互関係についての認識は十分ではないと言わねばならない。

「共同体原理(コムナリスムス)」を軸に中・近世領邦の国制を再解釈したブリックレは、そのような相互関係を重視し、ティロル、ザルツブルク、バイエルン、ヴュルテンベルクなど、諸身分(シュテンデ)や領邦議会の活動がアクティヴな南ドイツの諸領邦では、住民の苦情書、請願(書)の提出と領邦のポリツァイ令、領邦令、その他の法令が密接な関係を有したと述べる[20]。領邦政府は諸身分からの苦情・陳情(Beschwerde, Gravamina)、請願(Supplikation)に対応しつつ、ポリツァイ令などを出した。こうした社会からの要請は、「公共の福利 Gemeinnutz, bonum commune」の保護・推進を目的とする、立法国家としての近世国家の正当性の根拠となった。この意味で、ポリツァイは社会の必要に対応した政策であり、一方的な国家意志の表明と実践ではない。支配権力、国家の側が民衆・社会の要請を考慮したのは、近世国家の地方行政組織、司法組織の弱さによるところが大きく、とりわけ当局の治安維持や刑罰は地方社会の住民組織とその協力に強く依拠したからだと言うのである。ブリックレの指摘するこのような相互関係が、非貴族身分の領邦議会身分(ラントシャフト)をも実現させた南ドイツ諸邦以外にどの程度確認できるのかは、今後の研究成果を待たねばならない。しかし一般に法の施行は、現実社会とその慣習的規範との相互関係において進められるほかはなく、またその限りでポリツァイも一定の影響力を持ち得たことは否定できない。とりわけポリツァイの内容は前述のように、犯罪取締り、治安、経済秩序(商法に相当)から、風紀(奢侈、服装、飲酒、性的行為)、信仰、衛生(ワイン条令)、防火(消防)に及び、したがって共同体の生活秩序に不可欠の規範も多く、それらは比較的容易に受容されたのである。

ポリツァイ令が実際に施行される際の国家と社会の相互関係については、A・ラントヴェーア、およびブリックレ門下のA・ホーレンシュタインの研究

が、より具体的な研究方向を示唆している。ラントヴェーアもまた、規範と現実を二項対立的に捉えて法規範の実効性を否定する見解には、批判的である。ラントヴェーアによれば、ポリツァイ令は抑圧的な統治の手段ではなく、臣民には請願や交渉の余地を与え、紛争解決の手段を提供し、臣民がポリツァイの内容を修正しつつ取り入れ、利用することをも可能にした。ポリツァイの「現場」における相互作用を考えようとするラントヴェーアは、具体的には地域の共同体とその長、役人、国家の在地役人、領邦政府の担当部局などの間の相互関係、交渉の過程をも明らかにしようとしており、その視点は単にポリツァイ令の問題に限定されず、近世国家の研究にとって有益である。同様な関心に導かれたホーレンシュタインの研究によれば、国家の法令施行に際して地域住民はしばしば、その固有の事情を考慮した特別措置を政府に要請した。政府は新しい法に関する臣民の嘆願、要求を、地方社会の事情や関心について知り、臣民による遵守の可能性を探る情報として利用した。それによって立法を新しい社会状況・実情に適合させ、既存の規範との軋轢を少なくすることができた。逆に嘆願者たちは、ある法令や禁令を絶対的な規範ではなく、交渉による調整の余地のあるものと考えたのである。ホーレンシュタインが明らかにしたのは、このような規範・規則（Norm, Regel）と現実の諸事情（Umstände）の相互関係である。

　以上に示したポリツァイ研究は、近年の成果に限ってもなおその一部でしかないが、いずれもポリツァイ論の核になる問題点について、今後の研究にとって有益な示唆を与える。言及できなかった研究成果をも含めて最近のポリツァイ研究は、かつての社会的規律化論と多くの論点を共有しているが、国家による臣民の内面に及ぶ規範の確立という規律化の理念・目標については、総じて否定的である。H・R・シュミットが国家偏重（エタティズム）として批判した国家（と教会）による臣民社会の規律化というモデルにかわって浮かび上がってきたのは、固有の伝統的な慣習的規範、そしておそらくその内部での自己規律化の原理と手段を有したであろう地域社会（ローカル・コミュニティ）、臣民たちと、国家当局の相互交渉のプロセスである。しかしこの交渉は必ずしも、抑圧・統制と自律・自治の対立する原理のそれではなかったことは、上述の議論からも明らかである。社会（共同体）のよき秩序としてのポリツァイの実現が、様々な生活単位、広狭の地域レベルの共通の課題であり、そのような課題が中世末期から近世初期にかけて社会と経済の変化にともない、あらたな施策を必要としたの

第2節 ポリツァイと近世国家

だとすれば、そのための交渉を一方的な抑圧・統制に対する抵抗と考えることはできないであろう。そこで問題とされるべきは、ヘルターの表現を借りるなら、「国家（規範授与者）と社会（規範の受け手）の間のインターアクションとコミュニケーション・プロセス」である。ただし社会は単なる国家規範の受け手だったのではなく、自身の規範を持ちつつ国家の規範をも利用し、あるいは拒否するような主体でもあった。したがってこの相互交渉は、国家レベルでの調和的秩序の形成に向かう調整として単純化できるプロセスではなかった。臣民は自分たちの法・秩序感覚にそぐわない立法を無視したように、それは軋轢と葛藤、ときには厳しい抵抗と弾圧をもともなう、完結しない長期のプロセスであったと考えるべきである。

最後に近年のポリツァイ研究から、犯罪取締り、刑法、紛争解決という本書の問題に関わる論点に言及しておきたい。ヘルターによれば、領邦の刑法はカール5世のカロリーナ帝国刑法のような包括的な法典よりもむしろ、ポリツァイ令によって支えられていた。しかしヘルターは同時に、ドイツの近世領邦は社会的統制の効果的なシステムを確立するには至らず、刑事裁判は刑法のフォーマルな適用よりむしろ、インフォーマルで水平的な社会統制のメカニズムに依拠していたとも述べる。このような解釈は上述の、ポリツァイにおける国家と社会の相互交渉という認識と共通するものである。近世を通じてなお、刑法と刑事裁判、ポリツァイ令、警察機構によっても懲罰権力の国家独占には至らなかったドイツの領邦当局にとって、地域や共同体の慣習、住民の価値意識に基づく自律的な秩序維持メカニズムとの相互交渉によってのみ、緩やかな社会統制（あるいは規律化）が可能となったのだと考えたい。言うまでもなく地域社会の住民集会や慣習法による裁判を、全て自律的、ないしインフォーマルなものと見なすことは正当ではない。問題とされるべきは、地域社会に密着した慣習的秩序と国家の推進する法秩序の相互関係なのである。

以上のような社会的規律化とポリツァイ研究の動向をふまえ、次章以下では領邦ティロルにおける君主、政府による社会秩序の統制の試みを、主として領邦政府の法令を追うことにより明らかにする。そして前章ではゲマインデ間の紛争とその解決から考察したティロル農村の地域社会（共同体）と領邦の関係について、新たな史料をふまえて再論する。

第5章　中世後期のティロルにおける領邦令と社会

第1節　君主の立法と社会

　第3章の考察では、紛争解決における地域社会（共同体）の自律性に着目し、また共同体の秩序維持機能とその自治的、政治的機能の関連についても言及した。しかしティロルにおいて両機能を担ったラント裁判共同体は、帝国都市のような自治都市共同体ではなく、しっかりと領邦ティロルに組み込まれたその行政単位である。ラント裁判区は裁判のみならず、行・財・軍政にわたる領邦統治の基礎であり、領邦当局もラント裁判区の社会的、経済的な秩序に大きな関心を持った。実際にティロル領邦君主は14世紀より多数の法令を発令し、領邦のよき秩序の実現に努めてきた。とりわけ15世紀以後のハプスブルク家君主たちは、領邦統治の改革に熱意を持ち、様々な領邦令を出した[1]。それは巨視的には、中世末〜近世初期における領邦内外の変動や危機に対応した、領邦君主と政府の施策である。ハルの製塩業、シュヴァーツやシュテルツィングの銀山、銅山等の鉱山業の発展に象徴される領邦経済の繁栄は領邦内での人口増や階層分化のみならず、外部からの鉱山労働者、奉公人、芸人、行商、乞食など遍歴する人々のティロルへの流入をも促していた。領邦当局は、それにともなう治安の悪化、食糧不足、物価騰貴といった、新たに生じてくる様々な問題への対処を迫られていたのである。

　なかでもティロルの政治的、経済的な意義を認識し、自身インスブルックに宮廷を営んだ皇帝マクシミリアン1世は、15世紀末より鉱山業の保護を目的とする産業警察的な法令、裁判（訴訟法）改革の法令やポリツァイ令を頻繁に発令した。この点でマクシミリアン時代は、領邦ティロルの法史ないし国制史において画期をなすと言える[2]。しかしそうした君主の性急な改革の意図は、必ずしも領邦を構成する諸身分（シュテンデ）、すなわち議会参加資格を持つ貴族、高位聖職者、都市民、農民（ラント裁判区住民）の4身分団体に歓迎されたわけではなく、むしろ強い反発を招くことが多かった。君主と領邦当局による社会、経済、司法

の秩序の強化と、これに対する諸身分、とりわけ農民（ラント裁判区住民）のリアクションのプロセスは、同時代の文書からも読み取れる。ティロルの領邦議会には議会参加資格をもつ裁判区代表が、その地域住民の苦情や要望を提出することが可能だったからである。前章で述べたように、国家の法令が社会になにがしかの影響力を持つプロセスは、既存の法、慣習、伝統を持つ地域社会や諸身分、諸団体などとの相互交渉や妥協、合意に特徴づけられていた。ティロルにおいても新たな法令の施行の際に、領邦議会のみならず、ラント裁判区やゲマインデ単位での陳情や請願が君主と政府に向けられ、君主の側もこれらを無視できずに対応を迫られるといったケースが見られた。そのような領邦（君主）と社会のインテンシヴな相互交渉は常に確認できるわけではないが、15世紀末、マクシミリアン1世時代の前後にピークを迎える。この時期のオーストリア諸領邦でも際立っているティロル領邦政府の立法活動および改革と、これに対する社会の反応は、中世的領邦から近世的領邦への質的、構造的変化を意味するのであろうか。またそうした相互関係は、ラント裁判共同体の自治、自律性とどのような関係にあるのだろうか。

このようなティロルの特質からすれば、領邦と社会の相互関係を明らかにするにはポリツァイ令のみならず、君主、政府の法制定を広く考察する必要があるだろう。以下では14世紀以後のティロルにおける領邦君主（政府）の法令、命令、訓令のうち、とくに前述のような考察の枠組みにおいて重要な意味を持つと思われるものを取り上げ、その内容と特質を明らかにする。

以下、第5〜7章で取り上げる法令の内容（逐条訳ではなく要約）は、各節の末尾に一括している。法令の典拠は以下のように略記する。

法令典拠の略号

Brandis, *Landeshauptleute* : Jakob Andrä von Brandis, *Geschichte der Landeshauptleute von Tirol*, Innsbruck 1850.

Jäger, *Landstände* : Jäger, A., *Geschichte der landständischen Verfassung Tirols*, 2 Bde, Innsbruck 1882/85.

SD : Schwind, E. F. von/Dopsch, A. (Hg.), *Ausgewählte Urkunden zur Verfassungsgeschichte der deutsch-österreichischen Erblande im Mittelalter*, Innsbruck 1895, Neudruck, Aalen 1968.

Wopfner, *Almendregal*：Wopfner, H., *Almendregal des Tiroler Landesfürsten*, Innsbruck 1906.

Wopfner, *Die Lage Tirols*：Wopfner, H., *Die Lage Tirols zu Ausgang des Mittelalters und die Ursachen des Bauernkrieges*, Innsbruck 1908.

Wopfner, *Bauernkrieg*：Wopfner, H., *Quellen zur Geschichte des Bauernkriegs in Deutschtirol 1525*, 1. Teil, *Quellen zur Vorgeschichte des Bauernkriegs: Beschwerdeartikel aus den Jahren 1519-1525*, Innsbruck 1908.

Schmidt, *Halsgerichtsordnungen*：Schmidt, E., *Die Maximilianischen Halsgerichtsordnungen für Tirol (1499) und Radolfzell (1506) als Zeugnisse mittelalterlicher Strafrechtspflege*, Schloss Bleckede an der Elbe 1949.

Partikularbeschwerden：*Die durch den Landtag (12. Juni-21. Juli) erledigten „Partikularbeschwerden" der Tiroler Bauern*. Tiroler Geschichtsquellen 3, Steinegger, F./Schober, R.(Hg.), Innsbruck 1976.

Schober, *Urkunden*：Schober, R, *Die Urkunden des landschaftlichen Archivs zu Innsbruck (1342-1600)*, Innsbruck 1990.

第2節　フリードリヒ4世統治期までの領邦と法令

（192〜194頁の 史料9 ①〜③を参照）

　1335年にゲルツ・ティロル伯家の男系が絶えた後、君主家門がめまぐるしく交代する中で、新しい君主たちはその都度、領邦諸身分の慣習的な特権を包括的に承認してきたが、そのような特権の承認という受動的な行為にとどまらず、諸身分と社会に向かって積極的な意図を持つ法令が制定されるようになるのは、黒死病流行に続く14世紀後半以後であり、とりわけ内外の政治状況が大きく動いた15世紀のことであった。

　第2章で述べたように、ルクセンブルク家の領邦君主が追放された後、1342年にティロルの君主となったヴィッテルスバッハ家のブランデンブルク辺境伯ルートヴィヒは同年、ティロルの「教会、修道院、都市、市場町（マルクト）、村落、そして貴族も、非貴族も、また富める者も、あるいは貧しい者も、全てのティロル伯領に住む人々の、法（権利）」を維持することを約束した。やがて領邦特権（ランデスフライハイト）と総称されるそうしたティロル諸身分の特権と法は、個別具体的に記されるこ

とは稀であるが、ここでは領邦民の同意なく臨時徴税しないこと、城塞を領邦外の者に委ねないこと、領邦民の助言により領邦ティロルをよりよく統治することなどが記されている。

その10年後、1352年にはルートヴィヒが、領主支配下の農民、それに奉公人、手工業者、日雇いの移動を制限する法令をおおやけにしたのは、黒死病後の労働力不足や賃金上昇に対処するもので、その冒頭にティロルの領邦長官と高位聖職者、土地所有者などの助言によって発令されたとあるように、聖俗領主の意向に沿うものである。この領邦令では、農民が領主の許可なく他の領主、他の裁判区に移った場合、ラント裁判官は領主による当該農民の連れ戻しに協力し、また日雇いなどの不当な（裁判区間の）移動はやはり、裁判官や役人が統制するとある。ここにはすでに君主の領邦規模での経済統制の意図が看取されるのだが、ラント裁判官がそうした政策遂行の担い手とされていることも、看過してはならない。

15世紀以後領邦君主の関心は、領主に対して農民の権利を保護する方向に向かう。ティロルがハプスブルク家の支配下に入った後、ティロルとハプスブルク家西部所領（フォアアールベルクなど）の統治は、同家のレオポルト3世（1386年、ゼンパハの戦いで戦死）の子孫であるレオポルト系が継承することになる。レオポルト3世の次子レオポルト4世は、1404年に領主・農民関係を調整する法令を出した。その前半部は1352年の法令と同じく、農民に領主の許可なく移動することを禁じているが、後半部では農民の正当な土地相続権を保証し、これを領主が損なったらラント裁判官が農民の権利を保護するとされている。領主・農民間の紛争に対し、領邦の裁判官が後者のために介入するのである。この他、自然災害の際の地代軽減や地代滞納の場合の領主の権限など、全体として領主と農民の権利・義務の明確化・公正化への配慮が明らかである。領主はもはや、裁判権の行使によって農民の支配と収奪を行う存在ではなく、その権限は領邦の公的裁判（官）によって規制され、また保証された。このような領邦令の背景として、当時農民（裁判区住民）が、領邦議会身分資格を確かなものとしつつあったこと、また彼らが内外の危機に対して、領邦君主を支える重要な役割を果たしたことを考えねばならない。

なおレオポルト系の長兄ヴィルヘルムが1406年に死去すると、その弟レオポルト4世は、後見下のアルベルト系アルブレヒト5世（1438-39年にはドイツ国王）に代わってオーストリア東部諸邦（オーストリア大公領、ケルンテン、クライ

ン）の統治に専念するため、同年のうちにティロル統治を若い末弟フリードリヒ4世に委ねようとしていた。この年、レオポルトはフリードリヒとともに、史料①の領邦令を発令した。この領邦令の意味を理解するには、当時のティロル内外の政治状況を知っておかねばならない。ハプスブルク家は1386年のゼンパハの戦い、1388年のネーフェルスの戦いにおいてスイス盟約者団に敗れ、スイス地域に対する支配権を急速に失いつつあった。1405年にはボーデン湖南部のアペンツェルの農民が、グラウビュンデンのシュトースの戦いにハプスブルク軍を破った後、「湖畔同盟」を結成してフォアアールベルクからティロルの上イン渓谷、ランデックにまで侵入した。その際、ティロル西部のシュタンザー渓谷、パツナウン渓谷、そしてナウダース地区の農民たちもまた一時的にこの「湖畔同盟」に加わっている。この内外の危機は、1407、1408年に同盟がシュヴァーベンの騎士軍にブレゲンツで破れて瓦解したことにより、ようやく収まった。一方南ティロルでは、急速にその本土領域（テッラ・フェルマ）の拡大を進めていたヴェネツィアが、1405、1406年にはパドヴァ、ヴェローナを併合してトリエント司教領を圧迫し、ヴェネツィアと結びついた貴族も同司教領を攻撃した。これに対してレオポルトは従来からのトリエント司教との協定により、ティロルの領邦召集軍をもって司教領の防衛を支援した。この領邦令①に述べられているエッチュ地方、イン渓谷の騎士、住民（農民）の軍役はそのような状況に対応したものである。トリエントとブリクセンの両司教領は、ティロルの領邦君主に対して納税と軍役の義務を負ったが、逆にこのような場合には、ティロル領邦軍の軍事的支援を得ることができた。両司教領は、ティロルの裁判区住民（農民）が召集される広義の領邦防衛の範囲内に含まれたのであろう。また冒頭では領邦住民の軍事奉仕への言及があるが、最後の部分では言及がないことから、都市や裁判区住民の軍役召集はなお制度的に未確立であったのかもしれない。

　フリードリヒ4世の統治初期には、この後も内外の政治的危機が続く。14世紀末～15世紀初は、ハプスブルク家内部（アルベルト系）の相続・後見問題や対外危機を機に、オーストリア東部諸邦においては貴族身分が結合して領邦統治に対する影響力を強め、いわゆる身分制的国制が明確化する時期であり、ティロルにおいても同様な傾向が明らかになる。1407年、南ティロルのエッチュ地方の長官であったティロルの最有力貴族ハインリヒ・フォン・ロッテンブルクを指導者とする126人の貴族は、ボーツェンで「鷹同盟 Falkenbund」を

結成した。これは公式にはアペンツェルやバイエルンの脅威に対する領邦の保護を目的とするものであったが、ハインリヒは、当時ティロルの領邦高権からの自立化をめざしてフリードリヒと対立していたトリエント司教に与し、フリードリヒに反旗を翻した。しかし大半の貴族はフリードリヒを支持し、ハインリヒはバイエルンに亡命した。その後ハインリヒの指嗾により、バイエルン大公の軍は2度にわたり（1410、1413年）イン渓谷まで侵入したが、フリードリヒは諸身分（シュテンデ）の支持によりこれを食い止めることができた。ハインリヒはフリードリヒに降伏し、まもなく相続人なく死去したので、その遺領はフリードリヒの手に移った。

さらにこの後フリードリヒは、コンスタンツ公会議において罷免された（ピサの）教皇ヨハネス23世を支持し、保護したことから国王ジギスムントに帝国追放（アハト）を宣告され、降伏後しばらくコンスタンツに拘禁された。この間にフリードリヒの兄でシュタイアマルク大公のエルンストがティロル支配を試みたが、その統治は諸身分の期待に応えるものではなかった。1416年初めにコンスタンツを脱したフリードリヒが戻ると、兄弟はティロルの支配をめぐって対立し、聖俗貴族、都市、農民の諸身分はこの危機に結束して対処しようとした。1417年にはエルンストはティロルを放棄するのだが、この混乱の中でフリードリヒは、とくに都市と裁判区住民（農民）に支持を求め、市民、農民もまた貴族を優遇するエルンストよりフリードリヒの統治を好んだ。こうした事情を考慮してか、国王ジギスムントもティロルの軍事制裁を断念し、賠償金を得てフリードリヒのティロル統治を容認した。

史料②の文書はこうした政治的帰趨の定まらぬ1416年夏に、フリードリヒが地域住民に与えたものである。レヒ渓谷はイン渓谷の北部、バイエルンへと北上するレヒ河の流域地方で、タンハイムはレヒ渓谷に合流する渓谷地方であり、アルゴイはタンハイム渓谷の西、シュヴァーベンに属す地域である。この地域はバイエルンや西南ドイツからの軍事的脅威に曝されることも多く、住民の軍役は地域の防衛と同時に、領邦防衛においても重要な意味を持っていた。前述のアペンツェルの湖畔農民団はレヒ渓谷にも進み、またバイエルン軍の侵入もレヒ渓谷を遡行したであろう。このことをふまえて交付されたこの文書は、君主の法令というよりも、慣習法文書（ヴァイステューマー）のような地域の慣習法と、領邦に対する義務と権利の規定を一体化したものである。記された1日行程の軍役とは、ほぼ裁判区に相当する渓谷地域の防衛を目的とする。刑法的規定では、紛

争当事者間の裁判外の和解が公認され、また武器による傷害事件についての細かな規定がみられる。この地域でも武装暴力と傷害は日常的な現象であったのだろう。しかし故殺 Totschlag は必ずしも身体刑に直結しないようで、第1章で挙げた慣習法文書にも見られたように、罰金を裁判区長（プフレーガー）に納めた後の加害者の責任は、被害者家族との交渉次第であったのかもしれない。紛争当事者間の裁判外の和解が認められていることからも、少なくとも当時の地方における慣習的秩序は、後の刑法改革やポリツァイ令で強調される厳格な裁判と刑罰の原則との隔たりを明示している。なお家畜と畜産品の自由な販売が認められていることも、両渓谷地域が持つ境界地域としての領邦防衛上の意義を考慮した特典付与と考えられる。

この後1420年代にもフリードリヒは、国王ジギスムントと結びつつなお反抗する有力貴族シュタルケンベルク家、自伝的文学作品で有名なヴォルケンシュタイン家のオズヴァルトなど、場合によっては帝国直属の地位獲得により領邦からの自立化をも志す貴族を屈服せしめ、領邦の一体性を維持することができた。このような内外の危機に対処するために何より重要であったのは、諸身分の支持である。1420年にはボーツェンの諸身分集会において、史料③の法令が作成された。史料③ではフェーデ、紛争解決、裁判に関する規定のみを記し、経済活動の規定は項目を挙げるにとどめているが、その包括的な内容は、全体として領邦令と呼びうる性格を示している。この領邦令は、諸身分のイニシアチヴに基づいて彼らの代表が作成し決定された、最古の領邦議会決定 (Landtagsabschied) でもある。君主の顧問と貴族に加え、都市・裁判区（農民）代表が領邦の集会に出席してその法秩序の形成に関与したこと、そして身分別に選ばれた委員が実質的法制定を担ったことにおいて、この集会はティロル領邦議会の完成局面を示している。

この領邦令のポイントは、紛争を裁判でなくフェーデ、暴力によって解決しようとする者に対する措置である。騎士・貴族のみならず農民も武器を所有し、また様々な機会に武器を携行したティロルでは、フェーデや類似の「自力」行為は社会全体の問題であった。ここに述べられたフェーデ的行為への苦情が、領邦のどのような身分、集団に由来するのかは明らかではない。W・バイムロールは、領邦君主が領邦議会身分（ラントシャフト）（ここでは裁判区住民）の助力により貴族のフェーデに対処しようとしたと述べる。[9] フェーデの取り締まりに必要な人員と組織を欠く当局には、地域住民の協力を得ることが不可欠であった。しか

し史料③の下線部の文言は、なおフェーデ的行為を一定の条件（おそらく周囲に害を及ぼさないための）のもとで容認するものと考えてよいだろう。広く社会の慣習であったフェーデを法令で禁じるのみでは、なんら治安の改善にならないからである。このほか、ワイン搬入、穀物搬出という領邦の食糧調達を脅かす行為が禁止され、これらの規定は市場以外における先買禁止などとともに、以後の領邦当局による経済統制の眼目となるであろう。

　フリードリヒ4世は、ティロル・ゲルツ伯家断絶の後、長期間統治した最初のティロル固有の領邦君主であり、それゆえインスブルックに固定した宮廷を設けてその組織を拡充することもできた。フリードリヒはまた抵当化されていた多くのラント裁判区の請け戻しを実現し、財政基盤をも強化、ハプスブルク家の領邦ティロル支配の基礎を固めた。とはいえ、ここに取り上げたフリードリヒの証書や法令は、争乱を経た領邦における秩序の回復と統治権力の安定のために、地域住民や諸身分の要請を受け、その慣習的な法と権利を確認することに重点を置いたものであって、そのような慣習的、伝統的秩序に対する君主と政府の積極的な施策と言えるような性格のものではなかった。

史料9

① 1406　オーストリア大公レオポルト4世およびフリードリヒ4世はティロルの君主として領邦令（特許状）を発令した。　　　　　　SD, Nr.158.

　ティロル伯領、イン渓谷、エッチュ地方の騎士、従騎士、領邦住民は私に援助と納税、多大の奉仕を行ってきたし、また今後も行うべきである。彼らはこの度は彼ら自身の身体と財産により、トリエントの我が同胞を攻撃してきた敵軍に対して私を支援した。そこでエッチュ地方とイン渓谷地方の騎士、領邦住民に以下のような権利と特権をこの文書により恵与する。

　第一に私の祖先、大公ルードルフ、アルブレヒト、レオポルト、その他のティロルの君主の時代からの法、特権、古い慣習を、身分の高下、貴賤を問わず、全ての領邦の人々に認め、保護する。

　……（エッチュ地方の長官任命、君主の授封更新、領邦民の裁判と処罰）……

　我が領邦の貴族（ヘレン）、騎士、従騎士は、我が領邦と住民に関わる今次の戦争の間、格別の好意により彼らの賃租人、従属民からの「援助と税 hilf und stewr」の徴収に同意したので、今後は彼らの同意がなければ、このような「援助と税」を徴収することは欲しない。もし我が領邦の差し迫った必要（notdurft）が生じたら領邦君主の騎士、従騎士はエッチュ地方、イン渓谷までの範囲で1ヶ

月間、私の費用で無給奉仕する義務を負う。より長期間の奉仕が必要な場合は、他の貴族、騎士、従騎士に対すると同じ配慮を行う。

② 1416 8.16 大公フリードリヒはレヒ渓谷、タンハイム、アルゴイの住民の特権を承認した。　　　　　　　　　　　　　　　SD, Nr.170.

　レヒ渓谷の住民は古くから特権、恩恵、法（freihait gnad und recht）を享受してきたが、今般の戦役によってその文書が失われたので、大公にその再交付と承認を請願した。

　レヒ渓谷、タンハイム、アルゴイの住民は年に30マルクと15マルクの税を納める。

　またエーレンベルクの城のために年に1日、労役を果たす。エーレンベルクのラント裁判区長(ブフレーガー)は一日行程以上の軍役を課さない。ただし領邦と住民に関わる場合は別である。

　鹿、鷹狩りを除いて、裁判区長が漁、狩猟を禁止することはない。

　2人の貧しい者が争い、双方の間で和解が成ったら、裁判区長は裁判に訴えることを強制しない。殺害（todsleg）であれ、その他のことであれ、身元を保証する人があり、また裁判を受けることを約束するなら、その者を逮捕してエーレンベルクに連行することはない。人を殺害した者は恩赦なく身体・財産の罰を受け、裁判区長に50プフントを納める。武器を持って他人をその家の雨だれの内側まで追った者には50プフントの罰金を科す。他人を撃ち、刺し、包帯を必要とする傷を負わせたら50プフントの罰金を科される。剣を抜いた者は4プフント、流血傷害を加えたら4プフントの罰金を科される。

　裁判区長、裁判官は家畜、チーズ、油脂（シュマルツ）をエーレンベルクの裁判区内であろうと、どこであろうと売ることを禁止しない。戦時は例外である。

③ 1420 1.9 ブリクセン司教、エッチュ地方の長官、ティロルの城伯(ブルクグラーフ)は大公フリードリヒの名で、諸身分の集会の決議を公にした。　SD, Nr.171.

　ボーツェンの諸身分の集会において次のような声が上がった。すなわち、領邦内に様々な苦情、争い、不法行為がはびこり、誰も危急の際に他人のもとに避難できず、小さからぬ損失、不名誉、不安が久しく領邦を覆っており、領邦君主が事態を改善することが望まれていると。そこで領邦君主はボーツェンに来て顧問、騎士、都市・ラントシャフト（ここではラント裁判区）から6人ずつ、18人に全権を委ね、貨幣や領邦の様々な問題を検討することを命じた。18人は一致して次のような法令を定めた。

　いかなる身分の者であれ、他人に対して宥和（suen）と平和（frid）の関係を保つべし。誰も他人に対し、裁判に訴えることなく邪悪な企てを行うべからず。しかしもし他人に何かを要求したり、求めたりする者は、適切な場所において、悪意や危険なしに行うべし。貴賎貧富聖俗を問わず全ての人々は、上級裁判

（ホーフレヒト）への往復の安全通行保証（gelait）を与えられる。裁判に満足せず、裁判に従おうとせず、判決を守ろうとせず、償いもせず、他人を不法に脅かし、苦しめようとする者は、長官または裁判官が処罰する。その際に当局が領邦議会身分（ラントシャフト）に助力を要求したら、古くからの慣習・文書にしたがって速やかに協力すべし。上記のような不服従者を宿泊、食事提供、助言等により支援した者は処罰される。

裁判官は裁判区内で、不就労のうえ信頼できる保証人もない奉公人（ledige knechte）を見出したら、裁判区から8日以内に退去することを命じ、従わねば50プフントの罰金を取る。

通貨の両替レートの規定……、ワインの搬入、穀物の搬出禁止。先売禁止。裁判官による違反者の処罰……、裁判官が違反を見逃したら処罰される。

大公がティロルに戻ったなら、この法令と決定を印璽付き文書として発効させる。

第3節　ジクムント時代の刑法・裁判に関する法令

（198～200頁の **史料10** ①～③を参照）

フリードリヒ4世の一人息子であったジクムントは、1439年に12歳で父親の後を襲ってティロル伯（大公）となったが、少年期はシュタイアマルク大公フリードリヒ（後の皇帝フリードリヒ3世）の後見下に置かれた。後見の延長を策すフリードリヒに対抗してティロルの諸身分（シュテンデ）は領邦統治の実質を掌握し、また顧問会（Rat）がメランの領邦長官のもとに財務・司法を含む統治の最高機関を形成した。顧問会は6人の貴族と聖職者、6人の都市代表、6人の裁判区代表により構成されたように、都市と農民の優位が明らかであった[10]。諸身分の強い要求により、成人後の1446年にようやくフリードリヒの後見から解かれたジクムントは、ティロルに移って親政を開始した。少年時代には人文主義者アエネアス・シルウィウス・ピッコロミニの教育を受け、好学精神を持つジクムントの統治下でティロルは、比較的平和な時代を享受した。1451年にジクムントは「ティロル伯領の全ての貴族（ヘレン）、騎士、従騎士、都市、市場町（マルクト）、渓谷、そして全ての領邦民に、先任者のティロル伯たちにより古くから伝えられ、承認されてきた恩恵、法、文書、特権とよき慣習を更新し、承認した[11]」。

第3節　ジクムント時代の刑法・裁判に関する法令　　　　195

　この特許状においてジクムントは、裁判の公正（弁護人は公正な額を上まわる報酬を要求してはならない。裁判区長、裁判官、裁判書記、廷吏らはその所轄裁判区で弁護人となることはできない）、秘密婚の禁止、結婚する娘の相続権、先買禁止などを確認している。1474年5月にはオスマン帝国の脅威に対する軍事・財政援助を要請するために、ジクムントはインスブルックに領邦議会を召集させ、17人の高位聖職者、126人の貴族、8都市の代表、59ラント裁判区の代表116人の出席のもとで、「トルコ税」の負担等について取り決めた。このとき諸身分は領邦の様々な問題の解決をジクムントに陳情し、これに応じてジクムントは、フェーデの取締りと裁判等に関する領邦令を発令した。史料①はその要点である。

　ブリックレによればこの1474年の領邦令は、同年の領邦議会で提出された諸身分の44項の苦情・要望の2割程度を取り上げたにとどまる。しかし逆に領邦令の項目の8割は、そうした諸身分の、そしてとりわけ都市と裁判区（農村住民）のそれに対応していた。他方で高位聖職者と貴族の要求はほとんど考慮されていない。いずれにせよブリックレが指摘するように、この領邦令は諸身分のイニシアチヴによる法令であり、おそらく対オスマン帝国問題に関心を集中していたジクムントと顧問は、領邦令の内容構成に大きな影響を与えることはなかったと考えられる。[12] 市民、農民の生業と生活に関わる経済的規定は、彼らの要請に応じたものであろう。裁判官による証言聴取も、第3章で挙げた事例における農民たちの実践に対応する。フェーデ行為に関する規定は、一般には貴族のフェーデによって被害を受ける市民・農民の要求に対応するものとされる。しかし先行章で述べてきたように、フェーデ宣告（敵対宣言）は社会全体に広がっていた「争いの文化・習俗」の一部でもあった。この法令における規定はそのような、フェーデを容認し、支援する社会の慣習を指弾しているのだが、その意味については領邦令③で再論しよう。

　木材伐採の制限は、後述する森林令にもあるように、主として領邦君主による森林資源確保を目的とするものであり、ラント裁判区と裁判官の職務・権限の強化、確立は領邦当局の関心事でもある。したがって農民の木材搬出・売却を禁じつつ、一定範囲内での許可をも与えること、またフェーデ（類似の）行為を原則禁止しつつ、家屋敷を持つ住民の逮捕・拘禁を免除することは、国家当局の関心と市民・農民を含めた領邦住民のそれの妥協でもある。後に述べるように、地域の慣習を無視した裁判官の一方的な権限強化には、貴族や裁判区

住民も抵抗する。単純にこの領邦令を諸身分の利害にそうものと考えるなら、国家と社会の相互交渉・相互関係の展開を見失うことになる。

　さてジクムントは老年にさしかかる1470年代末から、君主としての政治的な判断力を失っていった。一部の顧問に盲従し、多額の負債と領地の抵当化を繰り返す君主に対して、諸身分は危機感を募らせ、結束して領邦統治をコントロールしようとする。1484年にザクセン大公の娘と再婚したジクムントに対して諸身分は、君主の死後の相続、寡婦の処遇、後見などについて彼らの提案を認めさせた。また1485年3月から4月のインスブルックにおけるジクムントと諸身分の協議により、領邦統治の改革を内容とする領邦令が示された。それによれば領邦を6地区に区分し、各地区において諸身分が推薦する2人の長官が、城塞、峠の監視によるラントの安全と平和維持、乞食や不就労の奉公人、職人の把握などの職務を負うものとされた。諸身分はまたジクムントに、トリエント司教、クール司教、その他の貴族との不和・紛争を平和的に解決するように促している。1487年にはジクムントがその有力債権者であったバイエルン大公に、ティロル相続権の譲渡（売却）を企てていることを知った諸身分は、皇帝フリードリヒ3世の協力をも得てこの企てを断念させた。この年の11月、皇帝・国王の使節も出席したメランにおける領邦議会は、領邦統治体制に関する法令（Regimentsordnung）を制定し、宮廷費用の抑制、新たに任命された24人の顧問会による君主の統治行為の監視と統制を定め、もしジクムントが（ティロルの）領邦やその住民、城塞、支配権、官職区を手放すことがあれば、諸身分はハプスブルク家の次の相続人を君主に選ぶ権限を持つことを確認させた。しかしジクムントは誓約を守らず諸身分との対立を強めたので、皇帝フリードリヒ3世は交渉、圧力によりジクムントに、ティロル（とハプスブルク家西部所領）を自身の息子、国王マクシミリアン1世に譲らせようと努めた。その結果1490年3月、インスブルックの領邦議会においてジクムントは、立ち会った国王マクシミリアン1世に、いくつかの条件を付してティロルの支配を委譲したのである。ここに至る諸身分の結束と活動力は、ティロルにおける諸身分の歴史の頂をなすと言ってよい。

　さてこのような時期においても、君主の統治と宮廷組織を規定する上述の領邦令のみならず、地域社会にとって重要な君主の命令・法令が出されていた。1489年の法令（史料②）は、初期のポリツァイ令と言ってよい。ここで禁止された教会祭日における住民（ここでは農民）の武器携行は彼らの正装であり、

第3節　ジクムント時代の刑法・裁判に関する法令　　197

13世紀のバイエルンの平和令では逆に、この日の武器携行がとくに許されていたように、古くからの民衆的慣習・文化であった。第8章でも事例を挙げるが、こうしたテンションの上がる「ハレの日」の武器携行は、しばしば暴力と流血に結びついた。この時期にこのような命令が現れる事情は不明だが、格別の効果があったとは思われず、治安に関する君主の課題はマクシミリアン時代に継承されねばならなかった。

　同じ1489年の6月にはフェーデ行為や刑事裁判、奢侈と売買に関する領邦令（史料③）が出された。その前文によればこの領邦令は、かつて領邦議会で諸身分が君主にいくつかの不都合や問題に対処することを要請したゆえに、君主の義務として共通の福利を促すために定められたものとされ、やはり諸身分のイニシアチヴは明らかである。内容的にはポリツァイ令の性格が強い。フェーデの取締りと厳罰はフリードリヒ4世の法令、ジクムントの1474年の領邦令、そして以後のマクシミリアンの法令においても繰り返されるように、同時期のティロル領邦当局にとって恒常的な課題であった。殺害（故殺 Totschlag）はフェーデとも関わる。農村社会における殺害の犯人が直ちに逮捕・処罰されず、関係者間で報復行為が続くといった事実は第8章でも、16世紀の裁判記録により明らかにされる。その場合、最終的には当事者間の交渉と贖罪、和解が優先されたように、この領邦令に謳われた当局による徹底した追及と厳罰は、ティロルでは以後もなお現実とはならなかった。

　15世紀末のティロルでは鉱山労働者、遍歴職人、奉公人、その他の移動労働力の大量流入が、様々な治安上の問題を生み出していた。しかし治安の問題が外部からの人口移動によって初めて生じたものでないことは、明らかである。フェーデないしフェーデ類似の暴力行為は以前から多発し、しかも裁判当局の対処が曖昧なゆえに、暴力行為が処罰されずに広がるばかりであるという領邦君主、政府、そして領邦住民の認識は、上述のように14世紀から現れ、また強まってきた。諸身分の要求に基づくとされるこの領邦令において、このような裁判（官）の権限と職務活動の強化、フェーデ行為の取締りと処罰が前面に出されていることから、こうした規定が諸身分の秩序意識に対応していたことは否定できない。しかしそれは1474年の領邦令について指摘したように、貴族のフェーデに対する都市と農民（裁判区住民）の不満に由来すると単純に考えることもできない。フェーデ行為は敵対宣告（Absage）をもって始まるのだが、第2章に挙げた慣習法文書（ヴァイステューマー）にも現れ、第8章でも再論するように、フェーデ宣

告ないし敵対宣告のような紛争行為は、いわば儀礼的性格をも持つ争いの習俗として、農村、都市を含めた社会全体に根ざしており、またこのような行為に対して地域慣習法は、曖昧かつ寛容な対応を示していた。したがってこのような習俗への対処は、国家的法秩序をめざす領邦当局の関心事ではあるが、国家と貴族のみならず社会全体に内在する問題であり、課題であった。

　このような国家、領邦当局と社会（諸身分）の利害関心の重なりという視点からすれば、この領邦令について次の点にも留意しなければならない。すなわちフェーデ行為も君主の赦しがあれば、和解による収拾が可能であったこと、殺害犯人の裁判と処罰においてもなお、当事者主義（被害者の親族の意向）が見え隠れすることである。このことは後述のように、一方的な裁判の強化とその官僚的効率化が、必ずしも社会の受容するところではなかったことと無関係ではないだろう。ともあれ君主ジクムントの統治能力が低下し、政局が混乱していた時期においても、国家と社会の間の交渉により平和と秩序に関する施策が持続していたことは注目に値する。当然ながらその際「国家」の関心は、君主ジクムント個人よりも、顧問を中心とする一部の有力貴族に代表されていた。

　また先買禁止、穀物・ワインの搬出、搬入規制など、公正な市場・経済行為の規定や、奢侈禁止のようなポリツァイ的規定は、ジクムント治世以前から、そしてジクムント以後もティロルの法令に頻出する。繰り返し述べたように15世紀後半には、食糧価格の高騰、投機的商業、鉱山用木材の需要増加と森林資源の枯渇など、多くの経済的問題が生じていた。これに対する領邦君主・政府の対処・措置はマクシミリアン１世の時代に継承され、さらに本格化する。ただし森林令、狩猟令など農民生活を圧迫しがちなそうした法令は、農民の強い不満と反発をも生じさせることになろう。

史料10

① **1474　インスブルックの領邦議会において、大公ジクムントは領邦令を発令した。**
　　　　　　　　　　　　　　　　　　　Jäger, *Landstände* 2/2, S.249-51.
　ティロルの放牧地で放牧された家畜は自由な市場でのみ売ることができる。ただし農村の肉屋（Landmetzger）と農村住民は、放牧地で自家需要の家畜を買ってよい。……
　　先買は禁止。トリエント司教領を除く領邦外のワインの搬入は禁止。穀物の領邦外への搬出は禁止。将来の木材不足を来たす森林の伐採、焼却、木材の領邦外

への売却は禁止される。ただし少量の木材を筏で（領邦外に）輸送することは認められる。

今後は訴えや請願は領邦君主にではなく、所轄の裁判官に行うべし。裁判官や裁判区長(プフレーガー)の遅延により損失が生じるような場合のみ、領邦君主に訴えることができる。

最近些細なことから、フェーデ宣告（Absage）や脅迫（Bedrohung）が頻繁に起こっている。そこで全ての長官、騎士、従騎士、裁判区長、ラント裁判官、裁判官に、これらを行う者を追捕することを命ず。その際、近隣の裁判区はこれを支援すべし。誰もフェーデ宣告者を宿泊させ、援助してはならない。裁判区長、裁判官は彼らに安全通行を保証してはならず、また領邦君主の許可なく妥協する（赦す）べからず。この命令に反したらフェーデ宣告者と同じ罰を科される。

全ての領邦住民は重犯罪（マレフィッツ）以外のことでは逮捕されない。身元保証があれば、問題の解決まで身柄は自由にされる。……

② **1489年5月、大公ジクムントは全ての地区長官、裁判区長、ラント裁判官、裁判官、役人に、教会祭日における遊興と武器携行について次のように命じた。** Schmidt, *Halsgerichtsordnungen*, S.116-117.

近年、裁判区の住民たちが集団で武装し、武器を持って教会祭日に赴き、カード遊び（賭け）、ダンス、その他に興じ、その際しばしば住民たちの騒動、嫌悪、不和が生じている。領邦君主としてこうした事態を許すわけにはいかず、臣民をよき秩序と平和な関係に保たねばならない。そこで上記の裁判官、役人たちは管轄下の臣民を集め、誰も武装し、武器を持って教会祭日に来てはならない、また乱暴狼藉をはたらいてはならないと命ずべし。違反者は身体と財産の罰を受ける。また裁判官たちもこの命令に従わねば、罰を免れない。

③ **1489　6.5　ジクムントはフェーデ行為や刑事裁判、奢侈と売買に関する領邦令を発令した。** Wopfner, *Die Lage Tirols*, S.205, Beilage 1, S.205-207.

多くの者が些細なことで、また裁判が拒まれていないのにフェーデを宣言し（vehd und veintschaft sagen）、被害を与えている。フェーデ宣告者が現れたら、その支援者も含めて直ちに捕縛すべし。いかなる裁判もフェーデ宣告を受けた者を、その者が裁判に訴える用意があるのに和解するよう強要してはならない。ある者が大変貧しく、またフェーデ宣告者が（原因である損害の賠償に）満足しない場合、彼が正当に（裁判により）保証（担保）（trostung）を行うなら、それ以上に要求されることはなく、裁判当局は彼を救済し保護する。

領邦君主の特別の同意、許可なしにフェーデ宣告者と和解した者は、フェーデ宣告者と同じように処罰される。

（ティロルでは）頻繁な殺害（todschleg）のごく一部しか処罰されていないの

で、今後は殺害者を裁判区を越えて精力的に追跡し、法による治安を確実にすべし。殺害者がこの領邦に来たら捕らえて裁きを受けさせる。誰も訴える者がなければ、彼自身の財産により裁判する。それだけの財産がなければ、また親族がどこかにおり、可能であれば、親族の呼びかけ（訴え）により裁判を行う。それが不可能なら、裁判は彼を追放（アハト）に処す。その場合殺害者には一年間は恩赦がなく、被害者の親族以外からは安全通行権を与えられない。

　重犯罪（マレフィッツ）に関する裁判がおろそかにされ、多くの犯罪が処罰されていない。今後はより厳正に裁くべし。マレフィッツ裁判については裁判官に費用として５マルクを与える。

　……（結婚式の奢侈禁止、先買禁止、居酒屋の提供する料理の制限）……。

　法（裁判）により処罰されるフェーデ宣告、殺害とその幇助を除いて、これら全ての不法行為には25ベルン・プフント貨の罰金を科すべきで、その徴収を怠ってはならない。

第6章　マクシミリアン1世時代の領邦令と社会

第1節　マクシミリアンと領邦ティロル

　1490年3月、前述のようにインスブルックの領邦議会でジクムントよりティロルの統治権を委譲され、また早速これを歓迎する諸身分(シュテンデ)の忠誠誓約を受けたマクシミリアンは、ジクムント時代の諸身分の慣習、法、特権、自由を承認した。しかしマクシミリアンは、ジクムント治世末期に強まった諸身分の政治的影響力の抑制を統治の原則とし、ジクムント下の財政、治安、領邦経済の混乱収拾のために、新たに任命された、ローマ法に通じた者を含む12人の顧問を中心に、統治府（レギメント）、財政制度など集権的な組織を整えた。ほとんどティロルを出ることのなかったジクムントと対照的に、国王・皇帝マクシミリアンの統治活動は当然ながら帝国とハプスブルク家世襲領、オーストリア東部諸邦に広がる。これに対応してティロルの顧問、統治府(レギメント)には、フュルステンベルク家、ツォレルン家などシュヴァーベン、フランケンの、さらにブルグントの貴族を含め、領邦外出身者が増えた。そして君主とこのような統治集団のもとで軍制、財政、鉱山業、森林管理、商業、治安にわたり、精力的な立法措置による改革が進められたのである。

　マクシミリアンにとってティロルは、上ラインのハプスブルク家西部所領、スイス、帝国イタリア、オーストリア東部諸邦を結ぶ支配の要であり、そのためにマクシミリアンはインスブルックに宮廷を営み、またしばしば滞在した。オスマン帝国に対する防衛の他、スイス（グラウビュンデン）とのエンガディン戦争やヴェネツィア戦争など、頻繁に戦争を行ったマクシミリアンは、その莫大な戦費を調達するためにティロルの鉱山や直轄領収入、そして領邦全体からの臨時税に頼ることが多く、ティロル裁判区住民（農民）の軍役もまた、ときには領邦防衛の範囲を越えた対外戦争において重要な役割を果たした。このような意味でハプスブルク家門政策の結節点であったティロルにおいて、マクシミリアンは様々な改革を試み、法を制定したのである。

それらの法令はマクシミリアンの直接的関与によるものと、君主を代理する統治府がマクシミリアンの名で発令したものとがある。しかしいずれにしても君主とその代理統治組織の一方的な意志による立法ではなく、公布された法には諸身分の請願、助言、合意によるものであると特記されていることが多い。それでもなお、マクシミリアンの軍役規定や刑法改革が諸身分の抵抗により、その実現と実施において困難をきわめたことを看過してはならない。マクシミリアンの戦争、とりわけエンガディン、ヴェネツィア戦争においては、それらがティロル南部に隣接することもあって、ティロルの諸身分は多大の人的、経済的負担を強いられた。しかしその都度、召集された領邦議会において君主の要請を協議する諸身分は、彼らの側からも領邦のあるべき秩序のために様々な改善要求を提出したのである。この意味でマクシミリアン時代は、君主が諸身分、すなわち領邦社会に対して積極的な要求と統制の圧力を強め、他方で社会はこれに対応しつつ、逆に君主に対する要求をも強めていく、そのような国家・君主と社会の相互関係、相互交渉の密度が格段に高まった時期である。1)

第2節　経済関係の諸法令

（203〜206頁の　史料11　①〜⑤を参照）

　ティロルにおけるマクシミリアンの治世初期を特徴づけるのは、史料①〜⑤に示した経済秩序に関する一連の法令の制定である。2年余の間に出されたこれら5つの法令が対象とするのは、いずれも15世紀、あるいはそれ以前から顕在化した領邦の社会的、経済的問題である。おそらく都市、裁判区住民の要請を受けたマクシミリアンは新しい君主として、領邦臣民の生業と生活に関わるこれらの問題に取り組む姿勢を示したのであろう。①では地域の秩序に責任を負う存在としてラント裁判区長（プフレーガー）と裁判官に、就労意欲のない遍歴奉公人の取締りの励行を促している。裁判区長と裁判官は裁判区の行・財政、軍役の他、フェーデ行為やあらゆる犯罪の監視と取締りの責をも負い、明らかに過重な職務負担を強いられていたとの印象を与える。君主と当局の立法意図と、その実現を担うべき地域の要員の能力には大きな乖離があり、中・近世の国家はこれを克服する手段を欠いていた。したがって地域住民自体の協力が不可欠であ

り、またそれは、前提となる住民の秩序観念、秩序維持への意欲に規定されていたのである。この点は次項で再論する。

　③の法（命）令は領邦外から流入する乞食の取締りを、地域の裁判区長、裁判官、役人以外に、全ての貴族身分の領邦民に課している。②④⑤からは、食料需要が適正な価格により満たされるよう、君主の施策が繰り返し要請されていたことがわかる。とりわけ穀物を領邦外からの供給に頼っていたティロルでは、顕著な人口増を見るこの時期に、穀物の流通、公正な製粉業、パンの質と価格の適正化を監視、監督することは、領邦全体の「共通の福利」に資する、君主と国家の枢要な課題であった。しかし④にもあるように、繰り返される先買禁止の法令は、価格を騰貴させるこの悪習がなおはびこっていたことを示唆している。同様な商業関連の規定は、1496年の法令（次節の史料②）においても繰り返されることになる。なお②は法令の施行に関する興味深い事実を示している。マクシミリアンは南ティロル、エッチュ地方の長官に対し、法令公布の前にその施行・遵守の方法を貴族とともに協議させ、規定（施行細則、あるいは法令の補足か）を作成、送付させている。そしてこれらを加えた法令をあらためて送付し、現地各地で口頭によりおおやけにさせたのである。システマティックとは言い難いものの、この地域（エッチュ地方）の貴族との交渉は、実効なく繰り返されてきたこの種の法令の効果を上げるために、おそらく現地社会の実情に相応した内容へと調整しようとする統治者の意図によるものであろう²⁾。

　以上のような臣民の生業と生活の秩序のための法令による規制・統制は、おそらく帝国都市において中世後期のうちに実施され、中世末から近世には領邦においても推進された。その場合、都市のような組織を持たなかった領邦では、これをどのように周知徹底し、実行させるかのかという課題は、依然として重いものであった。なお⑤に含まれる裁判費用の規定は、以下の裁判、刑法改革につながっていく。

史料11

① **1491　1.17**　マクシミリアンは全ての裁判区長、ラント裁判官、裁判官、役人に宛てて、不就労の奉公人（ledige knecht）に関する取締りを命令した。
　　Schmidt, *Halsgerichtsordnungen*, S.118-119.

Brandis, *Landeshauptleute*, S.322-323.

　就労せず、この土地の保証人もない奉公人は一定の期間を超えて宿泊させず、追放するように命令がすでに出されているにもかかわらず、さしたる理由もなしにこうした奉公人を受け入れる者がいる。裁判区長、裁判官や役人がこのことを軽視し、多大の消費のみをなす多くの外部からの奉公人が通例の期間を超えて滞在することは、君主にとって重大かつ不愉快であり容認できない。そこで裁判区長、裁判官らが今一度その管轄区において、この命令が正しく遵守されるように命じることを厳命する。そのような奉公人が3日以上滞在しているのが見出されたら、拘束してその職種を問い、命令通りに処すべし。

② 1491　6.9　マクシミリアンは製粉業者、パン屋、肉屋、ワイン小売業、魚屋に関する領邦令を発令した。　　　　　Schober, *Urkunden*, Nr.28.

　製粉業者はパン屋を兼ねてはならないし、相互に共同の営業を行ってはならない。製粉業者はパン屋のために大麦を製粉してはならない……。製粉業者は製粉のために手渡された穀物から作られた粉を全て引き渡す……。製粉業者は穀物と粉の量のごまかしができぬよう、公正な秤を置く。……

　小麦、ライ麦の価格とパンの品質、価格について……。裁判官、市長、市参事会、誓約者によるパンの品質、大きさの検査、違反の場合の処罰、製粉業者とパン屋の規定遵守誓約義務に関する規定……。

　ワインの小売については、毎年メランとボーツェンの両市の（作況の）判断によって規則を定め、これに都市であれ農村であれ領邦全体が従う。肉屋であれ誰であれ家畜の先買は許されない。領邦内で放牧された家畜を領邦外に連れだし、売ることはできない。……

　……（食肉業者の営業規定……、河川からの魚の価格、湖沼の魚の価格に関する規定）……

　私、騎士にしてエッチュ地方の長官、ティロルの城伯であるニクラス・フォン・フィルミアンはこの文書により、全ての貴族、騎士、従騎士、裁判区長、ラント裁判官、裁判官、役人、代官に以下のことを告げる。ローマ王にして……ティロルの伯たるマクシミリアン陛下は私に、製粉業者、パン屋、肉屋、ワイン小売業、魚屋に関する法令が領邦全体において遵守さるべく、この法令の写しを送り、メランとボーツェンのいく人かの貴族とともに法令の施行・遵守のための規定を作成するよう、そしてこれを陛下に報告し、陛下が改めて法令に補足し、必要な措置をとれるようにすべく命じた。

　私、ニクラスはこの命令に従い、メラン、ボーツェンの貴族のいく人かを招集し、規定を作成してマクシミリアン陛下に報告した。

　これに対して陛下はかの法令と報告を封印した命令書を再び私に送付して、次のように命じた。汝と汝に要請された他の人々が製粉業者、パン屋、肉屋、ワイン小売業、魚屋に関して、私の命令によって行ったこと（規定作成）は良きもの

であった。そこで再度汝に親展で（規定と法令を）送るので、汝は私の代理としてこの命令を提示し、至る所で公に読み上げ、あまねく遵守され、誰も違反することなきように命じるべきである。

　そこで私（ニクラス）は汝らにこの法令を送り、我が君主に代わって命じる。汝らがこの法令を写し取らせ、汝らの管轄区において直ちに読み上げさせ、どこでもすみやかに遵守され、誰も違反なきよう、違反者は厳罰に処されるよう、命令させるべし。

③　1491　9.7　マクシミリアンは全ての長官、地区長官、伯、貴族、騎士、従騎士、裁判区長、ラント裁判官、裁判官、役人に、外部からの乞食に関して命令した。　　　　　Schmidt, *Halsgerichtsordnungen*, S.119-120.
　　　　　　　　　　　　　　　Brandis, *Landeshauptleute*, S.323.

　ティロル伯領の領邦には、あらゆる渓谷、地域にわたって多くの乞食が徘徊しつつ物乞いを行っている。また都市にも農村にも住み着き、長期にわたって物乞いを行い、様々に不都合や不快感を生み出している。このような貧民は……私（マクシミリアン）が行ったいくつかの国との戦争、争いにも起因する。そこで汝ら（上記宛て人）が管轄区や地域において、いかなる乞食にも3日以上滞在することを許さず、徐々に領邦から追放することを命じる。またそのような者を見出し、その者が乞食行為を行うのを確認したら、相応に処罰すべし。しかし領邦内の貧しい人々には常に誠意を持って施与を行うべし。……

④　1491　10.25　マクシミリアンは穀物先買の禁止を命じた。
　　　　　　　　Schmidt, *Halsgerichtsordnungen*, S.121-122.
　　　　　　　　　　　　　　　Brandis, *Landeshauptleute*, S.324.

　長官、伯、貴族、騎士、従騎士、城伯、裁判区長、ラント裁判官、裁判官に命じる。この度の領邦議会で、以前に発令された命令が無視され、食糧、とくに穀物について先買が行われていることが報告された。先買は公共の福利を損なうものであり、直ちにこのような先買を禁止すべし……。

⑤　1493　3.24　マクシミリアンはパン、ワイン、魚、肉、製粉業の価格等に関する法令を公布した。　　Schmidt, *Halsgerichtsordnungen*, S.123-132.

　過去に請願と懇願に応じて公共の福利を促すために、ワイン小売、パン屋、製粉業者、肉屋、その他の者に、公正な売買の促進を目的として、幾度か法令を定めた。しかしなお遵守されず、効果がないので新たに説明を加え、遵守を命じる。……

　パン屋の営業、価格、パンの品質についての規定……、製粉業、肉屋、魚屋、量目検査官、品質検査官、馬の飼葉、ワインの先買禁止。

　裁判は最低限の費用で行われるべし。当事者が裁判代理人、書記の費用に苦し

み、貧しい者がその権利を保障されないようなことがあってはならない。裁判区長や裁判官が処理すべきことを、臣民が君主、君主代理、顧問に嘆願しないよう配慮すべし。

投げ矢の携行禁止、賭け、奢侈禁止……、

その他、ここに記されない問題についても配慮すべし。これらの命令を、長官、裁判区長、裁判官らはその管轄区においておおやけに知らしめ、違反者を処罰すべし。

第3節　刑事裁判改革と領邦社会

（213～218頁の **史料12** ①～④を参照）

1　過渡期の国家と刑事裁判改革

　中世末期から近世初期の帝国において、フェーデは都市と市民、あるいは農民をも巻き込み猖獗をきわめた。さらに社会の垂直的、水平的流動性の増大、貧富の差の拡大と様々な不定住の労働者の増加にともない、治安と社会秩序の維持は地域の権力や共同体にとって重大かつ困難な課題となった。刑事裁判の効率化と強化はそのひとつの方策である。しかし帝国法、領邦の法（ラント法）から地域（村）、都市の慣習法まで、必ずしも相互に調和しない法規範が併存し、また重層化していた当時の社会では、国家的な法治主義を浸透させようとする権力意志に対して、反発や軋轢が生じることは不可避であった。当時、領邦や帝国都市において無実の人間が拷問等の糾問により有罪とされ、死刑に処せられているという臣民の苦情が、帝室裁判所に多数寄せられていた。これに応じて1498年のフライブルクの帝国議会では、帝国の刑事裁判手続きを改革することが決定され、確かに、1507年のバンベルク司教領における刑事裁判令や、1532年のカロリーナ帝国刑法は、「風聞」「風評」など曖昧な根拠に基づく裁判（「7人の宣誓手続き」による「有害な人物」の断罪など）を批判し、あるいは廃止しようとしている[3]。

　帝国各地の刑事裁判改革をめぐる対立は、領邦、都市、農村共同体の構造と相互関係により様々である。マクシミリアン1世が、自身の家門・領域政策に

第3節　刑事裁判改革と領邦社会　　207

とって領邦ティロルが重要であるにもかかわらず、当地では他の領邦に比して治安が悪く、当事者主義、温情主義に妨げられて、刑事裁判がふさわしく機能していないと認識していたことは、史料①②からもわかる。それは前節③の法令にも端的に記されていたように、マクシミリアンが繰り返し行った周辺地域との戦争、さらには君主マクシミリアンの頻繁な不在が招いた事態であるとも言えるが、領邦の秩序に関するそのような認識は、すでに前任者のジクムントの法令にも現れていた。この点でもマクシミリアンのティロルにおける刑事裁判改革は、彼の統治下における帝国刑事裁判改革の試みとパラレルであると同時に、以前からのティロル領邦君主の現状認識と改革意図を継承したものでもあった。しかしそれらの法令は、君主・領邦当局と諸身分(シュテンデ)、とりわけ裁判区住民（農民）の緊張をはらんだ交渉の過程をも想起させるものである。そのプロセスを経てようやく成立したマクシミリアンの刑事裁判令は Malefiz-, Halsgerichtsordnung とも称され、同時代の帝国と領邦の刑法に大きな影響を与えた。以下、この刑事裁判令の成立に関わる法令と刑事裁判令の内容を参照しつつ、マクシミリアンと領邦政府の意図及び社会、すなわち諸身分の反応を見ることにしよう。

2　マクシミリアンの刑事裁判改革

1493年にマクシミリアンは史料①のように刑事裁判の改革のために領邦議会を召集したが、この試みは諸身分(シュテンデ)の支持を得られず、大した成果を上げなかったようである[4]。1496年4月、マクシミリアンは刑事裁判（及び営業）に関する法令（史料②）を公布した[5]。すでに単独の国王であったマクシミリアンは、おそらくフェーデ禁止の原則を明示した、帝国における1495年の「永久ラント平和令」を意識し、ティロルにおいてもフェーデ禁止の徹底を図ろうとしたのであろう。社会に深く根ざしたフェーデ的慣行を禁圧するには、フェーデ宣告者を厳罰に処するのみでは不十分である。宣告を受けた者にも毅然たる法的措置をとらしめ、宣告者への支援を行う者を処罰し、宣告者を告発させ、そのようにしてフェーデ行為者を社会的に孤立させ、断罪することが必要であった。またフェーデと密接に関わる殺害についても、和解など当事者主義的な慣習を排除し、公権力による処罰の原則を強調している。これらの点でこの法令は、過去の領邦令を継承しつつ新たな刑罰措置をも加えたものと言える。しかし視点

を国家から地域社会に移せば、第1章の慣習法文書にも見られたように、フェーデ的慣行とその当事者主義的な処理の慣習は、こうした「自力」の習俗に寛容な社会のあり方、文化の中で根強く存続していたと考えることもできよう。そうであれば君主のフェーデ取締りの法規定を、フェーデを行う貴族と、その被害者として不満を強める農民という単純な図式により解釈するわけにはいかない。こうした慣習を廃絶する試みが奏功しなかったという、②に付された君主の苛立ちを表現する前文は、立法者のポーズでもあろうが、そうした現実を示唆しているようにも読める。当然ながら「永久ラント平和令」と同様、この法令がにわかに実効性を帯びたとは考え難い。そして種々の点で不十分なままに終わったこの改革法令にすぐ続いて、あらたな改革が試みられることになる。

3　1499年の刑事裁判令と領邦社会

　1496年の法令に続いて翌1497年には再度、貴族、ラント裁判区長(プフレーガー)、裁判官よりなる改革委員会が組織され、ようやく1499年に、この包括的な領邦令といってよい刑事裁判令が成立するに至った（史料③）。長期の君主不在、頻繁な対外戦争、領邦内の治安悪化といった事態を顧慮した諸身分の要請により、1499年9月から翌年にかけてマクシミリアンがティロルに滞在した間に、統治府(レギメント)の改革・再編成が行われたのだが、同年12月におおやけにされた刑事裁判令の制定も、この一連の改革の中で進められたと考えてよい。

　この刑事裁判令（史料③）は翌1500年に、前述の諸法令を含む、1487年から1493年に至る一連の関連法令と併せて印刷された。帝国において印刷された最初の法とされるこの法令は、バンベルク司教領やブランデンブルク辺境伯領など、他領邦の刑法に影響を与え、さらに1532年のカロリーナ帝国刑法のモデルになった。前述の1493年、1496年（史料①②）の経緯からもわかるように、この刑事裁判令においてもマクシミリアンの意図は、裁判の効率化（専門化、迅速化）、公正化（党派性の排除、費用の軽減）、そして当事者主義的な解決、温情主義を排除し、当局による裁判・判決・処罰の原則を貫徹することであった。マクシミリアンはティロルの支配を継承した際に、顧問にローマ法の知識を持つ者を加えたと言われる。しかし当時のティロルにおいて国家司法における法専門家の役割はなお限定的で、かつ領邦の法慣習にローマ法の影響が強まるこ

とに対しては、諸身分の抵抗もあった。すなわち①②が示す改革意図が奏功しなかった事情はまた、刑法や裁判に関する改革を実行するうえでの障害が、中央政府の能力よりも現場、すなわち地方の反応にあったことを示唆している。裁判改革が裁判の機能的改善と費用の限定をも謳っているにもかかわらず、当初から貴族、都市・裁判区住民は総じてこの改革には消極的であった。ヴォプフナーによれば、そうした諸身分の消極性のゆえに、逆にマクシミリアンに重用された法学者の改革への主導性と影響力が強まったという。[10]

しかしそのようにして成立したこの法令が容易には領邦社会（諸身分）に受容されなかったことは、1500年のマクシミリアンによる諸身分と裁判区に対する命令（史料④）が示している。この年イムストに集まった貴族、裁判区代表は、裁判手続きを古い慣習通りにするよう領邦君主に要求したが、この文書によりマクシミリアンはこれに反論し、領邦と住民のためにこの刑事裁判令を発布したのだから、臣民はこれを守るか否かを選択する権利はないとしている。しかし同年のボーツェンの領邦議会においても、やはり多くの異論が出され、あらたに法専門家の評価が提示されねばならなかった。[11] 改革刑事裁判令はこのような諸身分の抵抗の後、1506年の領邦議会において顧問官の説得により、僅かな修正を経てようやく諸身分の承認を受け、あらためてアウクスブルクのハンス・ピルリンの印刷所で新版として印刷されたのである。[12]

では諸身分にとって、この法令のどの点が問題であったのだろうか。年に数回開かれてきた住民の裁判集会（エーハフトタイディング）の非効率性と住民の負担を考慮し、これにかわって、訴えに応じて開かれる12人の誓約者（陪審）による裁判に実質を担わせるという改革は、すでにジクムントの時代に進められていた。また審理は基本的に非公開で行われ、必要に応じて拷問を用いるという点も、帝国の刑事訴訟における一般的傾向に符合する。それは裁判区住民にとって、集会参加への負担軽減という点では歓迎すべき改革であったが、しかしおおやけの場での集団的な法と秩序の確認という手続きにかわって、少数のエリートと役人のみで密室的に判決が導かれることは、場合によっては不信感を惹起する要因にもなった。判決に至るプロセスの実質を担う12人の陪審は、裁判官ないし裁判区長によって選ばれるが、相対的に領邦当局の影響力が強い裁判区長や裁判官に対して、陪審は地元住民の利害や法意識を代表したと考えられる。それゆえに、この刑事裁判令にある、陪審の見解が同数に割れた場合、裁判官の意向によって判決が決定されるという規定は、裁判における裁

判官の影響力を強めるものであり、裁判区住民の反発を招いた。裁判官や裁判区長が陪審に判決内容を示唆したり、自身で判決を下そうとすることに対する裁判区住民の不満は、1508年のボーツェンの領邦議会でも提出されている[13]。

　繰り返し述べたように、当時、都市、農村を問わず地域社会における住民間の暴力・紛争は、裁判による、あるいは裁判外の、すなわち当事者間の、ないしは第三者の仲裁による交渉と和解によって解決されることが多かった。前章でとり上げたレヒ渓谷、タンハイム、アルゴイの住民に対する君主の特許状（1416年）では、裁判外の和解が認められている。これを規制しようとする領邦政府、裁判当局の試みは16世紀には度々確認されるが、当事者のインフォーマルな紛争解決は、広く社会的慣行として存続した。他方、領邦当局がとくに強く求めたのは、殺害に関しては当事者間の和解によって刑事責任を曖昧にすることなく、職権的訴追によって犯人を告発、処罰することであった。前章に示した1489年のジクムントの領邦令（史料10 ③）は、ティロルでは頻発する殺害の一部しか処罰されていないと述べ、裁判当局による殺害者の追求と処罰を明記している。しかしそこでも被害者の親族による告訴が重視され、加害者が逃亡して追放（アハト）に処された後も、親族との和解の道が残されていた。

　マクシミリアンの刑事裁判令では、故殺（Totschlag）は原則として斬首刑、謀殺（Mord）は車刑とされている。しかし両者の実際の区別は曖昧であり、また殺害が正当防衛であるか、もしくは故意にあらざる殺害であれば、刑罰は軽減された[14]。しかもその決定の明確な基準は示されず、もっぱら裁判官や陪審の判断に委ねられた。ここでも地域社会の慣行と法意識が重要なファクターをなし、国家による法原則は確立しているようには見えない。確かに被害者の親族による訴えがない場合、当局が殺害者を訴追することが強調されている。しかし他方でまた、特記されている領邦君主による恩赦とは、シュミットによれば当事者、すなわち殺害者と被害者の親族との和解が成立すれば、領邦当局は刑事責任を免除した（訴追を中止した）ことを示唆するものである[15]。名誉毀損に絡んで頻発する暴力の応酬や殺害という、社会の規範意識と結合した慣行に対し、領邦当局もなお一様ならざる基準により対応せざるを得なかったと言えよう。殺害を当事者の問題ではなく国家の公共的秩序を損なう行為とする刑法原則は、法理念としてはともかく、現実に社会に浸透するには近世の数世紀を要した。

　他人に対してフェーデを行う者、厳密にはフェーデ宣告（Absage）を行った

者（前述のジクムントの領邦令の表現では vehd und veintschaft sagen）に対する、住民を動員しての厳しい追及と厳格な処罰は、前述のように14、15世紀を通じてティロル領邦君主の課題でもあった。この刑事裁判令において取締りの対象とされるのは、騎士、貴族のフェーデのみならず、市民や農民、さらに様々な縁、結合、利害関心から援助者として集まる人々と、その暴力、略奪行為である。先行法令に関連して述べたように、市民や農民が武装し、軍役を担う能力を持つティロルでは、社会全体に潜在的な（武装）暴力が存在した。さらにこの法令でも危険視されている、領邦外からの労働者（職人、奉公人、鉱山労働者など）が加わると、フェーデ類似の暴力の危険性は（少なくとも当局の視点からは）きわめて大きくなる。領邦当局の法令は、Absagen と総称されるこのようなフェーデ行為を、農民、市民はもとより、騎士・貴族に対しても、その伝統的な慣行として配慮することなく重大な犯罪行為と見なし、フェーデと結びついた放火や略奪も一般の放火・略奪として断罪している。

　しかしこの点も繰り返しになるが、国家の地方における治安組織が未整備の当時、当局のそのような意図が実現されるには、社会全体の合意と協力が必要であった。フェーデ宣告者の逮捕に協力した者への高額の報償金授与という異例の規定は、やはりそうした協力が容易には得られない状況が続く中での、当局の窮余の策であったとも言える。フェーデの取締りが容易でなかったことの根底には、この古くからの慣行に対する領邦当局と社会（騎士、都市、農民）の認識における乖離があったと言わざるを得ない。また移動するフェーデ宣告者や殺害者の追及は、一裁判区を超えるとスムーズに行われないという領邦ティロルの制度的な欠陥が、フェーデ対策のみならず、一般に君主の領邦に対する統一的な政策の実現を妨げる問題であり続けた。それは各裁判区が、独自の慣習法と一定の自律性を持つ地域共同体であったという事実と表裏一体をなすものでもある。

　根強いフェーデ慣行の根底には、当事者の裁判に対する不信がある。歴代の領邦君主は裁判の公正化と費用抑制により、「誰も法（権利）を保障されない rechtlos ままにされぬよう」、それによって「フェーデの火種がくすぶらぬよう」に配慮しようとした。しかしマクシミリアンの迅速・効率・公正・法の厳格・厳罰を旨とする裁判改革はやはり、逆に領邦住民の強い不満をも惹起した。マクシミリアンの諸法令の多くはその前文で、諸身分、臣民の請願・要請に基づいて制定されたと謳っているのだが、そうした君主立法の定型句を常に

現実と見なすわけにはいかない。とりわけ実際の法令制定の作業は、統治府(レギメント)を構成する顧問など、君主との結びつきの強い一部の貴族や法律家に委ねられ、結果としておおやけにされた法規定は、諸身分、とりわけ地域社会（裁判区住民）の秩序認識と齟齬する部分が少なくなかったと思われる。刑事裁判令には従来の慣習への配慮も見られるが、重犯罪（マレフィッツ）に相当する犯罪と身体刑が列記され、君主からバン（罰令権）を与えられた裁判官を中心とする官僚的な裁判制度が規定された。こうした法令に対する反発は、司法の「合理化」をめざす国家と伝統社会の間に不可避的に生じる軋轢とも言える。あえて言うならそれは、社会秩序の調整を担うべきラント裁判が、次第に地域社会から遊離した国家の装置となることへの住民の不安、不満であった。

　そのような不満はまた、マクシミリアンの領邦統治が、上述のような再編された中央統治機構、すなわち統治府(レギメント)により、諸身分の影響力を排除する傾向を見せたこととも無関係ではないだろう。しかし君主と統治府による効率的統治への意欲もまた、君主の政策には諸身分の合意と支援が不可欠であるという現実に阻まれることになる。ここでは立ち入る余裕はないが、15世紀末のスイス、ヴェネツィアとの長期にわたる戦争、オスマン帝国に対する防衛、成果なきイタリア政策は、マクシミリアンに深刻な財政危機をもたらし、1510年代にはマクシミリアンは、ハプスブルク諸邦から一層の経済的、軍事的支援を要請するために、諸身分の政治的参画を拡大する体制を容認することになる[16]。その中で、過重化する軍役に対する不満を強めたティロルの諸身分との交渉により、1511年に成立した合意文書である「ラントリベル」（領邦特許文書）は、第2章で述べたように、領邦防衛の状況と必要に応じた全体の召集兵員数と、諸身分、地域ごとの割当てを定め、大公マクシミリアンの民兵改革（1605年）を経て近世を貫くティロル領邦軍制の基礎となった。このときマクシミリアンは、長期の戦役を背景とする領邦民の様々な不満、苦情を受けてこれに対処する決定をも行った。かくしてこの文書は軍制以外にも、森林利用、猟獣保護、関税等についての規定をも含み、君主と諸身分の相互の義務と権利を明記した領邦特権（ランデスフライハイト）文書となったのである[17]。

　さらに1516年に成果なく終わった8年に及ぶヴェネツィアとの戦争のために、過酷な負担を強いられた諸身分は、1518年にインスブルックで開かれた諸邦の諸身分代表委員による合同領邦議会（Generallandtag）において、マクシミリアンに様々な苦情と要求を呈した。そこでマクシミリアンは諸邦の諸身分代

第3節　刑事裁判改革と領邦社会　　　213

表に対し、彼らの領邦統治への一層の関与を認め、ポリツァイ令に相当する法令を制定した。そこでも殺害についてはやはり、当局の承認のもとに被害者の遺族との和解、贖罪を行うことによる刑事罰の免除が規定され、とりわけ正当防衛や名誉をめぐる争い（フェーデ）が原因である場合には、適当な贖罪（金）による和解が奨励されている。やはり当事者間の和解が、秩序回復のために優先されるべき課題とされたのである。またこの法令では、殺害に関する各領邦の法慣習を、この諸邦に対する一般的な規定に優先させることが可能とされている点も興味深い。諸邦の法秩序の一元化はなお数世紀先、啓蒙君主時代の課題である。

　マクシミリアンは他のオーストリア諸邦と並行して、領邦ティロルの司法、行財政から軍制まで様々な改革を導入しようとした。そうした改革は一定の成果を生み、とくに初期の財政改革の成功は、他のハプスブルク領邦の改革を促した。しかし諸身分特権のみならず、市民・農民の生業と生活に関わる、軍役、徴税、裁判、治安、森林等に及ぶ法令は、社会的慣習に大きなインパクトを与え、軋轢をも生じさせていた。マクシミリアン期の改革・統治に対する反応は、後述するようにマクシミリアンの没後、地域社会から噴出することになる。

史料12

① 1493　7.9　**マクシミリアンは刑事裁判権の改革について協議するため、ティロルの貴族、都市、裁判共同体をボーツェンの集会に招集した。**
　　　　　　　　　　　　　　Wopfner, *Die Lage Tirols*, S.207, Beilage II.
　他の領邦ではより軽微な事件も死刑とされているのに、当領邦では裁判による召喚、逮捕よりも軽い罰で済まされていることを領邦君主として看過できないので、次回のボーツェンに招集する集会で協議する。

② 1496　4.10　**マクシミリアンは裁判手続きに関する法令を発令した。**
　　　　　　　　　　Schmidt, *Halsgerichtsordnungen*, S.132-140.
　皇帝マクシミリアンは我が領邦ティロルの全ての長官、伯、貴族、騎士、従騎士、裁判区長、ラント裁判官、市長、市参事会に知らしめる。
　前任者の大公ジクムントと同様、マクシミリアンも公共の福利推進のために、フェーデ宣告者、殺害（故殺）、裁判手数料などに関する多くの命令、法令を発してきたが、それらは遺憾ながら守られていない。そこで最近の領邦議会で総督

(Statthalter)、顧問、代理人（Anwalt）、領邦議会身分(ラントシャフト)のいく人かとの協議により、以下のことが定められた。

　フェーデ（vecht, veintschaft）を宣告された者はインスブルックの総督、顧問、代理人、あるいはその地の裁判官に保護を求めるべし。

　フェーデ宣告者の取締りを強化すべし。フェーデ宣告者を宿泊させてはならない。フェーデ宣告者を当局に連行した者、裁判区長または裁判官に通報した者は報奨金を得る。

　殺害者（Totschläger）は正当防衛でない限り、被害者の遺族と和解しても、裁判当局はその者に恩赦と安全通行保障（landshuldigung, geleit）を与える必要はない。当局は和解に関係なく殺害者を処罰する。殺害者を援助した者も処罰される。……

　裁判官への手数料（Sitzgeld）は臨時の（必要に応じて開かれる）裁判（gefrumbt recht）でのみ必要とされる（1ベルン・プフント貨以下）。裁判代理人への謝礼（rednerlon）、文書交付料（印璽料 sigelgeld）、裁判書記への文書作成料（Schreibgeld）は1ベルン・プフント貨を超えてはならない。裁判費用は最低限にとどめられるべきであって、誰も貧困のためにその権利を保障されない（rechtlos）までであってはならない。

　裁判当局に拘留された者が支払う費用（thurn geld）は釈放の際に1プフント。居酒屋、粉屋、ワイン小売商、先買商はその規則を守るべし。……

　以上の法令と命令を上記の役人たちは、各々の管轄区で明確に告示し、遵守せしめるべし。これに服さず、違反する者は容赦なく処罰するように。

　こうした法令遵守、監督、違反者処罰に怠慢な地方の領主、裁判当局と役人に対して、彼ら自身をも監督する者を派遣し、怠慢が発見されたら処置、処罰する。

③　**1499　12.26**　マクシミリアンはティロル伯領に刑事裁判令を発令した。
Gesatz und ordnungen der ynzichten Malefitz Rechten und annderer notdurftigen henndeln des lands der Graveschaft Tyroll.
　　　　　　　　　　　　　　　Schmidt, *Halsgerichtsordnungen*, S.95-112.

前文：

　これまでティロル伯領の刑事裁判では、多数の臣民に大きな費用負担をかけ、個々の刑事犯の犯罪や行為について何らかの規定や印刷された法なしに、各裁判官（陪審）の知識に基づき判決が下されていた。しかし犯行が他の裁判区で生じた場合、裁判における犯罪者個人の弁護（釈明）においても、多分に疑わしい仕方で行われていた。それゆえいくつかの地域では、犯罪が相応に処罰されないという不都合が生じていた。そこで私は、領邦議会身分(ラントシャフト)の恭しい懇願と時宜を得た助言により、領邦君主として以下に記す法を定め、また君主の権力と意志によりこの文書の効力において命じ、定める。

第3節　刑事裁判改革と領邦社会

本文：

　メラン、ハル、シュテルツィングの3都市の裁判官は、流血事件、その他の危険な犯罪を裁くための罰令権（バン、アハト）を君主から授与される。市参事会から6人、市が属すラント裁判区から6人（の計12人の誓約者＝陪審）を、また都市インスブルクとラント裁判区ゾンネンブルクでは、都市とラント裁判区は同一ではないので、都市は4人、ラント裁判が裁判官を含めて8人（の陪審）を、ボーツェンとラント裁判区グリースについては、市参事会からは6人を、そしてラント裁判官はこの6人の助言によりさらに6人を選ぶ。その他の全ての領主支配地（ヘルシャフト）と裁判区、トリエント市の裁判区は……裁判区長、裁判権（抵当）保有者、あるいはその役人が12人の陪審を選ぶ。……

　都市の参事会、ラント裁判区の陪審は裁判官とともに、あらゆる審理と判決を非公開で行う。ただし名誉毀損の訴訟では裁判官と12人（陪審）が公開で訴え（陳述）を聞き、判決を非公開で決定した後、当事者に公開で判決を示す。

　罰令権を授けられる際に各裁判官には、以下の規定を忠実に守って職務を遂行、判決することが義務づけられる。都市における参事会と裁判区における陪審には流血事件、その他全ての有害な犯罪について、この法令の内容に従って同様に判決を下すことが義務づけられる。参事会と陪審は正当な理由なしに交代させられない。……

　裁判官が流血刑とマレフィッツ（重犯罪）に関わる行為のためにある者を逮捕させた場合、都市の参事会、裁判区の陪審を呼び、逮捕の理由を説明する。そして彼らの多数部分の助言により、逮捕者を糾問（拷問）によるか、あるいは他の方法で取り調べる。

　拷問による自白の真実性の判断……。窃盗・謀殺・強盗その他のマレフィッツに関わる行為で現行犯逮捕された者の処遇……。裁判官は拷問する場合には参事会員あるいは陪審を3人呼び、彼らと裁判書記の前で拷問し、自白したことを書記が書きとる。……

　悪意ある訴えや侮辱を行った者が他の裁判区に居れば、裁判区長あるいは裁判官はその裁判区に書簡を送り、その者を逮捕させる。……

　謀殺者は車刑、背信者は引きずられた後、四つ裂きに、強盗は斬首、教会略奪、放火、異端、貨幣偽造は火刑、重婚は男女とも溺死刑。婦人、処女を強姦した者は、その訴えが妬みや憎しみ、敵対心からでないことが確かであれば溺死刑。復讐断念誓約を破った者は、男は斬首、女は溺死刑。子供を殺した女は生き埋めにして杭を打たれる。偽りの誓約を行った者は舌を抜き、指2本を切断する。格別の理由なく誓約された平和を破った者は斬首刑。誓約違反は事情に応じて身体、財産の罰。自殺者、主人に背信行為を行った者、キリスト教信仰を否定した者、相続のために自分の父、母を殺害した者は身体、財産を失う。様々な詐欺行為については裁判官と陪審の判断にしたがい、行為の性格に応じて死刑、その他の身体刑を科される。窃盗犯は、18歳以上で被害額が25プフント以下なら曝

し台で鞭打ちの後、ティロル伯領から永遠に追放される。25プフント以上の、あるいは10プフント以上の窃盗を複数回犯した者は、絞首刑。しかし18歳以下であれば裁判官、参事会、陪審の判断によって、犯行の事情に応じて処罰される。女性は絞首刑のかわりに溺死刑。

殺害者について。目下、軽率なことで多くの殺害が生じているが、それらは温情措置によるのではなく、厳正な裁きにより斬首刑に処されるべきである。また殺害が行われた裁判区以外でも、殺害者が発見され、告訴された裁判区においても逮捕される。被害者の親族が裁判に訴えることを望まなくとも、当局は自身の費用で審理すべきである。各裁判区の裁判官、(都市)参事会、陪審は殺害行為の状況について、正当防衛、または故意にあらざる殺害で、処罰を軽減しうるかどうか、誓約のうえ、最善の思慮により調査する。殺害者、その他の犯罪者が領邦君主により恩赦されたら、裁判所の拘留費用は自己負担する。

殺害者、その他の犯罪者が逃亡し、出頭しなければ、裁判官は都市では市庁舎の前で、裁判区では裁判所の前で、該当者を14日ごとに3回にわたって公に召喚させる。該当者が出頭しなければアハトに処す。そしてその不法行為と判決は裁判書記によっておおやけに読み上げられ、裁判官の命令により廷吏がこの犯罪行為の告発を行い、被害者の親族、あるいは加害者の親族に、このような行為、措置、判決について全てを知らしめる。

窃盗について……

他人の妻、娘、姉妹、女性親族を夫や後見人の同意なく連れ去り、結婚し、またその他の不名誉な扱いを行った者は、裁判官と陪審により、その行為の事情に応じて身体、財産の罰を科される。……秘密婚の禁止……。

神、聖母、諸聖人を冒瀆した者は裁判官と参事会の12人、あるいは陪審が処罰する。

内外の商人による債務不履行について……

放火したフェーデ宣告者は火刑に、その他の場合は斬首刑に処す。フェーデ宣告者を宿泊させ、援助し、これを当局に知らせなかったら、フェーデ宣告者と同様に処罰される。

フェーデ宣告者を裁判所に連行した者には400ライン・グルデンの報奨金が与えられる。この報奨金のために領邦君主が2千グルデン、トリエント、ブリクセン司教が千グルデンずつ準備する。またフェーデ宣告者について誰かが証言し、訴えたことにより裁判区長、または裁判官によって宣告者が拘束されたら、その者には200グルデンの報奨金および、フェーデ宣告者が必ず処罰されるという証文が与えられる。

家畜、穀物、チーズ、油脂の先買禁止。

この法令は全ての犯罪を網羅してはいないが、裁判官は参事会、陪審の助言と判決により、その他のことについても最善の認識に従って判決し、処罰しなければならない。

第3節　刑事裁判改革と領邦社会

都市参事会あるいは裁判区の陪審に訴訟が持ち込まれ、彼らの知識においては判決が困難である場合、別の都市あるいは裁判区に助言を求めるべし。求められた側はよりよい判決と理解が得られるよう、明確に意見を通知すべし。裁判官、参事会、陪審は、あらゆる犯罪者、マレフィッツ犯がいかなる死刑、処罰を受けるべきかを判決する権限を持つ。しかし参事会、陪審の間で見解が同数に割れたら、裁判官が決定する。それ以外では裁判官は判決に関わらない。多数派の意見により決められたことを裁判官は判決として読み上げた後、裁判杖を折り、犯罪者を刑吏に引き渡し、刑場で判決を執行するように命じる。

マレフィッツや流血刑事件を裁くことができず、他の裁判区に犯罪者、マレフィッツ犯を引き渡さねばならない行政区（Pflege）ないし裁判区は、そのような犯罪者が現れたらマレフィッツやインツィヒト（マレフィレッツより軽い刑事犯罪）に関わるような嫌疑があれば、直ちに当該裁判区に引き渡す。そこで裁判官と陪審により、この嫌疑がマレフィッツではなく罰金刑の事項であると認識されたら、その権限が損なわれないように元の裁判区に戻される。……

裁判区保有者、裁判区長、裁判官あるいはその代理人に、また彼らが不在の時には参事会、陪審あるいは全ての裁判役人に対し、騒動が起こった際には、臣民は駆けつけ裁判当局を支援すべし。裁判が十分な廷吏を持たない時には、家屋所有者、そして不就労の奉公人も、裁判所の要請に応じて犯罪人の逮捕に協力すべし。これに従わなかった者は参事会、陪審の判断により、不服従の事情に応じて、領邦令と命令に対する違反として処罰される。

後文：

固有の裁判権を持つ裁判区保有者は、この法令によってその特権、特免権、権限を、損なわれることはない。全ての貴族、長官、伯、貴族、騎士、従騎士、裁判区長、ラント裁判官、裁判官、市長、参事会に、この法令の遵守を厳命する。裁判官、参事会と陪審はこれに反することなく、また他の者が反することをも許すべからず……。

④　1500　5.7　マクシミリアンは新しい刑事裁判令を拒否することなく、これに従うことをイン渓谷の貴族と裁判当局に命じた。

　　　　　　　　　　　　　Wopfner, *Die Lage Tirols*, Beilage IV., S.209.

私、マクシミリアンは下・上イン渓谷の貴族、騎士、従騎士、裁判区長、ラント裁判官、裁判官に命ず。私はすでに領邦の他の地域にも増してイン渓谷のために、インツィヒトとマレフィッツの法令を発令し、この法によって裁判を行うよう命じた。しかしこの点について懈怠が生じ、また（この法が）何処でも全て同様に遵守されるように、イン渓谷の裁判区が集まって協議する旨知らされたので、私はこれを許可した。にもかかわらずイムストに集まった人々は、イン渓谷の裁判区が古い慣習を維持することを希望した。しかし私はそのようなことは知らされておらず、新しい法令に違うことに相違なく、何処でも同じように遵守さ

れるよう、彼らが理解できない点を明らかにするはずであった。新しい法令が制定されたとき、私は領邦と領邦民の利益のためにはからい、きわめて多数の領邦民が関わっていたのだから、これに反対し、この法を遵守するか否かを今更協議するのは、我が臣民に許されることではない。

　裁判訴訟が最低限の費用で済むことを考慮すべきである。古い慣習では全ての家長がマレフィッツ裁判に出席義務を負い、その負担は大きかった。今や各都市と裁判区は12人（の陪審）のみを一定の報酬で支えればよい。したがって遅滞なく12人の陪審を選任し、彼らが糾問によりインツィヒト、マレフィッツを新しい法令に従って裁くべきである。また裁判官には流血裁判事項と有害な事項を裁く罰令権（バン、アハト）と権限を与えるので、以後、古い慣習によって裁くことは止め、これを無効にし、破棄すべし。

第4節　森林令と農民の抵抗

（225〜228頁の **史料13** ①〜③を参照）

1　狩猟令・森林令と領邦の社会・経済

　ここまでに取り上げてきた法令は、広く領邦臣民一般の生業と生活に関連する規定を持つのだが、意外なことにそれらには、第3章で考察した農村ゲマインデ間の紛争に関わる規定はほとんど見あたらない。すなわち入会や共有地の利用と紛争については、領邦君主、政府には、とくに規則や罰則を設けて規制する意図はなかったように思われる。「山野相論は在地のならいによらしむ」という中・近世日本の統治者が示した原則は、アルプス山岳農民社会においても不可避的に適用されたと言えようか。確かに放牧地をめぐる紛争に対しては、領邦当局や裁判当局も、仲裁と和解に協力する以上の積極的な統制や介入は行っていなかった。しかし農民の生業と生活に大きな影響を与える法令は、とり上げた諸法令以外にも存在した。狩猟令と森林令である。主として君主の狩猟愛好や貴族身分の特権意識に由来する、猟獣保護のための狩猟令（Jagdordnung）は、すでに1414年にフリードリヒ4世が発令しており、加えて15世紀後半、ジクムントの治世には森林令が加わり、マクシミリアン時代には狩猟令と森林令、そして関係役人への訓令（Instruktion）など、多数が繰り返し発令さ

図8　インスブルック付近の森で、白馬に跨り鹿を射るマクシミリアン1世。マクシミリアンが作成させた『秘密の狩猟書』(1500年) より（出典：Jorg Kolderer, Tiroler Jagdbuch Kaiser Maximilians I., 1500, Brussel, Bibliotheque Royale Albert Ier.)。

れるようになる。[21]

　自身が作成させた『秘密の狩猟書』にも描かれた、狩猟愛好家としても有名なマクシミリアンは、数度の狩猟令により鹿、カモシカ、猪などの大型獣から兎や狐、そしてウズラなどの鳥類に及ぶ鳥獣の狩猟を農民に対して禁止・制限し、耕地を守る柵の設置や犬を飼うことにさえ、猟獣を過度に損なわないように厳しい条件を付した。そのため農民は、時には収穫を半減させるような損害を被ったという。また森林令は、薪・柵・建材として、そして農民の貨幣収入源でもあった樹木の伐採を国家的見地から制限した。このような法令は周知のように、中世後期よりドイツ諸領邦で顕著となり、農民の経済生活を強く圧迫したため、農民戦争期から近世を通じて領邦当局との間に紛争を頻発させていた。西南ドイツ各地における森林利用をめぐる争いは、森林の所有権に関わる根本的な争点や、管理コストと資源保護において国家と農民団体のいずれが勝るかといった議論、そして妥協策としての当局と農民の間の森林賃貸契約など、限られた資源をめぐる国家と臣民社会の興味深い交渉過程を示している。[22]

　ティロルにおいて法令・訓令により精力的に森林保護を進めたマクシミリアンも、その治世末期には農民の根強い抵抗に対する対応を迫られていた。この点でとりわけ森林問題は、マクシミリアン時代に限らず領邦当局と社会の交渉の一面を知る手掛かりとなる。ティロルの森林令についてはヴォプフナーが、その共有地高権（Almendregal）に関する著書の中で基本的史料の紹介と包括的な叙述を行い、またティロル（州）森林監督局の役人であったH・オーバーラウフの遺著『ティロルの森林と林業―森林と狩猟の歴史の一考察―』が、15、16世紀以後の森林令と狩猟令をほぼ網羅的に取り上げている。日本では前間良爾氏がヴォプフナーによりつつ、「農民戦争における共有地問題」という視点から考察を加え、若曽根健治氏は、君主による立法と共同体への「領邦警察」の浸透という法史的、行政史な関心から、詳細な研究を行っている。[23]以下ではこれらの成果をも参照しつつ、主として森林資源をめぐる領邦と農民、地域社会の相互関係について考えてみたい。

　15世紀半ばよりイン渓谷、シュヴァーツの銀山、ハルの塩鉱、ヴィップ渓谷のマトライからブレンナー峠を越えたシュテルツィング、クラウゼンに及ぶ銀、銅、鉛鉱など、ティロルの鉱山業、製塩業は飛躍的な発展を遂げ、領邦君主にも莫大な収益をもたらした。[24]ザクセンとは異なり、ティロルの君主は鉱山経営に直接関与することはなかったが、産出銀を廉価で買い上げ（先買権）、こ

れを地金の価値をはるかに上回る銀貨に造幣させることによって収益を上げた[25]。領邦君主の森林令は、鉱山・製錬業における木材需要の増大のために森林資源を確保することを目的とし、そのために君主の森林のみならず、農民の利用する森林に対しても伐採制限を強化するものであった。すでに大公ジクムント時代、1460年にはシュテルツィング・マトライ地区において、製錬業のための森林令が、そして1465年には南ティロル、フィンチュガウの教区森林令、また1479年にも同じくフィンチュガウの製錬業のための森林令が確認されるように[26]、個別地域に対する森林令が出されていた。しかしマクシミリアン時代には1492年、1502年の森林令のように、ティロルの主要部全域に及び、かつ君主の直轄林（Forst）や鉱山・製錬用の官有林（Amtswälder）のみならず、農民の共有森林（gemeine Wälder）をも規制対象とする森林令が現れた。

ヴォプフナーによればこのような包括的な森林令は、度々その森林令の冒頭に現れる、「領邦ティロルの全ての森林と河川は君主の所有に属す」との文言に示されるように、マクシミリアン時代に明確化する、領邦君主の共有地に対する包括的な高権（アルメントレガール）に基づく。そしてこの一般的な「共有地高権」から自立した「森林高権」（Waldregal）の観念が現れるのは、上述のような木材需要の飛躍的増大および官有林の木材不足にともない、君主が農民の共有森林やその他の臣民の私有森林への関心を強め、その監督・統制権をこれらの森林にまで及ぼしていく過程と対応していた。他方で農民は、共有森林を自己管理し、自由に利用するのは自分たちの慣習であると考えていた。この点で国家と社会の森林利用をめぐる理解には大きな乖離があった[27]。

狩猟令と森林令は異なる目的（動機）を持つものの、双方の管理・監督のための組織、役人、職務は密接な関係にあり、加えて森林監督は前述の事情からも、鉱山・製塩局の役人・職務とも連携していた。オーバーラウフが詳述しているように、これらの監督組織・役人は16世紀には頻繁に再編・新設され、職権と命令系統は複雑で職掌をめぐる諍いも生じているが、こうした経緯をここで詳論する必要はないだろう。農民生活に大きな影響を及ぼしたのは、地域社会の共有森林に対する監督強化であり、そこから生じる軋轢がどのように処理されたのかが問題となる。以下、具体的な法令を挙げて検討してみよう。

2　マクシミリアンの森林令と社会

　1492年にマクシミリアンは、共有森林の製錬業者への貸与等にイン渓谷の広範囲な農民たちが苦情を呈したことに対処して、森林令（史料①）を発令した。すでにジクムント時代末期の森林令により、鉱山・製錬業者への共有森林の分割貸与と、他方で農民に対しては利用可能な森林の割当てが行われていたのだが、割当て森林の利用が厳しく制限されたこともあり、イン渓谷の農民は不満を強めていた。そこで農民（裁判区住民）の苦情には君主、政府も配慮し、この森林令では製錬業者への貸与、農民への割当はゲマインデと住民(nachparschafft)の同意によるとされ、農民は割当て森林を自由に利用できるものとされたのである。[28]　また裁判区長が立ち会うことからも、上述のような共有林の管理と利用に関わる合意と措置は、裁判区単位で住民との交渉により行われたのであろう。しかしその後、共有森林への監督・統制は強化され、関係役人・属吏からなる特別委任者（コミッサール）による森林巡察（Waldbereitungen, -beschau）が定期的に行われるようになった。また共有森林を管掌する固有の共有森林官（gemeiner Waldmeister）が設置され、従来の森林長官（Forstmeister）は以後、狩猟監督に職務の重点を置くようになり、加えて直轄森林（鉱山用官有林）には別の上級森林官（Oberholzmeister）が任命された。[29]

　1502年の訓令と森林令（史料②）は、このような共有森林への監督強化を明示するものであり、後の森林令に大きな影響を及ぼしたとされる。このイン渓谷、ヴィップ渓谷に対する森林令（共有森林官への訓令を含む）においても、確かに農民生活に不可欠の木材への配慮は加えられており、また頻発する製錬業者と農民の森林利用区分（境界）をめぐる紛争は、森林官の仲裁に委ねられたように、鉱山業の利害が一方的に優先されているのではない。しかしここでは、1492年の森林令に見られた、森林の（製錬業者への）貸与や必要量に応じた割当ての際のゲマインデ農民の合意は、もはや問題にされていない。共有森林官は製塩所役人、鉱山役人とともに両渓谷地域の裁判区を巡り、裁判官の立ち会いのもとに森林令を読み上げ、住民の伐採可能な木材の量を示した。また裁判区住民から2人を告発人（rueger）に選び、森林令遵守を監督させ、違反者を共有森林官ないし裁判官に通報することを義務づけた。こうして各裁判区における森林令の遵守を強制し、違反者を摘発する体制を強化しようとしたの

第4節　森林令と農民の抵抗　223

である。共有森林官は現地で森林令の付則を作成する裁量を持ち、さらに禁制林（樹木育成等のため伐採が禁じられた森林）を設置、解除する権限をも与えられた。ちなみに1517年に鉱山地区でもあるラント裁判区シュテルツィングに派遣された共有森林官は、現地の森林を視察し、当該地域の森林令を定めている。領邦産業の保護・育成と財政的な関心が、裁判区を横断する中央直結の制度と職務活動を生み出したことは、これまで述べてきた治安、フェーデ取締りにおいては、そのような組織や要員が欠如していたことを想起すれば、君主と国家の関心が奈辺にあったのかを考えさせる。

　しかし木材売却など農民の慣習的権利や生活・生計を考慮せず、森林令遵守と違反者の内部からの摘発を義務づけようとするこのような森林統制に対して、農民の不服従、違反、そして苦情が続出したのは容易に理解できる。元来ゲマインデ、住民団体の権限であった禁制林の設置・解除が森林官の手に移ったことも、農民の強い不満と抵抗を招いた。そして各地域より請願書（Supplication）が領邦君主に提出されるに至って、領邦当局はあらたに調査委員を派遣し、現地を巡察、事情聴取のうえ、報告書を提出させた。報告内容とこれに応じた政府の措置は、あるときは農民の要求を退け、また事情に応じて農民の陳情に一定の配慮を加えるものであった。

　1511年にマクシミリアンに任命された調査委員は、インスブルックの東側、ラント裁判区タウルのゲマインデ、バウムキルヘン、フリッツェン、ミルズの住民の苦情について、史料③のように調査結果を報告している。この報告書にある3ゲマインデが苦情を呈した当時の共有森林官ハインリヒ・ヴュストは、鉱山・製塩所の立場から1502年の森林令の厳守励行を促し、しばしば住民の反発を招いていた。農民の要望を考慮し、「皇帝陛下（マクシミリアン）が彼らの願いに対して寛大であること（すなわち森林令の緩和）を懇望する」と具申した調査委員の立場は明確である。この報告は君主により考慮され、上記の3ゲマインデとその周辺（ハル、アプザム）に限定した1515年の森林令では、建材、燃料、柵など自家需要のための木材伐採は、割当て森林の内外において森林官の許可を得行いうると、少しく緩和されたのである。さらに1515年頃、政府の命令により、上イン渓谷のインツィング、フラウアリング、ジルツ、リーツ、テルフスなど、第3章で考察したゲマインデにおける森林令遵守と森林利用の状況を巡察した調査委員の報告によれば、農民は自家需要にとどまらず、売却のための伐採にも執心していたことがわかる。木材販売は貨幣収入を得るため

に農民が行ってきた慣習であり、容易には断念できない行為であった。

　若曽根氏も指摘するように、森林利用をめぐる君主・領邦当局と地域（裁判区）住民の対立においては、裁判改革や治安問題以上に、双方（国家と社会）の相互的な交渉が行われ、領邦当局も場合によっては、地域住民の慣習的権利に配慮を加えたのである。しかし森林、その他の入会地利用をめぐる軋轢は領邦当局・住民間でのみならず、第3章の紛争事例に見られるように、地域社会の内部でも存在した。ティロルの慣習法文書（ヴァイステューマー）からも知られるように、農民はゲマインデ、あるいは裁判区の集会（タイディング）において放牧地、森林の共同用益のためのルールを確認し、トラブルを調整していた。すでに見たように、ゲマインデ間の放牧地や森林の境界、利用権をめぐる紛争の解決には、問題の性格からして、当事者ゲマインデおよび近隣のゲマインデ住民による仲裁・交渉と合意が前提となった。一般に、森林保護自体は農民の地域共同体による管理よりも、国家による統一的な法令とその処罰権・強制力をもつ組織による方が、効果的であると考える傾向がある。しかしブリックレによれば、農民の自由な利用に委ねられた森林は乱伐により荒廃するとの当局の主張は、根拠を欠いていた。西南ドイツのゲマインデは自身の森林管理人、規則、違反者を罰する裁判の設置により、不足しがちな森林資源の適切な利用に努めており、この点を理解した役人の報告を受けて、領邦当局はしばしば農民団体との賃貸契約を更新したのだという。ティロルの慣習法文書にも、ゲマインデによる禁制林の設定や伐採の認可制による制限など、森林保護のためのきめ細かな規制と違反者の処罰規定が随所に見られるのである。

　確かに鉱山地区に近いイン渓谷、ヴィップ渓谷のゲマインデ間の紛争仲裁には、森林長官、その他の森林役人、鉱山・製塩所役人が、そして場合によっては領邦の特別委任者（コミッサール）が仲裁に当たる事例もあった。住民は入会地紛争の解決と入会地利用の秩序化のためには、領邦当局の権威をも利用したのである。しかし財政的、産業（鉱山業）的目的のために、農民とそのゲマインデの伝統的な森林の自己管理と用益の慣習的権限を制限・排除しようとする領邦の施策は、強い反発を招いた。国家統合の観点からすれば、それは中間行政組織の欠如のために統制が困難な地方行政への、中央からの直接的な監督強化の試みと、これに対する地方の抵抗であった。森林役人とその巡察による中央からの統制強化は、農民のゲマインデのみならず、その森林、共有地に対する権限を制約される裁判区長や裁判官にとっても必ずしも歓迎されるものではなかった。

このような裁判区およびゲマインデの二重の意味での自律性と抵抗のゆえに、ハインリヒ・ヴストのような森林官による一律的な法令適用は遂行されえず、君主、領邦当局の森林監督権の地方における行使には、状況に応じた相互交渉と調整が必要であることは、当局も認識していたと思われる。またこの後、むしろ地域ごとの森林令が中心になるように、森林監督には地域の森林事情に対応した個別的な交渉と利用規則の制定が不可欠であり、領邦全体の統一的な法令による統制はなお困難であった。上記の1515年の報告を行った調査委員の巡察は、地方住民の森林令違反と、これに対する森林官の職務履行の双方を調査し、インスブルックにおいて関係森林役人らが処置を協議するという念入りなものであった。結果的にはこの報告と協議は農民の違法行為を断罪し、また恩赦の可能性をも示唆しているが、このような領邦君主の入会地・森林高権の原理に基づく森林監督に対する農民の不満は、マクシミリアンの改革全般への批判とともに、とりわけマクシミリアン死後の政治的空白期に噴出することになる。

史料13

① 1492 11.10 イン渓谷への森林令、犬の飼育、柵の設置についての規定
　　　　　　　　　　　　　　　　　　　　Wopfner, *Almendregal*, Beilage Nr.15.

　上・下イン渓谷の全ての臣民たちより、共有地と低湿地が私の森林長官によって（製錬業者に）貸与され、被害、損害を生じていること、さらに木材の不足、猟獣、犬と柵に関する苦情が私に伝えられた。私は領邦君主として慈悲をもって考慮し、私の顧問、代理人の時宜を得た助言により、以下のような法令を遵守すべく定めた。

　共有林と低湿地の部分貸与は、当該地域の裁判区長と森林長官（Forstmeister）により、また当地のゲマインデの承諾を得て行われる。貸与地には適当な賃租が課され、財務部に納められる。

　毎年、森林長官はハルの製塩所誓約者、同製塩所森林属吏（Waldknecht）とともに各裁判区を巡り、裁判区長、役人を立ち会わせ、その住民たちの同意により薪、炭、その他の用材として必要な量に応じて、（利用可能な森林の）割当てを行う。住民は割当てられた森あるいは低湿地で自由に伐採を行いうるが、これ以外で伐採したら、裁判区長に20マルクの罰金を納めるべし。森林長官らは割当てを行った住民、あるいは部分貸与した人々から、何も徴収してはならない。

　広葉樹林を切り拓こうとする者は、森林長官、役人らに申請し、その指示に従

う。防御柵のない村では犬を飼うことが許される。猟獣への害がないよう、放し飼いにできる時期は2月22日から10月16日の間に限られる。当局の許可なく新たに柵は設けてはならない。

② 1502　4.24　共有森林官レオポルト・フクスマークへの訓令、およびイン渓谷、ヴィップ渓谷の森林令　　　Wopfner, *Almendregal*, Beilage Nr.16.

訓令：
　マクシミリアンは、ハルの製塩所やシュヴァーツの鉱山（局）に属さない共有森林に関する訓令を、（共有）森林官フクスマークおよび他の森林官に与える。
　森林官はハルの役人1名およびシュヴァーツの鉱山役人（誓約者）1名とともに、毎年領邦君主の費用で上・下イン渓谷、ヴィップ渓谷の全てのゲマインデの私の森林を巡り、裁判官の立ち会いのもとで裁判区住民たちに以下の森林利用条件を示す。必要な木材の量は……。示された量以上の薪や用材が必要であれば、森林官はその必要に応じて、森林を荒廃させない範囲で許可する。
　また森林官は裁判区住民に森林採草地（mad）、放牧地（Alpen）の利用に関する文書を提出させて精査し、それらが文書に示された境界内にとどまり、（森林へと）拡大されないようにする。もしある採草地の境界が示されていない場合、森林官はあらためて境界石を置いて住民がわかるようにする。
　もし製錬業者と裁判区住民の間に境界争いが生じたら、森林官はあらゆる努力を払って和解させ、必要なら境界石を置く。また製錬業者が製錬用に貸与された森林の木を売却しないよう監督する。森林官は森林令が全てにわたって遵守されるように留意し、困難な場合には製塩所の役人に報告して、その助言と判断により処理する。森林官は木材が不足している共同体のために一定の森林をバン（禁制）から解き、余剰がある場合にはこれをバンのもとに置く権限を持つ。

森林令：
　以下は領邦君主の定めた森林令である。
　住民は各ゲマインデから裁判官の承認により2人を選び、この2人が森林令の違反者を裁判官または森林官に知らせる。住民がこの2人を選ばなかったら、裁判官が選ぶ。
　禁制林では木を伐採してはならない。森林官が必要数を示す前に木を伐ってはならない。
　（森林の中の）放牧地を手入れする者は、火を放ってはならない。草を刈って腐らせることのみ許される……。
　用材を必要とする住民は上記の2人の告発人（rueger）に届ける。告発人により必要性が認められたら、割当てられた森林で伐採を許される。割当て森林で木が得られない場合、森林官は君主直轄林あるいは禁制林から割当てを行う。
　裁判区保有者、裁判区長、裁判官は森林の中に囲い込み地、開墾地、焼却による空き地、放牧地、酪農小屋を設けるのを許してはならない。割当てられた量以

第4節　森林令と農民の抵抗　　227

上の木を伐った者は、1本につき1プフント、禁制林で伐採した者は20プフントの罰金を納める。森林を開墾し、焼いて空き地を作り、またその他の方法で森林を荒らした者は10マルクの罰金を科される。開墾、焼却により森林を損ない、罰金を払わない小屋住農、不就労の奉公人（ゼルロイテ）については、その雇主から罰金を取る……。

　全ての人々は共有森林において生じた違反行為について、当地の裁判区長、裁判官の前で、森林官の立会いのもとに裁かれ、判決に不服があればハルの製塩所の裁判に控訴する。敗訴すれば控訴の費用を負担する。裁判区保有者、裁判区長、裁判官が違反者から罰金を徴収することを怠ったら、製塩所に徴収させる。しかし官有林、禁制林、鉱山林に関わる罰金は除外する。

　以上の規定以外についても森林官、役人（誓約者）は、森林の利益のために規則を定める権限を持つ。ただし君主は任意にこれらの法令に追加し、削除する権限を保持する。

③　**1511　マクシミリアンに任命された調査委員はバウムキルヘン、フリッツェン、ミルズの住民の、共有森林官ハインリヒ・ヴュストによる森林令の扱い（施行）に関する苦情について報告した。**

Wopfner, *Almendregal*, Beilage, Nr.23.

森林長官ハインリヒ・ヴュストとバウムキルヘン、フリッツェン、ミルズの住民の森林利用をめぐる争いと苦情のために、皇帝の命令により皇帝の顧問である博士、L・ライノルトと我々、W・クリッペン、裁判代理人O・アンナー、タウルの裁判書記S・ロット、C・ツィバーレは上記3ゲマインデから事情を聴取した。

　自家需要のためであれ、売るためであれ、森林官、森林属吏、その他の巡回者の許可なく木を伐採してはならない、またそのため2人の告発人を選ぶべし、という最近の森林令に対し、住民は次のように強い不満を抱いている。

　すなわち、彼らは親から子へと森林利用権を畠と同じように世襲してきた。彼らの森林は他の土地と同様、境界石で仕切られており、また30年前より多くの木がある。そして彼らは領邦君主であれ、誰であれ、いかなる妨げも損害も加えられることなく、家屋の用材であれ売るための木材であれ、伐採してきた。また住民は重い負担を負い、フォクタイ（賃租）を納め、戦時は重い税と軍役を担っている。もし木材売却が禁止されたら、彼らの居住地は塩鉱、製塩所、鉱山から隔たっていて貨幣が得られず、賃租、税、フォクタイを納められず、軍役を果たせず、パンや必需品をも買えない。そのような森林令に固執し、住民が長い間維持してきた利用権、用益権を奪うなら、彼らが大きな困窮に耐えられないのは当然であり、そこでこのことについて裁定を受けねばならない。彼らは家屋の需要のために1〜2フーダーの木を伐ろうとするときにも、不在で他所にいる森林官、森林役人、巡回者を求めて遠く移動しなければならない。

彼らはジクムント、その他の君主によって森林利用を古い慣習として認められていたので、彼らの不満が大きいのも当然である。そこで住民たちは、自家需要のための用材は獣を害さない場所で自由に伐採でき、木を売る強い必要が生じたら、森林官、森林役人、巡回者の承認と指示に従って伐ることができるよう願った。しかし家屋用の伐採で大きな間隙ができて森林に被害が生じ、あるいは巡回人の承認なく販売用に伐採することがあれば、処罰されても構わないと言う。

　こうした住民の要望に対し、住民たちが彼らの請願において節度を保つなら、皇帝陛下が既に発令された法令（森林令）の緩和をみとめ、また違反者の処罰をも明示することが、我々の提案である。

第7章　農民の異議申し立てと新領邦令
　　　　―国家と社会の交渉―

第1節　異議申し立てる農民

　1519年1月にマクシミリアン1世が没すると、ティロル各地で農民蜂起が起った。ノイシュティフト修道院の裁判官G・キルヒマイアの同時代叙述によれば、このとき農民は君主の不在（空位）を理由に、老若男女を問わず至る所で禁猟区と禁令を無視して狩猟を行った。農民は「領邦君主が居ないのなら統治府(レギメント)も権力を持たない」と語り、事態の収拾のために上イン渓谷に政府により派遣された者も、武装した農民の威嚇に遭って逃げ帰ったという。同様に農民は森林令を無視し、直轄林、官有林を伐採し、禁漁河川で漁った。こうした動きは狩猟や森林伐採など一過性の違法行為に終わらず、彼らは個々の裁判区の集会で、あるいはいくつかの裁判区が共同して集会を開き、領邦政府に対する様々な苦情、要求を文書にまとめ、ラント裁判区長や領邦当局(ブフレーガー)に提出した。対応を迫られた政府は同年2月の領邦議会、3月の代表委員議会において農民の要求の一部を認めたにもかかわらず、多くの裁判区住民は統治府、当局への忠誠や納税を拒否し続けた。キルヒマイアによれば、武装してエッチュ地方の長官の前に現れたメラン地方の農民は、君主がティロルに来て領邦特権（ランデスフライハイト）を承認するまで、忠誠誓約は行わないと言明した。ようやく1523年に領邦君主としてティロルに入った大公フェルディナント1世は、農民（裁判区住民）の代表をインスブルックに集めて苦情を提出させ、一時的に農民の運動は下火になった。

　しかし1525年に入るとシュヴァーベンの農民戦争の影響下に、南ティロル、ブリクセン司教領の農民が司教支配に対して蜂起し、その鎮圧後も農民蜂起と修道院、教会への攻撃は、ボーツェン、シュテルツィング、プスター渓谷にも広がった。イン渓谷、シュヴァーツの鉱山労働者の蜂起は阻止されたが、エッチュ地方では複数の裁判区にわたる広域的な住民集会が開かれ、1525年5月15日に20項目の要求書がまとめられた。さらにメラン周辺、城伯管区(ブルクグラーフェンアムト)の農民は

メラン委員会を形成し、5月末に君主の承認なく、主として南ティロルの都市・裁判区代表を集めたメランの領邦議会において、63箇条の改革プログラム、「メラン箇条」を起草した。フェルディナントが召集したインスブルック領邦議会（6月12日～7月21日）には、領邦全域から200人の裁判区代表が都市代表とともに出席し、聖職者、貴族を交えぬ協議により、「メラン箇条」に主としてイン渓谷の都市・裁判区の要求からなる33箇条を加えた、96項よりなる改革要求「インスブルック箇条」が作成されたのである。その末尾には、君主が「領邦議会身分全体（gemeiner landschaft）の利益と、共通の利益（gemeines nutz）の促進のためにあらゆる箇条を受け容れ、全ての都市、裁判区、個々の人々の苦情と請願をひとつひとつ聞きとどけるよう」要望するとある。

この間、1525年5月13日に領邦政府の特別委任者（コミッサール）は訓令により、個々の都市、裁判区に苦情を文書にして、インスブルックの諸身分代表委員会（シュテンデ）に提出するように命じた。また大公フェルディナントは、諸身分代表委員会が領邦君主の宮廷顧問とともに提出された問題を処理することを認めた。その結果、多数の裁判区、都市から多くは6月の「インスブルック箇条」成立後に苦情書が提出され、翌年にかけて個別的に処理された。その内容は、高額な裁判手数料、恣意的な判決、不当な賃租、現物地代などへの不満、領邦君主の共有地高権廃止と自由な狩猟、漁の要求など、これまでに知られる農民の苦情と重なり、そうした苦情と領邦側（君主・政府と諸身分代表）の対処・決定の多くは、1526年、1532年の領邦令へと統合されていくのである。

ブリクセン蜂起の指揮者であり、その後の急進的改革指導者であったミハエル・ガイスマイアの、スイス盟約者団、ザルツブルクそしてヴェネツィアに及ぶ行動や、そのユートピア的な改革綱領である「ティロル領邦令」に立ち入ることは控え、以下では農民の要求が、領邦と社会を規定する法令に与えた影響について考察したい。君主に提出された「インスブルック箇条」をふまえて1526年には、従来のものに比してはるかに包括的な領邦令が成立し、さらに1532年にはこれを一部修正した領邦令が成立した。これらの領邦令は刊行され、以後近世ティロルの法秩序を規定したことからわかるように、「インスブルック箇条」に集約される農民の苦情書、要求書は、福音主義的、革命的文書ではなく、基本的には15世紀以来の領邦住民の苦情、要求の延長上に位置づけられる。したがって近世ティロルの領邦令は、君主の一連の改革政策とこれに対する領邦住民のリアクション、そして領邦議会をひとつのフォーラムとして活性

化した両者の相互交渉と利害調整、合意を経て成立した国制の基本法であったと言えよう。

第2節　農民の苦情・要求と地域社会

　如上の経緯について本章は、マクシミリアン死後の個別裁判区の苦情書や領邦当局の回答、「メラン・インスブルック箇条」等の全面的な精査を行うことを目的とするものではない。以下では、まず 史料14 (A)①〜⑤として1519〜1521年における裁判区、あるいは地域別の要求の一部を取り上げ、とくに前章までに論じてきた問題を地域住民がどのように認識し、また地方当局や支配者がこれにどのように対応したかを瞥見する。次いで1525年5月以後農民戦争の影響下に、インスブルックの諸身分代表委員会に提出された都市、裁判区、個別地区からの苦情書についても、同じ観点からその一部を 史料14 (B)⑥〜⑫としてとり上げる。後者は同年7月21日までのインスブルック領邦議会期間中に処理され、部分的には1526年の領邦令に取り入れられていく[7]。

　このような時期区分にもかかわらず実のところ、裁判区、ゲマインデの農民の苦情と改革要求の内容は、1519年から農民戦争期の1525年に至るまでほぼ連続的であって、農民戦争期のそれにも格段の急進化は見られない。この点でも農民の要求は、彼らの日常的な生活圏に根ざしたものであったと言える。マクシミリアンの死後、農民戦争に至る時期に領邦当局（ブリクセン司教を含む）、領邦議会、裁判区長（プフレーガー）に提出された①〜⑤の文書における苦情・陳情は、軍役の他、狩猟・漁労・森林管理など入会利用に関するものも目立つが、ここでは裁判に関わる苦情や要望に注目したい。そこには、マレフィッツ（重犯罪）裁判に典型的に現れるように、慣習によらず、ローマ法や法律専門家による当局主導の裁判手続き、裁判官と少数の陪審による非公開審理、拷問、公的訴追などを定めた新しい裁判制度への不満が随所に現れている。そうした不満の存在は前述のように、マクシミリアン時代の法令や命令書の文言から推し量ることができたのだが、ここに来て農民は自分たちの言葉によりこの不満を表現し、おおやけにしたのである。そうした不満は、裁判（所）が地域社会の犯罪のみならず、住民間の紛争、そして様々な法的行為の確認（公証）、文書作成に至るまで全てを厳密に管轄しようとすることへの反発としても読める。

史料②のカルテルンの苦情書に見られる、伝統的な裁判集会を持ち、そこで住民自身が判決を導くべきであるという要求は、そのような国家の末端としての官僚主義的な司法制度に対するアンチテーゼと解釈できる。カルテルンの住民はあくまで裁判官を自分たちの意志で選ぼうとし、また裁判官には（地元の事情に通じた）その土地の人を選ぶべきだとの要求もある。何故なら裁判官は裁判区の古くからの慣習に基づいて裁判を行うべきだと、カルテルン住民は理解していたからである。裁判区外の領主や中央の官吏が任じられ、あるいは抵当保有することが多かったラント裁判区長（プフレーガー）職に対して、しばしば不信の念が表明されているのも、地域共同体としての裁判区の自律性やアイデンティティを示している。なお史料には挙げていないが、第3章で考察対象としたラント裁判区ラウデックの住民は、1525年の苦情書において、自分たちの法と特権（eehaft und freyhait, この場合、軍役と免税に関する措置）がジクムント以来の君主のもとで維持されてきたとし、その侵害に苦情を呈している。1525年の「メラン箇条」ではより明確に、裁判ヘル（抵当などにより裁判区を保有する貴族）や裁判区長は不必要であり、裁判官のみでよい、また都市、裁判区は裁判官を選び、罷免する権利を持つとされている。史料①の前文が示すように、すでに1519年には裁判区単位の苦情・要求が領邦レベルの運動へと広がっていたものの、農民の権利意識と改革要求はやはり、ラント裁判区という地域共同体と不可分であった。

　全体を通じて、史料④⑤⑦⑪⑫のように裁判における、あるいは裁判外の当事者間の交渉、和解による紛争解決を慣習通り認めるべきだとする要求が、広く現れていることにも注目したい。なかでも、このような当事者間の和解は、⑤にある放牧地紛争のみならず、⑪のように、殺害事件の場合においても尊重されるべきだとの要求が挙げられていることは、興味深い。そこでは裁判費用節約という動機も言及されてはいるが、やはり地域住民の隣人関係は、当事者間の和解によって回復されるべきであり、当局はこれを妨げるべきではないという認識は共有されていたのであろう。これに対する領邦当局の対応は、交渉・和解は当局の承認を得て行うこと、紛争における罰則行為に対する処罰権（罰金徴収権）は（和解が成立しても）当局に保留されるというものであった。ここには領邦当局の、自らの権威にもとづく地域秩序の維持とコントロールへのこだわりと、和解による裁判当局への罰金支払いの回避が、当局の収入低下を招くことへの危惧が現れている。また裁判への不信や裁判費用調達の困難が、

第2節　農民の苦情・要求と地域社会　　　233

場合によっては実力行使、フェーデ的行為を招くという懸念は、住民と領邦当局の双方が抱いていたようである。そしてフェーデ的行為は地域社会の平和を脅かすという認識もまた共有されていた。問題は、そうした行為を発生させない、住民が信頼しうる裁判、あるいはそうした紛争状況を収拾する方法であった。

　また前章で森林令に関して示した入会の利用権制限や禁止に対する農民の不満は、河川沼沢の漁労権や、害獣を排除する権利（君主の狩猟令への反発）の要求とも並行して一層強まっていた。シュヴァーツの鉱山区に近いヘルテンベルク、ペータースベルク裁判区の住民は史料⑩のように、フッガー等の鉱山業、製錬業への木材供給によって犠牲を強いられていることに、不満を表明している。「メラン箇条」にも、共同体の許可なく（鉱山業などのために）分割接収された全ての入会、共有林、放牧地は回復されるべきであるとされたように、共有森林が農民たちの共有財産であるという意識が明確に現れている。

　この他エーレンベルクの要求書では、裁判区が軍政・軍役徴収の単位でもあり、当裁判区がシュヴァーベンやバイエルンとの境に近いこともあって、領邦防衛の要衝をなしていたが、その意義を裁判区住民も十分意識しつつ、集会開催などについて慣習的権利を主張している。

　以上のような領邦当局と地域社会の、自然資源の管理と利用をめぐる対立、法・規範・秩序に関わる意識と理念の齟齬は、1520年代に農民の申し立てにより一層明確になり、その中で続けられた両者の交渉は、1526年、1532年の、前例のない包括的な領邦令を生み出すことになるのである。

史料14

　以下に挙げる史料は、1519〜1525年の農民の苦情書と関連文書から抜粋し、本章の考察に関わる部分を要約したものである。とくに当局の回答が付されている文書を重視した。

（A）農民戦争前のティロルにおける農民の苦情書
　① **1519　4.1　上・下イン渓谷、ヴィップ渓谷の裁判区の苦情と回答**
　　　　　　　　　　　　　　　　Wopfner, *Bauernkrieg*, Nr.1, S.3-7.
　　前文：　先般（1519年2月）のインスブルックの領邦議会では、上・下イン渓

谷、ヴィップ渓谷の裁判区から提出された様々な苦情や請願に対する決定、回答が行われ、その内容は各裁判区に文書で届けられたが、一部の裁判区はなおこれをすぐに理解しようとせず、いくつかの箇条の苦情を呈しているので、インスブルックの宮廷長官、主馬頭にして官房長は、先に苦情と請願を検討した40人の拡大委員会に、件の裁判区および請願を提出しなかった裁判区にも下記の決定と回答を知らせ、これに従うよう、そしてこれに反する場合、処罰されることを通達するように命じた。

裁判区長、裁判官に届けて一定数の犬を飼うことができる。追われた獣が柵を跳び越え、柵の内外で（犬に）殺されたら、直ちに住民は裁判当局に届け出る。その際、不法な行為がなければ住民は処罰されない。

熊、狼、狐などの害獣は当局に通知の上、狩り、射ることができる。しかし山に入って銃、弩でこれらを撃ってはならない。

採草地（mader）が氾濫により砂に埋まった後、森林属吏や監視人（uberryter）がその土地を接収し、禁制湿地（wyldawen）を造り出そうとしているのは不当であるという苦情はもっともで、そういうことはなされるべきではない。

湖沼、河川の開放と漁の自由の要求については、そのような自由と権利をその裁判区が有することを領邦顧問会に示せばよい。その後は領邦議会の決定に従うべきである。

シュヴァーベン同盟に多くの射手をこの領邦から派遣していることへの苦情については、オーストリアの君主はシュヴァーベン同盟の長であり、同盟の協定により、射手を含めた兵員を提供する義務がある。

オーストリア家が攻撃されたら領邦民は援助義務があり、またこれまでそれを果たしてきた。この領邦が危機にさらされる事態にそなえ、銃、火薬、弾丸、刀剣を不足なくととのえておくように命じる。

② 1519　日付なし　カルテルン（南ティロル）

Wopfner, *Bauernkrieg*, Nr.2, S.7-13.

カルテルンの裁判区長ヴォルフガング・フォン・リヒテンシュタインは、裁判区カルテルンの共同体が新たに提出していた訴えと苦情に対して回答した。

裁判官、書記、廷吏は共同体全体の意志と合意によって、我々の法、規定に従って選ばれ、任命され、承認されるべきである。しかし2年来、裁判官と代理人は共同体の承認を受けず、誓約もなさずに職務に就いている。廷吏も誓約を行っていない。

裁判区長の回答：　裁判官H・ライスは2年前に領邦宮廷長官から処罰（バンとアハト）の権限を与えられ、そのとき誓約し、承認を受けたので問題はなかった。その後、件の裁判官は病死、裁判区長は書記（公証人）のミハエルを裁判官とすることを提案したが、カルテルンの住民たちは拒否し、住民たちが選んだ2人の候補の中から当局が1人を裁判官に任命することを要求したが、裁判区長は

拒否した。

　裁判官はカルテルン裁判区の古くからのよき慣習に従って判決をすべきであるとの住民の要求に対し、裁判区長は、住民に彼らの規約や慣習を文書にするか、口頭で知らせるよう要求したが、いまだ行われていないと回答した。

　古くからの慣習に反して共同体の分別ある人々の助言なしに、吊し上げの拷問が行われているとの苦情に対して、裁判区長は、皇帝の命令、Alphisio de Albertis 博士の助言により、学識と分別ある人々を通じて行われていると回答した。

　マレフィッツ（重犯罪）裁判は行われてはならず、古くからの慣習通りに我々の法と規則（recht und statut）に従って（裁判集会が）召集されるべきである。

　裁判区長が密かに関係者から事情聴取を行って、裁判の簡略化、短期化を行っているのは規則に反するとの批判には、そのようなことは行っていないと回答した。

　秋になると裁判区長はその従者や犬とともに畑の中を馬で駆け、柵を破り、あらゆる土地を荒らし、貧しい人々に大きな被害を与えている、との苦情に対し、鷹狩りは行ったが、言われるようなことは行っていないと回答した。

　カルテルン、トラーミン、クールタッチュの3つの裁判区が共有するゼーグラーベンの漁業権は1100年以来のものであるが、裁判区長はこれを奪い取ったとの苦情に対して、裁判区長は、そのようなことを行っておらず、皇帝（政府）の指示が示すとおり、エッチュ河までのゼーグラーベンの漁業権は3裁判区に認められると回答した。また債務問題に関して当事者間で和解が成立したら裁判官、裁判代理人はこれを妨げてはならないと回答した。

　裁判区長が読み書きを十分にできず、法や文書を正確に理解できないのは不都合であるとの批判に対して、私（裁判区長）は読み書きが達者ではないが、裁判区長としての職務は十分になし得る。私は誰の権利も失わせず、また裁判を司宰するのは裁判官であり、また誰でも私の前で口頭により裁判を行いうると回答した。

③　1521　日付なし　ニーダーフィントゥル（ブリクセン司教領）
　　　　　　　　　　　　　　　　　　Wopfner, *Bauernkrieg*, Nr.3, S.14-17.

　裁判官が印璽付きの文書を交付する際に1プフントを徴収しているのは、慣習に反する。この裁判区に住居を有し、住む人で、住民にとってふさわしい人を裁判官に選ぶべきである。

　領主が貧しい人々から、保有料と退去料（Aufzug, Abzug）を徴収し、そのため人々は、土地の一部を入質したり売ったりせねばならない。これは慣習に反する。

④　1521　11.20　ザンクト・ミハエルスブルク（ブリクセン司教領）の苦情に
　対する司教の回答　　　　　Wopfner, *Bauernkrieg*, Nr.4, S.18-19.

住民の間の争いは、裁判当局に関わらない限り自分たちの和解によって解決してよい。裁判当局がその争いに関心を持つ場合には、プフレーガーないし裁判官に知らせたうえで和解すべきである。

フェーデ宣告は犯罪であり、誰もが裁判と法に従うべきである。自分の権利を奪われた者が暴力に訴えることになる原因を、誰にも生じさせないようにすべきである。

⑤　1521　3月以後　フェルトゥルンス（ブリクセン司教領）
　　　　　　　　　　　　　　　Wopfner, *Bauernkrieg*, Nr.6, S.22-23.
ある住民が自分の家畜を放つことによって他の住民に被害を与えた場合、裁判当局が関心を持たないなら、当事者間で和解することができる。

(B) 農民戦争期の苦情書（全て1525年）

⑥　5.15　エッチュ地方　　　　　Wopfner, *Bauernkrieg*, Nr.17, S.68-69.
各教区は司祭任免権を持つ。
裁判区の住民は、名誉ある事柄のために逮捕されることはない。

⑦　5.15　裁判区タウル、レッテンベルク
　　　　　　　　　　　　　　　Wopfner, *Bauernkrieg*, Nr.18, S.70-78.
住民の間の争いについて裁判当局は、その承認なしに当事者間で和解することを望まず、その権利を自身が保持し、そのように和解と合意を行った者を処罰しようとする。また自身のみで処罰を下し、この件を陪審にも知らせようとしない。そこで苦言を呈したい。裁判当局は裁判への訴えを要求するのだが、貧しい者は些細な事柄で裁判に訴えることはできず、そうなれば我慢を強いられるのだと。
回答：　臣民間の争いは和解により処理されてよいが、当局に通知のうえで行うべし。領邦令による咎ある者の処罰と罰金は、当局が保留する。罰金規定が不明確な場合は、陪審の判断に従う。

都市、裁判区は領邦議会において問題を相互に協議するのが慣習であったが、現在は行われていない。貧しい裁判区代表が裁判区の問題を提出できるように、以前のように領邦議会が開かれることを望む。
回答：　今後は以前のように領邦議会が開かれ、誰もが問題を提出できるようにする。

ヘルシャフトは犯罪者が費用のために見逃されることなく処罰されるよう、よく監視すべし。他方、家持住民は名誉ある事柄のために逮捕されてはならない。とくに保証人がある場合はそうである。

回答：　犯罪者取締りは励行する。住民の名誉に関わることで逮捕されたら、領邦令に従って拘束される。このことは次の領邦議会で明らかにされる。

⑧　5.27　裁判区エーレンベルク　　　　Wopfner, *Bauernkrieg*, Nr.20, S.83-86.
　最近領邦君主は裁判区住民に400本の槍、200本の戦斧、100挺の銃を与えたが、（ラント）裁判区長がこれらを城内に収納して我々に渡さない。オルテンブルク伯は、これらの武器が我々のために与えられたのだと確言している。また戦争によってこの裁判区はすでに火薬と弾丸が払底しているので、供給されたい。
回答：　他の多くの地域にも武器を送らねばならないので、さしあたりロイテ（同裁判区の中心地）には200本の槍を送る。

　最近裁判区長は、ロイテの住民は裁判区長の臨席がなければ、協議や集会をもってはならないと命令したが、それは慣習に反するので撤回されたい。
回答：　認める。

⑨　日付なし　裁判区シュテルツィング
　　　　　　　　　　　　　　　　　Wopfner, *Bauernkrieg*, Nr.58, S.122.
　スイス戦争で我々は幾度も軍役を果たし、費用を負担してきた。それに対して給付金が約束されていた。我々はこの戦争で武器を全て失ったので、給付金の支給を要望する。
　この領邦の全ての城、城塞はよそ者ではなく、領邦で生まれここに住む人々によって守備され、銃、火薬、その他の武器をインスブルックの武器庫と同様に整えておかねばならない。戦争や暴動が生じたらすぐに防衛に召集され、武装できるように。また危急の際には、この領邦の境界を防衛するつもりである。その際には領邦特権（ランデスフライハイト）に従って、税、負担金は割引かれるべきである。

⑩　日付なし　裁判区ヘルテンベルク、ペータースベルク
　　　　　　　　　　　　　　　　　Wopfner, *Bauernkrieg*, Nr.66, S.128-129.
　ジルツ、メッツ、ハイミングの住民は、フッガー、その他の製錬業者の木材利用のため、自身の用材に不足を来している。彼らが伐採した木材を返還するよう希望する。

⑪　日付なし　裁判区シュタイナハ　　　*Partikularbeschwerden*, S.30-33.
　殺害事件が生じ、（加害者と被害者の）相続人や親族が裁判官の前に来たり、裁判代理人（anwald）を送るように要望し、また遺された財産もさほど多くないので、費用の節約のために相互に友好的に赦し合い、合意により和解することを望んだ場合、裁判官がこれを許可しようとしないのは古くからの慣習に反する。

グシュニッツの住民は高い山に住み、穀物も充分ではないので、大型猟獣の狩猟と漁を従来のように自由に行うことを認めるよう望む。それにより賃租を充分に納められるよう。

　裁判区に住み、土地を所有する者は、マレフィッツ、インツィヒト以外の咎により投獄されてはならない。

　日付なし　同　　　　　　　　　　　Wopfner, *Bauernkrieg*, Nr.59, S.122-123.

　ラント裁判官はかつては裁判所に詰めており、またシュタイナハに家を有したが、現在のラント裁判官は公衆の居酒屋に滞在し、全ての交渉（訴訟）を自分の前で行わせている。そのため訴訟当事者たちが（和解せず）争えば、しばしば騒動となるのであるが、君主の平和の場所である裁判所ではそのようなことは起こらないはずである。

⑫　日付なし　プスター渓谷（東ティロル）の複数裁判区＊

　　　　　　　　　　　　　　　　　　Partikularbeschwerden, S.66-70.

　領邦に定住する人は名誉ある、まっとうな行為のために投獄されることはない。当局がそうした人を罰する場合は、6人の名誉ある人々の助言による。また情実、贈与、憎悪により処罰してはならない。

　各裁判区には2～3人の陪審を置く。各裁判区では年に2～3回の裁判集会を持ち、一般民（gemein man）が自ら裁く。裁判区保有者も自身の費用で同じ裁判集会に臨席し、その際告訴と処罰の権限のみを留保する。

　裁判外のことがらについても裁判所において裁判書記のもとで行われねばならず、裁判区長、裁判書記以外のところで文書を作成することが許されていないという現状は、一般民を大いに苦しめている。誰もが裁判所によらない行為について、自分の金で最寄りのところで文書を作成し、印璽を付すことができるように望む。

　住民間で争いが生じ、これを裁判外で和解により解決するとき、裁判区保有者、裁判、裁判区長によって高額の罰金を科されるのは古くはなかったことで、廃止されるべきである。

　貧しい者が裁判に訴える財産を持たず、しかも裁判に訴え、裁判を受けたいと思っている場合、そのような者が暴力やフェーデへと至らぬように裁判を行うことを望む。

（＊苦情を提出した裁判区はシェーネック、ミヘルスブルク、ウテンハイム、アルトロイズム、ヴェルスベルク（トブラハ）、ゾンネンブルク（ブルーネック西部）、エンベルク、ブルーネック、アントホルツ、ニーダーフィントゥル。これらの裁判区については図1を参照。）

第3節　近世初頭の領邦令と社会

1　1526年・1532年・1573年の領邦令

　1525年6～7月にインスブルック領邦議会における都市民、農民（裁判区住民）のメラン・インスブルック箇条、その他の個別的苦情・要求をふまえて新たに作成された領邦令は、同年12月から1526年3月のアウクスブルクの（代表委員）諸邦会議での確認・追加を経て最終版が成立した。そして特別委員が各裁判区を巡回して裁判区住民の承認を得た後、1526年5月に公布され、アウクスブルクで印刷された。冒頭序文で皇帝カール5世は、アウクスブルクの印刷業者ジルファン・オットマル以外の業者がリプリントを作成することを禁じている。またティロルの領邦君主、大公フェルディナントはやはり冒頭序文で、これまで統一的な領邦の法典編纂がなかったゆえに法が濫用、忘却、変更され、領邦議会身分の間に不都合や苦情が生じていたと述べ、よき法、法令、ポリツァイを通じて、平和な秩序とふさわしい和合を維持するのが、領邦君主の義務であるとしている。領邦令の印刷・刊行の意図は、法典の公認された決定版を制作することにより、領邦令を規範テクストとして確立することであったと思われる。
　この領邦令は2つの章（Das Erste Buech, Das Annder Buech）に分かれ、第1章は7節（Tail）、第2章は2節よりなる。また全体として公法的規定が中心をなし、とくに第2章はマクシミリアンの刑事裁判令を継承しつつ、殺害やフェーデ宣告、裁判手続きに関するもの、あるいは産業警察的な規定を多く含み、領邦当局の法秩序と治安維持への強い意志が読み取れる。これまでの刑事裁判令では見られなかった私法領域では、第1章に相続や後見に関する規定があるが、しかしバイムロールが指摘するように、全体として私法（民法）的規定は貧弱である。領邦住民の日常生活に関わる規範は、地域的偏差をともなう慣習の世界に属したのであり、領邦住民はそのような慣習法の世界に、ローマ法や国家の命ずる画一的な規範が押し入ってくるのを望まなかったのであろう。この点では1526年の領邦令にもなお、社会の慣習的秩序と国家の法治主義の共存と折衷が窺知される。

1526年の領邦令は農民運動のエネルギーが低下した後、領邦議会で再検討を加えられ、1532年4月に改訂版が発令、刊行された。その前文には、「1529年の領邦議会において、1526年の領邦令が争いや誤解を招き、また領邦君主の上級権力、レーエン、抵当、直轄領について、さらに臣民の権利、特権（自由）、よき慣習……に不利益をもたらすゆえ、（領邦議会身分は）改良、修正、変更を行うよう君主フェルディナントに請願した。そこで信頼できる顧問官、領邦特権（ランデスフライハイト）、慣習を熟知している領邦議会身分の代表の助言により、領邦令を精査し、不都合な項目を除去し、誤解を招く項目を修正し、全体に改良を加えた」とある。実際にはこの改訂の主な点は、猟獣（害獣）に対して農民に許された防御措置の制限、領主の土地への軽微な保有料と退去料の復活、賦役を正当化する過去の実績期間の短縮など、農民の君主、領主に対する義務負担を若干増加させるものであったが、それらは農民の負担を著しく増加することはなく、大半は1526年の諸規定を継承している。[11]構成においては1532年版では、1526年版の各節（Tail）が各々独立した章（Buech）（全体で9章）とされた。また1526年版が150葉から成っていたのに対し、1532年版は本文115葉に36頁の目次（Register）が巻末に付され、実用的な参照用法典としての用途が見込まれたことを示唆している。

さらに1573年にはティロルの領邦君主フェルディナント2世のもとで、1548年の帝国ポリツァイ令をもふまえた新たなポリツァイ令と領邦令の制定が諸身分代表（シュテンデ）と政府により準備され、1574年の領邦議会、翌年の諸身分代表委員会の検討を経て改訂領邦令として印刷、公布された。[12]1532年版領邦令に対し、この領邦令においては、加えられたポリツァイ令以外に付加された項目（Titel）は、第6章の穀物売買等に関する40項目以外にはほとんどなく、増補の大半は、相続規定など個々の既存項目への補充である。

如上の点を考慮して以下本章では、16世紀のみならず、近世を通じて領邦ティロルの国制を規定する法令でもあった、1532年の領邦令の諸項目を中心に、1573年版の増補箇所をもふまえて領邦権力と地域社会の相互関係について考える。本章末に史料として記したのは、先行章でも論じてきた問題に関わる範囲での、領邦令の要点である。[13]

2　新領邦令の特質と領邦社会

（250〜261頁の **史料15** 参照）

　本章末の史料には1532年、1573年の領邦令の関連部分を要約的に記すにとどめた。しかしそこから、前章までに見てきた諸法令、とりわけ領邦君主ジクムントとマクシミリアンの時代に出された様々な領邦令（裁判、刑法、治安、フェーデ禁止のための法令、狩猟令、森林令、家畜や穀物の売買、手工業に関する産業警察的法令、服飾と祝宴の奢侈禁止、流入する遍歴者の追放、武器携行、風紀、モラルに関するポリツァイ令など）の内容の多くが、修正されつつも16世紀の領邦令に至るまで連続していることは、容易に確認できる。とくに領主に対する農民の負担軽減規定は、1526年の領邦令に比して僅かに後退したとはいえ、領主に対する農民の権利保護を領邦の法慣習として維持するという原則（領邦令第5章）は、15世紀の諸法令から継承され、また一層明確にされている。

　農民戦争研究は従来、福音主義的教会改革以上に、領邦の司法・行政・経済にわたる広範囲な現実的改革要求を掲げた「メラン・インスブルック箇条」を、一種の政治綱領と捉えてきた。また両箇条と新領邦令は、領邦臣民の要求と君主・政府の対応により、中間権力としての聖俗領主を排除して領邦の政治的統合を促したとされる。しかしそのような領邦の統合は、必ずしも領邦統治の集権化と君主権力の強化を意味するのではない。両箇条では裁判官や廷吏、書記、司祭の選出権など、結果的には君主側が承認を拒否したものの、裁判区の自治が強固に主張されていた。両箇条と新領邦令には国家の統制に対する地域社会の抵抗も看取され、決して中間権力の排除による国家と臣民の結合強化という図式のみで解釈できるものではない。新領邦令はむしろ地域社会と君主・国家の利害の調整と妥協の産物であり、その意味は、前章までに見てきた諸法令や前節で示した要求、苦情をふまえて子細に検討する必要がある。

　1519年以後の社会のリアクション、および領邦当局と領邦議会身分（裁判区と都市の代表）の交渉が、新しい領邦令の編纂に結びついたのだとすれば、その内容は単に以前の法令の継承にとどまるものではないはずである。この点をふまえて以下では、地域社会の紛争と秩序に関わる4つのカテゴリについて、新領邦令の特質を明らかにしようとする。

(A) 武器・武装

　第1章で述べたように中世の平和令は、しばしば非貴族身分の武器携行を禁止ないし規制している。民衆の武器所持は、生活空間の様々な場における威信や地位の誇示に関わっていた。平和令における武装規定は、そのような身分秩序や社会文化（祭日の武器携行など）を統制し、あるいは容認するものであった。1532年の領邦令第7章3項は、危険な3種の武器携行を禁止するにとどまっていたが、1573年版では隠し持てる小型銃の携行禁止が加わり、これら危険な武器の領邦内での売買と流通、使用が厳禁された。他方、領邦内外の往来における護身用の銃は携行可能とされた。このように銃の規制は徹底して現実の治安維持と結びついており、（名誉と威信を表現する）剣やノーマルな銃を所持することは住民の当然の慣習的権利として、とくに規制の対象にはなっていない。苦情書への回答に記されたように、農民（裁判区住民）は領邦防衛の軍事奉仕のための銃や火薬を蓄えておくことを義務づけられ、また戦争でそれらが払底した場合、君主は裁判区住民の要求に応えて武器を与えている。相続規定においても武器や鎧は、家屋敷と結びついて父から息子へ相続される、男系相続財として言及されているのである。

　狩猟規制に関するシェンナハの近業によれば、銃（及び弩）を持って山野森林に入ることを禁じたマクシミリアンの法令に示されるように、領邦民の銃使用を規制する法令の目的は主として、猟獣保護にあった。[15] 確かに農民蜂起の後、1528〜1532年には、その再発を恐れる政府は不適当な場所、山林、その他における銃の携行を禁止したが、地方（ラント裁判）当局はこの禁令実施にきわめて消極的で、とくにイムスト、ラウデック、ランデックの裁判区住民は自由な武器携行の権限を放棄しようとせず、政府もこれを容認せざるを得なかった。下イン渓谷の旧バイエルン領の裁判区クフシュタインでは、当局が住民の銃等を保管する措置がとられた。しかし政府は、このような措置を領邦全体で行えば邦民の怒りと蜂起を生じさせかねず、また隣接するエンガディン（スイス）からの侵入に対して住民は「素手で防戦」せざるをえない、という現実的な認識をも持っていた。1555年にも領邦政府は銃等の所有自体の禁止を計画したが、やはり実施の困難と領邦防衛への悪影響を考慮して断念した。その後も猟獣保護と治安のために銃の携行、使用、売買の規制をくり返す政府に対し、銃を所有する市民、農民は軍事・治安奉仕のみならず、余暇に射撃を楽しみ、また密猟をも行うという具合に、武器をめぐる国家と社会の緊張関係は近世を

第 3 節　近世初頭の領邦令と社会

図 9　1532年のティロル領邦令の扉絵
（領邦君主・ドイツ国王　フェルディナント 1 世）

貫く。いずれにせよ領邦民の武装解除は、如上の理由により問題にならなかった。

（B）裁判・刑法

15世紀以来の課題であった裁判関連の規定は、領邦令第 2、8 章において詳細をきわめる。やはり裁判の機能強化と信頼性は、社会秩序安定のキーと認識されていたのである。

第2章の裁判手続きに関する規定を通観すれば、裁判所における法行為の費用、手数料に対する領邦民の苦情への配慮が容易に読み取れる（10、14、15項など）。20、21項は民事的係争における（裁判外の）和解を認めるのみならず、裁判官にこれを促すように義務づけている。また62項は（おそらく民事の）係争に関する陪審による仲裁を規定している。しかし下記のように、殺害・傷害・フェーデのような領邦当局がとくに危険視する行為については、当事者の和解による処理は容易には認められなかった。

　マクシミリアンの刑事裁判令では、陪審が判決をめぐって同数に分かれた場合、裁判官がいずれかを選択した。そうした裁判官の影響力強化に対する批判への配慮か、領邦令第8章72項では、裁判官は同数の陪審が提案した2つの判決案のうち、より寛大な方を選択するとされている。前掲のカルテルンの苦情書には、裁判区長の拷問に対する批判があった。裁判の問題を扱う第8章の7、11項では、拷問で得られた自白の内容と信頼性を確認する手続きを記しているが、拷問の有効性自体は何ら問題にされていない。[16]

　ジクムント、マクシミリアンの法令における殺害者（Totschläger）の扱いについては、斬首を原則とする厳罰主義の建前と平行して、当事者（被害者親族・殺害者）と当局の間には常に微妙な現実的対応関係が見え隠れしていた。ジクムントの1489年の法令では、殺害者の告発にはなお被害者の遺族の意向が重視され、逆に遺族の意向によって和解と恩赦がありえたことをも示唆している。マクシミリアンの1496年の法令には、和解が成立しても殺害者は当局の刑事罰を免れないとあり、1499年の刑事裁判令においても、遺族の意向に関わりなく当局は殺害者を告発する。しかしすでに述べたように、これらの法令では裁判官や陪審が、正当防衛や意図せぬ殺害であることを確認して罰を軽減することは可能であった。さらに1518年の一般領邦議会における苦情と要請に対して出された法令では、殺害者は1年を経た後に、当局と遺族の同意により和解のうえ恩赦を得ることは可能であり、また名誉と正当防衛に起因する殺害も、贖罪による和解と恩赦が認められた。[17]しかしなお前節でとり上げたシュタイナハ裁判区の苦情書（1525年）は、殺害について遺族との間に和解が成立しても裁判官が認めないのは、慣習に反すると述べている。

　こうした流れを経て成立した1532年の領邦令、第8章48項は、やはり1年後に遺族の同意があれば、君主による恩赦は可能であったことを示唆している。52項では実際、裁判当局の監督下にではあるが、殺害者と遺族の和解が行われ

得ることを明記している。54項は1499年の刑事裁判令とほぼ同じ内容であるが、逃亡した殺害犯の召喚、告発に働きかける遺族の意志が特記されている。逃亡犯断罪を被害者、加害者双方の親族に知らしめることも1499年の法令の通りだが、やはり当事者間の遺恨による争いへの配慮が現れていると言えよう。なお49項の正当防衛規定は従来の法令にも見られたが、自分の名誉に関わる理由による殺害も正当防衛に含められているのは、注目される。このような殺害者は59項では、まっとうな殺害者（redlicher Totschläger）と表現されているのである。殺害という結果のみを公的秩序の破壊として一律処罰するのではなく、殺害を生み出す文化・社会的要因や殺害後の隣人関係、社会秩序の回復にも配慮する立場は、新領邦令では従来の法令以上に明らかであるように思われる。こうした配慮と、15世紀以来の一連の関連法令における「公的刑罰」の間の相剋は、この領邦令では一層折衷主義的な諸規定として現れているのである。

(C) フェーデ行為の取締りと住民動員

　領邦令の中で目立つのは、君主と政府が強い関心を持ち続けたが、効果がなく、繰り返し法令に謳われた規定である。そのひとつはフェーデ行為（フェーデ宣告者 Absager）の取締りと、そのための住民動員の規定である。幾度も述べたように、君主のフェーデ宣告者取締りへの意志はジクムントやマクシミリアンの法令に明示され、それは裁判改革の試みと表裏一体をなしていた。フェーデ規制法令が繰り返され、かつ奏功しないことは、広義のフェーデ的な、すなわち名誉や権利侵害のからむ暴力行使（自力）に対する、社会と領邦当局の認識の重なりと離齬によるものであり、それは前項で述べた殺害に対する両義的な対応にも通底する。

　領邦令第8章62〜66項が示すように、フェーデは当事者間の私的な問題ではなく、国家が対処すべき公的な犯罪行為として厳しい取締りの対象とされ、この点はジクムント、マクシミリアン時代の諸法令以来、一貫しているように見える。しかし67項によれば、フェーデ宣告者も裁判によってその損なわれた権利が回復されなかったことを証明すれば、別の扱いを受けた。裁判においても権利を回復できなかった者に対するフェーデ行為の容認は、1235年のマインツ帝国平和令以来、フェーデの前にまず裁判に訴えねばならないという規定として帝国の平和令に度々現れる。フェーデ一般を禁止したはずの1495年の「永久

ラント平和令」の後も、1521年のヴォルムスのラント平和令、そして1532年のカロリーナ帝国刑法においてさえ、なお自衛的行為としてのフェーデが容認されていた。[19]

　すでに見てきたフェーデ関連の諸法令からわかるように当局は、フェーデ(宣告者)取締りの実を挙げるためには、該当者を支援し、あるいは黙認しがちな周辺社会に警告し、フェーデを行う者を孤立させ、摘発するよう圧力をかけることが不可欠であると認識していた。しかし同じ法規定が繰り返されていることから、やはり領邦住民はフェーデの厳格な取締りを全面的に受け容れ、支援する用意がなかったのだと考えざるを得ない。前節の苦情書に見られた、貧しい農民が裁判を利用できず、フェーデ行為に走る、あるいは裁判外の和解で済ませるといった文言からも、農民は裁判費用への不満のみならず、裁判の公正に対する疑念をも抱き続けていたことがわかる。とくに紛争に陥った者はそれゆえ、おそらくフェーデ行為(宣告)、インフォーマルな交渉と和解など、複数の紛争処理方法からの選択可能性にこだわったのではないだろうか。[20]ともあれ、習俗としての「自力」は、かなり根強いものであった。それはまた上記の、正当な理由を持つ殺害者に対する配慮と関連するのである。[21]フェーデ取締りに限らず、不定住、不就労の日雇い、奉公人や乞食、遍歴芸人の把握、追放など、領邦社会の治安と秩序の維持に関わる規定は、地方の貧弱な司法組織と要員のみで実行できるものではなく、地域住民の協力は不可欠であった。しかしそうした協力関係が成立するためには、領邦当局の意図と地域社会の慣習の間にはなお小さからぬ齟齬が存在したのである。

　ではフェーデ宣告者を取締るための住民動員は、1532年の領邦令ではどうか。第8章65項のフェーデ宣告者を連行した者への報償規定は、マクシミリアンの刑事裁判令におけるそれとほぼ同様である。領邦住民の個別的なフェーデの取締りのために、君主、貴族のみならず都市や裁判区の住民からも取り立てた多額の「公金」を「懸賞金」として投入することは、切羽詰まった領邦当局の窮余の策である。貴族、裁判区住民よりなる地域社会はフェーデを生み出す母胎であり、かつこれを取締るための基金設置にも協力義務を負うという立場に立たされた。

　フェーデは当事者と関係者でない限り、地域社会にとっても迷惑な行為であり、諸身分(シュテンデ)もその禁止と取締り規定自体を否定する積極的な論理は持たない。しかし次章で述べるように、農民も近隣領主に対して集団的に実力を行使する

第3節　近世初頭の領邦令と社会　　　247

ことはあり、また慣習法文書(ヴァイステューマー)にあるように、フェーデ類似の「自力」行為がしばしば農民の身近に生じていた。このように自身が当事者（主体）となるかもしれないフェーデ行為を断罪し、厳罰で禁圧しようとする国家の論理に対する反発があったとしても不思議はない。地域社会にとってより重要なのは、不可避的に生じる紛争を宥和的に解決する方策であった。

　なおフェーデ宣告者とは明記されていないが、有害な犯罪者の逮捕のための住民の協力義務をあらためて確認した第8章4項は、非協力者の処罰を強調しており、同時にこの（武装）奉仕によって身体的被害を被った者への補償をも記している。さらに注目すべきは、逮捕の対象が肉親、親族である場合には、協力義務を免除していることである。犯罪行為者へのある種の援助（逃亡幇助など）を一定範囲の血縁、親族に認める規定は、慣習法文書にも散見するが、同様に法治主義の理想を追求する国家の刑法論理も、親族関係とその感情への配慮を優先せざるをえなかったのである。

(D) 森林・狩猟・入会・紛争

　本書第4章の放牧地、森林など入会に関する規定では、先に見た領邦君主の森林高権による保護と規制を確認しつつも、4項ではゲマインデの共有地管理権を前提に森林等の分割・貸与を規制している。君主に手厚く保護された鉱山業が共有森林を蚕食しつつあったことを思えば、この規定の意味は明らかであろう。また8項は鉱山地域のイン渓谷・ヴィップ渓谷住民に、自家需要の木材取得を認めている。第6章で記したように、ヴォプフナーが、森林保護は農民の地域共同体による管理よりも、強制力ある国家の統一的な法令、処罰による方が効果的であると述べたのに対し、ブリックレは森林資源についても、共同体の自己管理能力を強調した。領邦令第4章6項で、農民が森林を拓いて放牧地とすることを禁止しているのは、もちろん自然資源保護ではなく君主の狩猟熱と財政的関心に基づく措置である。いずれにせよ先に言及した森林令からも明らかなように、森林巡察という異例の手段を講じた領邦当局にも、農民の抵抗を抑えて森林利用規制を貫徹することは困難であった。8項に加えて、猟獣保護についても12、13、15項では農民の要求に配慮が加えられ、緩和されている。しかし森林をめぐる領邦当局と地域住民の対立は、少なくとも16世紀末に鉱山業の繁栄期が終わるまでは続くであろう。

　なお本書第3章で考察したゲマインデ間の紛争では、最も頻繁にその対象と

なった放牧地は、上記のような森林令との関わり以外では、従来の法令にはほとんど言及がなかったのだが、この領邦令においては簡単な規定が現れる。従来、森林令では森林官は、鉱山・製錬業者に割当てられた森林と農民の放牧地・採草地の境界をめぐる紛争を仲裁する義務を負った。そうした農民の入会地と鉱山用森林の境界画定は難しく、しばしば争いの原因になったからである。領邦の国家的産業として、君主の保護下に置かれた鉱山業の関係者が紛争の当事者である場合、森林役人が仲裁に尽力したのは理解できる。これに対して農民のゲマインデ間の入会争いは、刑事罰の対象となる暴力、傷害をともなわぬ限り、事情に通じた裁判区の近隣集落（住民）と裁判官の協働による仲裁等に委ねられたのであり、中央の役人が直接関与することは稀であった。鉱山区に近いイン渓谷のゲマインデ間の紛争についても、森林官、その他の中央の役人が仲裁に関与する事例は多くはない。領邦令第4章2項では、放牧地利用を領邦への公的義務を負う領邦民の権利とし、かつ放牧地利用はゲマインデの規則に従う、とある。放牧地はいわば領邦臣民の公的資源であるということなのだが、それは放牧地が国家統制のもとにあることを意味せず、放牧地はやはりゲマインデ（地域共同体）の慣習によって共同利用されるべき入会であった。この規定の背景には、新たに村落内外に定住した鉱山労働者や小屋住農（ゼルロイテ）にも、入会の利用を保証しようとする領邦当局の政策意図と同時に、入会利用についてはゲマインデの自律的慣習が前提であるという領邦と社会の合意（妥協）があると見てよい。3項は、そうした地域の慣習には聖職者や貴族も従わねばならなかったことを示している。

　なお第2章84項は、すでに言及した放牧地の境界を越える家畜の差押えと請け戻しの手続きを定めている。第4章の事例で見たように差押えは当時、こうした農民間の争いにおいてしばしばとられる手段であった。牧童のミスによる越境ばかりでなく、争いの対象となった放牧地に対する用益権をアピールするため、一方は意図的に家畜を放ち、他方は実力でこれを差押える。こうした背景がある場合、越境家畜の差押えと賠償による請け戻しは、根本的解決を意味しない。差押えはある種儀礼的な実力行使ではあったが、それでも隣人関係を損なうトラブルを招くことも多々あった。そのため差押えに関する地域慣習は、差押え現場での叫喚告知（いわば「現行犯」逮捕）、その場に杭を打つ、あるいは割り木を置く、などの象徴物をも用いた儀礼的手続きをも規定している[22]。領邦令では差押えを執行するのは廷吏、村長、役人に限定されているよう

に、トラブルの最小化のために農民は、領邦の法と組織（裁判）をも利用しようとした。しかし領邦令1573年版では、そうした人間が不在の場合、当事者が差押えを行いうるとされている。村から隔たった放牧地（アルプ・アルム）における家畜の越境に対して、役人が迅速に対処し得たとは思われない。当事者の一定の実力行使を認めることは不可避であった。したがって領邦令は、平和的に差押えを解く手続きを重視しているのである。その背景にある紛争関係は一律的な手続きで解決しうるものではなく、在地の慣習によって収めるほかはない。裁判役人が差押えを執行する場合でも、これに抵抗する者にはゲマインデによって、入会利用の禁止や家宅の封鎖（Verpählung）などの制裁措置が加えられた。領邦当局は国家の財政、収益やポリツァイ規定の対象となる事項以外では、問題の解決を地域共同体の慣習と自己管理機能に委ね、また委ねざるを得なかったのである。

3　小　括

　16世紀の領邦令は、領邦君主、政府の立法意志と、自身の要求や関心をもってこれに対応する諸身分（シュテンデ）との交渉によって制定された中世後期以来の諸法令を継承し、またマクシミリアン時代以後の都市と農民の苦情提出とインテンシヴな相互交渉・調整のプロセスを経て生み出されたものである。このような法令の制定、修正、施行をめぐる国家と社会の相互関係は、第4章で述べた、ポリツァイ令の制定・施行における国家と社会の双方向的な関係を指摘する近年の研究動向を想起するなら、決してティロルの例外的現象とは言えないであろう。しかしラント裁判区という、国家統治・地域自治・農民生活の単位であるローカル・コミュニティにおいて農民の合議と意思形成が行われ、そして都市・農民を加えた領邦議会という領邦レベルの協議の場が既存の制度として機能し、このような相互交渉が比較的スムーズに、新たな包括的領邦令へと結実したこと、これはティロルの特質であろう。

　そのような法の制定と実施のプロセスが内容に影響を与えなかったとは考えられない。確かに1519年以後の各裁判区住民の苦情、陳情、要求や1525年のメラン・インスブルック箇条のうち、教会改革や裁判区役人の選出などの急進的な改革要求は、君主と政府の意向により拒否されたが、既述のようにメラン・インスブルック箇条の半数以上の項目は、何らかの形で新領邦令において考慮

された。こうした新領邦令の基本的性格については、すでにブリックレによっても指摘されている。しかし農民のラントシャフト（議会参加の資格、身分）の起源、活動、機能の解明を目的とするブリックレの研究は、ローカル・コミュニティ（裁判区、渓谷、ゲマインデ）の構造や機能、そこに生きる農民の意識、慣習、秩序についてオリジナルな考察を加えてはいない。それに対して本章では、第3章までの農村地域社会の秩序に関する考察をふまえ、農民の側からの領邦に対する苦情、陳情、改革要求を、ラントシャフトの運動としてよりも、第一に、コミュニティを基盤とした農民の自律と自治、伝統と慣習に基づく秩序を維持しようとする行動として解釈してきた。この視点からすれば、領邦令の治安、裁判の公正、経済生活の安定など、君主と領邦民の共通の関心に沿う諸規定とともに、地域社会の秩序については農民の要求に応じて、従来の慣習にも一定の配慮が加えられた点が強調されねばならない。くり返すことはひかえるが、森林利用、狩猟などにおいても同様な措置規定が見出される。この点で近世初期の領邦はなお、中世後期以来の伝統的社会秩序と国家的法秩序の相互依存関係を維持していたのである。

　このようにして成立した1526年の領邦令、これに僅かな修正を加えた1532年の領邦令、そしてポリツァイ関連規定を付加した1573年の領邦令は、テレジア・ヨーゼフ期の法典編纂に至るまで、領邦ティロルの国制の柱であった[25]。

史料15　新領邦令

　1532年の領邦令の各章から、本節で言及した論点に関わる項を選び、その内容を要約して記した。下線部はとくに重要な箇処である。1526年、1573年領邦令の異同、増補については（　）内に付記した。章番号の後に（　）で付した項目、その他の（　）内の記述（欧文原語をのぞく）はすべて、筆者の補足である。
典拠：
Der Fürstlichen Grafschaft Tirol Landsordnung, 1526.
Lanndtzsordnung der fürstlichen Grafschafft Tirol, 1532.
New Reformierte Landsordnung der Fürstlichen Grafschafft Tirol, 1573.

　1532年版の前文：　1529年の領邦議会で、1526年の領邦令が争いや誤解を招き、また領邦君主の上級権力、レーエン、抵当、直轄領について、また臣民の権利、特権（自由）、よき慣習……に不利益をもたらすゆえ、改良、修正、変更を行う

よう君主フェルディナントに請願した。そこで信頼できる顧問、領邦特権（ランデスフライハイト）、慣習を熟知している領邦議会身分(ラントシャフト)の代表の助言により、領邦令を精査し、不都合な項目を除去し、誤解を招く項目を修正して全体として改善した。

第1章（誓約）

1　全ての臣民は私と私の後継者に世襲忠誠誓約を行う義務を負う……。
2　忠誠誓約義務に違反し、忠誠を守らぬ者は領邦外追放に処される。
3　新参の間借り人（インヴォーナー）、奉公人、手工業職人は、当該場所の市長や裁判官に誓約する義務を負う。これに従わねば領邦外追放。
4　鉱山労働者は鉱山裁判官に対して誓約義務を負う。
5　領邦臣民はその奉公人、労働者、手工業者（職人）を市長、裁判官に届け出、彼らが誓約をなし得るようにする。
6　この領邦、ティロル伯領においては、都市、裁判当局、市長、裁判官にあらかじめ誓約義務を果たし、他の市民や農民と同じように税、軍役、防衛の義務を担わなければ、いかなる職人、奉公人も居住し、職に就くことを許されない。都市の居留民となるには出生・素性の証明が必要である。

第2章（裁判）

1　全ての都市は（古くからの特権により）分別ある参事会員を、また各裁判所は12人の名誉と分別ある人を、誓約者（陪審）に選ぶ。
2　訴訟当事者の姻戚、親族である誓約者は、そうした縁故のない者と交代する。
5　訴訟当事者との縁故などのため陪審の不足が生じたら、裁判官が誓約者以外から陪審を選ぶ。必要な場合には裁判区外からも選ぶ。
6　毎年4人の誓約者が交代する。
8　裁判官とその代理人（アンヴァルト）は手数料（ジッツゲルト）を取ってはならない。
9　裁判書記の誓約義務。文書作成料は1ベルン・プフント以下とする。
10　自身の印璽を持つ裁判区住民は、自身で売買や契約を行い得る。印璽を持たない者は裁判所においてのみ契約をなし得る。
11　廷吏の報酬について……
12　各裁判所は3～4人の弁護人（裁判代理人）を置く。その職務、義務……。和解交渉であれ裁判であれ依頼されたら断ってはならない。（1573年版の増補：　弁護人と依頼人の間で報酬をめぐるトラブルが生じたら、裁判当局が適切な額を提示する。）
14　裁判費用の増大について。一部の裁判官は自分の家で裁判を催し、当事者は何日も滞在を余儀なくされて宿代がかさむ。裁判官は自宅や宿で裁判を行って

はならない。

15　誠実な、また正当な法的根拠を持つ人が、費用のために裁判を利用できない場合、裁判当局は裁判官・弁護人・書記・廷吏の費用を（立て替え）、問題解決に配慮する。誰も貧困のために法を保証されないまま（rechtlos）であってはならない。（1573年版増補：　裁判当局は迅速に、最低限の費用で判決を下すべし。当事者は証言であれ、訴訟であれ、和解交渉であれ、領邦令に反し、不必要な介助者、弁護人、その他の無意味な人々をともなって訴訟、その他を行ってはならない。）

20　訴えがあれば、裁判官はまず不必要な出費を避けさせるために、当事者を裁判外で和解させるべくあらゆる努力を行う。和解がならず、債務問題で訴えられた者が訴えを認めたなら、訴えた者には差押えを行うことが許される。差押えの手続き……（1573年版増補：　裁判出頭義務や証言の聴取方法などについて）

21　全ての民事訴訟では裁判審理に入る前、あるいは途中でも和解できる。ただし当局の判決と裁判は損なわれない（保留される）。

37　裁判集会（エーハフトタイディング）は必要に応じて開かれ、領邦君主の、そして領邦の共通の名誉と利益、特権（フライハイト）、法令、法が扱われる。また都市、裁判区の裁判集会でもそれらが扱われ、臣民によって（軽）犯罪（ウンツフト、フレーヴェル）が告発され、その他のあらゆることが慣習通りに扱われる。

52　領邦に定住する者は、民事的問題のために身体、財産を拘束されることはない。しかし全ての間借り人はよそ者に対し、またよそ者は他のよそ者に対して、この領邦で生じた契約、債務、その他の問題のために、要求に応じて相手が約束を履行するか、裁判に従うことを約束するまで、その身体、財産を拘束することができる……

56　判決は非公開で下される。

57　ティロル伯領の都市、（ラント）裁判において（軽・重の刑事）犯罪（ウンツフト、インツィヒト、マレフィッツ）に関して下された判決、さらに所有、相続、損害賠償に関する判決については、上訴してはならない。その他については上訴可能。

58　上訴は都市、ラント裁判からメランの君主の宮廷裁判へ、次にインスブルックの政府・カンマー裁判へと進み、カンマー裁判の判決は中間の裁判を介さずに、第一審の裁判官に送られる。……（別の上訴制度をもつ裁判区について）……

60　上述（57）の上訴不可事項の判決についても、君主ないし政府に嘆願あるいは異議申し立てを行えば、君主ないしは政府から、下された判決の説明と措置を期待することができる。この間判決の執行は行われない。……

　　（1526年領邦令 I-1-2：　臣民が裁判区長、裁判官、役人により（裁判におい

て）不都合な扱いを受けたら、君主、あるいは領邦政府、宮廷に申し出れば、聴取を受け、温情あるふさわしい調査を受けることができる。）
62 判決、和解、仲裁その他の仕方のために、損害（賠償）請求を保留するなら、裁判官は14日以内に相手を釈明のために出頭させる。その後5～7人の誓約者が仲裁し、それが実現しなければ、判決により適当な損害賠償が科される。
84 <u>渓谷における家畜差押え</u>： ある裁判区、共同体（nachbawrschafft）が他の共同体の渓谷、放牧地（アルペン）、その他の共有地に家畜を放ち、あるいは個々人が家畜を他人との境界を越えて放つことにより損害を与え、その家畜が廷吏、当地の村長または役人に差押えられたら、3日以内に裁判または名誉ある人々によって損害の評価が行われ、（賠償によって）和解する。賠償・和解が行われなければ、差押えた側は家畜の越境放牧と損害について裁判に訴え、差押えられた側は判決に従って貨幣で賠償すべし。もし賠償されなければ、件の家畜は生きた抵当物件として扱われる。
　　（1573年版の増補： 畑、ブドウ畑、放牧地、土地に家畜が入って被害を生じ、近くに村長や廷吏が居なければ、自身で家畜を差押える権限を持つ。もし家畜の所有者が、自分の家畜が被害を与えたことを否定するなら、放牧地や山では証明することは困難なので、差押えた者は誓約をすれば信用されるべきである。）
85 誰かが廷吏、村長、役人による差押えに抵抗し、これを妨げようとするなら、役人らは家畜を現場で差押え、裁判当局に訴え、引き渡す。

第3章（相続）
9 <u>相続</u>： 嫡子の均分相続が原則。娘、寡婦の相続権は劣る。<u>父親の衣類、装身具、馬、銃、鎧、武具、印璽、書物は息子に</u>。その他の財産についてもその由来と内容に応じて、血統（stamm）と家名の維持のために息子が優遇される。
　　（1573年版の増補： 父母が多くの衣類や装身具を遺したときにはその一部が父から娘へ、母から息子へと相続されることもある。しかし父親の銃、武器（剣）、鎧、印璽……は息子のみが相続する。）

第4章（放牧地・共有地・森林・狩猟）
2 <u>領邦に住み、領邦君主に軍役、納税、その他のゲマインデの負担を担う者は、各ゲマインデの法に従い放牧地を用益できる。しかし牧童の給養のために相応の負担を負う。外部からの商人、行商、車大工、居畜人など領邦の共通の負担を負わない者は、放牧地の利用を許されない。</u>
3 高位聖職者、貴族が都市や裁判区とともに放牧地を利用し、共同の牧童に家畜を世話させる場合、牧童の費用を分担する。
4 当局の許可と住民たち（gemainschafft）の了解なしに、共有地（森林）（ge-

main)の部分貸与を行ってはならない。貸与森林が領邦君主支配下の裁判区にある場合は、その地代は領邦君主に、その他の裁判区においては各々の支配者に帰す。また住民たちも領邦君主の了解と許可なしに、共有地を切り取ったり、売却したり賃貸してはならない。

5　山岳、渓谷の放牧地を賃貸しようとする場合、よそ者ではなく領邦民を優先すべし。

6　ティロル伯領では森林を焼いて耕地（放牧地）とするため、多くの森林が消滅した。今後は誰も樹木（カラマツ）を伐り、薫製用に木を焼き、森林の中に空地を作るべからず。またいくつかの種類の木は領邦外で売ってはならない。

8　<u>イン渓谷、ヴィップ渓谷の都市、裁判区は、家屋の建築用材、薪、柵、屋根のための木材を恩恵により与えられる。それゆえイン渓谷では過去に発令され、また今後発令される森林令を遵守すべし。</u>

11　鹿や猪などの狩猟は禁止される。<u>しかし一般民（gemainer mann）の被害を防ぐためにやむを得ぬときは、申請により許可される。</u>

12　臣民は害獣から耕地を守るために、十分な高さの柵を設けてよい。しかし獣にとって危険な柵は、森林（狩猟）長官と森林属吏が改修させる。聖ミハエル（9月29日）から聖ゲオルクの日（4月23日）までは、猟獣が狼や犬から逃げられるよう、開けておくべし。

13　臣民は適度の数の犬を飼ってよい。獣がブドウ畑、耕地、菜園、採草地などに入った場合、これを追い出してよいが、猟獣に危害を加えてはならない。犬が猟獣を襲い、危害を及ぼす懼れがあり、また水辺や柵のところで獣に噛みついたら、この犬は処分し、あるいは狩猟管理所に引き渡し、獣に害のない犬に替える。

15　臣民はその土地で狼、熊、大山猫が被害を加えているのを見たら、殺してよい。さもなくばこうした獣を狩猟すべからず。森林官が委任した者が必要のある裁判区において、誓約のうえ害獣の監視を行い、住民はこの者に届け出て、その監視のもとに害獣を駆除する。

25　君主不在時の領邦議会は、エッチュ地方ではメランあるいはボーツェンで、イン渓谷ではインスブルックあるいはハルで、それ以外ではシュテルツィングまたはブリクセンで開かれる。

第5章（農民の土地保有）

15　<u>当領邦の聖俗の領主、賃租取得者はその保有農（バウロイテ）、賃租民（チンスロイテ）に対し、領邦の共通の慣習に反する文書や特別の条件によってではなく、ティロル伯領の公に示された領邦の慣習に従い、適切な貸与文書と請け書により土地を貸与すべし。これに反する貸与は無効である。</u>

18　<u>領主が農民に世襲保有（エルプレヒト、バウレヒト）の更新を行おうとしないなら、裁判官がその（農民の）権利を保護する。</u>

38　農民（バウロイテ）が領主に地代を納めるときは、領主は彼らにふさわしい飲み物、チーズとパンを与える。農民がそのために宿泊せねばならないときは、領主は彼と家畜の費用を与える。

第6章　（商業・手工業）

15　居酒屋、ワイン酒場の秩序……。16　穀物売買……。17　家畜売買……。

27　手工業者の懲戒権：　手工業者、ツンフト、ブルーダーシャフト（兄弟会）、親方、職人が当局の許可なく集会、宴会を開き、規則・罰則を定めて我が領邦の特権、慣習を損ない、多くの苦情を生じさせている。今後そのようなツンフト、ブルーダーシャフト、宴会などは廃止されるべし。

　　（1573年版の増補：　手工業者の就労、親方との関係について）

　　（45項のあとに1573年版では、85項までの追加規定が加えられる。内容は製粉業者による様々な穀物の扱い、その価格など。）

第7章　（信仰生活・武器携行・風紀・遍歴者）

1　祝祭日、日曜は肉体労働、罪深い行為、人前での遊技などを控えるべきである。そうした祝祭日としては……。

2　神と諸聖人を冒瀆した者は、初犯は3日間、再犯は8日間、水とパンのみで拘禁される。3度目は、冒瀆の内容に応じて身体、生命、財産の処罰を受ける。富と名声を持つ人々がこのようなことを行ったら、最初は8グルデン、2度目は20グルデンの罰金。3度目は裁判当局によって逮捕され、冒瀆の内容に応じて裁判の判断に従い、領邦君主により身体、生命、財産の処罰を受ける。これらの罰金は、半分は貧者の施療院と在宅貧者に、半分は当該地区の裁判当局に帰す。……

3　投げ矢（Wurffpeyhel）、十字鉤（Creuzeysen）、鉛玉（Bleykuglen）などの武器を密かに、あるいは公然と携行した者は25プフントの罰金。

　　（1573年版の増補：　上記の武器に、隠し持つ小型の銃、拳銃（Faustpüchssen）が加わる。続けて以下の増補規定：

聖俗、身分の上下、領邦内部・外部人を問わず領邦に出入りし、往来するときには護身のために自動点火のまたは火縄式の銃を携行してよい。ただし2スパン以下のものは不可、また隠し持つのでなく公然と持つべし。小さな銃、投げ矢、隠し持てる……武器は護身用でなく謀殺などの悪しきことに用いられるので、領邦外からもたらしたり、週市で売ったり、都市、村の内外で所持したり、用いたりすることは厳禁される。市民であれ、農民であれ、手工業者であれ、こうした禁じられた武器を製造し、または領邦内の年市、週市に密かに、あるいは公然ともたらし、あるいは領邦の、また領邦外の人間がこうした武器を所持して都市、市場町（マルクト）、散居家屋に来るのを見たら、当局の命令により、こうした武器を押収し、あるいは当局に知らせ、武器を引き渡すべし。……身分

の上下にかかわらず、領邦外の人間がこうした危険な武器を持って領邦に来たり、都市、市場町、村で居酒屋（宿）に入ったら、その主人は害を及ぼさぬよう警戒し、警告する。……）
5　領邦外からの乞食の流入禁止
6　就労せず身元保証人もない職人（奉公人）に対する措置（1573年版では増補）
7　語り人、歌手、幇間（Hofierer）などいかがわしい者が多数、領邦の渓谷や山を巡り、多くの金を集め、いかさまの賭やカード遊びをしている。こうした者を領邦から追放すべし。(1573年版：　大道芸人、歌手、歌人（語り人）、バイオリン弾き、笛吹などを自宅、宿、結婚式、教会祭日、市に招き入れてはならない。)
8　ロマ（Zigeyner）は領邦外に追放する。
9　多くの居酒屋主人が古い慣習では認められていない居酒屋でワインを提供し、そこでは浪費や賭け事、飲酒、神への冒瀆、暴動、陰謀、殺害が頻発している。こうした問題を取り除くため、以後は全ての裁判区で裁判当局を通じて、異例な場所での居酒屋の営業をやめさせるべし。
11　教会祭日には土地の者であれよそ者であれ、武器を持って、また徒党を組んで訪れてはならない。太鼓を打ち、笛を吹き、ダンスをしたりしてはならない。外部の行商人は教会祭日に訪れてはならない。
17　和解であれ裁判（判決）であれ、裁判官は罰金の一部を取ってはならない。裁判官は別途、当局より報酬を受ける。ただし裁判官を選ぶ権利を持つ都市は除く。

第8章（裁判官・陪審・犯罪と刑罰・殺害・フェーデ宣告）

1　ラント裁判官は領邦君主から流血裁判および全ての有害な事柄を裁くバンとアハトの権限を与えられる。誓約者（陪審）の選出方法……（1499年の刑事裁判令にほぼ同じ）。かくして全ての裁判地に12人の陪審が存在し、流血裁判事項（身体刑犯罪）、その他の有害な事柄を、以下に規定されているように裁く権限と義務を持つ。
2　裁判官と誓約者（陪審）は神と諸聖人にかけて、全ての訴えを誠実に聴取し、分別をはたらかせて審理し、また誓約者は裁判官に最善の助言と助力をなし、流血事項と有害な事柄について常に領邦令、その他の現在、将来の君主の定める法に従い、判決を下すことを誓約すべし。親族関係、贈与、妬みや憎悪によって法（裁判）が歪められてはならない。
4　臣民と不就労の奉公人は求めに応じて常に、法の維持のために当局、長官、裁判区長、裁判官とその役人に協力する義務を負う。有害で危険な行為の処罰のために、当局に助力、支援を拒まず可能な限り行うべし。これを拒否し、協力を蔑む者は当局への不服従者として、都市の参事会、裁判区の誓約者の了解

第 3 節　近世初頭の領邦令と社会　　　　　　　　　　　　　　　　257

により処罰される。しかし（犯人と）父母、兄弟、子供、夫婦、義兄弟、義理の娘・息子の関係ならば、協力する義務はない。
5　臣民が上記の協力のための行為によって身体的な損害を被ったら、また犯人がこれに償うことができない場合、領邦君主が治療費を負担する。
6　この地に定住している者（家屋敷を構える者）は逮捕されることはない。例外：　刑事犯罪（インツィヒト、マレフィッツ）にあたる行為、当局に従わず裁判に訴えたり応じたりしない者、他人に致命傷を負わせた者、……。
7　裁判官が殺害（故殺）、窃盗（Diebstall）、謀殺（Mörderei）、強盗（Rauberey）の現行犯で誰かを逮捕したら、さらに調査したり糾問したりする必要はない。捕らえられた者が別件で悪評ある者であれば、糾問される。
11　裁判書記の職務：　犯人が拷問により自白したら、裁判官は名誉ある 5 〜 7 人（うち 2 〜 3 人は誓約者）の人々を招集し、犯人を前にして自白内容を読み上げ、確認する。書記はこれを記録する。証人たちがその内容を確認したら、参事会（都市の場合）、または誓約者が判決を下す。まず上記の誓約者の 1 人に判決が問われ、その後、他の者にも問われる。
13〜22　マレフィッツについて誰も訴える者がないなら、当局は当事者の一方または双方を告発する。裁判は非公開。裁判官、参事会、誓約者は死刑判決をも下す。謀殺は車刑。裏切りは四つ裂き、強盗は斬首、教会略奪、放火、男色は火刑、偽証は舌、指の切断、文書・印璽偽造は火刑。
25　婚外子が嫡出子の名、盾、鎧、印璽を使用し、嫡出子の警告後もやめなければ、当局が処罰する。
26　他人を誹謗する文書を流したら、身体・財産・名誉の処罰を科される。
27　他人を泥棒など不名誉な行為をしたとして責め、裁判でこのことを立証できなければ、判決により被害者のためにおおやけにこの誹謗を撤回するか、あるいは被害者の足跡の中に立たされる（被害者と同じ不名誉を被る）。……しかし、この中傷が怒りや些末な原因から生じたものであれば処罰は軽減される。
32　当局は必要に応じて平和を命じることができる。自発的な誓約による、あるいは命じられた裁判平和を正当な理由なく破った者は、斬首される。相互に平和を結んだ者たちがおおやけの場で飲食するなら（和解するなら）、それによって裁判平和は終わる。
　　（1573 年版の増補：　当局の不在の時に争いが生じたら、名誉・名望ある人々が当局の名で平和を命じる。これに従わねば、裁判官、誓約者の確認により、身体、財産の処罰。）
33〜43　様々な犯罪と処罰について。姦通（男女とも）の初犯はパンと水で拘留され、再犯はより長期に拘留される。3 度目は領邦外追放。自分の婚外子を殺した女は、生き埋めにして杭を打ち込む。
44　窃盗犯：　年齢と盗んだ物の価値により処罰の軽重を規定……。
47　軽率から生じた殺害（Todtschlag）も情状酌量なく斬首刑に。

48　殺害者は被害者の親族の同意がなければ1年を経ても赦されず、君主による恩赦（Landhuld）も与えられない。

49　自身の名誉、身体の危機、その他の正当な理由による防衛行為のために殺害を犯したことが証明されれば、領邦君主、または政府により安全通行（Geleit）が保証される。

　　（1573年版の増補：　自身の身体と生命を守るために相手を殺害した者は、責任を問われない。誰かに武器、銃で攻撃され、身体、生命、名誉を損なわれることなく逃げることができなければ、正当な対抗防衛をなし得る。その結果、相手を殺害しても咎はない。）

50　誰かが妻とともに裸体でベッド、その他の場所に居るのを見つけ、怒って撃ち殺しても厳しくは裁かれない。ただし少し時間を経た後に殺したら、通例の殺害と同様に裁かれる。

51　見知らぬ者が夜間家に入ってきたら、捕らえて当局に引き渡す。抵抗したため傷を負わせ、あるいは殺しても殺害の咎はない。裁判官と誓約者の判断により寛大に扱われる。

52　殺害の賠償は親族間のみで行われるのではなく、当局の同意において行われる。殺害者が被害者の遺族と無理なく財産に応じて和解しようとし、遺族が和解に加わろうとするなら、こうした和解は遺族や親族の意志においてではなく、裁判当局の監督と承認によって行われるべし。

53　殺害者が1年の経過の後にも領邦君主によって恩赦を与えられなければ、被害者の親族の訴え、または裁判当局によりアハト（追放）を宣告される。

54　殺害者、その他の犯罪者が恩赦を得ないまま逃亡し、捕らえられなければ、裁判当局によって、あるいは親族の要請により廷吏を通じて、都市では市庁舎の前で、裁判区では裁判所の前で、該当者を14日ごとに3回にわたって公に召喚させ、裁判の日を設定し、事情を聴取する。また該当者が出頭しなくても、設定された裁判日に判決が下され、該当者をアハトに処す。そしてその不法行為と判決は裁判書記によって公に読み上げられ、裁判官の命令により廷吏がこの犯罪行為の告発を行う。そして被害者の親族、あるいは加害者の親族に、以上のような行為、措置、判決について全てを知らしめる。

57　殺害者、その他の犯罪者が領邦君主の恩赦により釈放されるなら、拘禁されていた裁判所にその間の費用を支払い、復讐断念誓約書（ウアフェーデ）を提出する。

58　復讐断念誓約書の書式例……。

59　正当防衛、その他の名誉ある事柄のために殺害を犯した、まっとうな殺害者（redlicher Todtschläger）は、現地で平和保護（フライウング）を与えられる。

60　いくつかの地域で存在するわずかの特別平和保護区域（フライウング）は、廃止される。

62　高位の者であれ平民（gemainen Stännden）であれ、都市や裁判区の住民で

あれ、フェーデ（Vehd und Feindtschaft）宣告を受けたら、インスブルックの政府または所轄の裁判官、裁判区長、市長、参事会、ゲマインデによって保護され、フェーデ宣告者（Absager）と和解することを強いられずに最善に暴力から保護される。
63　都市、市場町、村の裁判ヘル、裁判官は都市、市場町、山岳、渓谷の村においてフェーデ宣告者（が現れないか）を厳しく監視し、（現れたら）逮捕し、裁判へ引き渡し、拘禁させる。
64　フェーデ宣告者を、それと知って泊め、かくまった者は、そこから生じた全ての損害について責任を負い、また斬首刑に処される。
65　誰かがフェーデ宣告した者を捕らえて連行したら、その者には400ライン・グルデン貨の報酬が与えられる。これらの報償金のために領邦君主が２千グルデン、トリエント、ブリクセン司教とその領民が千グルデンずつ、高位聖職者、貴族とその賃租民が50ペニヒずつ、都市と裁判区の各世帯から１ベルン・プフント貨ずつを拠出する。またフェーデ宣告者を連行しなくとも、証言し訴えたことにより、裁判区長、または裁判官によって宣告者が拘束されたら、その者には200グルデンが与えられる。またそのような協力者には、フェーデ宣告者が必ず処罰されるという証文が与えられる。拠出された基金はメランまたはハルに保管される。
　　（1573年版の増補：　また誰か個人ないし裁判区にフェーデ宣告した者を捕らえて連行した者にも、その状況に応じてふさわしい報償が与えられる。）
66　放火したフェーデ宣告者は火刑に処せられる。この者がとくに危害を加えなかったら斬首刑。
67　捕らえられたフェーデ宣告者が拷問の前、あるいは途中で、彼が当局によってその権利を認められなかったこと、裁判に訴えたにもかかわらず権利を回復されなかったことを証明したいと申し出るなら、裁判の前にその証明のための猶予が与えられる（15〜45日）。証言が得られたらこれをふまえて最終判決を下す。
68　鉱夫の刑事犯罪は鉱山裁判官でなく、その地のラント裁判官と誓約者（陪審）が裁く。
　　（1573年版の内容：　鉱山裁判官によって鉱山区の住民が刑事犯罪のために逮捕されたら、鉱山裁判官と誓約者はこのことを（ラント裁判官に）知らせ、引き渡す。……）
72　裁判官は判決に関わらないが、参事会、誓約者が同数に分かれた場合には、裁判官が加わって決定する。一方が厳しく、他方が寛容な判決を示したら、裁判官は後者に加わる。
73　自白と判決の朗読の後、裁判官は裁判杖を折り、被告を刑吏に引き渡す。
74　刑事犯罪（インツィヒト、マレフィッツ）に関する判決は、明らかな違法がある場合を除き、上訴することはできない。

第9章（暴動・蜂起）

1　各都市、市場町、裁判区の大きさに応じて2、3の、あるいはそれ以上の地区（Vierdtail, Stab, Obley, Malgrey）を設け、各々に1、2名の区長（Vierdtail-maister）と4〜8名の属吏を、分別ある住民の中から、都市では市長と参事会が、農村では土地所有者たちが、当局の承認を得て選ぶ。

2　暴動、その他の不穏な事態が生じたら、区長と属吏は君主、都市の市長、裁判官、参事会、裁判区の裁判ヘル、裁判区長、裁判官、そして領邦とその住民のために最善の助言と助力を行う。……もし叫喚や危険な事態、前述のような必要が生じたら、当局によって当該地区、あるいは最寄りの地区の区長と属吏に通知される。区長と属吏は直ちに集合し、この件を他の区長と属吏、あるいは裁判区全体に通知するかどうかを協議する。<u>また区長と属吏は彼らの、あるいは他の地区において当局とともに住民に命令し、また自身、危険を除去、鎮圧するために必要なことを行う。首謀者を捕らえるために全ての住民、裁判区に滞在する奉公人も昼夜を問わず区長、属吏に奉仕する。誰もこのための動員を拒んではならない。</u>

12　全ての家持住民はその息子、下僕、雇用者、間借人が裁判当局、区長、属吏、ゲマインデに対して、誓約に従いあらゆる動員と緊急事態において忠実にふるまい、奉仕、助力するように監督すべし。

14　暴動が生じ、区長も裁判当局も鎮圧できなければ、区長は最寄りの裁判区に援助を要請する。求められた裁判区は直ちに援助にかけつけ、暴動を抑える。

19　これまでふとどきな叫喚や偽りの噂（デマ）によって大きな反乱、蜂起や騒動が生じることがあった。今後はこのような根拠のない軽率な噂を流したり叫喚を行ったら、身体・財産の処罰を科す。

20　都市、市場町、裁判区の住民が蜂起、暴動に加わったら、近隣の、またその他の貴族、都市、裁判区住民はこうした者を、身体・財産において処罰する権限を持つ。暴動において参加者が殺されても誰にも責任はない。

27　以上の蜂起・暴動に対する条項は領邦令とともに、貴族・都市・裁判区の3身分および鉱山労働者に、領邦議会委員により選ばれた特別委任者(コミッサール)を通じて、都市、裁判区、鉱山において公示、朗読され、その遵守への誓約が行われた。

30　この法令をもって国王フェルディナントは領邦君主としての権限により、またフェルディナントと領邦議会身分(ラントシャフト)の同意によって、1525（1526）年に成立した法令を無効にする。以後はこの法令に従い、裁き、ふるまうべし。[26)]

「よきポリツァイの法令と改革」Ordnung und Reformation gutter Policey
（1573年版の領邦令の巻末に付されたものである）

前文：
　　1525（1526）、1532年にも新しい領邦令が公布され、その後も多くの命令など

が発令された。そしてふとどきな、罪深い生活や浪費を根絶し、キリスト教的な風紀、名誉、敬虔、敬神、永遠の福利の促進のために有益な法（令）（Satzung, Ordnung）を定めてきたが、それらの法令があまり遵守されず、実行されていないことが明らかになった。飽食、過飲、衣服の奢侈、いかがわしい遊技（賭）、殺害、密通、売春、高利貸し、ペテン、詐欺が横行している。トルコ人の進入、戦争、流血、凶作、飢饉、疫病は神の怒りである。それゆえ諸身分の要請により、私と顧問、領邦議会身分との協議に基づき、以下のような「改革とポリツァイ令」（Reformation und Policeyordnung）を採用する。

本文（概要）：

　神と聖人の冒瀆は身分に応じた処罰を受ける。……（地域、所轄ごとの詳細な規定が続く）飲酒時の侮辱的言辞の処罰……（身分、役職に応じて多様な区分がある）。夜間の路上、屋内での叫喚、騒ぎ、喧嘩、暴力は一昼夜パンと水で拘留される。

　婚外の同棲禁止。

　身分別の服装規定：　騎士・貴族、農民・労働者、都市・市場町（マルクト）の住民ごとに区分され、手工業者と商人も区別される。

　教会ではふさわしい名誉ある服装をし、装身具などを帯びてはならない。仕立屋は禁じられた服を仕立ててはならない。当局はこの服装令の違反者を鋭意処罰する。ユダヤ人は上衣の左胸に黄色い布製の輪をつける（輪の実寸大の型が付されている）。

　結婚式の招待客：　農民、市民、手工業者、日雇いは父母兄弟子供で20人までに制限される。結婚式、洗礼、友人接待、告別式などにおける招待者数や祝宴の皿数の違反に対する罰金。

　ワイン、穀物の先買禁止。教会祭日における過度の飲食禁止。医師の報酬は患者の貧富により差違を設ける。奉公人の勤務、主人との関係について。手工業者について（領邦令第6章27～86項への補遺）。

　結婚生活：　財産、住居を持たない奉公人は結婚を認められない。秘密結婚の禁止。

　隠れ宿に住んで労働、奉仕を行わない者、自分の出身地で生計がたたず、都市、市場町、農村の隠れ宿に住み、かつ働かない者には、裁判当局が就労するよう警告し、従わなければ領邦外に追放される。

　都市、市場町、裁判区は熟練の助産婦を持ち、貧しい者にも助言、助力を与える。

　<u>以上の法令、ポリツァイ規定を毎年、各都市、市場町、裁判区において、住民の前で読み聞かせるべきである。また可能なら1年に何度も読み聞かせるべきである。</u>

第8章　16世紀後半の裁判と農村社会
―裁判帳簿にみる紛争解決―

第1節　裁判帳簿における農民の紛争

　第5～7章では中世後期以後、とりわけマクシミリアン1世による一連の改革法令から16世紀の新領邦令制定に至るプロセスを追いつつ、各法令の特質を、領邦当局と裁判区住民（農民）を中心とする諸身分の交渉過程をもふまえて考察した。またその際、諸法令のうち本書の課題に関連する、裁判、刑法、フェーデ、その他のポリツァイ関連の規定を主たる対象とした。ではこのような国家と社会のインテンシヴな相互交渉を経た後のティロルでは、農村社会の紛争はどのように処理されていたのか。第3章で取り上げたゲマインデ間紛争の事例の多くは、15世紀から17世紀、すなわち中世後期から農民戦争期を挟んで新領邦令の時代に及ぶものである。そのようなゲマインデ間の放牧地、森林など入会をめぐる紛争の解決において、ラント裁判当局は当事者の要請を受けて仲裁・和解を促し、また和解文書を交付するなど、一定の役割を果たしていたが、こうしたプロセスにおいては当事者に周辺のゲマインデ住民を加えた交渉が実質的な役割を果たしていた。いずれにせよゲマインデ間の放牧地争いに関連する規定は、差押えを除いて領邦令には見出せず、そうした紛争の解決は原則的に、地域社会の自律的な利害調整に委ねられていたのである。また17、18世紀のいくつかの紛争事例では、領邦役人のイニシアチヴと指導が現れており、それはおそらくこの時期以後の特徴的な傾向であろう。しかしそれは何らかの法令の影響ではなく、あくまで実践的方策としての選択によるものであった。改訂領邦令が出そろう16世紀後半までは、ゲマインデ間紛争の解決において目立った変化はなかったと言えよう。

　こうした点は、そもそも法と裁判による解決にはなじまない、ゲマインデ間紛争の性格によるものとも言える。第2章で指摘したように、農村社会の紛争は、農民個人の争いと、ゲマインデ間の紛争の双方のレベルで考えねばならない。そして前章までに取り上げた諸法令の中で重点的に考察した暴力、フェー

デ、裁判、刑法などの規定は、集団よりも個人の行為に関わるものであった。そこで本章では16世紀後半、すなわち新領邦令とその改訂版が公にされた後の時期における、ラント裁判区、リエンツとシュタイナハの裁判帳簿（フェアファッハブーフ）から農民間紛争の事例を取り上げ、その処理の特質について考えてみたい。第2章で述べたように、裁判帳簿に記された裁判関係の記事（係争事項）の大半は、個々の農民間の様々な紛争に関するものであった。なおこの裁判区を選んだ主たる理由は、16世紀後半という早い時期の裁判帳簿が現存していることであり、またシュタイナハは、第3章でゲマインデ間紛争を取り上げた裁判区であることをも考慮した。本章末の 史料16 に挙げた①〜⑰の裁判記録（273〜279頁）は、この2つのラント裁判の16世紀後半における記録から、特徴的な事例を抜粋して要約したものである。随時参照されたい。

第2節　農民間の紛争と紛争解決

　史料に挙げたような、限られた地域、時期、件数の事例について、統計的な分析や、時代的な動態分析を加えることはあまり意味がない。以下では前章までの論点を念頭に置き、史料①〜⑰の内容から、16世紀後半のラント裁判における農民の紛争処理に関するいくつかの特色を指摘するにとどめたい。なお最近刊行されたB・マールクネヒトの著書は、ボーツェン（ボルツァーノ、南ティロル）の県立文書館に所蔵された16世紀の裁判帳簿（フェアファッハブーフ）から、農村社会の様々な犯罪行為と裁判当局の対応を紹介している。マールクネヒトはそうした記録をいくつかのカテゴリに区分して叙述するのみで、何ら分析的な考察を加えてはいないのだが、以下ではこの書物に挙げられた事例をも参照することにより、2つの裁判区の事例を客観化することにも心がける。

1　裁判の役割

　両ラント裁判で扱われた紛争は、暴力沙汰から姦通や婚外子の扶養まで多岐にわたるが、大半が加害者・被害者の立場が明確な窃盗や傷害のような単純な刑事事件ではなく、一方的な暴力に見える事件も、実際は当事者双方の行為や主張がぶつかりあう紛争であった。したがって多くは名誉の絡むこのような農

民間の争いこそが、ラント裁判の管掌事項だったのではないかとさえ思われる。たとえば史料③⑥は記録が未完であるが、訴えられた暴力の背後には過去からの複雑な経緯があるように思われる。ラント裁判における係争のこのような特質は、ハイデッガーが考察したラント裁判区ラウデックの1581〜1595年の裁判帳簿の記載600余件から、不動産移転や相続・婚姻契約など法行為の記載を除いた係争181件のうち、160件が名誉の絡む争い（Ehrenhandel）であったことからも確認できる[4]。またこのような農民間の紛争に対して裁判は、総じて当事者主義的とも言えるソフトな対応を示している。

　裁判は殺害などを除いて、当局の職権訴追ではなく、当事者の訴えによって始まった。裁判官は争う当事者に「裁判平和」を命じ、原告と被告の主張を聴取し、場合により当事者の希望する人物の証言をふまえて、陪審とともに和解を促した。裁判当局の仲裁による和解への働きかけはかなり強く、⑰のように、当事者が判決を要求して和解を拒否しても、裁判官が仲裁の努力と和解への要請を繰り返すこともあった。また史料⑪⑫⑮のように、訴えた者も相手に対し、まず訴えの事実を認めて和解する意志があるか否かを問うことが、一般的であったと思われる。有利な、あるいはさほど不利ではない和解に至ることが、当事者双方の期するところであった。さらに、争いの際に一方の側にのみ損害（物的・身体的）が生じた場合は、治療費などの賠償が他方に命じられるが、そうでない限り損害は相殺としたうえで和解が勧められた。仲裁の際には「平和的な、よき隣人関係、友人関係の回復・維持」が強調され、和解が成立すれば、当局の刑事罰は免除ないし保留（執行猶予）された。もちろん被告が和解を拒否すれば、原告の意志により判決・処罰が行われるのである。事例の中には③⑥⑦⑫のように、訴訟記録が完結していない事例も少なくない。⑪では和解への合意が明記され、裁判帳簿の記録が停止されるのだが、そのような記述なしに記録が中断される場合も、おそらく途中で（インフォーマルな）和解が成立し、裁判所がそれ以後は関知しなかったことによるものであろう。マールクネヒトもまた南ティロルの裁判帳簿に見出した、多数の未完結な記録を同様に解釈している[5]。

　このような裁判の対応からも推測できるように、裁判は双方の主張を厳密に検証するという手続きをふまず、また物証確認も不動産の係争などにおける実地検証以外には、その手段がなかった。そのなかで裁判当局、当事者ともに重用したのは証言である。ゲマインデ間紛争の場合と同様、裁判における公的な

証言は重要な証拠情報として記録された。ハイデッガーやマールクネヒトが記した紛争（暴力・犯罪）のディテイルは、ほとんどがこうした詳細な証言記録に由来するものである。また和解を優先することからもわかるように、そもそも双方の理非を究めるという姿勢も明確ではない。1532年の領邦令第2章20、21項は、（民事係争に関して）裁判官は告訴に対してまず当事者の裁判外の和解を促すことを義務づけ、裁判の前、あるいは途中でも和解してよいとする。しかし本章でとりあげた事例は当事者、裁判官ともに、民事・刑事（この区別は曖昧）を問わず、常に和解を念頭に置いていたかの印象を与える。裁判手続き規定が明確にされたことは別にしても、地域社会における裁判の機能は、いまだ一元的な国家の法規範に準拠して犯罪と紛争を裁き、処理する司法官庁のそれではなかった。証言聴取にせよ、和解にせよ、裁判はなお地域社会の人々の絆の中に埋め込まれていたのである。

2　名誉と暴力

　紛争内容は暴力・傷害に至るものが多く、農民は日常的に短剣などの武器を所持しており、口論から手が出て殴打、つかみ合いから農具や短剣を用いた暴行へは容易にエスカレートした（史料③④⑥⑦⑧⑫⑭）。マールクネヒトが示した南ティロルの事例でも、激した農民が所持する長短の剣を抜くことは稀ではなく、あるいは激昂した農民が自宅から銃を持ち出して相手に発砲するという事件もある。こうした突発的な暴力は、祝祭の舞踏や居酒屋などにおける若者たちの接触からのみならず、農作業にむかう村の路上という日常的な生活空間でも生じている。前者の場合には、独特の自己顕示的パフォーマンスや体面を重んじる若者たちの心性から生じやすい、文字通りの突発的衝突と考えられるが、⑬の場合、被告の弁明からは、暴力の背景に債務関係のこじれがあったことがわかる。ハイデッガーが挙げているラウデックのラント裁判での証言からも、突発的に見える暴力の背後に経済的な依存・債務関係や、暮らしぶりの差から生まれる妬みや憎しみなど、複雑な隣人関係の前史が見えてくることが稀ではない。⑥の事例でも、ここでは内容を記さなかった7人の証言は、背後の複雑な対立関係に言及している。

　言葉による暴力（侮辱）であれ、身体的な暴力であれ、暴力は被害者の名誉を損なう行為であり、名誉毀損はまた個人のみならず、親族にも及ぶものと考

えられていた。⑩の事例では名誉毀損をめぐる訴訟は、訴えた本人が死亡した後もその親族によって引き継がれた。⑪の事例では、夫は妻の姦通を親族全体の名誉毀損と恥辱であるとし、親族との合意により裁判に訴えている。⑰の既婚女性に対する名誉毀損では、これを契機に双方の親族が至る所で争うフェーデ的な状況が生じていたことが、裁定の文言から推測される。またこの事例で、拒否しようとする被告に裁判官の和解裁定を受容するように説得したのも、親族（と隣人たち）であった。このように、裁判当局もまた個人と親族の名誉毀損には、社会的問題として充分に配慮し、一方的な名誉毀損の加害者が和解に応じなかった場合には、⑩のように判決により、加害者が裁判の場で被害者に対する名誉毀損の言辞を撤回し、その名誉を確認する謝罪行為を命令した。前章で述べたように、名誉に関わる裁判が公開とされたことも、当局のそのような認識を示している。16世紀の領邦令においても名誉毀損は重大視され、加害者に公的な場での侮辱的言辞の撤回と謝罪を命じており、同様な規定は慣習法文書（ヴァイステューマー）でも見られる。同じく領邦令が名誉に関わる殺害を正当防衛としていることは、すでに述べた。社会的価値としての名誉はなお、あらゆる身分に及ぶ行為規範であり、社会の秩序は、この名誉をめぐる人々の関係を考慮することなくしては成り立たなかった。それゆえ近世においても慣習法文書のような地域慣習法から領邦令に至るまで、公的な法原則と個人の名誉のバランスには常に配慮が加えられたのである。

　こうした名誉の社会通念から生じ易い、親族をも巻き込んだ争いへのエスカレートを避けるためにも、裁判は双方の和解を重視し、また裁定による和解文書には、和解によって双方の名誉とよき評判は守られると記したのである（⑬⑰）。事例⑪の被害者が相手に和解か裁判かを迫っているように、少なくとも16世紀には、名誉毀損についても被害者自身、加害者の謝罪のうえで和解することは、それ自体不名誉ではない現実的選択であったと思われる。ただし領邦令にも見られたように、争いにおける一時的な怒りや激情による侮辱的言辞などの行為は、情状を斟酌して比較的寛大に処理されたようで、⑬⑭の当事者がそのような弁明を行っているのは、口論におけるこうした侮辱が日常、頻繁に生じていたことを思わせる。近世農村社会におけるエモーショナルなコミュニケーションと文化については近年、少なからぬ研究成果が現れており、今後はそのようなレベルで裁判の内外に及ぶ社会秩序のありかたを明らかにすることが必要であろう。

3　殺害と和解

　⑧は17の事例中唯一の殺害である。殺害は他の事件にもまして、広く親族を巻き込んだ相互の争いへと拡大することが多い。事例⑧では、加害者本人が逃亡中の7年間、その家族と犠牲者の遺族の間の争いは、集落の至る所で繰り広げられていたようである。仲裁裁定から逆読みすると、この間双方の親族は「不和のゆえの feh（フェーデ、争い）」を「教会の路地であれ街路であれ、密かに、あるいは公然と、言葉により、あるいは行為により繰り返すこと、報復すること」を行っていたと考えられる。一般に殺害者の期限付き追放規定や亡命は、この間に双方の熱い怨恨の念を冷却し、親族間の和解を促すことを目的とするものであったが、このケースのように、実際には関係者を含めて遺恨争いが続くことも多かったのではないだろうか。しかも加害者本人が逃亡から戻って逮捕されるまで、裁判当局もこうした争いを抑えることはできなかったのである。

　本書第1章では、血讐（殺害フェーデ）は非貴族にも認められたとする法制史の通説に言及したが、殺害をめぐる強い報復観念は、農民社会でも明らかに存在した。しかしD・フラウエンシュテートの古典的研究『ドイツ中世における血讐と殺害の贖罪』が明らかにしたように、こうした報復の連鎖を断つために、加害者と犠牲者の遺族の間で、贖罪の宗教的儀礼をともなう和解も古くから行われてきた。⑧のラント裁判区リエンツの事例でも、犯人が戻って逮捕されると、まもなく双方が裁判官の要請により和解交渉に入った。この和解契約においては双方の親族、そして「友人や援助者」も遵守を誓約し、和解契約は印璽付き文書として交付された。この契約には賠償金の支払い方法や、フラウエンシュテートが詳述した事例と同様な悔悛と贖罪の儀式の次第を含めて、加害者側の義務がきわめて詳細に規定されている。この和解契約成立によって加害者の刑事罰は免除されたのだが、当然ながらその後も両者の争いが再燃する可能性は存続した。それゆえ裁定は加害者に、犠牲者の遺族との接触を避けるため公的な場所に現れることを禁止し、犠牲者の遺族も不用意に加害者に近づかないように戒めている。

　マールクネヒトが挙げる16世紀における100件の裁判記録にも、殺害に至る事例は少なくない。その多くは双方の以前からの不和、あるいは些末な諍いに

第2節　農民間の紛争と紛争解決　　　　　　　　　　269

端を発する突発的な暴力によるものである。マールクネヒトによれば当時、殺害を犯した者も、各裁判区に設けられた平和保護区域（フライウング、一定の教会施設など）に逃げ込めば1年と1日の猶予を得、代理を通じて遺族と和解交渉を行うことができた。また平和保護区域を利用せず裁判区外に逃亡し、アハト（追放）宣告を受けた者でも、後に被害者遺族との和解に至り、アハトが撤回されることもあった。[10]

　前述のように殺害については、厳格な刑罰をうたったマクシミリアンの刑事裁判令や、また1532年の領邦令においても、被害者親族の告発、和解の意志への配慮や君主の恩赦の可能性、正当防衛の規定などもあり、慣習法文書に現れる社会的な慣習・通念と、国家的刑罰主義の齟齬を調整する配慮が読みとれた。同領邦令では、加害者・被害者間の賠償と和解の交渉が、「加害者の財産に応じて無理なく」、また裁判当局の承認・監督の下に行われるべきことをも定めている。[11]⑧に示したリエンツの殺害事例では、犯行から7年後にこのような交渉が、裁判当局の監督下に行われた。この点では領邦令に違った措置であるとは言えるが、犯人が逃亡中にも親族間の争いが続いたことをも考えれば、地域社会の現実はなお、君主と国家の思惑と理想からは遠く隔たっていたと言わねばならない。そうした現実の中で、ラント裁判当局は地域の平和のために、法の規定以上に一層柔軟に当事者の交渉を促したのである。

4　裁判外の紛争解決

　ここで取り上げた2つのラント裁判区の住民は、個人の名誉に関わる争い、暴力沙汰から、詳しくは検討できなかった放牧や水利をめぐるトラブル、さらに金銭貸借のこじれなど、様々な紛争の解決のために裁判を利用した。そこからは、裁判は農民の日常生活に密着し、農村社会の秩序維持に貢献していたように見えるが、裁判文書から得られる印象としては当然であろう。しかし他方で農民は状況に応じて、裁判外の仲裁（調停）・和解をも頻繁に行っていたと考えてよい。上記の事例ではこのことへの直接的言及はないが、16世紀前半のザルツブルク大司教領の裁判文書には、農民が裁判外の和解を行ったことを処罰する例がいくつか見いだされ、[12]17世紀の下オーストリアのポリツァイ令には、裁判当局に知らせずに私的な仲裁を行うことを禁止する条項がある。[13]いずれもこうした裁判外の仲裁・和解の慣習が現実には、農村社会に広く存在した

ことを示唆している。

　同様にティロルの慣習法文書には、住民間の争い (krieg, stoss) が裁判に訴えられず、住民の仲介によって和解が成立したら、裁判に対して責任は負わないとする条文がある一方、処罰対象となる行為を当局の許可なく仲裁・和解で済ませるべからずとの規定もみられる。先に取り上げた15世紀以後の諸法令には、裁判外の和解による紛争処理の禁止は明記されていないのだが、前章で挙げた農民の苦情書からは、おそらく裁判収入に関わることもあり、裁判官がそのような行為を禁止、処罰することもあったことが窺知される。いずれにせよ、このような社会の慣行を当局が規制することは、容易ではなかったであろう。こうした農村社会の慣行と裁判当局の対応については、ハイデッガーがラウデックの裁判帳簿から興味深い事実を挙げている。1582年、当裁判区の区長（プフレーガー）はフィスの裁判集会において、住民が裁判当局の許可なく私的な仲裁を行うことを禁じた。これは領邦令に対応した措置ではあった。しかし翌年、2人の若者が争って1人が負傷した際に、双方の親族は裁判によらぬ和解を希望し、また隣人たちの勧めもあり、カウンスの居酒屋に多数の人々が集まって和解が成立した。そして、これに対して罰金を科そうとした裁判区長に、仲裁の場を提供し、またしばしば仲裁者でもあった居酒屋の主人は、こうした禁止は自分たちの法感覚にそぐわないと批判し、逆に裁判区長の措置を不当として裁判に出頭を要求した。結局居酒屋は罰金を納めたものの、裁判区長は私的な仲裁を禁ずる命令の施行を2年遅らせたという。

　確かに農民は損なわれた自身の権利・利益・名誉の回復をめざして裁判に訴えたが、繰り返して述べるように、その意図は、裁定により有利な和解に至ることにあった。農民たちは裁判への訴えを強制されることは望まず、その目的が和解である限り、インフォーマルな仲裁の選択も同じ目的に至る別の道と考えられたのであろう。農民は状況に応じて、紛争解決の方途を選択する自由を確保しようとしたのである。裁判に関わる農民の苦情や裁判帳簿、そしてゲマインデ間紛争の和解文書にも明記されていたように、裁判費用の節約が、私的仲裁を選択する動機のひとつであったことは確かである。さらにまた有利な仲裁へのサポートを期待しうる友人や親族関係の有無、自身の社会的地位なども、選択において考慮される要因であっただろう。領邦令にもあるように、債務等に関する民事係争においては裁判官も和解を促したが、いずれにしても裁判当局の承認が必要であり、上述のように殺害をめぐる和解交渉などは、裁判

当局の監督下に行われねばならなかった。これに対する16世紀初の農民の苦情はすでに見た通りであるが、領邦令の規定にもかかわらず16世紀末においても農民はなお、裁判外の和解をも含めた様々な紛争解決手段の保留と選択を自らの慣習として実践していたのである。[16]

第3節 小　括

　以上の裁判記録に見える農村社会の紛争とその処理のいくつかの特質を、ゲマインデ間紛争と同じレベルで包括的に論ずるにはなお例証が少ない。以下では次の点のみ指摘しておきたい。

　シュミットは長期的な統計処理に基づいて、スイス農村社会における経済的動向と隣人間の紛争・暴力の頻度が関連していたことを実証した。[17]本章ではそうしたトレンドを把握する長期的な考察を行ってはいないが、第2章で述べたように、中世盛期に続いて15、16世紀のティロルは顕著な人口増の時期にあり、牧畜経営の集約化から、放牧地、採草地、森林などの入会利用や、放牧地の地力回復に重要な灌漑用水利施設をめぐる、農村社会の紛争ポテンシャルが高まっていた。上イン渓谷地方では、放牧地や森林がゲマインデを単位として広域的な共同利用を行うことが多かったことから、第2、3章ではこのような経済的軋轢をゲマインデ間紛争の背景として述べてきた。しかしゲマインデの共有地、水利等をめぐる不和・争いは、その一部を第3章でも見たように、おそらくゲマインデ内における住民間の紛争の直接・間接の原因にもなったと考えられる。[18]農業経営をめぐるトラブルは史料①⑤の他にも、裁判帳簿に少なからず見いだされる。[19]

　若者のみならず、「家父」たる農民がしばしば隣人に対して攻撃的になり、名誉をめぐる隣人間紛争が頻発する背景には、このような経営（「家」と観念される）維持のための物的利害に関わる軋轢が存在したのであり、紛争・暴力を単に若者文化の特質と見なすことはできない。農村社会におけるハウスホールドの維持と隣人関係の絡む複雑な紛争のコンテクストや、そこから生じる紛争を名誉と結びつける当事者の意識に配慮し、裁判当局はさしあたり、仲裁と和解の促進という農民社会の日常に対応するやり方で対処した。少なくとも陪審は裁判区住民から選ばれたことから、ラント裁判における仲裁は、事情を知っ

た隣人たちによる取り成しが、法的な形式をとったものと考えることもできよう。この意味では、ゲマインデ間紛争の仲裁とも共通するものであった。

　第3章で考察したゲマインデ間紛争とその収拾が、その性格からして法令に準拠した裁判・判決による解決にはなじまず、領邦令など諸法令の影響の小さい自律的な地域秩序の領域に属したのに対し、農民間の争いは、訴えられた限りではラント裁判において、原則的に領邦令の関連規定に基づいて処理されたと言えるかもしれない。しかし両裁判区の記録に現れる事例のうち、姦通、殺害など、いわゆるマレフィッツ、インツィヒトに相当する刑事犯罪についても、領邦令は絶対的な規範としてではなく、参照される基準であったとの印象を与える。またこうした事例を別にすれば、訴訟事例の大半は、必ずしもそうした「犯罪」としての性格が明確ではない係争が多かった。たいていの暴力沙汰の背景には当事者間の相互的な紛争状況があった。ハイデッガーやマールクネヒトの紹介した事例や証言記録は、そのような事情をも明らかにしている。それゆえラント裁判が扱う事項の大半は、対等な和解にせよ、一方の贖罪、賠償によるにせよ、交渉と合意・和解により処理されたのである。そして言うまでもなくさらにその外側では、裁判当局が関知し得ない、当事者間のインフォーマルな和解による紛争処理が繰り返されていたであろう。

　領邦令は印刷された基本法典として、おそらくラント裁判レベルでも参照されたと思われる。しかし裁判記録において言及される領邦令の各項目は、ほとんどが裁判手続きに関するそれであり、判決なり、仲裁・和解なりの内容と領邦令の対応（適用）に言及されることは、管見の限りでは稀である。裁判官は係争の対象によっては領邦令を意識したであろう。しかし判決（仲裁）を導く陪審が、地域社会の紛争解決においてまず重視したのは、社会的通念、すなわち共有できる規範に基づいて、合意へと当事者を導くことだったのではないだろうか。姦通、強姦、殺害などの訴訟においてさえ行われた、おそらく当事者間の日頃の交わりをも考慮した和解（あるいはその可能性）は、あきらかに領邦令という法規範の適用ではなく、そのような衡平の精神を示しているのである。市民・農民と国家の交渉によって成立した領邦令は、従来の社会慣習に配慮したものだと述べたが、地域社会における司法の実践は、慣習を包む当該地域の人々の結合のありようをも考慮していたと言えようか。近世初頭の領邦令と社会秩序の関係を理解するには、一層柔軟な思考が必要である。

史料16

(A) ラント裁判リエンツの裁判帳簿より[20]

① 1566　7.22　TLA Verfachbuch Lienz, 1566, fol.125 v-126.

　教区教会における裁判集会において Cristoff Rack (bei der Berg) は、上リエンツの Mathes Schneberger が自分の堆肥の場所に赴くのに、通常の道ではなく彼の土地を通過していることを訴えた。Schneberger はこの通路をすでに両親の時から60、70年所有していると抗弁、そこで次のように裁定された。誰もが共有地の最も近くの自分の土地を通過するのが習慣である。しかし Rack は訴えの証拠を示さず、Schneberger も自分の用益権の証拠を示していないので、裁判当局が実検した後、公正に裁定することを保証した。両者は（これに同意し）この裁定を文書にして交付するよう希望した。

② 1566　10.14　TLA Verfachbuch Lienz, 1566, fol.149-150 v.

　ラント裁判官ヨス・タウシュは3人の陪審の出席下に、アイネト（リエンツ市近傍の集落）の Ruprecht Schuster の妻 Margrethe と Urban Schmid の姦通に対し、以下のように裁定した。両者は8日間のパンと水による断食や教会での改悛の祈りなど、改悛の宗教的儀礼的行為を義務づけられる。その後 Urban には裁判当局の罰が科され、Margrethe は裁判区リエンツより追放され、当局の許可なく戻ることは禁止される。両者は裁判の費用を負担し、また Margrethe は釈放され追放される際に、裁判当局とその役人たちに自身であれ他人を通じてであれ、決して報復しないことを誓約すべし。

③ 1577　8.21　TLA Verfachbuch Lienz, 1577, fol.143-144.

　Peter Reinacher は Wofgang Judl, Bartlmä Pritzenpacher, Lukas Acker の3人の若者を告訴した。すなわちライザハの教会祭日に、ミサの後のダンスの集いにおける Judl との言葉のやり取りから、Judl が殴りかかり、もみあっているところへ、Pritzenpacher, Acker も来合わせて武器を抜き、Reinacher を水差しで殴りつけ、Reinacher が逃げるところをさらに背後から打って、手足に負傷させた。被告たちはこれを認めて傷害の補償と治療代を支払うべし、と。被告たちはこれを否認した。（記録は未完）

④ 1577　11.26　TLA Verfachbuch Lienz, 1577, fol.180-183 v.

　シュロッテンドルフの Andrö Mair は、リエンツのラント裁判官と4人の陪審（リエンツ市民）の前に弁護士（代訴人）を通じて、聖ヤコブの日（7月25日）に馬に乗ってリエンツの市場から帰る途中、Hanns Walder が彼に武器（Wöhr）

によって傷を負わせたことを、事後すぐに訴えた。裁判官は裁判集会（Tagsatzung）を設定した。その帰路にも Hans Walder は Andrö Mair と激しく応酬し、Mair は頭に負傷し侮辱を被った。そこであらためて Mair は Walder が裁判所で釈明し、Mair の身体・金銭の損害を賠償するなら和解の用意があると訴えた。Walder が文書で釈明するには、むしろ Mair が理由無く武器によって攻撃し、負傷させ、クラウゼの裁判役人 Sext Hueber が来て裁判当局の平和を命じたが、Walder が武器を捨てたにもかかわらず Mair は応じなかった、とのことであった。その後も両者は幾度か出会って争い、10月23日には Walder が Mair を名誉毀損等で訴えた。裁判官は裁判平和を命じ、裁判外での争いを厳禁し、違反の場合100グルデンの罰金を科すとした。両者はその遵守を誓約し、これを文書にして交付することを希望した。証人は上記の4人の陪審。

⑤ 1583　8.28　TLA Verfachbuch Lienz, 1583, fol. 154 v-155 v.

　裁判集会においてラント裁判官ヨス・タウシュと陪審の前で、デルザハの教区司祭 Christan Gatter は、シュトリビヒの Christofer Weingartner の水路によって彼の土地が損害を受けたことを訴え、その賠償を求めた。Weingartner は現地調査を要求し、裁判官はこれを認めて4週間の猶予を与えた。双方はこの判決を印璽付きの文書にして交付することを要望した。10人の陪審、その他の住民たちが判決に立ち会った。

⑥ 1585-86　TLA Verfachbuch Lienz, 1585, fol. 99-99 v, 102-102 v, 112-113, 146-146 v, 1586, fol. 2 v-4, 21-23 v.

　ラント裁判官と3人の陪審の前で Michael Rornig hinter Nutzdorf は、リエンツの聖アンドレ教区教会における教会祭日のミサ後のダンスにおいて、若者たちの争い、喧嘩に巻き込まれ、突く、打つ、引っ掻くなどの暴行を加えられ、負傷したとして、Blasi der Hinterwerger, Hanns Michel, Hanns Taller an der Prapernizen, Gregorien Pacher zu Oberlienz の4人に、暴力の理由を明らかにし、損害を賠償するよう要求した。被告たちは否認し、双方が証人の証言を要請した。（1585年9月から1586年2月にかけて6度にわたる証言聴取が行われ、7人の証言の詳細な記録があるが。判決は記されていない。）

⑦ 1585　10.10　TLA Verfachbuch Lienz, 1585, fol. 112 v-113.

　リエンツの間借り人 Peter Egger は、居酒屋の前で Mathes Khrämbl genannt Gasser in Oberlienz と、口論から武器を用いた争いになり、Egger は負傷したとして、医者代等を要求した。（判決記録欠）

⑧ 1588　1.19　TLA Verfachbuch Lienz, 1588, fol. 16 v-19 v.

　去る1580年にカルス（リエンツ北部の集落）の住民 Christan Perger は、争い

の際に Christan Päll をパン切包丁で刺殺した。争いはカルスで前者と後者の兄弟 Thoman の間で始まり、Christan Päll が駆けつけ、その父親も加わった。殺害後、Perger は領邦外に逃亡し、その後双方の親族は相互に争った。Christan Perger は1587年に戻ったところを逮捕され、Päll の遺族と Christan Perger の父、兄弟等は代訴人を加えて和解の交渉に入り、ラント裁判官と陪審の仲裁により、和解契約が成った。Christan Perger に宗教的な悔悛と贖罪の行為、公開ミサの奉献が科され、贖罪金の支払方法が定められた。「双方の家族のこれまでの不和（unfreundschaft）のゆえに feh（フェーデ）は、これをもって裁判当局により清算され、排除され、再びよき友人・隣人となること」が命じられた。とくに双方、その親族に属す人々に対して、決してこれまでのような「争い（handlung in ungueten oder bösen）を教会の路地であれ街路であれ、密かにあるいは公然と、言葉により、あるいは行為によって繰り返すこと、報復すること」のないように、厳命され、違反すれば身体・財産の罰が科されるとされた。双方は「口と手」により遵守を誓約した。また Christan Perger と被害者の遺族は相互に接触をさけ、争いの危険を避けるべきこととされた。双方は自身の費用負担により、この契約を印璽付きの文書にすることを要望した。

⑨　1600　2.11　TLA Verfachbuch Lienz　（フォリオ番号欠）

ヌッドルフの住民で当地の裁判の陪審でもある Thomas Mayr は、クラッセンの Martin Schmidman を名誉毀損で訴え、後者は文書で釈明し和解した。双方はこの和解を受け入れ、以後よき友人たることを裁判杖にかけて誓約し、またこれを文書として交付することを要望した。

（B）ラント裁判シュタイナハの裁判帳簿より

⑩　TLA Verfachbuch Steinach, 1580, fol.56-62.
1579　3.26

市場町(マルクト)マトライの住民 Hansen Noderer は、同じくマトライの Sigmundt Rauchnagl を名誉毀損、侮辱を被ったとして訴えた。裁判期日が決まっていたにもかかわらずマトライの裁判官や参事会、ゲマインデが妨害したので遅れ、Hansen Noderer は領邦君主に嘆願した。君主はマトライの市場町裁判官、参事会にシュタイナハのラント裁判官のかわりに Rauchnagl を召喚し、速やかに裁くように指示した。Rauchnagl の不出頭のまま、告発状と証言に基づき、陪審によって次のような判決が下された。すなわち Rauchnagl の名誉を公的に剝奪し、Rauchnagl は悪評ある人物（verleumde）、重罪犯（malefiz person）として、ラント裁判シュタイナハによって処罰される。さらに Rauchnagl はシュタイナハの裁判所で、根拠なく Noderer を侮辱したことを公に謝罪し、彼が名誉ある誠実な人であることを認める。他方マトライの裁判帳簿に記された、Noderer の名誉を毀損する内容を無効とし、その名誉を保証する。裁判費用は Rauchnagl が負担

1580　6.9

　死亡したHansen Nodererにかわって、その兄弟Jeronimus Nodererが親族を代表して告訴を継続した。Jerominus Nodererはシュタイナハのラント裁判官の前で、Rauchnaglを拘束して判決を執行するようにとの君主の命令書を示し、完全な執行を要望した。Rauchnaglは出頭し、和解による判決執行の回避を懇願したが、Jerominus Nodererは判決執行を主張した。Rauchnaglは判決に従い、謝罪し、全ての損害賠償、費用負担を行うことを保証人をつけて約束し、釈放された。

⑪　**1580　1.15　TLA Verfachbuch Steinach, 1580, fol. 6 v-8.**

　トリンスのGeorg Notkherは、Chaspar Hupfaufをラント裁判官に次のように訴えた。すなわちHupfaufはNotkherの妻との姦通によってNotkherとその全親族に名誉毀損、恥辱、嘲笑を加えた。Notkherは全親族との協議の上、Hupfaufがこの事実を認めて和解する用意があるか、あるいは法的に争うかと問うた。Hupfaufは、子供のころからの隣人でよき友人であったNotkherに対して犯した過ちを認め、悔い、和解を懇望した。裁判はそこで刑罰を保留した。（それ以上の贖罪・和解の条件は記されず。）

⑫　**1580　10.29　TLA Verfachbuch Steinach, 1580, fol. 118-123 v.**

　シュタイナハの住民Blosi Tärreはグリースの住民Ginter Mosesを次のように訴えた。すなわち、Tärreはグリースの居酒屋においてGinter Mosesから賭に加わるよう強要され、侮辱されたので、Mosesを殴り、髭を引っ張った。Mosesはこのことを認め、裁判当局の助言により和解する気があるかと。Ginter Mosesは答弁して、むしろBlosi Tärreが自分を侮辱し、暴力を振ったのだが、和解するつもりがあるなら応じると述べた。裁判は仲裁により、双方がよき友人、隣人となり、これ以上報復したり訴えたりしないことを命じたうえで、双方に対する裁判当局の処罰を保留した。ただしMosesはTärreに、加えた打擲その他の被害のために1プフント30クロイツァーを支払うこと、TärreがMosesに対して放った侮辱的な言葉は立証されないので、お互いに善意により帳消しにすることとされた。最後の点についてはMosesは納得せず保留した。（記録は未完結）

⑬　**1580　4.5　TLA Verfachbuch Steinach, 1580, fol. 121-125 v.**

　ラント裁判区シュタイナハ在住のVeit Lernerは、同じくラント裁判区シュタイナハ在住のChristoff Maitingerを、争いと侮辱的な言葉のゆえに訴えた。それによれば、Maitingerは路上でLernerに借金の返済を迫り、侮辱し、殴り、抜き身の剣を振るってLernerの家畜から奉公人を追い払った。それゆえ、このことを

認めて裁判当局の助言により和解するか否かと問うた。Maitinger は弁明において次のように述べた。Lerner には3年前の借金をいつ返済するのかと丁寧に尋ね、逆に嘘つきと侮辱され、かっとなって殴ろうとしたが果たさなかった。剣を抜いたのも Lerner の攻撃に対する防衛であり、危害は加えていない。また侮辱的言葉を浴びせたとすれば、激怒に駆られてのことで、Lerner の方から始めたのだ。奉公人との悶着も事実ではない。Lerner に損害賠償をするつもりはないが、Lerner が自分に損害賠償と裁判費用の負担を行うなら、裁判当局の助言により和解する、と。

そこで次のように仲裁裁定が与えられた。すなわち双方は平和的に和解し、以後このことを水に流し、報復すべからず。発せられた侮辱的言辞は、証明されないので賠償の必要はなく、相互に赦し合い、双方の名誉が保証される。しかしシュタイナハの裁判当局に対しては、相応の罰によって折り合いをつける。裁判コストは2ペニヒずつを負担する。和解内容は文書として交付される。

⑭ 1582 4.19 TLA Verfachbuch Steinach, 1582, fol. 127-132.

ノイシュティフトの Thoman Gogl は、同じくノイシュティフトの Geörg Stolzen が自分と息子および2人の奉公人に対して4月4日に行った訴えに対し、次のように答弁した。Thoman Gogl の奉公人が Görg Stolzen の犬に襲われ、石を投げたことから争いとなり、Gogl の息子も駆けつけた。事情を問う Gogl に Stolzen は熊手で打ちかかり、Stolzen の訴えとは逆に、Stolzen が Gogl を掴んで投げ倒した。裁判役人も駆けつけ、裁判当局の平和命令を下したが、Stolzen はこれを守らず、暴行を続けた。Gogl と息子は防衛のために熊手を用いた。Stolzen の妻も来たが（Stolzen の主張する）彼女に対する Gogl の暴力は事実ではない。彼女に対する侮辱的言葉があったとすれば、激怒に駆られてのことである。Stolzen が不当な訴えを取り消さなければ、和解するつもりはない。

Stolzen は再抗弁で、侮辱と暴力を加えたのは Gogl であることを強調した。Gogl は再弁明において、命じられた平和に忠実な裁判臣民として従い、誓約したが、Stolzen は従わず暴力を続けたのだと述べた。3度目の訴えにおいて Stolzen は、Gogl は裁判平和を誓っておらず、Gogl の息子は誓約に反して Stolzen を殴打し、掴んだ。Gogl が裁判当局の裁定により、損害賠償と裁判コストを引き受けるなら、和解の用意があると述べた。Gogl は3度目の弁明で、息子は裁判平和の命令違反云々に関知していないと述べた。

裁判における裁定は、Stolzen が6週間と3日以内に訴え内容を証明する義務（証言者の依頼など？）を果たさないなら、双方は平和的に和解し、当局に不都合をもたらすべからずとした。双方はこの裁定を受け容れ、印璽付き文書として交付することを希望した。

⑮ 1582 7.4 TLA Verfachbuch Steinach, 1582, fol. 187-191, 199 v-206 v,

235 v-251 v.

　ラント裁判官ヴォルフガング・ケヒルと陪審3人の前でミュールバッハのラテン語・ドイツ語教師 Jacob Enntleutner は、娘 Elisabeth に代わってマトライの Martin Gstürner に対し、強姦のゆえに告発した。身体障害をもつ28歳の娘 Elisabeth が、昨冬（クリスマスの2、3週間後）の早朝に学校の暖房の準備をしているとき、Martin Gstürner がやって来て、抵抗のできない Elisabeth を凌辱し、Gstürner は一旦逃げ去ったが再度、そして三度戻ってきて、同様に学校の中で凌辱を重ねた。4度目に Gstürner がやってきたときは Elisabeth は戸締りを厳重にしており、Gstürner の甘言を拒絶した。以上について Jacob Enntleutner は妻とともにティロル・領邦令第2章20項（裁判官が裁判外の和解を促す規定）により、Gstürner がこれら全てを認め、ラント裁判の決定に従って平和的に折り合い、和解することを望むかどうか返答すべしと訴えた。（この後被告の反論、再陳述と詳細な記述が続くが、未読）

⑯　**1582　7.10　TLA Verfachbuch Steinach, 1582, 192 v-193 v.**

　ラント裁判官ヴォルフガング・ケヒルと陪審1人の前で、Maria Weilhamerin 及びその父親にして訴訟補助者たる Hannsen Weilhamer と、Leo Eeler の間で、Maria と Eeler の間の婚外子について和解裁定が示された。すなわち Eeler は Maria の処女の名誉の代償に、子供のベッドおよび他の費用として12プフントを14日間のうちに与え、Maria は子供を1年間このベッドで最善に養育する。裁判費用は Eeler が負担する。これらの Eeler の支払い義務の保証人は、その父親 Matheus である。この裁定に Weilhamer 父娘が、ついで Eeler がその遵守を誓約した。

⑰　**1582　7.13　TLA Verfachbuch Steinach, 1582, 193 v-197 v.**

　ラント裁判官ヴォルフガング・ケヒルと2人の陪審の前で、Geörg Penzer の妻 Magdalena は次のように訴えた。すなわち Cristan Nägele の息子 Paul Nägele は Magdalena を公然と侮辱し、その名誉を毀損した。Paul Nägele はそのような名誉毀損行為を否認したが、Magdalena は証言によってこれを証明し、（和解でなく）裁判によって決着をつけようと準備した。そこでラント裁判官は裁判当局として双方をその補助者、親族、その他の名誉ある人々とともに召喚し、裁判官と陪審の前で回想、証言によって争いの全貌を明らかにさせ、再度仲裁により和解と友好関係の回復・維持、そして双方の出費の節約を勧めた。そこで、一方で Magdalena とその補助者たる Hanns Erler in Navis、他方で Paul Nägele と保証人たる父親、近親の双方が互いに主張、反論を行った。ラント裁判官と陪審はこれらを十分に理解・認識し、それによって次のような和解のための裁定を行った。

　第一に、かの2人の争いの後、双方の両親や親族の間で怒り、憎しみが生じ、

争いが繰り返された。それゆえこのような仲違いはこれをもって当局により永遠に除去され、双方が和解し、それぞれの名誉はこの和解によって守られたものとして、以後もはや相互に、自身で、あるいは他人を介して、争い、報復、訴えを行うべからず。第二に、いずれかがふさわしからぬ行為のためにシュタイナハの裁判当局に咎を負うなら、当局と折り合いをつけ、赦しを得ることができる。第三に、Paul Nägele は双方の親族の立会いのもとに、Magdalena に対して名誉毀損を謝罪し、その名誉を回復する。Magdalena はその補助人とともにこの謝罪を容れ、判決要求は放棄すべし。第四に、これまでの損害や出費は相互に相殺されたものとし、補償を要求しない。この日の裁判費用はそれぞれが負担する。これをもって双方は自身とその子孫のために、双方が相互に行ったこと全てについて領邦令にしたがい、永遠に和解し平和的、友好的であるべし。

Paul Nägele はこの裁定を拒否したので、Magdalena の補助人は判決を要求し、7月16日に裁判が設定されたが、Nägele の隣人たちと親族は判決を避けることを望み、この和解の裁定が受け容れられることとなった。Magdalena とその補助人、夫と、Paul Nägele および父親と最近親である Wolfgang Nägele が、この和解裁定を遵守することをラント裁判官に誓約し、彼らの費用負担で印璽付きの文書として交付することを希望した。4人の陪審の他に7人がその証人となった。

総括と展望

　本書の課題は、領邦ティロルの農村社会における紛争とその解決を考察することにより、ラント裁判区、渓谷共同体のような、農民の生活圏としての地域社会の構造と秩序を明らかにすること、そして領邦統治とそのような地域社会の秩序の関係について考察を試みることであった。

　第Ⅰ部、第１章では、中・近世農村社会における日常的な暴力、紛争を、固有の文化（習俗）として捉える近年の社会史的、法人類学的研究をふまえ、農民のフェーデ的行為や殺害に対して比較的寛容な慣習法文書(ヴァイステューマー)の規定をも検討した。第２章では、ティロル農民の領邦議会身分(ラントシャフト)を、共同体原理(コムナリスムス)というコンセプトにより考察したブリックレの研究には、暴力や紛争という農村社会の負の部分への視線が欠けていることを指摘し、農民のラントシャフトのような政治的能力と、武装能力、そして紛争解決の関連について考えることを課題として設定した。そのためにまず、放牧農民の生活世界であり、領邦統治の単位でもあるラント裁判区の構造と機能を明らかにし、渓谷共同体としてのラント裁判区における、ゲマインデの放牧地共用関係とその変化を、ゲマインデ間紛争の背景として指摘した。第３章では、ヴィップ渓谷、上イン渓谷の６つのラント裁判区について、主としてゲマインデ文書に含まれる和解契約を手掛かりに、ゲマインデ間紛争とその解決の特質を明らかにした。その際、紛争当事者ゲマインデの広がりに対応して、その都度解決（仲裁）に関与するゲマインデ（住民）の分布に着目し、紛争解決に協力するゲマインデ・ネットワークの、紛争状況に応じた流動性を確認した。

　第Ⅱ部では、第５〜７章で中世後期から16世紀の様々な法令を取り上げ、国家（君主）による社会の秩序化(シュテンデ)の試みと、これに対する諸身分と地域社会の反応、反発、さらに両者の相互作用といった局面を具体的に捉えようとした。そうした相互作用がインテンシヴに展開するのは、マクシミリアン１世による改革諸法令の発令と、これに対する抵抗、そしてマクシミリアン死後、農民戦争期に至る、地域社会から政府への苦情、要求の提出の過程であった。1526年、1532年の領邦令、及びポリツァイ規定を加えた1573年の改革領邦令は、そのような領邦君主・政府と社会の相互交渉の所産である。これらの領邦令がゲ

マインデ間の紛争に関連する規定をほとんど含まないのに対して、農民（個人）間の係争においては、内容に応じて領邦令が適用されたとも考えられる。しかし実際には裁判帳簿にも、法規定により判決が下るような事例は少なく、係争の大半は、最終的には裁判官のもとで当事者が和解することにより解決されていた。放牧地や森林の利用など、経済的利害関係に規定されたゲマインデ間紛争と、同様な背景を持つにせよ、名誉をめぐる争いとして表象される個人の紛争は、自ずと異なる性格を持つ。しかし双方においてしばしば、当事者、関係者（親族、証言者）、隣人（近隣ゲマインデ）を加えたフォーラムにおける交渉と合意、和解が重要な役割を果たしたという点では、共通性もあったと言えよう。

紛争解決・コミュニケーション・地域公共性

さて本書の研究の出発点であり、また中心をなすのは、ゲマインデ間の紛争と紛争解決の考察である。以下ではその意味を再確認し、同時により広いパースペクティヴにおいて、そうした研究の射程について述べてみたい。

序論で述べたように、筆者にこの研究への動機を与えたのは、日本中世の村落間紛争であった。強い「自力」の慣行と結びついた日本中世における村落間紛争は、山野河海の入会をめぐって、ときには少なからぬ犠牲者を出すような激しい「合戦」を展開した。またヨーロッパでは、アルプス西部やピレネー西部の渓谷地方においても、村落間、あるいは渓谷共同体間の組織的な武装暴力をともなう放牧地紛争が、中世を通じて、あるいは「絶対主義」時代とされる17、18世紀に至るまで繰り返されていた。とくにピレネーにおける渓谷農民の武装と組織的実力行使はフランス革命期まで、「渓谷の自由」意識やアイデンティティと結びついて存続した。ティロルはどうか。ティロル農民は、確かに領邦防衛の軍役を担うほどの武装能力を維持していた。しかし、ときにはフェーデ的な暴力をともなう農民個人間の争いとは異なり、ゲマインデ間紛争においては、史料は一定の実力行使を示唆しているものの、放火・掠奪や武装暴力の行使に至ることはなかった。第3章で述べたように、ティロル農村社会のラント裁判区は各々、固有の慣習法を持つ地域（渓谷）共同体であり、放牧を基調とする生活世界にして、領邦の司法、行・財・軍政の基盤でもあった。裁判区のそのような、農民の慣習的秩序に基づく自治と領邦の国制が結合した地域共同体としての構造と機能が、裁判区内のゲマインデ間紛争においても、

フェーデ的な実力行使を自己抑制させていたのではないだろうか。農民個人の争いからすれば、ゲマインデ間の放牧地争いの現場では、農民間の暴力トラブルがあっても不思議はないが、それが集団的な実力行使に及ぶことは稀であったと思われる[1]。

しかしそのような紛争の戦略以上に重視すべきは、紛争解決、すなわち多くはラント裁判官のもとで行われた仲裁に協力し、交渉に関わり、あるいは証人として立ち会った遠近のゲマインデ住民の行為である。また既述のように領邦議会への委任代表派遣、議会の重要決定事項の承認、領邦当局への苦情や要求の提出等の政治的な機能と行為能力は、ティロルの農村共同体（ラント裁判区）を特徴づけるものである[2]。そしてこの2つの事象を関連づけることが可能だとすれば、裁判区（渓谷）において繰り返される共同行為（紛争解決）の経験が、農民の領邦議会身分（ラントシャフト）としての活動の基礎となり、政治的行為能力の涵養をも促したということではないだろうか。またそのことが、マクシミリアン1世没後から農民戦争期に最もクリアに現れる、共同体（ゲマインデ・裁判区）を基盤とした改革意思による農民の協働をも可能にしたのではないか。何故なら共同体（地域社会）による紛争解決は、そうした社会の共有しうる価値や規範を言葉として確認しつつ合意に導く、高度なコミュニケーション行為であったはずだからである。紛争は社会の「共有財産」であるというクリスティの逆説的な表現が想起される。

紛争解決がそのような意味を持ったとすれば、さらに、農民は渓谷共同体という生活世界における、放牧地、森林など限られた資源をめぐる利害関係の調整を通じて、地域アイデンティティ、あるいは地域公共意識というべきものを育んでいたと考えても不自然ではない。そうしたアイデンティティや意識は、第7章でみた彼らの苦情書・要求書からも窺知される。しかしそのような意識は、コミュニケーション行為（紛争とその解決）と一方向の因果関係ではなく、実際には相互的な影響関係にあったであろうし、また必ずしもラント裁判区において完結するものではないことも明らかである。裁判区を越えた紛争とその解決は、より広いコミュニケーションと地域意識を形成する一契機となったであろう。

とはいえ領邦レベルでのアイデンティティや政治的意思形成は、このような農民の紛争解決のような日常的コミュニケーション行為からストレートに、あるいはその接合と拡大により導き出されるものではない。むしろ15世紀以来、

ラント裁判共同体の代表が領邦議会に出席し、他身分とともに領邦君主の課税や軍役要求を協議したことは、それ自体、裁判区住民が領邦への帰属意識を持つ契機となった。繰り返し言及した農民戦争期の領邦議会における農民たちの濃密な共同行為と、領邦の「共同の利益（公共の福利）gemeiner nutz」のための君主への要求提出もまた、領邦全体に及ぶ公共性意識を昂揚させる契機となったであろう。しかし同時に、農民戦争前後の領邦政府に対する様々な苦情や改革要求は、ラント裁判区ごとに文書にして政府ないし領邦議会に送付されたことをも看過してはならない。「メラン・インスブルック箇条」は、一裁判区に一教会のみでよいとし、裁判区住民による司祭選出権をも要求している。ラント裁判共同体は信仰生活の単位であり、また救貧活動の主体とされた。加えて同箇条は、裁判区住民による裁判官や書記の任免権をも要求している[3]。このように、領邦全体に関わる改革の運動もまた、ラント裁判区を基盤とする地域的生活世界の現実をふまえ、そこでの議論を通して展開したのである。山岳牧畜農民の日常生活においては、第一にラント裁判区が、彼らの牧畜経営に直接影響を持ちうる公共エリアとして意識されていたと言えよう。そして領邦レベルの公共意識も、そのようなラント裁判共同体の日常と結合した公共意識に基づいて、あるいはこれを媒介として成立し、両者は相互関連において理解されていたのだと考えたい[4]。その際、16世紀に頻出する「公共（共通）の利益」は、双方を貫き、結合する価値理念であった。しかしこれらの点を明確にするには、領邦議会文書等の精査により、ラント裁判区住民のアイデンティティと領邦意識をよりクリアにすることが課題となろう。

共同体間の結合と地域秩序――日本とヨーロッパ

このような紛争解決、地域的な秩序維持、そして国家との関係について、比較史的視点から再考してみたい。日本中世の農村社会においては、「近隣の郷」と呼ばれる地域内で、紛争に陥った村落には合力（支援）をも行う、村落間の日常的な結合（与力の郷）が存在していた。酒井紀美氏や蔵持重裕氏の研究によれば、このような村落間連合は場合によっては、土一揆のような新たな地域形成の基盤になった。15世紀の大浦・菅浦の堺相論における双方の援助者は、近江北部においてかなりの広がりを持つ集落の合力関係が存在したことを示している[5]（図10参照）。こうした村落間結合は日常的な贈答や、場合によっては犠牲をも厭わぬ軍事援助の強い絆を示しており、この点で固定的、あるいは

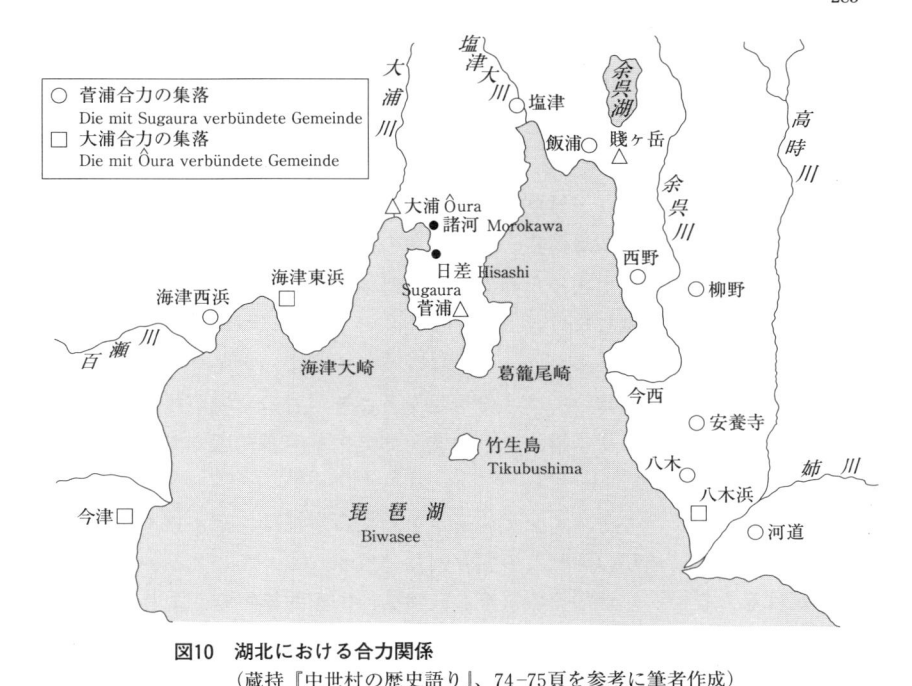

図10　湖北における合力関係
（蔵持『中世村の歴史語り』、74-75頁を参考に筆者作成）

持続的な同盟的結合を思わせる。酒井氏は相論の合力のような村落間結合と、共通の課題と利害を前にして一揆を取り結ぶような連合の間には大きな違いがあることを認めつつも、前者の繰り返される経験は、村々が共通の問題に直面したとき、一揆としての結合を生み出す基盤となったと述べる。村落間相論における合力や仲裁は、村内の結集とともに村落間の協議（地下談合）、意思形成を促すことにより、一揆における地域的結合に貢献したというのである。

長期的には、このような対立関係をも含めた村落間のより日常的な交渉が、広域的な一揆の形成の基盤になったことは理解できるが、合力のような村落間結合が、このような利害関係を越える一揆の形成に直結しないことも明らかである。勝俣鎮夫氏は、（国人）一揆の形成においては、在地領主が仏神への起請により「無縁の場」を創出することによって、「自力」を放棄し、それによって紛争を平和的に解決する機能を備えた平和団体が成立したと述べる。少なくとも自力、合力という紛争遂行のための党派的結合を克服し、広域的な秩序を形成するためには、さまざまな媒介と経験、理念の共有が必要であったと

思われる。その際、小林一岳氏が指摘するように、日本中世の山野相論は村落間の紛争で完結せず、当事者村落の領主の紛争へと展開することも稀ではなかったこと、他方で領主たちもまた一揆契状を結び、「寄合・評定・多分の儀（多数決）」により「自力」を抑制しつつ、地域的平和を維持しようとしたことをも考慮する必要があろう[8]。村落間の山野相論から在地領主紛争、上級領主の争乱に至るまで、紛争の多層構造、紛争範囲の拡大・収拾のダイナミズムと、そこで展開される戦いと平和のための共同行為は、地域の権力構造と密な相互関係にあったことを認識しなければならない。日本中世について史料に基づかぬ臆断を重ねることは控えるが、ここでは既述のように、ティロルにおけるゲマインデ間の共同行為においては、紛争当事者と仲裁者の立場が頻繁に入れ替わり、その意味で地域の紛争解決は、地域全体で担うべき問題であったことを再度指摘しておきたい[9]。

　このようなティロルのゲマインデ間紛争をめぐる事情は、ティロル農村社会と共同体が、すでに領邦の国制との相互関係に置かれていたことと併せて理解しなければならない。しかしそのような政治的、国家的枠組みがより希薄な時代、地域について議論を敷衍するなら、紛争解決と地域秩序の関連は、広くヨーロッパ中世ないし前近代社会における共同体の政治的機能を考えるうえで看過できない。都市共同体の形成におけるいわゆるコミューン運動が、住民による地域平和のための誓約に基づくものであったことは、周知の通りである。中・近世の自治共同体とは、武装能力ある人々の合意に基づく平和団体であり、共同体の形成においては何よりもまず、当該地域の頻繁なフェーデ的暴力を克服し、紛争を平和的に解決することが課題となった[10]。K・ボーズルが、地域の平和維持の中に政治的共同体の最古の核が存在すると述べたのは、このことを端的に表現したものである[11]。

　H・オーバンは、ともに自由農民の自治団体が重要な役割を果たしたスイス盟約者団と、ドイツ北部のフリースラント、ディトマルシェン農民団を比較考察した論攷において、大略次のように述べた。すなわち、スイス盟約者団がフェーデの克服、平和と秩序のための法と、地域的、広域的な仲裁裁判制度の設置により、連邦制的国家を形成し得たのに対し、フリースラント、ディトマルシェンにおいては親族関係を基盤とした有力農民のフェーデが横行し、平和のための広域的な政治秩序を確立するには至らなかった。そのため後者の両地域は15、16世紀のうちに、近隣諸侯や帝国伯の支配下に服属せしめられた[12]。こ

こではフェーデの克服および平和のための地域的組織とその拡大の成否が、自治的共同体の維持・発展（国家組織へ）に大きな影響を与えたのである。

K・マイヤーやK・ルーザーによれば、スイスの渓谷におけるコミューン（共同体）形成は、自由・自治のための戦いを目的とするものではなく、共有地利用権を持つ人々をひとつの法・平和秩序に結合することによって、共有地を維持していくことを目的とした。[13] スイス中央部の森林邦は、その仲裁裁判による渓谷共同体間の紛争の解決を重要な課題とし、さらにスイス盟約者団の起点でもある、1291年の森林（原初）三邦の「永久同盟」が、何よりもラント平和のための組織であったことは周知の通りである。その後の盟約者団の拡大の中で繰り返された協定においても、都市を含めた加盟邦相互の間のフェーデや紛争、犯罪の取締り強化と領域的な平和・安全の追求が、その重要な課題とされた。1291年から1393年（ゼンパハ協定）に至る盟約者団の全ての同盟文書、国制文書において、平和問題は中心的位置を占めたのである。[14] このように君主権力に頼らない共同体的な国制の成立・発展にとって、内的な平和の維持は最重要課題であったといってよい。またスイスの森林邦オプヴァルデンに関するD・ロッガーの研究によれば、14、15世紀における牧畜経営の発展にともなって激増する共同体間（及び個人）の放牧地紛争は、やはり邦、および盟約者団の仲裁裁判により解決された。[15] 地域平和の同盟組織としての盟約者団において、中世末期になお共同体間の紛争解決は重要な意味を持っていたと言えよう。ブリックレが「共同体同盟的国制」と呼ぶ政治秩序は、武装能力を持つ個人と共同体が、紛争の抑制と仲裁のために相互に協力する義務を持つ、緩やかな地域共同体（村、渓谷、都市）の連合を出発点としている。[16] しかしまたオーバンやブリックレが考えるように、14世紀のうちに盟約者団はフェーデ・暴力・紛争を排除する法治主義を確立したのではない。むしろティロルにおけると同様、暴力をもともなう紛争は頻発していたが、他方でこれをその都度克服していくための地域的・広域的な共同行為（各レベルの仲裁裁判・盟約者団の全体会議など）が繰り返されたと言うべきである。

自立的な経営基盤（家）と武装能力を持ち、これらと結合した価値規範である「名誉」を尊重する個人の集合としての共同体においては、都市・農村を問わず紛争・暴力のポテンシャルが高かった。その中で行われる紛争解決のための共同行為とその一定の制度化は、政治的機能（自治・防衛）をもつ共同体の形成過程そのものであったといってよい。ゲルツ・ティロル伯家（マインハル

ディンガー）からハプスブルク家に至る13、14世紀の君主のもとで、領邦の国制が形を整えたティロルでは、スイス盟約者団とは異なり、農村社会の紛争解決がそうした国制の形成自体を促したとは言えないであろう。むしろ、紛争解決のために繰り返される仲裁という共同行為の経験が、農民の集団的な（政治的・社会的）行為能力を高め、農村住民をも含めた領邦議会身分(ラントシャフト)の発展に貢献したと考えるべきだろう。このような直接には史料の中に有形のもの、あるいは制度としては遺らない共同行為・経験の積み重ねが持つ意味を認識することも、歴史研究の課題のひとつである。

近世国家と地域秩序

最後に、このような紛争解決と地域秩序の自律性は、近世国家のもとで、どの程度、あるいはどの時期まで維持されたのかという問題が残る。暴力と自力の慣習を持つ（地域）社会が国家の公権力に統合されていくというわかりやすい図式は、長期的なプロセスとしては妥当なものであろう。しかし社会的規律化、ポリツァイに関する近年の研究からも明らかなように、近世国家による暴力、犯罪から風紀、モラル、安全、衛生に及ぶ社会統制は、法令による上からの一方的な作用としてではなく、多元的な法と慣習の規範をもつ地域社会との相互交渉と妥協の過程を経てのみ、一定の効果を持ち得た。

日本近世初期の統一政権は、一方で裁判のコストダウンと効率化、他方で自力を禁ずる法令（喧嘩停止令、惣無事令）により、暴力の国家独占と社会における平和な法秩序の実現をめざしたが、農民の武器所有とともに、山野相論における従来の慣行（在地のならい）はなお長期にわたり存続した[17]。しかしその際、自力に訴える農民は国家の裁許を求め、あるいは公儀の裁判による代執行を期待することもあった。すなわち農民の自力は国家の監督下に置かれ、国家は中世以来の社会の慣習を一部容認しつつ秩序の維持を図るという相互性が、日本の近世国家にも見出されると言えようか[18]。

領邦ティロルにおいては、日本の中世後期から近世の移行のごとき政治構造のドラスティックな変化はなかったが、15世紀後半からの一連の領邦令、ポリツァイ令による裁判、刑法の改革、フェーデ禁圧、治安強化から資源利用の制限に及ぶ社会統制の試みは、とくに都市民、農民（裁判区住民）の強い批判と彼ら自身の改革要求を惹起し、両者のインテンシヴな交渉から改革領邦令が成立した。こうした領邦民の共同行為と意思形成の経験自体が画期的であったこ

とは否定できない。その成果でもある16世紀の3領邦令は、先行する法令を継承しつつ、婚姻、相続などの私法領域、そして産業、市場など様々な領域の法秩序を明確にした。しかしこれらの領邦令はゲマインデ間紛争の領域に立ち入るものではなく、殺害犯の扱いについても中世的な当事者主義への配慮、あるいは妥協が見られた。フェーデの取締りや遍歴労働者の掌握、追放、犯人逮捕など、治安維持のためには領邦政府と裁判当局は、なお地域住民の助力、協力に大きく依存しなければならず、そのためにも地域の慣習への一定の配慮は不可欠であった。したがって国家の法秩序においては、その社会との相互関係という点で、16世紀後半まで転換や革新と言えるほどの変化は生じていないように思われるのである。このような性格を持つ領邦令の骨組みは、18世紀の啓蒙改革期まで維持された。17、18世紀のいくつかのゲマインデ紛争においては領邦役人の明確な関与が見られたことから、法令の外側、すなわち実践のレベルにおいて、この時期には地域社会の紛争解決に対しても、国家の影響力が強まったと言えるのか、そうだとすればそれは、地域のゲマインデ間のコミュニケーション（利害調整機能）の低下、領邦議会における諸身分(シュテンデ)の政治的エネルギーの後退といった事実とも関連するのだろうか。いささか図式的な整理であるが、いずれも今後の検討課題である。

　この他にもなお課題は多く残されている。ティロルと日本中世のゲマインデ間紛争（解決）の相違は、やはりゲマインデや渓谷を包む国制構造の相違によるところが大きいとすれば、ヨーロッパにおける国家的統治権力のより脆弱な地域、ないし時期と日本中世社会との比較の方が有益であったかもしれない。しかし辺境とはいえ、近世まで顕著な「自力」の慣行が続いたピレネー地方は、「絶対王政」下のフランスに属した。とすれば、不可避的に繰り返されるゲマインデ間紛争と「自力」の結合如何は、単純に国家的司法の発展度によるものとは言えないであろう。あえて言えば、形成期の（国家的）司法にローカル・コミュニティがどのように関わったのか、国家の制度と地域の慣習・秩序がどのように結合したのかが、重要な意味を持つのではないか。しかしそのような国制と地域共同体の相互関係が形成されるプロセスの動態的考察は、ティロルのラント裁判共同体についても、なおきわめて不十分である。そのため本書は総じて静態的な構造分析にとどまった憾みがある。より豊かな比較研究のためにも、支配権力と地域共同体のダイナミックな相互関係の把握を、重くかつ重要な課題としたい。

注

序

1) 近年日本で刊行された紛争解決に関する法学者の文献として、吉田勇編著『法化社会と紛争解決』成文堂、2006年、廣田尚久『紛争解決学』［新版増補］信山社出版、2006年など。
2) 拙稿「中世ヨーロッパにおける紛争と秩序―紛争解決と国家・社会―」『史林』88-1、2005年、58-64頁、J・F・コリアー「紛争パラダイム以後の北米法人類学」（棚瀬孝雄編著『紛争処理と合意―法と正義の新たなパラダイムを求めて―』ミネルヴァ書房、1996年）、107-121頁。
3) Christie, N., Conflicts as Property, in: *The British Journal of Criminology,* vol.17, 1977, pp.1-4, 7, 12-13. N・クリスティ（平松毅・寺澤比奈子訳）『人が人を裁くとき―裁判員のための修復的司法入門―』有信堂高文社、2006年、（訳者解題）16-20頁。
4) Roberts, S., The Study of Dispute: Anthropological Perspectives, in: Bossy, J.(ed.), *Disputes and Settlements. Law and Human Relations in the West*, Cambridge 1983, pp.1-24. S・ロバーツ（千葉正士監訳）『秩序と紛争―人類学的考察―』西田書店、1982、歴史学研究会編『紛争と訴訟の文化史』青木書店、1999年。また紛争と暴力に関する最近の文献として、特集「歴史の中の暴力と秩序」、2000年度歴史学研究会大会報告、『歴史学研究』742、2000年、N・ゴンティエ（藤田朋久・藤田なち子訳）『中世都市と暴力』白水社、1999年、田中雅一編『暴力の文化人類学』京都大学学術出版会、1998年、Kagay, D. J./Villalon, L. J. A.(ed.), *The Final Argument. The Impriment of Violence in Medieval and Early Modern Europe*, Woodbridge 1998; Contamine, Ph./Guyotjeannin, O.(sous la direction de), *La guerre, la violence et les gens au Moyen Âge*, II, *Guerre et Gens*, 2., Paris 1996.
5) 拙稿「中・近世ティロル農村社会における紛争・紛争解決と共同体」『京都大学文学部研究紀要』41、2002年、拙稿「中世ヨーロッパにおける紛争と紛争解決―儀礼・コミュニケーション・国制―」『史学雑誌』113-3、2004年、服部良久編訳『紛争のなかのヨーロッパ中世』京都大学学術出版会、2006年、拙稿「中・近世の村落間紛争と地域社会―ヨーロッパ・アルプス地方と日本―」『京都大学文学部研究紀要』46、2007年。なお今日の法律用語では「調停」「仲裁」は区別され、調停では当事者が調停人の示す解決案を拒否することもできるが、仲裁では当事者が裁定に従うことを前提にしており、裁定は一定の強制力を有するものである。中世後期のヨーロッパにも制度化された「仲裁裁判 Schiedsgericht」は存在した。しかし本書で対象とする時期と事柄については、両概念をその都度使い分けるのは難しく、煩瑣でもあるゆえ、多くは裁判官のもとで行われる、当事者、関係者、第三者を含めた合意・和解のための交渉を、原則として

全て「仲裁」と表記する。当然その中には「調停」の語がよりふさわしい場合もあることを断っておきたい。
6) 藤木久志『豊臣平和令と戦国社会』東京大学出版会、1985年、同『村と領主の戦国世界』東京大学出版会、1997年、酒井紀美『日本中世の在地社会』吉川弘文館、1999年、蔵持重裕『中世村の歴史語り―湖国「共和国」の形成史―』吉川弘文館、2002年、同『中世村落の形成と村社会』吉川弘文館、2007年、小林一岳『日本中世の一揆と戦争』校倉書房、2001年。
7) 藤木『刀狩り―武器を封印した民衆―』岩波書店、2005年。
8) Blickle, P., *Landschaften im alten Reich. Die staatliche Funktion des gemeinen Mannes in Oberdeutschland*, München 1973.

[第Ⅰ部]

第1章

1) Burgharts, S., Disziplinierung oder Konfliktsregelung? Zur Funktion städtischer Gerichte im Spätmittelalter. Das Zürcher Ratsgericht, in: *Zeitschrift für Historische Forschung* 16, 1989.
2) Pohl, S., Ehrlicher Totschlag — Rache — Notwehr. Zwischen männlichem Ehrencode und dem Primat des Stadtfriedens (Zürich 1376-1600), in: Jussen, B./Kolofsky, C. (Hg.), *Kulturelle Reformation. Sinnformationen im Umbruch 1400-1600*, Göttingen 1999, S.239-283.
3) Groebner, V., Der verletzte Körper und die Stadt. Gewalttätigkeit und Gewalt in Nürnberg am Ende des 15. Jahrhunderts, in: Lindenberger/Lüdtke (Hg.), a.a.O.
4) Härter, K., Social Control and Enforcement of Police-Ordnances in Early Modern Criminal Procedure, in: Schilling, H.(Hg.), *Institutionen, Instrumente und Akteure sozialer Kontrolle und Disziplinierung im frühneuzeitlichen Europa*, Frankfurt/Main 1999, pp.53, 61-63.
5) C・ゴヴァール（轟木広太郎訳）「恩赦と死刑」（服部編訳『紛争のなかのヨーロッパ中世』、258-277頁）。最近刊行の論文集 Gauvard, C., *Violence et ordre public au Moyen Âge*, Paris 2005, pp.14-16, 265-282. ゴヴァールによれば、フランス王権はむしろ恩赦の独占と多用により、裁き、赦す支配者としての権威を高めた。フランスにおける暴力に対する司法権力の取締りと処罰強化はようやく15世紀後半に本格化するが、これに対する地方的慣習の抵抗はなお強かったという。Ibid., pp.272-273. しかし名誉は法秩序を補完する社会規範として共同体の平和維持に貢献したのみならず、P・シュスターによれば手工業者にとっては、都市当局の、法の拡充による規律化に対抗するための手段となった。治安関係の小役人を名誉を欠く卑しい者として差別化する言説はそうした含意を持った。Schuster, P., Ehre und Recht. Überlegungen zu einer Begriffs- und Sozialgeschichte zweier Grundbegriffe der mittelalterlichen Gesellschaft, in: Backmann, S. u.

a.(Hg.), *Ehrkonzepte in der Frühen Neuzeit*, Berlin 1998, S.63-64.

6) Walz, R., Agonale Kommunikation im Dorf der Frühen Neuzeit, in : *Westfälische Forschungen* 42, 1992, S.221 ; Ders., Strategie der Gewaltvermeidung. Ein Vergleich segmentärer mit bäuerlichen Gesellschaften in Europa, in : Esders, S.(Hg.), *Rechtsverständnis und Konfliktbewältigung. Gericht und außergerichtliche Strategien im Mittelalter*, Köln/Weimar/Wien 2007, S.230-235. ヴァルツはヴェストファーレンの近世農村社会（リッペ伯領）における暴力や物的犯罪の高い頻度（人口400～500人の集落で年100件）を指摘し、ここでは、人類学者が明らかにした近現代のニューギニアやバリの社会に比して、暴力回避の慣習（リチュアル）や自己規律は低位にとどまっていたと述べ、ヨーロッパ近世国家は社会の暴力抑制においては無力であったとする。

7) Hürlimann, K., *Soziale Beziehungen im Dorf. Aspekte dörflicher Soziabilität in den Landvogteien Greifensee und Kyburg um 1500*, Zürich 2000.

8) Schreiner, K./Schwerhoff, G., Verletzte Ehre — Überlegungen zu einem Forschungskonzept : Schreiner/Schwerhoff (Hg.), *Verletzte Ehre. Ehrkonflikte in Gesellschaften des Mittelalters und der Frühen Neuzeit*, Köln/Weimar/Wien 1995, S.1-28.

9) Frank, M., Ehre und Gewalt im Dorf der frühen Neuzeit. Das Beispiel Heiden (Grafschaft Lippe) im 17. und 18. Jahrhundert, in : Schreiner/Schwerhoff (Hg.), a.a.O., S.332.

10) Walz, a.a.O., S.221. ヴァルツは紛争の（物的）背景よりも争い自体が重要であったと述べ、言葉や行為による名誉毀損を紛争拡大の要因として重視する。他方クルークリヒターは、多数の様々な紛争を全て「名誉をめぐる争い Ehrenhandel」と規定することは、他の問題との関わりを見えなくする恐れもあると述べる。Krug-Richter, B., Von nackten Hummeln und Schandpflastern, in : Eriksson, M./Krug-Richter, B.(Hg.), *Streitkulturen. Gewalt, Konflikt und Kommunikation in der ländlichen Gesellschaft (16.-19. Jahrhundert)*, Köln/Weimar/Wien 2003, S.271. 様々な紛争を名誉にかかわる問題として認識し、アピールする同時代の文化的コードとともに、その背後にある社会的、構造的要因を分析的に捉える視点をも持たねばならないことは自明である。

11) Dinges, M., Justiznutzungen als soziale Kontrolle in der Frühen Neuzeit, in : Blauert, A./Schwerhoff, G.(Hg.), *Kriminalitätsgeschichte. Beiträge zur Sozials- und Kulturgeschichte der Vormoderne*, Konstanz 2000, S.508-509, 539-544. ディンゲスの言う「社会的コントロール soziale Kontrolle」は「規律化」のような上から下への作用のみではなく、水平的関係と同時に、当局と民衆の上下間の相互的なコントロール作用をも含む。同様にホーレンシュタインは、近世領邦の下級裁判について、農村住民が日常的な紛争の処理のために「手軽で安価な」手段として選択的に利用したことを明らかにしている。Holenstein, A., Ordnung und Unordnung im Dorf. Ordnungsdiskurse, Ordnungspraktiken und Konfliktregelungen vor badischen Frevelgerichten des 18. Jahrhunderts, in : Häberlein, M.(Hg.), *Devianz, Widerstand und Herrschaftspraxis in der Vormoderne. Studien zu Konflikten im südwestdeutschen Raum*, Konstanz 1999, S.165-196.

12) 上記の注8)、10)及び本書第5章に挙げる文献の他、Blauert, A./Schwerhoff, G. (Hg.), *Mit den Waffen der Justiz. Zur Kriminalitätsgeschichte des Mittelalters und der*

frühen Neuzeit, Frankfurt/Main 1993 ; Blauert/Schwerhoff (Hg.), *Kriminalitätsgeschichte*; Bellabarba, M./Schwerhoff, G./Zorzi, A.(Hg.), *Kriminalität und Justiz in Deutschland und Italien. Rechtspraktiken und Gerichtliche Diskurse in Spätmittelalter und Früher Neuzeit*, Berlin/Bologna 2001 ; Lentz, M., *Konflikt, Ehre, Ordnung. Untersuchungen zu den Schmähbriefen und Schandbildern des späten Mittelalters und der frühen Neuzeit (ca.1350 bis 1600)*, Hannover 2004 ; Schubert, E., *Räuber, Henker, arme Sünder. Verbrechen und Strafe im Mittelalter*, Darmstadt 2007. G・アルトホーフらが指導するミュンスター大学のプロジェクト（SFB）「前近代におけるシンボリックなコミュニケーション」の成果は叢書、*Symbolische Kommunikation in der Vormoderne. Studien zur Geschichte, Literatur und Kunst*, hersg. von Althoff, G./Stollberg-Rilinger, B./Wenzel, H. として刊行されている。この他、前近代の「暴力」「名誉」に関する文献は多数にのぼる。本書の叙述に関わる最近の重要な文献のみ挙げる。Wechsler, E., *Ehre und Politik. Ein Beitrag zur Erfassung politischer Verhaltensweisen in der Eidgenossenschaft (1440-1500) unter historisch-anthropologischen Aspekten*, Zürich 1991 ; Contamine, P./Guyot-jeannin, O. (sous la direction de), *La guerre, la violance et les gens au Moyen Âge II, Guerre et Gens*, Paris 1996 ; Braun, M./Herberichs, C.(Hg.), *Gewalt im Mittelalter. Realitäten — Imaginationen*, München 2005 ; Ruff, J.R., *Violence in Early Modern Europe 1500-1800*, Cambridge 2001.

13) 藤木『豊臣平和令と戦国社会』、同『刀狩り』。
14) Fehr, H., Das Waffenrecht der Bauern im Mittelalter, Einleitung, 1.Teil, in : *Zeitschrift der Savigny-Stiftung für Rechtsgeschichte*, Germanistische Abteilung（以下 ZRG, GA.）, Bd.35, 1914, 2.Teil, in, : ZRG, GA, Bd.38, 1917.
15) Fehr, a.a.O., 1.Teil, S.112-114.
16) Ebenda, S. 142-146.
17) Monumenta Germaniae Historica（以下 MGH）Constitutiones et acta publica I, Nr.140, S.194-198. バルバロッサの1152年の平和令と1158年のロンカリア立法における平和規定の限定的意義については Wadle, E., Zur Delegitimierung der Fehde durch die mittelalterliche Friedensbewegung, in : Schlosser, H./Srrandel, R./Willoweit, D.(Hg.), *Herrschaftliches Strafen seit dem Hochmittelalter. Formen und Entwicklung*, Köln 2002, S.21-23 を参照。
18) MGH Constitutiones et acta publica I, Nr.277, S.382, "In domibus autem quelibet arma habeant, ut si iudex ad emendationem violate pacis eorum auxiliis indiguerit, cum armis parati inveniantur, quoniam in hoc articulo iudicem sequi tenentur pro iudicis arbitrio et rei neccessitate."
19) MGH Die Urkunden der deutschen Könige und Kaiser, 10. Bd., Die Urkunden Friedrichs I., pars iv, Nr.988, S.277.
20) 拙著『ドイツ中世の領邦と貴族』創文社、1998年、201頁。
21) Gernhuber, J., *Die Landfriedensbewegung in Deutschland bis zum Mainzer Reichslandfrieden von 1235*, Bonn 1952, S.132-133.

注（第1章）

22) MGH Constitutiones et acta publica II, Nr.427, S.577. 後述のように、教会祭日の人々の集いは、しばしば暴力沙汰の場になった。15世紀のベルン、ルツェルン、バーゼルには、祝日に武器を持って教会を訪れてはならないとの禁止がみられることは興味深い。Wackernagel, H.G., Kriegsbräuche in der mittelalterlichen Eidgenossenschaft, in : Ders., *Altes Volkstum der Schweiz. Gesammelte Schriften zur historischen Volkskunde*, Basel 1956, S.293.

23) アイケ・フォン・レプゴウ著（久保正幡他訳）『ザクセンシュピーゲル・ラント法』（西洋法制史料叢書4）創文社、1977年、220、224、230頁。フェールによれば平和令やレーエン法の記述と異なり、13、14世紀の法書における（ラント法）では法的行為能力を持つ農民は特別平和の下に置かれず、フェーデ権は持たないものの、武器携行、法廷決闘をなし得た。Fehr, a.a.O., S.172-178, 195.

24) Fehr, a.a.O., S.202-204 ; Zeumer, K.(bearb. von), *Quellensammlung zur Geschichte der deutschen Reichsverfassung in Mittelalter und Neuzeit*, Tübingen 1913, Nr.142, S.209-210, Nr.145, S.216-221. W・シュネルベーグルによれば、13世紀末以後、農民のみを対象とした武器携行禁止はなくなる。Schnelbögl, W., *Die innere Entwicklung der bayerischen Landfrieden des 13. Jahrhunderts*, Heidelberg 1932, S.291.

25) Brunner, O., *Land und Herrschaft*, 5. Aufl., Wien 1965, S.77 ff, 99.

26) Fehr, a.a.O., 1.Teil, S.153.

27) "Hec autem omnia pro communi necessitate provincie et iudicii exequendi et patriam ab incursu hostium defendendi, si velint, in eorum domibus reservent." MGH Constitutiones et acta publica II, Nr.427, S.577

28) Fehr, a.a.O., 2.Teil, S.42-43.

29) Ebenda, S.48-68. バイエルンの民兵動員は犯人追跡動員から生まれた短期召集のLandsturmから、徴兵検査による適格者の登録に基づくLandwehrへと重点が移行した。なお応召者には給付があった。

30) Fehr, a.a.O., 2.Teil, S.84-85.

31) Ebenda, S.68, 87-91.

32) 神寶秀夫『近世ドイツ絶対主義の構造』創文社、1994年、398-418頁。

33) Schennach, M. P., *Ritter, Landsknecht, Aufgebot. Quellen zum Tiroler Kriegswesen 14.-17. Jahrhundert*, Innsbruck 2004 ; Ders., Der wehrhafte Tiroler. Zu Entstehung, Wandlung und Funktion eines Mythos, in : *Geschichte und Region* 14-2, 2005.

34) Winter, G.(Hg.), *Niederösterreichische Weistümer*（以下 NÖW）1, 1886, Nr.76, S.413.

35) NÖW 1, Nr.137, S.865-866, Nr.139, S.896-897. なお1532年、1573年のティロル領邦令は、投げ矢、隠し持てる拳銃などを危険な武器として携行を禁止している。本書第7章参照。

36) NÖW 3, Nr.90, S.621.

37) メルク、ヴァイア・ガフレンツなど。NÖW 3, Nr.82, S.517, Eberstaller, H.u.a.(Hg.), *Oberösterreichische Weistümer* 2, 1956, Nr.3, S.13.

38) NÖW 3, Nr.88, S.577.

39) Kolb, F., Ehrgefühl, Fehde und Gerichtsfriede unter den Tiroler Bauern, in: *Tiroler Heimat*, NF 12, 1948, S.71-72; Die tirolischen Weistümer（以下 TW）I, Nr.139, S.178, TW III, Nr.3, S.28, TW IV, Nr.11, S.96; Arens, F., *Das Tiroler Volk in seinen Weistümern*, Gotha 1904, S.260; 農民の武器携行の実態と武器携行規制の身分統制的な意味については、Frauenstädt, P., *Blutrache und Totschlagsühne im deutschen Mittelalter. Studien zur deutschen Kultur- und Rechtsgeschichte*, Leipzig 1881, S.42-45.

40) Ruff, op.cit., pp.44-52; Desplat,Ch., *La guerre oubliée. Guerres paysannes dans les Pyrénées (XIIe-XIXe siècles)*, 1993, pp.43-55. デプラによれば、ピレネー西部の渓谷農民は18世紀まで武器携行権を慣習的特権として保持した。1792年のアローザ地区の調査によれば8割以上の住民が剣、小銃、拳銃などを有した。この特権は少なくとも中世後期には辺境防衛における農民の役割と結合していた。他方、パリでは1730年ころから市民・住民の武器携行・所有に対する禁令が一定の効果を示した。高澤紀恵「近世パリ社会と武器」（二宮宏之・阿河雄二郎編『アンシアン・レジームの国家と社会——権力の社会史へ——』山川出版社、2003年)、101-130頁。いずれにせよパリも含めて、一般に住民（農民）の武装は国家、当局にとって地域の防衛や治安と不可分の関係にあった。

41) H・ミッタイス／H・リーベリヒ（世良晃志郎訳）『ドイツ法制史概説』創文社、1971年、423頁。*Lexikon des Mittelalters*, IV, 1989, Spalte 331-334.

42) Brunner, a.a.O., S.64-72.

43) Rösener, W., *Bauern im Mittelalter*, München 1985, S.183; Zacharias, R. Die Blutrache im deutschen Mittelalter, in: *Zeitschrift für deutsches Altertum und deutsche Literatur*, Bd.91, 1961, S.171-173.

44) 橡川一朗『西欧封建社会の比較史的研究』［増補改訂］青木書店、1984年、300-309、381-386頁。橡川氏の意図は、フェーデ権を有する富農（＝家父長的奴隷主）を、領主と同じ支配階級に位置づけることにあり、紛争・紛争解決という本書の関心とは異なる。なお Ch・テアハルンは血讐が報復それ自体を目的とするのに対し、フェーデは報復ではなく、略奪・放火・捕虜を手段として、損なわれた権利の回復を敵対者に強要することを目的としたと述べ、両者を区別する。Terharn, Ch., *Die Herforder Fehden im späten Mittelalter*, Berlin 1994, S.23-24.

45) Brunner, a.a.O., S.71.

46) Karauscheck, E.R., Fehde und Blutrache als Beispiele nichtstaatlicher Konfliktlösung, Dissertation Wien, 1990; Zmora, H., *State and Nobility in Early Modern Germany. The knightly feud in Franconia*, 1440-1567, Cambridge 1997; Kaufmann, M., *Fehde und Rechtshilfe*, Pfaffenweiler 1993; Zorzi, A., "ius erat in armis" Faide e conflitti tra pratiche sociali e pratiche di governo, in: *Origini dello Stato. Processi di formazione statale in Italia fra medioevo ed eta moderna*, a cura di Chittolini, G. etc., Bologna 1993; Algazi,G., *Herrengewalt und Gewalt der Herren im späten Mittelalter*, Frankfurt/Main・New York 1996; Morsel, J., Überlegungen zum sozialen Sinn der Fehdepraxis: Rödel, D./Schneider, J.(Hg.), *Strukturen der Gesellschaft im Mittelalter*, Wiesbaden 1996.

47) 近年、ブルンナーのフェーデ論に厳しい批判を加えたのはイスラエルの歴史家G・

アルガージである。Algazi, a.a.O. アルガージによれば、農民に対する「保護」が領主の農民支配（ブルンナーのいう領主への「援助」としての貢納）を正当化するという、支配の相互（双務）関係のブルンナー・モデルは実証されない。領主の農民保護とは、フェーデにおける敵対領主の攻撃に対する保護であり、個々の領主相互のフェーデ行為が社会全体としてみれば、領主の農民「保護」（＝支配）を維持・再生産させていたのである。ブルンナーがフェーデの法的性格を強調し、農民に対する暴力的側面を軽視したこと、また領主のフェーデとその「保護（支配）」の相互関連を見ず、フェーデの社会構成的機能を同時代の法理念を中心とした叙述の中で曖昧にしてしまったことは、ブルンナーのラント（領邦）政治構造論の根本的問題だというのである。フェーデ、領主支配と農民への暴力を機能的・構造的な視点から結びつけるアルガージ説に対し、一部の歴史家は新しい支配の社会（経済）史として高く評価したが、少なからぬドイツの歴史家は実証と論理の双方において厳しい批判を浴びせた。とりわけ領主・農民関係の相互的な側面を無視して領主の暴力性を強調することは、農民を無力な隷属者と見なすことにつながり、このような理解は今日では受容し難いと言わねばならない。しかしフェーデが封建的身分秩序の維持に貢献していたという、フェーデの社会的機能への着眼は評価されるべきであり、実際この視点は、その後の研究に少なからぬ影響を与えた。注46）に挙げた、中世末期における領邦の発展の中に在地貴族のフェーデを位置づけたH・ズモラの研究、フェーデが領主・農民関係の明確化、様々な社会的ネットの強化を促したとするJ・モーセルの研究はその例である。

48) 例えば、Orth, E., *Die Fehde der Reichsstadt Frankfutr am Main im Spätmittelalter*, Wiesbaden 1973 ; Neitzert, D., *Die Stadt Göttingen führt eine Fehde 1485/86. Untersuchung zu einer Sozial-und Wirtschaftsgeschichte von Stadt und Umland*, Hildesheim 1992.

49) Peters, J., Leute-Fehde. Ein ritualisiertes Konfliktmuster des 16.Jahrhunderts, in : *Historische Anthropologie,* Jg.8, H.1, 2000.

50) Ebenda, S.94.

51) Karauscheck, a.a.O., S.93,104-105. クライストの戯曲で知られたブランデンブルクのハンス・コールハーゼのフェーデを考察したCh・ミュラー＝トラーギンも、法的規定とは別に農民、市民も実際には貴族と同様にフェーデを行ったと述べる。Müller-Tragin, Ch., *Die Fehde des Hans Kohlhase*, Zürich 1997, S.16.

52) Reinle, Ch., *Bauernfehden. Studien zur Fehdeführung Nichtadeliger im spätmittelalterlichen römisch-deutschen Reich, besonders in den bayerischen Herzogtümern*, Wiesbaden 2003.

53) ミュラー＝トラーギンによればザクセンでは16世紀後半に貴族フェーデ、農民・市民のフェーデがともに顕著に増加した。Müller-Tragin, a.a.O., S.174.

54) Walz, a.a.O., S.S.221. 前掲のヒュルリマンも農村社会の紛争を論じているが、フェーデという概念は用いてはいない。

55) 後述のようにライヌレは、バイエルンでは目立った農民蜂起や農民戦争は生じていないことからも、農民フェーデをあくまで個人的行為として、集団的な農民運動とは区

別する。なお、都市では一般に個々の市民によるフェーデは禁止され、外部からの市民への攻撃には都市当局が対処する責任を負い、その限りで都市共同体がフェーデの主体となる。市民個人が外部勢力とフェーデを行う場合、都市を去らねばならず、それは原則として村落でも同様であった。Reinle, a.a.O., S.300-301; Dies., Fehden im Spannungsfeld von Landesherrschaft, Adel und bäuerlicher Bevölkerung, in: Rösener, W. (Hg.), *Tradition und Erinnerung in Adelsherrschaft und bäuerlicher Gesellschaft*, Göttingen 2003, S.192-193; vgl. Terharn, a.a.O., S.48-50.

56) 慣習法文書（ヴァイステューマー）の歴史的性格をめぐる研究史と問題点については拙稿「ヴァイズテューマー研究の課題」『史林』65-1、1982年を参照。中世末期以後、裁判集会と慣習法文書への領主権力、とくに領邦の影響が強まることを指摘する最近の研究として、Rösener, W., Dinggenossenschaft und Weistümer im Rahmen mittelalterlicher Kommunikationsformen, in: Ders.(Hg.), *Kommunikation in der ländlichen Gesellschaft vom Mittelalter bis zur Moderne*, Göttingen 2000 をも参照。

57) 慣習法文書における同様な事例として檪川、前掲書、383-385頁をも参照。フェーデを取り締まる当局の側からすれば、フェーデ当事者に加勢し、様々な支援を行う協力者の存在が最も厄介な問題であり、第Ⅱ部で述べるように、ティロルの領邦君主は逆に地域住民の協力によってフェーデを行う者を摘発することを目指していた。

58) この慣習法文書の規定については、Wopfner, H., *Bergbauernbuch* I, Neudruck Innsbruck 1995, S.104; Arens, a.a.O., S.241 をも参照。

59) ライヌレは15世紀後半の、ブリクセン司教領の農民による教区司祭、参事会教会に対するフェーデ及び、ハインリヒ、ペーター・パスラー父子のブリクセン司教に対する用益権争いから始まった、1522〜1527年のフェーデを挙げている。ブスター渓谷におけるパスラー父子のフェーデにおける行動はヴェネツィア、ミラノに及び、農民蜂起の指導者ミハエル・ガイスマイルとの接触もあったが、ペーターの行動は司教に対する私的報復を動機としていた。Reinle, a.a.O., S.157-173.

60) ディンゲスは、18世紀には私的財産を侵害する犯罪行為の処罰が強化されたのに対し、暴力に対して司法はなお寛容であったと述べる。Dinges, a.a.O., S.523.

第2章

1) 拙著『ドイツ中世の領邦と貴族』創文社、1998年。このようなオーストリア諸領邦の政治構造に関する比較研究としては Mitterauer, M.u.a., *Herrschaftsstruktur und Ständebildung. Beiträge zur Typologie der österreichischen Länder aus ihren mittelalterlichen Grundlagen*, 3 Bde., Wien 1973. とりわけティロルのラント裁判共同体（渓谷共同体）については Ebenda, Bd.3, Täler und Gerichte. アルプス地方の領邦、貴族支配を俯瞰した論考として、Varanini, G. M./Bellabarba, M, Adelsherrschaft im Raum Trentino-Tirol vom Mittelalter bis zur Frühen Neuzeit, Einführung, in: *Geschichte und Region/Storia e regione*, 4, 1995, S.9-19. 邦語文献では、若曽根健治「伯領フィンチュガウにおけるラント法的構造（一）（二）」『熊本法学』22、23、1974年を参照。ティロル農民はすでに14

世紀後半にはラント裁判区を単位として、領邦君主の政治的決定や課税への同意、ハプスブルク家による領邦継承に対する同意などに貴族とともに加わっており、また15世紀初には明確に領邦議会に代表を送っている。1474年のティロル領邦議会には、126人の貴族、17人の高位聖職者、8都市と59のラント裁判区から2人ずつの代表が出席した。Stolz, Die Landstandschaft der Bauern in Tirol, in : *Historisches Vierteljahrsschrift*, 28, 1933, S.728-736 ; Blickle, a.a.O., S.166-174.

2) ティロルについてのブリックレの解釈と叙述はとくに Blickle, a.a.O., S.159-254 ; Ders., *Kommunalismus. Skizzen einer gesellschaftlichen Organisationsform*, Bd.1, Oldenbourg 2000, S.98-101.

3) Schennach, *Ritter, Landsknecht, Aufgebot*, S.29.

4) Schennach, a.a.O., S.41, 46, Text. Nr.7, S.127-128, Text 11, S.132-133.

5) 領邦特許文書、ラントリベルについては本書第6章、注17) をも参照。領邦議会で認められた領邦防衛の必要度に応じて5千、1万、1万5千、2万人が1ヶ月間召集される（領邦から手当支給）。うち高位聖職者、貴族が36パーセント、都市・裁判区が48パーセント、残りはプスター渓谷（東ティロル、旧ゲルツ伯領）、キッツビューエル、ラッテンベルク、クフシュタイン地方から召集される。Das Tiroler Landlibell, Faksimile 1997, Archiv Verlag Wien. この割り当ては租税の財産評価（聖俗貴族は所領の評価、都市・裁判区住民は竈単位）に基づくものだが、この評価に基づく貨幣代納（傭兵調達の費用に）も認められた。Schennach, a.a.O., S.80-81. ラントリベルの領邦財政、領邦諸身分（ラントシュテンデ）制度における意義については、出村伸「領邦防衛体制形成過程における領邦君主と等族」『西洋史研究』新号21、1992年、47-53頁。各裁判区における実際の召集では、裁判区長、裁判官、特別委任者（コミッサール）が住民と交渉した。その際、割当て人数は住民の要求に応じて減らされることもあったように、やはり住民の合意が必要であった。既に1478年に領邦君主ジクムントは、各裁判区において軍役能力を持つ住民の記録を作成するよう命じている。1526年の軍役規定では各ラント裁判区・都市からは数十人〜200人程度が召集され、1605年の軍役令ではその8割が小銃で武装した。Köfler, W., *Land・Landschaft・Landtag. Geschichte der Tiroler Landtage von den Anfängen bis zur Aufhebung der landständischen Verfassung 1808*, Innsbruck 1985, S.313-315. 農民の武器が常に領邦防衛に十分であったわけではなく、16世紀以後は農民の武器が不十分な場合、応召期間に限り領邦から武器を貸与されるようになる。他方で農民戦争時の記憶から、17世紀初には領邦政府関係者の間で、農民の武器も平時には武器庫に保管することが主張されたというが、これは実現されたとは思われない。また領邦君主は貴族の封臣としての軍役をも重視したが、この時期のレーエン台帳が遺されていないので数量的な評価はできない。貴族の封臣軍役は金納により傭兵に代行させることが多かったと思われる。Vgl. Schennach, a.a.O., S.14-20, 99-102.

6) Stolz, O., Die Landstandschaft der Bauern in Tirol, in : *Historisches Vierteljahrsschrift*, 28, 1933, 29, 1934, S.732. Ders., *Wehrverfassung*, S.37 ff ; Blickle, a.a.O., S.254. シェンナハも、領邦防衛の軍役が農民の自意識を強めたことは認めるが、軍事能力と領邦議会身分（ラントシャフト）の因果関連の把握は短絡的だと述べる。Schennach, a.a.O., S.30.

7) Blickle, Friede und Verfassung. Voraussetzungen und Folgen der Eidgenossenschaft von 1291, in: *Innerschweiz und frühe Eidgenossenschaft*. Jubiläumsschrift 700 Jahre Eidgenossenschaft, Bd.1, Olten 1990, S.18-64; Ders., *Kommunalismus*, Bd.2, S.154-194. ブリックレは、13世紀のルツェルン市法では市民が、フェーデにおいて親族の助力を得ること、市外のフェーデに関わることを認められていた事実を指摘し、13世紀の中部スイス社会は暴力に満ちていたと述べ、同時に14世紀には共同体（邦・同盟）の裁判によりこうした状況が克服されたとしている。Blickle, Friede und Verfassung, S.20-22.

8) Blickle, *Das Alte Europa. Vom Hochmittelalter bis zur Moderne*, München 2008, S.120-140, 252-258. ブリックレは平和秩序の形成においてコンユラティオのような誓約にもとづく平和（pax iurata）が支配権力による平和（pax ordinata）に先行し、優越すると考える。しかし前者もまもなく法令により領域化、国家化し、あるいは国家秩序へと統合されるとする。

9) Aubin, H., Zur Entwicklung der freien Landgemeinden im Mittelalter. Fehde, Landfrieden, Schiedsgericht, in: Franz, G.(Hg.), *Deutsches Bauerntum im Mittelalter*, Darmstadt 1976, S.190-218; Schmidt, H., Adel und Bauern im friesischen Mittelalter, in: *Niedersächsisches Jahrbuch für Landesgeschichte*, 45, 1973, S.45-95.

10) Wackernagel, H. G., *Altes Volkstum der Schweiz*; Wechsler, E., *Ehre und Politik. Ein Beitrag zu Erfassung politischer Verhaltensweisen in der Eidgenossenschaft (1440-1500) unter historisch-anthropologischen Aspekten*, Zürich 1991, S.283-300; Lentze,H. Eine bäuerliche Fehdeansage aus dem 15. Jahrhundert, in: *Der Schlern*. Zeitschrift für Heimat und Volkskunde, 25. Jg., 1951, S.127-129; Kolb, a.a.O., S.48-55. コルプはティロル農民の武器所有・武装能力がその名誉心と密接に結びついていたと述べる。Wopfner, H., *Bergbauernbuch* 1, S.102-105, 529 ff, 544-549; Arens, a.a.O, S.159-166. 言及したピレネー農民についても19世紀の旅行者がしばしば、その武装と戦士的気風、自由と特権の意識を過度に強調するメモワールを遺しているのは興味深い。Desplat, op.cit., pp.12-15. R・ヒスの古典的な刑法史文献も「フェーデと贖罪」の章において、南ティロルでは18世紀まで殺害の贖罪・和解が行われていたと述べるが、根拠は不確実である。His, R., *Das Strafrecht des deutschen Mittelalters*, Teil 1, Weimar 1920 (Neudruck Aalen 1964), S.320.

11) Cole, L., Fern von Europa? The peculiarities of Tirolian historiography, in: *Zeitgeschichte*, 23, 1996, S.181-204. 第二次大戦中にインスブルック大学学長を務めたティロル史家H・シュタイナッカーはナチのSA（突撃隊）に属していた。ヴォプフナー、シュトルツらの大戦間期の研究が戦後もスタンダードと見なされ続けたことは、2人の研究成果が近年に至るまで新版として再刊されていることからもわかる。オーストリアにおけるティロルの独自性、自立性を、「農民の名誉と自由」「ランデスフライハイト（領邦特権）」を強調しつつ歴史的に検証しようとするティロル史研究の伝統と、その政治、イデオロギーとの関わりの強さについては、Riedmann, J., Geschichtsschreibung und Geschichtsbewusstsein in Tirol, vornehmlich in der ersten Hälfte des 20. Jahrhunderts, in: *Tiroler Heimat*, NF 57, 1993, S.291-304.

12) Schennach, M. P., Der wehrhafte Tiroler. Zu Entstehung, Wandlung und Funktion

eines Mythos, in : *Geschichte und Region* 14-2, 2005.
13) その成果の一部は史料集、Schennach, *Ritter, Landsknecht, Aufgebot. Quellen zum Tiroler Kriegswesen 14.-17. Jahrhundert* の解説部分に記された詳細な近世ティロル軍制の叙述に現れている。
14) 農村経済史を出発点としたヴォプフナーに対して、法制史家でもあったシュトルツは軍制史についても著述し、死後フーターにより遺稿が編集、刊行された。Stolz, O., *Wehrverfassung und Schützenwesen in Tirol von den Anfängen bis 1918*, Innsbruck/Wien/München 1960.
15) 以下のティロル領邦史叙述は主に次の文献による。Brunner, *Land und Herrschaft*, S.227-231 ; Fontana, J.u.a., *Geschichte des Landes Tirol*, Bd.1, Bozen 1985, S.299-339, 399-485, Bd.2, 1986, S.3-58 ; Stolz, Politisch-historische Landesbeschreibung von Tirol, Erster Teil, Nordtirol, *Archiv für österreichische Geschichte*, Bd.107, 1923, besonders S.397-536 ; Huter, F., Tirol im 14. Jahrhundert, in : Patze, H.(Hg.), *Der Deutsche Territorialstaat im 14 Jahrhundert*, Vorträge und Forschungen 14, Sigmaringen 1971, S.368-387.
16) マインハルト2世の統治については、*Geschichte des Landes Tirol*, Bd.1, S. 399-410 ; Wiesflecker, H., *Meinhard der Zweite. Tirol, Kärnten und ihre Nachbarländer am Ende des 13. Jahrhunderts*, Innsbruck 1955 (ND 1995), S.131-243 ; 史料は、*Die Regesten der Grafen von Tirol und Görz, Herzoge von Kärnten* II-1, *Die Regesten Mainhards II.(I.) 1271-1295*, hg. von Wiesflecker, Innsbruck 1952.
17) Wiesflecker, *Meinhard der Zweite*, S.294 ff ; *Ploetz, Reich und Länder. Geschichte der deutschen Territorien*, Bd.1, Ddarmstadt 1978, S.733. なおマインハルト2世は弟アルベルトに東ティロル、ゲルツ伯領、イストリアを譲り、自身はティロル伯領の統治に重心を移した。マインハルト2世から息子ハインリヒに至る時期の領邦中央行政における財務部と書記局の関連、文書交付・管理の発展については、若曽根健治「伯領ティロール14、5世紀における官職譲与（一）」『熊本法学』25、1976年、112-130頁を参照。
18) *Geschichte des Landes Tirol*, Bd.1, S.428 ; Huter, a.a.O., S.378-379.
19) 16世紀初にティロルに編入された地域を別にしても、中世後期にはなお、ティロル伯支配下の諸地域が在地貴族や農民により常にひとつの領邦（＝ラント・ティロル）として意識され、また表現されたわけではなかった。南ティロルの諸地域は、14、15世紀になお「エッチュ渓谷地方 (Land an der Etsch)」として「イン渓谷地方 (Land im Inntal)」と並列的に表記され、君主の代理である領邦長官も Hauptmann der Grafschaft zu Tirol, des Landes an der Etsch などと特記されたように、独自の地域性が意識されていた。15世紀にしばしば領邦君主がボーツェンやメランに滞在し、領邦議会が開催されたのも南ティロルの政治的重要性を示している。15世紀末には住民の「ティロル意識」は明示的になり、Tyrosensis patria との表現も現れるが、これらの領邦レベルでのラント意識の下でなお、これを構成する個々の地域への帰属意識は長く存続したであろうし、また第5章で述べるように、こうした地域は領邦防衛においても一定の意義と機能を持っていた。Brandstätter, K., „Tyrol, die herrliche, gefirstete grafschaft ist on uralten zeiten gehaissen und auch so geschrieben..." Zur Geschichte des Begriffes „Tirol", in :

Geschichte und Region, 9, 2000, S.11-29.
20) こうした身分編成と権力構造の比較については、Mitterauer, M.u.a.(Hg.), *Herrschaftsstruktur und Ständebildung*, 3 Bde, München 1973、とりわけその第3巻、Bruckmüller, E./Mitterauer, M./Stradal, H., Täler und Gerichte, Prälaten, S.115 ff, 175 ff. 前掲拙著、318-319頁、*Geschichte des Landes Tirol*, Bd.1, S.546-549. しかし1335～1364年のティロル支配をめぐる諸家門の争いの時期には貴族の発言力は増大している。また第5章で述べるように、15世紀初頭には内外の危機の中で、貴族の影響力はピークを迎えるが、同時に市民・農民（ラント裁判区住民）の領邦議会身分としての成長も看過できない。
21) 既に19世紀末にJ・エッガーがティロルのラント裁判区を、10～12世紀の上・中・下イン渓谷の3伯管区、そして南ティロルの4伯管区が各々4～5の下位地区（Centena）に分割されることにより成立したものと考えたが、上イン渓谷については史料的根拠が弱く、大伯管区の下部単位（Centena）への分割というモデルに支えられた推論によるところが多い。Egger, J., Die Entstehung der Gerichtsbezirke Deutschtirols, in : *Mitteilungen des Instituts für Österreichische Geschichtsforschung*, Ergänzungsband 4, 1893, S.384-98, 426-428 ; Stolz, O., Geschichte der Gerichte Deutschtirols, in : *Archiv für Österreichische Geschichte*, Bd.102, 1913, S.157 ff, 220 ; Ders., *Rechtsgeschichte des Bauernstandes und der Landwirtschaft in Tirol und Vorarlberg*, S.302-306. シュトルツによれば、ラント裁判共同体の自治的機能はすでに13世紀には確立していた。1312年には領邦君主は臨時税徴収に際して、裁判区役人に対する住民の苦情を聴取させている。シュトルツは、この時期に農民は、土地領主への帰属関係にかかわりなく、裁判区（共同体）のひとつの身分として君主に対して意思表明を行ったのであり、それは領邦議会身分への前提となったのだと考える。Stolz, O.u.a. (bearb.), *Quellen zur Steuer-, Bevölkerungs- und Sippengeschichte des Landes Tirol im 13., 14. und 15.Jahrhundert*, Innsbruck 1939, S.45-86 ; Ders., Die Landstandschaft der Bauern in Tirol, S.712-716. N・グラスもまたヴァイステューマーの考察により、ティロルでは元来、裁判区と教区は一致していたと述べる。Grass, N., *Pfarrei und Gemeinde im Spiegel der Weistümer Tirols*, Innsbruck 1950, S.23-42. 若曽根健治氏も13世紀末から14世紀初にはラント裁判区が、納税に関して自治的共同体として機能したことに言及している。当時すでに、ラント裁判区住民から選ばれた財産評価者が領邦君主の課税に際して、住民全体の合意の上で個々人の財産評価を行った。若曽根「領邦ティロル農村部における租税制度」『法制史研究』25、1975年、117-124頁。
22) Bruckmüller, E., Täler und Gericht, in : Mitterauer u.a., a.a.O., Bd.3, S.11-13, 20, 30-45.
23) Huter, F., Zur Frage der Gemeindebildung in Tirol, in : *Die Anfänge der Landgemeinde und ihr Wesen* I, Vorträge und Forschungen 7, Sigmaringen 1964, S.223-235 ; Beimrohr, W., *Mit Brief und Siegel. Die Gerichte Tirols und ihr älteres Schriftgut im Tiroler Landesarchiv*, Innsbruck 1994, S.34-38.
24) このようなラント裁判区等の譲与、抵当化の初期の例については若曽根「領邦ティ

注（第2章） 303

ロール14、5世紀における官職譲与（一）」134-141頁。
25) 第5章188頁、注5）、Blickle, *Landschaften im alten Reich*, S.159-166; Stolz, a.a.O., S.120-126.
26) 中世後期のザルツブルク大司教領におけるラント裁判（Landgericht, Pfleggericht）も、役人の管理下に直轄地管理（Urbarverwaltung）と裁判・行政（徴税）を一体化させた同領邦の基幹的組織であった。ここでも1460～1540年頃に裁判区住民（農民）は代表を領邦議会に送り、課税や軍役についての協議に加わった。しかしティロルと異なりザルツブルクでは、この間の農民の領邦議会身分は不安定で、また16世紀後半には君主により否定された。Blickle, a.a.O., S.60-67. ザルツブルク大司教領邦の地方・農村行政については、Ammerer, G., *Funktionen, Finanzen und Fortschritt. Zur Regionalverwaltung im Spätabsolutismus am Beispiel des geistlichen Fürstentums Salzburg*, Salzburg 1987, S.54 ff, 176 ff, 261 ff.
27) 一定の自治的機能を持つ集落共同体を意味するゲマインデは、発達した村落の他に、小村、散居家屋群をも意味し、それらは、gemeinde, gemeinschaft, nachbarschaft, oblai, rotte など、地域や性状に応じて様々に表現された。
28) Stolz u.a.(bearb.), a.a.O., S. S.44-86. S.127-135.
29) Stolz, Bauer und Landesfürst in Tirol und Vorarlberg, in: Mayer, Th.(Hg.), *Adel und Bauern im deutschen Staat des Mittelalters*, Nachdruck der Ausgabe 1943, Darmstadt 1976, S.197.
30) *Geschichte des Landes Tirol*, Bd.1, S.534 ff; Stolz, *Rechtsgeschichte des Bauernstandes und der Landwirtschaft in Tirol und Vorarlberg*, S.314-318; Wopfner, *Bergbauernbuch* 1, S.447-477.526 ff. Th・マイヤーはスイスとティロルにおける農民の自由の基盤として山岳農村経済、領邦君主（ティロル）、国王（スイス）の直接保護下での特権といった共通性を指摘する。もちろん結果としてスイスと王権（帝国）のポジティヴな相互関係は維持されなかった。Mayer, Th., Über die Freiheit der Bauern in Tirol und in der Schweizer Eidgenossenschaft, in: Franz (Hg.), a.a.O., S.177-190.

「領邦特権」の内容は移動・結婚・土地所（保）有と世襲的相続・職業選択の自由、裁判への参加、恣意的な負担からの自由、「家の平和」の保証など。このような権利を保証されたのは、基本的には家持ち農民であり、近世に急増する小屋住農（ゼルロイテ）、間借り人（インヴォーナー、ウンターザッセン）などの下層農民は入会地利用においても差別されていた。また土地保有条件についても地域差があり、トリエント、ブリクセン両司教領や、1500年までゲルツ伯領であった東ティロルでは、中世末期になお任意保有など農民に不利な保有条件が存続し、世襲保有が一般化したとは言い難い。Beimrohr, W., Bäuerliche Besitzrechte im südöstlichen Tirol, in: *Tiroler Heimat*, NF 50, 1986, S.176, 201 ff, 208 ff. またティロルでも領邦君主と農民の保護・奉仕関係は決して問題なく進捗したわけではない。この点については第6章を参照。
31) 以下のラント裁判の組織と機能に関する概観は主として次の文献による。Stolz, Geschichte der Gerichte Deutschtirols; Ders., Politisch-historische Landesbeschreibung von Tirol; Beimrohr, *Mit Brief und Siegel*, S.27-86.

32) このような事例としてはラント裁判区ラウデック、ランデック、エーレンベルク、ナウダース、パッサイアなど。Stolz, *Rechtsgeschichte des Bauernstandes und der Landwirtschaft in Tirol und Vorarlberg*, S.317 ; Ders., Politisch-historische Landesbeschreibung von Tirol, S.49.

33) バイムロールは裁判官を基本的に貴族身分と考えるが、第3章の史料に現れる裁判官には、貴族風に von N.N. と記名される者はむしろ少ない。M・ハイデッガーは大半のラント裁判官は、貴族化した有力村民（das geadelte Dorfpatriziat）とする。Heidegger, M., Soziale Kommunikationsräume im Spiegel dörflicher Gerichtsquellen Tirols, in : Brukhardt, J./Werkstetter, Ch.(Hg.), *Kommunikation und Medien in der Frühen Neuzeit*, München 2005, S.197. 南ティロルのラント裁判区シュランダースでは16世紀前半、裁判区長にして裁判権保有者たるヴィクトル・フォン・モンターニは、裁判官として商人、手工業者、農民をあいついで任命したが、労多くして金銭的には酬われないこの職の引き受け手を得るのに苦労したという。Mahlknecht, B., *Von großen und kleinen Übeltätern. Hundert „Fälle" und „Geschichten" aus Südtiroler Gerichtsakten des 16. Jahrhunderts*, Innsbruck 2005, S.15, 223-224. おそらく16世紀までは裁判官の実務を担った者には、印璽を持つことを許された、社会的には下級貴族に近い有力農民も少なくなかったと思われる。なお裁判収入は、同じラント裁判区の君主直轄領収入に比して少なく、15、16世紀に直轄領収入の1～2割程度であった。Stolz, a.a.O., S.33-34.

34) 1791年のヨーゼフ2世の裁判改革では、すべての書記、裁判官はオーストリアの大学で法学を学んでいること、ラント法の専門試験に合格していることを要求している。Ebenda, S.54.

35) Beimrohr, a.a.O., S.43-45.

36) Ebenda, a.a.O., S.45-48.

37) Wopfner, *Bergbauernbuch* 3, S.373. 中・近世のティロルにおける牧畜では、食肉用の飼育が主要な部門をなしていた。乳製品のための牧畜は、羊や山羊の比重が今日より大きかったが、いずれにせよ自家需要のためのミルク、バター、チーズの生産を中心としていた。ティロルの牧畜の詳細は Ebenda, S.183-256 とくに S.189-193, 227-234.

38) 初期の放牧地・森林・河川などの入会を共同利用する地域団体の例として、1190年ころトリエント司教は、20年にわたるボーツェンとケラーの団体の放牧地、森林、河川等をめぐる争いを仲裁し、共同利用のための規則を定めるように命じている。この団体 comunitas plebium を構成するのは騎士、市民、農民、貧者も富者も、とされたように、放牧地共用団体は身分縦断的であった。Huter, G.(Hg.), *Tiroler Urkundenbuch* I. Abt., Bd.1, Innsbruck 1937, S.253, Nr.459. Stolz,O., Die Begriffe Mark und Land, Dorf und Gemeinde in Baiern und Tirol im Mittelalter, in : *Vierteljahrsschrift für Sozial-und Wirtschaftsgeschichte* 37, 1944, S.28.

39) Stolz, a.a.O., S.27-30.

40) 放牧地利用における領主の特権とその規制については、Grass, N., *Beiträge zur Rechtsgeschichte der Alpwirtschaft. Vornehmlich nach Tiroler Quellen*, Innsbruck 1948, S.213-229.

注(第2章) 305

41) Stolz, u.a.(bearb.), *Quellen zur Steuer-, Bevölkerungs-und Sippengeschichte des Landes Tirol im 13., 14. und 15. Jahrhundert*, S.45-86. 南ティロルのミュンスター渓谷の放牧地(アルム)を共有する農民たちは近傍の領主 Hans von Schlandersberg が、認められた範囲の家畜以外をも放牧し続けることに不満を強め、1523年にはこの領主を襲撃して半死半生に至らしめている。放牧地に対する農民の集団的権利意識の強さを如実に示す紛争事例である。Mahlknecht, a.a.O., S.227-234.

42) Stolz, Geschichte der Gerichte Deutschtirols, S.218-219, 316-317; Wopfner, *Bergbauernbuch* 2, S.270-271. 渓谷共同体の放牧地共有については、Wopfner, *Bergbauernbuch* 3, S.392-394, 411-415. 様々な放牧地の実態や経営については Ebenda, S.259 ff.

43) *Geschichte des Landes Tirol*, Bd.1, S.489-490., Bd.2, S.116.

44) 14世紀以後はこうした新しい集落、散居定住も限界に達し、古い集落の周辺に、屋敷地分割による家屋の増加によって、過剰人口を吸収するようになる。それはまた農村住民の階層分化を顕在化させ、ゲマインデ内部の社会的軋轢をもたらすようになった。Wopfner, *Bergbauernbuch* I, S.133-143. 中世盛期以後のティロル農村の人口増と定住、集落の発展、階層分化については、Jäger, G., Siedlungsausbau und soziale Differenzierung der ländlichen Bevölkerung in Nordtirol während der frühen Neuzeit, in: *Tiroler Heimat* 60, 1996; Ders., Die mittelalterliche und neuzeitliche Siedlungsentwicklung im Sellraintal, in: *Tiroler Heimat* 62, 1998.

45) Wopfner, *Bergbauernbuch* 2, S.273-282; Stolz, a.a.O., S.275-276; Ders., *Rechtsgeschichte des Bauernstandes und der Landwirtschaft in Tirol und Vorarlberg*, S.28. 領邦政府は地域行政の効率化や治安のために、大きすぎるラント裁判共同体の内部がいくつかの個別集落共同体に下位区分されることを促した。1532年の領邦令にはそのような規定がみられる。Stolz, a.a.O., S.305. なお放牧共同体の分割については、次章における具体的事例をも参照。

46) ティロル鉱山業の発展については、*Geschichte des Landes Tirol*, Bd.1, S.510-519.

47) Ebenda, S.490; Wopfner, *Bergbauernbuch* 2, S.225, 416, 418; Stolz, Zur Geschichte der Landwirtschaft in Tirol, in: *Tiroler Heimat*, NF 3, 1930, S.119. ただし近世ティロルの耕地面積は19世紀半ば以後よりも大きかった。

48) Huter, a.a.O., S.225-228; Grass,N., Comaun Kastelrut. Aus der Rechtsgeschichte einer Südtiroler Urmarkgemeinschaft, in: ZRG, GA, Bd. 71, 1954, S.353-366; Ders., *Beiträge zur Rechtsgeschichte der Alpwirtschaft. Vornehmlich nach Tiroler Quellen*, Innsbruck 1948, S.196-199. 南ティロルでは広域的な共同体が近代まで維持されることも稀ではなかったのに対し、北ティロルでは一般に個別共同体の自立的発展が顕著で、大きな放牧共同体が、そのままの状態で維持されることは少ない。Stolz, a.a.O., S.305.

49) 16〜19世紀の記録によれば、22頭の雌牛を許容する放牧地である Hirtschaft を単位として、ツェント(Zehent)と称する広義のゲマインデ(地区)ごとに籤で割当てが行われた。Moritz, A., *Die Almwirtschaft im Stanzertal. Beiträge zur Wirtschaftsgeschichte und Volkskunde einer Hochgebirgstalschaft Tirols,* Innsbruck 1956, S.92-97. なお「Zweidrittel 3分の2」の名は、このアルム共同体が、ランデック西部のペルフクスに裁判所を

置き、ランデック裁判区全体の3分の2を占める（下位）裁判区に対応していたことによる。Ebenda, S.88.

50) この広域的共同体は、1771年にはパツナウン渓谷部分の分離、1881年には搾乳家畜用アルムの分割により実質を失ったが、一部のアルム（Galtalm 非搾乳家畜用アルム）は1950年ころなお共用されていた。Moritz, a.a.O., S.88-90, 108-130. 1385年の証書によればこのアルム共同体の住民は全体として「共同体 gemain」と表現され、また「貴賤貧富 edl und unedl, arm und reich」の人びとを含んだ。Ebenda, S.86； Stolz, Die Begriffe Land und Mark,……S.37-38； Wopfner, *Bergbauernbuch* 3, S.414. なお、Grass, N., Zur Kontinuität im bäuerlichen Rechte der Alpenländer, in：ZRG, GA., Bd. 66, 1948 も渓谷を単位とする古い入会地共同体の近世における存続や遺制を指摘する。

51) 様々な領域の再編・統合によって成立したラント裁判区の場合でも、古い放牧地共同体がその裁判区の領域と関係なく存続している例もあれば、後述のように放牧共同体がラント裁判区の境界に対応して分割される場合もある。いずれの場合でも、分割や共有をめぐって、ラント裁判区をこえる農民の活動や接触、紛争が生じることになる。またティロル北東部、下イン渓谷では農民の経営規模が大きく、散居定住が優越し、個別経営への志向が強かったことから、放牧地の共有、共用関係は顕著ではなく、近世以後はむしろ私有放牧地が優越していた。Wopfner, a.a.O., S.422.

52) Stolz, Geschichte der Gerichte des Deutschtirols, S.206-210； Wopfner, a.a.O., S. 291, 294.

53) 放牧家畜の種類により、所有者が家畜を放牧地（アルプ）に連れて行くこともあれば、集められた家畜をゲマインデが雇用する牧童に託すこともある。農民は家畜を置いてまもなく下り、高地の放牧地（アルプ、アルム）には酪農小屋で作業する男女のみが滞在する。Grass, a.a.O., S.40-44. アルプス農民の年間を通じての垂直移動については、Mathieu, J., *Eine Agrargeschichte der inneren Alpen*, Zürich 1992, S.292. なおマテューは、アルプス農民の頻繁な渓谷内の移動は、渓谷をひとつの経済的システムとしたが、個々の集落の政治的共同体としての確立を妨げたと述べる。Ebenda, S.302. スイス南部の邦、ヴァリスの山岳農民生活誌を叙述した歴史・民俗学者Ａ・ニーデラーは、中世盛期のうちに領主から自立し、入会を一括貸与され、アルプをも共用する中小の放牧団体（Geteilschaft）、ゲマインデ、そして渓谷団体の発展を人口増、アルプ利用の集約化との関連で述べている。しかしヴァリスでの自治的・政治的機能は、司教の行政組織に由来する Zenden とその下部単位 Drittel, Viertel が担った。Niederer, A., *Alpine Alltagskultur zwischen Beharrung und Wandel*, Stuttgart/Wien 1996, S.19-48.

54) ただしライヌレのフェーデ研究は村落内に限定されるものではなく、個人的行為としてフェーデを行う農民は原則として村を出、広範囲に移動し様々な支援者と交わりつつ敵対者を威嚇、攻撃しようと試みたことを明らかにしている。Reinle, a.a.O., S.317-322.

55) ようやく大正時代に本格的学術調査が行われた「菅浦文書」は、滋賀大学日本経済文化研究所史料館編『菅浦文書上・下』として1960、1967年に刊行された。田中克行『中世の惣村と文書』（山川出版社、1996年）はその包括的な古文書学的研究の成果である。菅浦・大浦の相論と史料に関する啓蒙的な文献として蔵持『中世村の歴史語り―湖

国「共和国」の形成史―』を参照。
56) イタリアはこの点で例外的で、都市や都市類似の性格をも持つ農村部の様々な共同体（コムーネ）が、上位の権力、コムーネ、党派とも結びついた紛争を繰り返していた。佐藤公美「中世イタリア《準都市》共同体の形成と発展―カザーレ・モンフェラートと在地紛争―」『史林』89-2、2006年、36-42頁。
57) Helm, W., *Konflikt in der ländlichen Gesellschaft. Eine Auswertung frühneuzeitlicher Gerichtsprotokolle*, 1993, S.77. この他にバーダーの村落共同体研究の一部に、村落内、村落間の境界をめぐる争いと、これを防止するための村役人に関する記述があるが、とくにゲマインデ間紛争とその解決を地域秩序という視点から立ち入って考察してはいない。Bader, K.S., *Rechtsformen und Schichten der Liegenschaftsnutzung im mittelalterlichen Dorf*, Wien-Köln-Graz 1973, S.235-252.
58) Raggio, O., *Faide e Parentele. Lo stato genovese visto della Fontanabuona*, Torino 1990 は近世のジェノヴァ北部における紛争（フェーデ）の機能を、都市国家と在地の権力、親族ネットに基づく秩序の中に位置づけるが、同じ渓谷地方でもここでは、その主体は共同体ではなく有力者親族集団である。また厳密には村落間紛争ではないが、近世のブールガウ辺境伯領における同じ村に定住するキリスト教徒住民団体と、皇帝に保護されたユダヤ人団体の放牧地利用をめぐる争いを考察した興味深い研究として、Ullmann, S., Der Streit um die Weide. Ein Ressourcenkonflikt zwischen Christen und Juden in den Dorfgemeinden der Markgrafschaft Burgau, in : Häberlein.(Hg.), a.a.O., S.99-136 がある。入会の共同利用や用益をめぐる紛争は、自然資源の保護管理という問題に関わり、自然環境と社会や権力の関係を歴史的に考えるための手がかりをも与えるものであるが、本書ではこの問題には立ち入らない。この点に関する民俗や宗教をもふまえた有益な文献として、秋道智彌『なわばりの文化史―海・山・川の資源と民俗社会―』小学館、1999年を参照。
59) Mouthon, F., Le règlement des conflits d'alpage dans les Alpes occidentales (XIIIe-XVIe siècle), in : Société des Historiens Médiévistes de l'Enseignement Supérieur Public (ed.), *Le règlement des conflits au moyen âge,* Paris 2001, pp.259-279. しかしムートンによれば、14世紀以後はサヴォア伯など上級領主の裁判権力の影響と介入が次第に強まり、15世紀のローマ法の影響により、和解よりも良き法の回復を優先されるようになるという。Ibid., pp.270-272, 277-278.
60) Barraqué, J-P, Du bon usage du pacte : les passeries dans les Pyrénée occidentals à la fin du Moyen Âge, in : *Revue Historique* 302, 2000, pp.307-335 ; Desplat, op.cit., pp.123-124. ピレネー西部ではこのような和解協定文書は lies et passeries, patzeria, carta de patz（いずれも和解、和解文書を意味する）などと呼ばれた。こうした文書以外にもピレネーでは中世後期、近世に実際の戦いを詳細に記した年代記が伝来している。Ibid., pp.82-91.
61) Barraqué, op.cit., pp.315-317 ; Desplat, op.cit., pp.21-28, 43-55.
62) Moser, K./Huter,F., *Das älteste Tiroler Verfachbuch. Landgericht Meran 1468-1471*, Innsbruck, 1990.

63) Meraner Artikel, Nr.13, Franz, G.(hg.), *Quellen zur Geschichte des Bauernkrieges*, München 1963, S.275-276. ただし印璽付きの文書（様々な法的行為の証書）は裁判官や書記により裁判所でのみ発給されうるという法規定が、その手数料負担もあって農民の強い不満を生じさせていたことはインスブルック箇条にも現れている。Zuesatz zu Ynnsprugg, Nr.81, Wopfner, H.(Hg.), *Quellen zur Geschichte des Bauernkriegs in Deutschtirol 1525*, 1.Teil, Innsbruck 1908, S.65.

64) Beimrohr, a.a.O., S.98. *New Reformierte Landsordnung der Fürstlichen Graffschafft Tirol*, 2. Buch, 25.Titel.

65) Beimrohr, a.a.O., S.97.

66) 各裁判所のゲリヒツブーフ、フェアファッハブーフの現存状況については、インスブルックの文書館員バイムロールが調査結果を公にしている。Beimrohr, a.a.O., S.117 ff.

67) 1573年の領邦令には、全ての都市裁判、ラント裁判の書記は証言記録、契約、目録、後見契約、その他の文書、裁判行為を記したプロトコルブーフ（裁判帳簿）、フェアファッハブーフを、将来必要なときにいつでも見られるように、安全な場所に保管すべし、とある。*New Reformierte Landsordnung der Fürstlichen Grafschafft Tirol*, 1573, 2. Buch, 25.Titel. 記録件数の増加にともない17世紀以後、狭義の裁判帳簿（ゲリヒツブーフ、ゲリヒツプロトコル）と、それ以外の記録よりなるフェアファッハブーフを区別して作成するラント裁判所も現れる。

68) Wopfner, Zur Geschichte des tirolischen Verfachbuches : *Beiträge zur Rechtsgeschichte Tirols*, 1904, S.79 ff. 不動産の所有移転などは19世紀になって土地登記簿（Grundbuch）に移されることになる。Ebenda, S.88.

69) Beimrohr, a.a.O.より筆者が計算。

70) Heidegger, M., *Soziale Dramen und Beziehungen im Dorf. Das Gericht Laudegg in der frühen Neuzeit – eine historische Ethnographie*, Innsbruck-Wien 1999; Dies., Soziale Kommunikation im Spiegel dörflicher Gerichtsquellen Tirols. 16世紀のヴィップ渓谷地方の裁判帳簿に基づく農民の婚姻の研究として、Kolb, F., Heirat und Ehe in der Wipptaler Bauernfamilie. Nach den Gerichtsbüchern des 16. Jahrhunderts, in : *Tiroler Heimat*, NF 19, 1955, S.105-134.

71) Wopfner, *Bergbauernbuch* 2, S.266.

72) Hinterwaldner, K., *Almwirtschaft und Almstreit in den Gerichten Ritten, Wangen und Villanders vom Mittelalter bis 1823*, Frankfurt/Main u.a. 2001. ヒンターヴァルトナーはこの紛争の経緯について、文書により丹念にフォロウしているが、こうした紛争のプロセスや特質をティロル農村社会史の中に位置づける意図はないようである。

73) TW V, Einleitung, XXVII-XXVIII. 次章ではとくにヘルツル編のゲマインデ文書要録が未刊行である裁判区については、一通文書の網羅的調査が困難であることから、主として慣習法文書（ヴァイステューマー）に採録された関連文書を取り上げた。

74) Jakob Andrä von Brandis, *Geschichte der Landeshauptleute von Tirol*, Innsbruck 1850 ; *Pater Wofgang Lebersorgs Chronik des Kloster Stams*, Edition und Übersetzung von

Haidacher, Ch., Innsbruck 2000.

第3章

1） この地域のゲマインデ文書についてはヘルツルもいまだ要録を作成、刊行していないことから、個々のゲマインデについて、必ずしもティロル州立文書館にオリジナルが移管されていない文書を、網羅的に調査することが困難であったという事情もある。
2） ラント裁判区シュタイナハに関する以下の叙述は、Stolz, Politisch-historische Landesbeschreibung von Tirol, S.367-388； Beimrohr, a.a.O., S.169-171.
3） TW V, S.361.
4） 以下の叙述は、Stolz, Politisch-historische Landesbeschreibung von Tirol, S.271-299.
5） Ebenda, S.292-296.
6） 1669年の納税統計によれば、アクサムの納税者は163人、オーメスは12人である。Jäger, G., Siedlungsausbau und soziale Differenzierung der ländlichen Bevölkerung in Nordtirol während der frühen Neuzeit, in： *Tiroler Heimat*, NF 60, 1996, S.115, Tabelle 3.
7） TW V, S.215.
8） Stolz, *Geschichte der Verwaltung Tirols*, Innsbruck 1998, S.34.
9） ティロルの宮廷長官 Hofmeister von Tirol は、南ティロルの「エッチュ地方の長官＝ハウプトマン Hauptmann des Landes an der Etsch」と並んで、15世紀には領邦君主の代理を務める最高官職であった。Stolz, a.a.O., S.26.
10） 1473 5.28, TW V, Mutters, S.284-286. なおこのときは、ハルやシェーンベルクなど近隣ゲマインデの住民が立ち会っている。
11） ティロルにおける人口過剰と土地分割、その結果としての小分割地 Söllgüter、小家屋 Söllhäuser の増加については、Wopfner, *Bergbauernbuch* 1, S.133-159. ティロル農村社会では、分割相続が一般的慣習であった。
12） Jäger, a.a.O., S. S.110-121, Tabelle 2-7. ゲマインデにはこの他に男女の住み込み奉公人が存在した。
13） なおゾンネンブルク裁判区の紛争事例の中には、政府関係者、役人がほとんど関わらず、もっぱら当事者間の交渉で解決されたものも見られる。たとえば、1547年、イン河畔の放牧地 Michelfeld には放牧の規則がなく、柵の設定についても合意がなかったため混乱が生じていたので、周辺の4ゲマインデ、ヴィルテン、フェルズ、アフリング、ケマーテンは「こうした現状に耐え難く」、各々から選ばれた9人の代表委員の間の交渉によって放牧規則を改めて確認した。この規則はゾンネンブルクのラント裁判官が承認を与え、印璽付き文書とした。1547. 8.19, TW V, Kematen. S.276-278.
14） 以下の叙述は、Stolz, Politisch-historische Landesbeschreibung von Tirol, S.358- 367. による。
15） このときハル、インスブルック、ムッタース、ヴィルテンの住民等が立ち会った。TW V, Telfes, S.338-340. この裁判区は16世紀には繰り返し抵当とされ、また宮廷用食

材がこの裁判区から直接用達されたことから、宮廷厨房長官 Hofküchenmeister に長らくその管理が委ねられたので、シュトゥーバイの裁判はホーフゲリヒトと呼ばれた。

16) TW V, Telfes, S.336-338 (1436 7.4)
17) TW V, S.311-317.
18) TW V, S.332, Mieders.
19) 以下の叙述は、Stolz, a.a.O., S.397-449 による。
20) Ebenda, S.468-480. なおウルテン伯の「上イン渓谷」伯領（西部）の上級所有権（レーエン高権）はヴェルフェン家、ついでシュタウフェン家に属し、ウルテン伯家断絶後シュタウフェン家がこの領域を再び掌握したが、その後同家の国王コンラート4世の寡婦エリーザベトを妻としたティロル伯マインハルト2世の支配下に入った。
21) Ebenda, S. 397.
22) TW VI, S.12-13.
23) Stolz, a.a.O., S.447.
24) *Lanndtzsordnung der furstlichen Grafschafft Tirol,* 1532, 2. Buch, Titel 84, 85.（本書第7章、253頁）
25) Damit sy sich deren irer notdurft nach zu gebrauchen und fir und aufzuweisen haben, TW VII, S.25.
26) 当時はすでに他の法行為の登記簿であるフェアファッハブーフとは別に、裁判記録はゲリヒツプロトコルとしてまとめられている。
27) 渓谷底部に位置する主要ゲマインデの上、山側には二次的に成立した小集落が存在することが多い。こうした集落は一般に N.N. auf dem Berg と称された。
28) 以下の叙述は Stolz, a.a.O., S. 463-501 による。
29) たとえばミーミングは元来アウクスブルク司教領のフォークト（教会領守護）裁判の地であった。Bruckmüller, a.a.O., S.32-33.
30) TW VI, S.145, 180-81, 208-09.
31) なお14世紀以後このラント裁判は、繰り返し抵当として貴族に委ねられている。1407年から1587年まではフロインツベルク家が封（レーエン）として保有した。
32) かつての仲裁裁定文書は②、⑤では、エッチュ地方の長官の交付した文書とされ、⑤ではそれは Geschäftsbrief とも表現されている。この提出文書は、1416年の仲裁裁定文書を、南ティロルの領邦長官が何らかの形で再確認、あるいは再発行したものかもしれない。なお文書中にしばしば言及されたランゲンは、1515年の森林利用に関する政府委員の巡察報告では、すでに官有林とされている。政府高官の関わりは、この地区の森林の領邦にとっての重要性と関連するのかもしれない。Wopfner, *Das Almendregal des Tiroler Landesfürsten*, Innsbruck 1906, Beilage 25. 領邦政府の森林管理については本書第6章第4節をも参照。
33) GAI, Riez, Nr.3, 4.
34) 居酒屋の集いが紛争、紛争解決（仲裁・裁判）、規律化など多様なコミュニケーション機能を有したことについては Gersmann, G., Orte der Kommunikation, Orte der Auseinandersetzung, in: Erikson/Krug-Richter(Hg.), a.a.O., S.249-268 を参照。

35) この和解文書はハイミングのゲマインデ文書としても伝来している。しかし同じ争いは1633年にも繰り返され、このときには1631年の文書をもふまえて、より詳細な境界確認と境界石の設置が行われている。またこの和解には、フィンスターフィーヒト、ナイデック、マーガーバッハの住民も記名の上で同意を与えていることから、この地域の放牧地利用の複雑な相互関係が窺える。GAI Haiming, Nr.16, 17.

36) 拙稿「中・近世ティロル農村社会における紛争・紛争解決と共同体」、68-78頁。ジルツの南部山麓に位置する放牧地ミュールベルクには、近隣の小集落ヘベルク、グヴィッゲン（ホーフ）のみならず、ヘルテンベルク裁判区のオーバーホーフェン住民も放牧に訪れ、1433年にはジルツとの間に家畜差押えを伴う紛争を引き起こしている。TLA GA Silz, Nr.9.

37) TLA GA Mötz, Nr.5 ; GAI, Silz, Nr.16.

38) ペータースベルク裁判区についてはリーツ、メッツ、ジルツ、ハイミングなどの主要ゲマインデを当事者とする紛争関係文書を見てきたが、これらのゲマインデ以外の集落が紛争当事者であり、リーツやジルツの住民が仲裁や立会人（証人）として紛争解決に関与している事例もある。たとえば1476年7月11日の和解文書（TLA, GA Obsteig, Nr.2）によれば、オプシュタイクとウンターミーミング、ゼー、タブラントの森林における木材伐採をめぐる争いは、彼らの要望により、ペータースベルクの裁判官、イムストの管理官、その他イムスト、ミーミング、リーツなどの近隣集落の住民7人が仲裁者となって裁定された。その際、証人としてヘティング、イムスト、シュタムス、ジルツ、バルヴィースの住民が立ち会ったことからも、「紛争と仲裁のコミュニケーション」は、主要ゲマインデに限られない広がりを持っていた。

39) Wopfner, *Bergbauernbuch* 3, S.411, 417, 421.

40) ヴォプフナーの没後、その弟子グラスらによって刊行された *Bergbauernbuch* 3 はほとんど典拠を示す注が付されていない。なおグラスも降雪時の家畜避難における相互協力関係などから、ピッツ渓谷がかつて一体的な放牧地共同体をなしていたと考える。Grass, *Beiträge zur Rechtsgeschichte der Alpwirtschaft*, S.104.

41) TW VII, Gericht Imst, S.44.

42) TW VII, S.24-31.

43) TW VII, S.31-39.

44) Grass, a.a.O., S.124.

45) 1560年にはイムストのラント裁判当局の要請により、ティロル領邦令に対応したヴェンスの（下級）裁判集会（タイディング）の権限の制約・調整が行われ、続いて1561年には下教区は上教区とは別個に徴税・納税を行うことになった。Übereinkommen über die gemeinsame Steueranlage, 1561 1. 21, TW VII, S.25-31. また17世紀に入って下教区はさらにアルツル、ヴァルト、リート／ラインス、アステン／ティムルスの地区 Viertel に区分され、1648年にはそれに応じた新たな税負担の規則が現れる。TW VII, S.40.

46) GAI Arzl, S.12, Nr.3, 4.

47) 1586年には同じアルツル（下）教区のゲマインデは、ピッツ渓谷住民 Christian San-

teler をケトペックアルペの木材伐採の廉で訴えている。GAI Arzl, S.13, Nr.6. 渓谷最奥部の放牧地、タシャッハの放牧地（アルプ）における放牧権をアルツルの住民たちが有していることに対しては、渓谷南部のザンクト・レオンハルトの住民たちも強い不満をもっていたようで、これに関連してヴォプフナーは自身がヴェンスの住民から聞いたという伝承を記している。すなわち元来、ザンクト・レオンハルトの住民はタシャッハ・アルプを所有していたのだが、あるとき鐘を造らせるためにアルツルから借金をし、この放牧地を抵当とした。彼らは期日に返済しようとしたのだが、アルツルの指導者たちの陰謀により、返済金はアルツルのゲマインデに渡らず、タシャッハの放牧地は失われた。しかしその報いで、かの指導者たちは同放牧地がザンクト・レオンハルトに返還されるまで、死後も魂の平穏を得ずにいるという。Wopfner, *Bergbauernbuch* 3, S.405-406. ザンクト・レオンハルトとアルツルの争いについては Grass, a.a.O., S.90 をも参照。グラスはこの争いを、解体した古い入会共同体（マルクゲノッセンシャフト）的関係に由来するものと見なす。

48) GAI Wenns, Nr.25.
49) GAI Wenns, Nr.34.
50) GAI Wenns, N.36, 37.
51) GAI Wenns, Nr.16, 17.
52) GAA Arzl, Nr.102, 103. この2通のゲマインデ文書はオリジナルが劣化して判読はきわめて困難である。
53) GAI Leins, Nr.114.
54) „Und damit in sachen widerumben auf ain stats, ebigs ende gietig, freuntlich und nachperlich, als sich wol gebirt, verainpert und verglichen—daneben auch, ob von ainen oder anderen hierunter was mit hizigen oder ungebirlichen worten firgangen wie auch deßwegen fedh oder feintschaft geschwebt—, soliches alles hiemit von obrigkait wegen genzlich aufgehebt, cassiert, in ebigs vergessen gestalt, und si allerseits wider zu gueten frid, ainigkait und nachperschaft gesprochen sein." TW VII, S.54. 関連史料にも言及されているように、放牧地の散在・混在は各ゲマインデ住民が放牧地に家畜を導く通路が他のゲマインデの地域を通過することによるトラブルをも頻繁に生じさせていた。Grass, a.a.O., S.125.
55) GAI Imsterberg, Nr.1.
56) GAI Imsterberg, Nr.6; Grass, a.a.O., S.222. 1589年にはホッホアステンとイムスターベルク、イムスターアウの間で、放牧地利用の境界をめぐる争いが生じている。GAI Imsterberg, Nr.9.
57) TW VII, S.44, 46.
58) この裁判区の歴史については、TW VII, S.197-198; Heidegger, a.a.O., S.52-102. ハイデッガーの研究は、ラウデックの裁判帳簿（フェアファッハブーフ）の1581-95年の記事を史料として、この地域の農民生活を歴史民俗学的視点から考察したものである。ゲマインデ、シェーネック以南の地域は、ホーフマルク・プフンツとして固有の裁判地域をなしていたが、「ラントに有害な者」の裁判など、一部の裁判事項についてはラウ

デックのラント裁判権に服した。TW II, S.307-310.
59) Wopfner, *Bergbauernbuch* 3, S.392. この慣習法文書にはゲマインデ間の放牧地利用に関する規定として各々、ゼルファウス・テーゼンス間、プルッツ・リート・テーゼンス間、プルッツ・リート間、プルッツ・テーゼンス間、プルッツ・フリース間、ラディス・プルッツ・リート・エントブルック間、プルッツ・テーゼンス・フィス間のそれが見出される。またその中で、規定に反して放牧された場合、その家畜の差押えが可能とされ、その場合の請け戻し金が設定されている。すでに述べたように、放牧規則違反の際の差押えはやはり慣習化しており、公的にも認められていたのである。TW II, S.390-392. またこれらのゲマインデ相互間の放牧地利用規程では、なお共同利用の放牧地への言及がしばしば見られるのに対し、1624年の山岳地区のヴァイステューマーにおける放牧地利用に関する規定は、各ゲマインデの放牧地の境界を記し、他のゲマインデ地域への越境放牧を禁じ、違反の際の差押えについて述べているものが多い。山岳地区はその内部でも、ゲマインデの自立性がすでに強まっていたことがわかる。また同じく1624年のカウンスのヴァイステューマーでは、差押えを拒み、その請け戻し金を納めようとしない者の処罰は、オーブリヒカイト（裁判当局）に委ねられている。TW II, S.301-303, 305-306. 差押えについては第7章、248-249頁をも参照。
60) 集落景観や人口統計については、Heidegger, a.a.O., S.60-63. 1615年の各集落の人口は、プルッツ：447、フェンデルス：174、ラディス：317、ゼルファウス：582、フィス：467、テーゼンス：212である。その他の集落は、1825年の統計ではリート：656、ファッゲン：150、カウンス：431、カウナーベルク：581、カウナータール：481、裁判区の総人口は5,319である。
61) TW II, S.293.
62) Wopfner, *Bergbauernbuch* 3, S.273. 392-394, 407, 413-14.
63) GAKL Kauns, Nr.27.
64) なお GAL Ried, Nr.306 には、1510年10月8日付けのリートとテーゼンスの、⑤とほぼ同じ内容の仲裁・和解の文書が記されているが、オリジナルは未確認であり、⑤との関係はさしあたり不明である。
65) 降雨量の乏しい上イン渓谷では自然水のある家畜の水飲み場は、放牧地境界を越えて共同利用に供される慣習があったが、同時に紛争の原因にもなった。Grass, a.a.O., S.134-136.
66) GAR II, Fendels, Nr.38/4 a,b. なおこの要録の編者ヘルツルはフェンデルスの文書の日付を聖アンドレアスの日、5月9日としているが、この聖人の日であればリートの文書と同じ11月30日である。
67) GAR II, Fendels, Nr.38/5, 6 a,b.
68) Stolz, Die Landstandschaft der Bauern in Tirol, in: *Historische Vierteljahrsschrift*, 29, 1935, S.119-121, 139-141, Urkundenbeilagen Nr.1-7.
69) TLA GA Ried, Nr.14.
70) TLA GA Ried, Nr.307. なお前掲の⑦⑧に現れた Caspar Zengerle は、このたびもフェンデルスの代表として登場する。

71) もちろんそれは中世後期から近世を貫いて不変だったのではなく、個別利害との絶えざる緊張関係の中で希薄化し、また領邦の政治状況に応じて再認識されることもあっただろう。
72) Grass, a.a.O., S.238-239, Anhang Nr.6；Moritz, a.a.O., S.80-81.
73) Depsplat, op.cit., pp.123-132. 中世惣村とティロルのゲマインデの文書保存と利用についての比較は、拙稿「中・近世の村落間紛争と地域社会―ヨーロッパ・アルプス地方と日本―」、221-223頁を参照。
74) Geary, P.J., Oblivion between Orality and Textuality, in : Althoff, G./Fried, J./Geary, P.J.(ed.), *Medieval Concepts of the Past*, Cambridge 2002, pp.120-122.
75) 和与状の興味深い一事例を挙げれば、1262（弘長2）年、近江国大石・龍門両荘民間の山野相論において山城宇治田原の住人は双方に和解を説いた結果、両者は紛争現場に寄合い、和与の起請文を作成して連署し、正文は焼いて神水で呑み、案文を交わして落着した。ここでは仲裁が三者による一揆という、荘園関係を超えた新たな秩序を形成したわけである。ただし当該住人たちは六波羅探題にこの和与の下知状を申請したように、当事者たちが幕府権力による合意のオーソライズを求めたことも看過できない。古代学協会編『禅定寺文書』吉川弘文館、1979年、24号、35-36頁、酒井紀美、前掲書、79-80頁、小保内進「鎌倉期の富家殿」『国史学』180、2003年、81-85頁。惣村の情報蓄積、文書保管、声、ことばと文書の相互関係については蔵持、前掲書、66-106頁、同『声と顔の中世史―戦さと訴訟の場景より―』吉川弘文館、2007年、130-176頁をも参照。
76) 本書第2章、53-54頁。西ピレネーではティロル以上に大規模な移動放牧が行われ、放牧エリアを確保することが渓谷住民の重要な課題であり、紛争の原因でもあった。また人口増加により、こうした放牧地紛争のポテンシャルが高まったこともティロルの紛争と同様である。Desplat, op.cit., pp.60-65.
77) ピレネーの渓谷共同体間紛争には、原則として国家役人も介入しようとはせず、共同体間の和解協定をオーソライズすることに甘んじていた。しかし近世にはスペイン側に跨る紛争や、平野部をも含む広域紛争などは、国王（役人）やベアルン三部会が収拾に介入することもあったが、何れにしても決定的な成果には結びついてはいない。とはいえ17世紀後半以後は大規模な武力紛争は稀になることも事実である。Ibid., pp.60, 91-94, 125, 145-147.
78) Ibid., p.146.
79) 藤木久志『豊臣平和令と戦国社会』、114-121頁。蔵持『中世村の歴史語り―湖国「共和国」の形成史―』、62-68頁。また和解条件の遵守義務は起請文、一味神水のような宗教儀礼によって強化された。
80) フリース、ヴェンナーの境界争いに関する伝承では、争いにより死者も出たという。Wopfner, *Bergbauernbuch* 2, S.276.
81) ピレネーのベアルン地方においても副伯の裁判は存在したが、そこでもフェーデ的紛争は仲裁・和解により解決されるのが通例であった。Barraqué, op.cit., p.316.
82) 生産手段の差押えの象徴的、儀礼的意味については本書第3章163頁、紛争とリチュ

アルの関係については拙稿「中世ヨーロッパにおける紛争と秩序」、65頁以下を参照。
83) Heidegger, a.a.O., S.78. 和解文書には、争いにおける被害を当事者双方が相殺し、相互に賠償要求を放棄すべしという規定がしばしば見られる。
84) ただしピレネー地方においても、紛争当事者（共同体）の側から地方の高等法院、監督官、国王顧問官などの上級権力に有利な措置や既得権確認を請願することはあり、この傾向はとくに18世紀に顕著である。当事者は戦略的に多様な手段を選択したのである。Desplat, op.cit., p.134-142. また南ティロルのリッテン、フィランダース間の紛争ではすでに1370年に領邦君主が前者の権利を認める裁定を行ったが、この争いがなお数百年続いたことは前述の通りである。*Regesta Habsburgica* V.Abt, *Die Regesten der Herzoge von Österreich (1365-1395)*, 1.Teil (1365-1370), München 2007, Nr.698, S.292-293.
85) 文安相論の後、大浦・菅浦間の殺害と報復から始まった寛正相論（1461年）では、双方が訴えた領主日野裏松家において湯起請が行われた。勝訴した大浦は日野家代官など武家勢力と近郷の村方の合力を得て大軍で菅浦を攻め、領主の有罪判決が下されたこともあって合力を得られなかった菅浦方は、最後に塩津の地頭、熊谷の口入（仲介）により2人の解死人（身代わり）を出して降伏した。大浦は領主裁判に乗じて報復を遂げようとし、領主も被害者の報復行動に結びつけて判決を執行しようとしたのである。寛正相論に関する「置書」（「菅浦大浦両庄騒動記」）は『菅浦文書上』、323号。蔵持『中世村の歴史語り―湖国「共和国」の形成史―』、169-174頁。
86) ラント裁判区エーレンベルクのゲマインデ間紛争については、拙稿「中・近世ティロル農村社会における紛争・紛争解決と共同体」、88-98頁を参照。
87) 史料に現れるのは遅いが、そうした事例としては、シュトゥーバイのテルフェスとガゲルス、カプフェルス、ゾンネンブルクのアクサムとオーメス、ピッツ渓谷のアルツルおよび周辺集落と、渓谷南部の小村、散居定住者の間の紛争、ラウデック裁判区の平地地区、カウナー渓谷北部のゲマインデと、同渓谷南部（奥部）の小集落、散居定住者の間の紛争など。
88) ドイツにおける村落共同体が、法的行為能力と領域をもつ Dorfgemeinde として成立する過程やその構造については Bader, K.S., *Das mittelalterliche Dorf als Friedens- und Rechtsbereich*, Köln-Wien-Graz 1967 ; Ders., *Rechtsformen und Schichten der Liegenschaftsnutzung im mittelalterlichen Dorf*, Köln-Wien-Graz 1973 ; Ders., *Dorfgenossenschaft und Dorfgemeinde*, Köln-Wien-Graz 1974 がなおスタンダードな文献である。日本中世村落については、田中克行氏は菅浦の惣村を、14世紀における全在家の供御人化による身分格差の消滅と在家均等負担の原則、そして15世紀における乙名制度の完成という段階を経て確立されたと考える。田中、前掲書、120-124頁。なお惣村共同体としての菅浦の成立、構造、機能（紛争）に関するドイツ人研究者M・リュッターマンの実証研究も、52点の菅浦文書の独訳を含み、今後の比較研究に貢献する労作である。Rüttermann,M., *Das Dorf Suganoura und seine historischen Quellen. Untersuchungen zur Genese einer zentraljapanischen Dorfgemeinde im späten Mittelalter*, Hamburg 1996.
89) 惣村成立以前には集落の境界地域に対する占有観念は希薄であり、文書に現れる四至牓示とは「人間の居住区と自然の境目」という程度の意味であったという。瀬田勝哉

「菅浦絵図考」（熱田公編『中世の社会と経済関係文書』（日本古文書学論集９）吉川弘文館、1987年）244頁。日本中世における山野河海と境界の表象、法的、イデオロギー的性格については、保立道久「中世における山野河海の領有と支配」（『境界領域と交通』（日本の社会史２）岩波書店、1987年）、138-171頁。網野善彦氏は共有地としての「山野河海」を神仏のもとにある「無主」「無縁」の場と考える。中近世における琵琶湖岸の水辺の共有資源（コモンズ）として「エリ」（一種の定置網）の用益をとりあげた佐野静代氏は、むしろ私的占有を排した、地域住民による「共同的（コミュナル）所有（管理）」のために、こうした資源（の用益）が「神物」とされたのだと述べる。佐野氏が述べる、「エリ」用益権と神社（荘郷の鎮守社、村社）祭祀の不可分の関係という興味深い事実に対して、ティロルの渓谷放牧地に立つ祠や柱像（145、146頁の写真）、そして放牧開始の日に行われる司祭の祈りなどは、放牧地の共同利用に関わるある種の呪術的、宗教的な観念の存在を示唆するものかもしれない。佐野静代「中近世における水辺の『コモンズ』と村落・荘郷・宮座 ― 琵琶湖の『供祭エリ』と河海の『無縁性』をめぐって―」『史林』88-6、2005年。網野善彦『無縁・公界・楽』平凡社、1987年。

90) 瀬田、前掲論文、236-246頁、田中、前掲書、34-38頁、蔵持『中世村の歴史語り―湖国「共和国」の形成史―』、185-188頁。菅浦の領域観念の成立にとって重要な意味を持つ「菅浦絵図」をめぐる議論については拙稿「中・近世の村落間紛争と地域社会―ヨーロッパ・アルプス地方と日本―」、223-226頁を参照。菅浦の田地分有については暦応５年（1342年）の「日差・諸河田地注文」『菅浦文書上』、326号。永代売禁止は貞和２年（1346年）の「ところのおきふミ」『菅浦文書上』、180号。田中、前掲書、105、121頁。村が入会の占有、維持の主体となることについては、稲葉継陽「中・近世移行期の村落フェーデと平和―中世日本における権利と暴力―」（歴史学研究会編『紛争と訴訟の文化史』青木書店、2000年）、104頁。こうした事実から蔵持氏は、堺相論のような争いが惣村的結合の形成と強化を促したと考える。蔵持『中世村落の形成と村社会』、61、151-152頁。他方、坂本亮太氏の同書書評（『史学雑誌』117-6、2008年）は、蔵持説が村落形成と荘園制、領主制との関係を軽視していると批判する。

91) 村の領域については、Bader, *Das mittelalterliche Dorf als Friedens- und Rechtsbereich*, S.118-139 をも参照。ティロルでは農村社会に対する領邦君主の直接・間接の影響力が強かったが、ヨーロッパ中世村落の領域を考えるには、一般には領主権力との関係をも考慮しなければならない。オーストリア東部の諸邦においては、村落を下級裁判領域として一元的に支配する村落領主権が在地領制の代表的なタイプに属した。しかし入会を含めた村の生活圏がこのような村落領主支配とどのような関係にあったのかは、必ずしも明らかではない。村落裁判、村落領主制については拙稿「中世下オーストリアにおけるマルクトの成立」『史林』63-2、1980年、85-91頁、同「ヴァイステューマー研究の課題」、143-147頁を参照。

92) 日本中世の山野相論においても、村の領域化志向にもかかわらず現実には、山野における村の領域や境界の確定が決して容易ではなかったことが読み取れる。たとえば近江の葛川（比良山西麓）の山林は当初は近隣住人の入会として共同利用される場であった。しかし北部の葛川住人は用材・畠のため、そして南部の伊香立庄民は炭焼きのため

に山林を拓き、森林資源の枯渇にともない13世紀後半には相論を繰り返す。その際、葛川側は絵図をも用い、彼らが奉仕する明王院の霊場として山林のテリトリーを維持・拡大しようとし、「秘所瀧」などシンボリックなランドマークによる山野のデマルカシオンを試みたが、相論は長引いた。蔵持『中世村落の形成と村社会』、44-46頁。下坂守「葛川・伊香立庄相論考」『史林』67-2、1984年、1-50頁。同様に葛川と木戸荘・比良荘の山相論も、双方が過去の別様の四至を主張して幾度も繰り返された。小林、前掲書、66-89頁。用益権域が錯綜し、容易にテリトリーが確立されない状況自体が、ティロルのゲマインデ間関係と同様に、地域における村落間の紛争とその解決のための交渉への関与や協力を促したのではないだろうか。この点について「総括と展望」の注5）をも参照。小林氏によれば、村落間の山野相論は村落レベルにとどまらず、村の領主間の武力紛争に展開することも稀ではなかった。このような紛争の展開は当該地域の権力関係に応じて多様であったというほかはないが、山野を含む村の領域決定にはこうした領主間関係をも考慮する必要があることは明らかであろう。小林、前掲書、166頁。
93) Huter, F., Bäuerliche Führungsschichten in Tirol vom 16. bis zum 18. Jahrhundert, in: Ders., *Ausgewählte Aufsätze zur Geschichte Tirols*, Innsbruck 1997, S.352-366. フーターは15世紀後半についても、ゲマインデ幹部 Ausschuss、領邦議会代表など、エリート家族をいくつか挙げているが、17、18世紀にはフェアファッハブーフにより、格段に多くの人的情報が把握できるようになる。

［第Ⅱ部］

第4章

1) M・ヴェーバー（世良晃志郎訳）『支配の社会学』創文社、Ⅰ、1960年、5-11頁、Ⅱ、1962年、502頁。
2) G・エストライヒ（阪口修平・千葉徳夫・山内進編訳）『近代国家の覚醒』創文社、1993年、7-79頁。Vgl. Schulze, W., Gerhard Oestreichs Begriff „Sozialdisziplinierung in der frühen Neuzeit", in: *Zeitschrift für Historische Forschung*, 14, 1987.
3) Schilling, H., Kirchenzucht im frühneuzeitlichen Europa in interkonfessionell vergleichender und interdisziplinierender Perspektive — eine Zwischenbilanz, in: Ders. (Hg.), *Kirchenzucht und Sozialdisziplinierung im frühneuzeitlichen Europa. Zeitschrift für Historische Forschung* (以下 ZHF), Beiheft 16, Berlin 1994; Ders., Profil und Perspektiven einer interdisziplinären und komparatistischen Disziplinierungsforschung jenseits einer Dichotomie von Gesellschafts-und Kulturgeschichte, in: Ders. (Hg.), *Institutionen, Instrumente und Akteure sozialer Kontrolle und Disziplinierung im frühneuzeitlichen Europa*, Frankfurt/Main 1999. 千葉徳夫「中世後期・近世ドイツにおける都市・農村共同体と社会的規律化」『法律論叢』67-4、5、6、1995年。踊共二『改宗と亡命の社会史——近世スイスにおける国家・共同体・個人——』創文社、2003年、5-20頁における「社会的規律化」と「宗派化」をめぐる研究状況の批判的検討は、以下の本章の議論にとって

も有益である。
4) Schmidt, H.R., Über das Verhältnis von ländlicher Gemeinde und christlicher Ethik : Graubünden und die Innerschweiz, in : Blickle, P.(Hg.), *Landgemeinde und Stadtgemeinde in Mitteleuropa*, Berlin 1991 ; Ders., Pazifierung des Dorfes — Struktur und Wandel von Nachbarschaftskonflikten vor Berner Sittengerichten 1570-1800, in : Schilling(Hg.), *Kirchenzucht und Sozialdisziplinierung im frühneuzeitlichen Europa* ; Ders., *Konfessionalisierung im 16. Jahrhundert.* Enzyklopädie deutscher Geschichte 12, München 1992.
5) Schilling, H., Disziplinierung oder „Selbstregulierung der Untertanen"? Ein Plädoyer für die Doppelperspektive von Makro- und Mikrohistorie bei der Erforschung der frühmodernen Kirchenzucht, in : *Historische Zeitschrift* (以下 HZ), Bd.264, 1997.
6) Schmidt, H.R., Sozialdisziplinierung? Ein Plädoyer für das Ende des Etatismus in der Konfessionalisierungsforschung, in : HZ, Bd.265, 1997, S.651-660.
7) Schilling, Profil und Perspektiven einer interdisziplinären und komparatistischen Disziplinierung jenseits einer Dichotomie von Gesellschafts-und Kulturgeschichte, S.23-31 ; Ders., Disziplinierung oder „Selbstregulierung der Untertanen"?, S.681. この論争については踊共二「改宗と亡命の社会史（一）」『武蔵大学人文学会雑誌』32-2・3、2001年、16-24頁、同、前掲書、21-25頁をも参照。
8) このような様々なレベルでの規律化の相互作用については Winkelbauer, Th., Sozialdisziplinierung und Konfessionalisierung durch Grundherren in den österreichischen und böhmischen Ländern im 16. und 17. Jahrhundert, in : ZHF 19, 1992, S.324 ff ; Pauser, J., Gravamina und Policey. Zum Einfluß ständischer Beschwerden auf die landesfürstliche Gesetzgebungspraxis in den niederösterreichischen Ländern vornehmlich unter Ferdinand I. (1521-64), in : *Parlaments, Estates & Representation*, vol.17, 1997, S.13-38 ; Weber, M., Bereitwillig gelebte Sozialdisziplinierung? Das funktionale System der Polizeiordnungen im 16. und 17. Jahrhundert, in : ZRG GA., 115, 1998, S.435 ff ; Schildt, B., Der Friedensgedanke im frühneuzeitlichen Dorfgericht. Das Beispiel Thüringen, in : ZRG, GA., 107, 1990 ; Härter, K., Bericht und Kritik : Soziale Disziplinierung durch Strafe? Intentionen frühneuzeitlicher Policeyordnungen und staatliche Sanktionspraxis, in : ZHF 26, 1999, S.365-379.
9) R・ミュシャンブレッド（石井洋二郎訳）『近代人の誕生—フランス民衆社会と習俗の文明化—』筑摩書房、1992年、481-491頁。裁判のリチュアルな性格については、Gauvard, C., Conclusion, in : Sociéte des Historiens Médiévistes de l'Enseignement Supérieur Pulic (ed.), op.cit., pp.371, 375-377, 381.
10) Schmidt, Pazifizierung des Dorfes, S.91-128. ただし裁判に訴えられた紛争の件数の増減と実際の紛争件数の動向を直結することには問題がある。裁判に至らぬ、また裁判外で仲裁される紛争・暴力が減少し、紛争当事者が裁判を利用する傾向が強まったとすれば、そうした件数の増加は別様にも解釈できるからである。
11) Härter, K., Social Control and Enforcement of Police-Ordnances in Early Modern

Criminal Procedure, in: Schilling (Hg.), *Institutionen, Instrumente und Akteure sozialer Kontrolle und Disziplinierung im frühneuzeitlichen Europa*, S.53, 61-63.

12) 叢書 *Repertorium der Policeyordnungen der Frühen Neuzeit*. の第1巻として Härter (Hg.), *Deutsches Reich und geistliche Kurfürstentum (Kurmainz, Kurtrier, Kurköln)*, Frankfurt/Main 1996；叢書 *Studien zu Policey und Policeywissenschaft* には下記の注20）の文献の他、Holenstein, A.u.a.(Hg.), *Policey in lokalen Räumen. Ordnungskräfte und Sicherheitspersonal in Gemeinden und Territorien vom Spätmittelalter bis zum frühen 19. Jahrhundert*, Frankfurt/Main 2002 など多数が刊行され、*Ius Commune. Studien zur Rechtsgeschichte* には、上記注3）のシリング編著や下記注14）の文献が含まれる。

13) 佐久間弘展「ドイツ中近世史におけるポリツァイ研究の新動向」『比較都市史研究』25-1、2006年。

14) Härter, K.(Hg.), *Policey und frühneuzeitliche Gesellschaft,* Frankfurt/Main 2000, S.VII.

15) このような様々な支配領域レベルにおける、またその住民、臣民団の意向をもファクターとするポリツァイ令とその相互関係については、Weber, a.a.O., S.427-439.

16) 領邦におけるポリツァイの重要性については、松本尚子「ドイツ近世の国制と公法—帝国・ポリツァイ・法学—」『法制史研究』48、1998年、186-188頁。

17) Landwehr, A., Policey vor Ort. Die Implementation von Policeyordnungen in der ländlichen Gesellschaft der Frühen Neuzeit, in: Härter (Hg.), *Policey und frühneuzeitliche Gesellschaft*, S.53.

18) これに対してヘルターは、ポリツァイ令は状況の変化や対象に応じて異なるものが頻繁に出され、また繰り返される発令は、臣民や役人の心の中に規律を維持するのに必要であったとして、その頻度を根拠に有効性を否定することはできないと述べる。また違反件数の多さは、立法と刑罰の強化を図る国家当局の言説として理解する必要もあると言う。Härter, K., Soziale Disziplinierung durch Strafe? Intentionen frühneuzeitlicher Policeyordnungen und staatliche Sanktionspraxis. Berichte und Kritik, in: ZHF 26, 1999, S.370-371；Ders, Social Control and Enforcement of Police-Ordnances in Early Modern Criminal Procedure, S.45.

19) Schlumbohm, J., Gesetze, die nicht durchgesetzt werden — ein Strukturmerkmal des frühneuzeitlichen Staates?, in: *Geschichte und Gesellschaft* 23, 1997.

20) Blickle, P., Beschwerden und Polizeien. Die Legitimation des modernen Staates durch Verfahren und Normen, in: Blickle/Kissling, P/Schmidt, H.R.(Hg.), *Gute Policey als Politik im 16. Jahrhundert*, Frankfurt/Main 2003. バイエルンではそのような請願行為としての「an den Hof laufen 宮廷へひとっ走り」が慣例化していたという。

21) Landwehr, a.a.O., S.49 f., 57-65.

22) Holenstein, A., Die Umstände der Normen — Normen der Umstände, in: Härter (Hg.), a.a.O., S.11-12, 19, 29. ホーレンシュタインのこの視点は18世紀末のバーデンにおける下級裁判 Frevelgericht を扱った Holenstein, Ordnung und Unordnung in Dorf.（第1章、注11）参照）にも現れている。

23) Härter (Hg), a.a.O., S.IX. 池田利昭「18世紀後半ドイツ・リッペ伯領のポリツァイと

コミュニケーション—婚前交渉規制を例に—」『歴史学研究』836、2008年は、このような統治権力と社会集団の交渉プロセスに関する実証研究である。
24) Härter, Social Control and the Enforcement of Police-Ordnance, pp.53, 61-63.

第5章

1) 「領邦令」Landesordnung は一般にドイツ諸邦で15世紀半ばから現れ、領邦の政治的統合を背景とした君主の包括的な法令とされるが、明確な指標があるわけではなく、中世的な法慣習（ラント法）との範疇的な区別は難しい。同時にポリツァイ令との共通性も小さくない。領邦令のこうした問題については Moraw, P., Über Landesordnungen im deutschen Spätmittelalter, in: Duchhardt, H./Melville, G.(Hg.), *Im Spannungsfeld von Recht und Ritual. Soziale Kommunikation in Mittelalter und Früher Neuzeit*, Köln/Weimar/Wien 1997, S.187-201 を参照。なお17世紀には一般に、包括的な領邦令・ポリツァイ令から個々の対象別の立法に重点が移る。Härter, K.(Hg.), *Repertorium der Policeyordnungen der Frühen Neuzeit* Bd.1, *Deutsches Reich und geistliche Kurfürstentümer (Kurmainz, Kurköln, Kurtrier)*, S.11.

2) 「立法史」から見たティロルにおける領邦令の意義、とくにジクムント治世末期～マクシミリアン1世時代の重要性については、若曽根健治「ティロール森林令雑考—領邦立法史研究覚書—」『熊本法学』27、1978年、7-12頁。またティロルの領邦令については Beimrohr, *Mit Biref und Siegel*, S.38-52; Stolz, *Die Geschichte der Verwaltung Tirols*, S.109-146 をも参照。ただしティロル、オーストリア諸邦においては狭義のポリツァイ令はさほど多くはなく、大半は未刊行で研究も他邦の後塵を拝している。そうした状況については Brauneder, W., Der soziale und rechtliche Gehalt der österreichischen Polizeiordnungen des 16. Jahrhunderts, in: ZHF 3, 1976; Ders., Die Policeygesetzgebung in den österreichischen Ländern des 16. Jahrhunderts: Derzeitiger Forschungsstand und Perspektiven, in: Stolleis, M.(Hg.), *Policey im Europa der Frühen Neuzeit*, Frankfurt/Main 1996; Ders., Das Strafreht in den österreichischen Polizeiordnungen des 16. Jahrhunderts, in: Köbler, G.(Hg.), *Wege europäischer Rechtsgeschichte*, Frankfurt/Main u. a. 1987.

3) SD, Nr.96; Schober, *Urkunden*, S.1, Nr.1.

4) SD, Nr.100,「……領邦長官であるテック大公コンラートは……顧問の助言……、高位聖職者、……土地を所有する名誉ある人々の意志、助言と好意により、領邦の至る所で見いだされる農民、手工業者、労働者の不足について、領邦の共通の福利のために以下のように定めた。……農民（バウロイテ）が領主の許可なくその土地を放棄し、他の領主、他の裁判区へ移ったら、領主はこれを連れ戻す権利を持ち、裁判官はこれを支援する。領主が元の領主に農民を戻さねば、50ポンドの罰金を納める。………農民が領主に賦課を納めずに移動したら、領主は農民を追跡し、どこにおいてであれ農民の財産（動産）を差し押さえ、持ち帰ることができる。裁判官はこれに助力する……（列挙された）裁判区では奉公人、手工業者、日雇いは5年前の賃金で就労し、また教区、裁判

区を移動してはならない。……」
5) Wopfner, H.(Hg.), *Urkunden zur deutschen Agrargeschichte*, Stuttgart 1926, ND Aalen 1984, Nr.261.「……全ての高位聖職者、貴族（ヘレン）、騎士、都市、あらゆる領邦住民がレオポルトの下に来たり、農民、およびその他の事柄のために生じている問題について対処するように請願した……。

　農民（バウマン）は領主の許可なく土地を離れてはならない。領主は許可なく土地を離れた農民を追跡し、移動先の領主に引き渡しを要求する。引き渡しを拒んだ領主は50ポンドの罰金を科される。その場合、元の領主は移動先のラント裁判区の裁判官に引き渡しを要求する。裁判官がこれに応じなければ50ポンドの罰金を領邦当局に納める。またその場合、元の領主は農民をその財産とともに自身で連れ戻すことができる。

　……聖俗の領主は文書、証言、保証によって裏打ちされた農民の権利を守るべし。これを損なったら、裁判官が農民の権利を保護する。農民は以前からのように、その世襲保有権（erbrecht, baurecht）を売り、入質し、処分することができるが、領主はその権利と地代を保持する。領主は地代滞納のゆえに農民の動産を差し押さえ、それで不十分な場合は保有地を売却してよい。それでも不十分な場合は、農民の身体を拘束する。……」

6) 以下のハプスブルク家、オーストリア諸邦にかかわる政治的経緯の詳細は、*Geschichte des Landes Tirol*, Bd.1, S.439-452 ; Niederstätter, A., *Österreichische Geschichte 1400-1522*, Wien 1996, S.218-231 ; Jäger, *Landstände* 2/1, S.253-306.

7) ハインリヒ・フォン・ロッテンブルクの同盟と叛乱については、Jäger, *Landstände* 2/1, S.284-300 ; Brandis, *Landeshauptleute*, S.158-161.

8) コンスタンツ公会議以後のフリードリヒをめぐる状況については、Jäger, *Landstände* 2/1, S.307-345.

9) Beimrohr, *Mit Brief und Siegel*, S.42-43.

10) Blickle, *Landschaften im alten Reich*, S.184-185.

11) Brandis, *Landeshauptleute*, S.240 ; Schober, *Urkunden*, S.25, Nr.18.

12) この領邦議会と領邦令の性格については、Blickle, a.a.O., S.174, 193-196. ブリックレによれば、ティロル州立文書館の領邦議会関連文書のカテゴリに1474年のものとして保存されている苦情書の一部は、1478年の文書である可能性が高い。なおこの領邦令で取り上げられなかった苦情や要求の一部は、後述する1525、1526年の改革運動と領邦令で処理されることになる。Blickle, a.a.O., S.192-193, Anm.203, S.196, Anm.206.

13) Jäger, *Landstände* 2/2, S.272-273, 284-297 ; Niederstätter, a.a.O., S.257-260.

14) SD, Nr.225, S.414-417 ; Jäger, *Landstände* 2/2, S.338-346. 顧問会の3分の2はティロルの諸身分から選ばれ、都市と裁判区からも各2人が加わった。親バイエルン政策を推進した顧問は失脚した。Noflatscher, H., *Räte und Herrscher. Politische Eliten an den Habsburgerhöfen der österreichischen Länder 1480-1530*, Mainz 1999, S.48-49.

15) 以上のジクムント退位に至る経緯については *Geschichte des Landes Tirol*, Bd.1, S.477-479 ; Jäger, *Landstände* 2/2, S.339-346, 353-374, ジクムントの委譲とマクシミリアンの同意の証書は、Brandis, *Landeshauptleute*, S.317-321.

16） 第2章に挙げたように、ティロルの15、16世紀の慣習法文書には Absage に関する規定が比較的多い。このことはブルンナーも指摘するところである。Brunner, *Land und Herrschaft*, S.66-67.

第6章

1） マクシミリアンはティロルのみならずオーストリア諸邦にも同様に統治府（レギメント）設置、行・財政組織の集権化、ローマ法の導入を含めた法・裁判整備等の改革を進め、やはりシュテンデの不満と抵抗に対処せねばならなかった。なお君主を代理する統治府（レギメント）は宮廷長（Hofmeister）、主馬頭（Hofmarschall）、官房官（Kanzler）などの宮廷高官を中心に、その他の顧問（Räte）や法学者などにより構成され、ティロル・ハプスブルク西部所領管轄、東部諸邦管轄の二つが設けられた。ティロルの統治府は元来、ジクムント治世末、1487年の諸身分の要求に基づく改革によって設置されたが、マクシミリアン統治下では、統治府、顧問への諸身分の影響力は抑制され、とくに都市・裁判区代表はこれに加わることはできなかった。Niederstätter, a.a.O., S. 260-263, 282-292；Stolz, *Geschichte der Verwaltung Tirols*, S.23-24. マクシミリアンのオーストリア諸邦における改革については Wiesflecker, H., *Österreich im Zeitalter Maximilians I*, München 1996, S.231-274. また H・ノーフラッチャーの、ジクムントからマクシミリアン、フェルディナント1世に至るオーストリア君主の顧問、宮廷高官のプロソポグラフィッシュな研究も多くの情報を提供し、有益である。とりわけジクムント末期、マクシミリアン時代については各々、Noflatscher, a.a.O., S.28-53, 68-89.
2） このプロセスは第4章で述べた、ポリツァイ令に関するホーレンシュタインの研究が指摘するところの、法制定者と社会の間の相互交渉と調整の一面と考えることができる。南ティロルはワイン生産地域であり、イタリアの都市的経済と文化の影響が強いこともあって、当然ながら法施行に際しては調整を必要とした。
3） しかし徘徊する犯罪常習者や外部からの浮浪者の取締まりと排除を強めようとする帝国都市当局は、こうした規制に強く反発した。Schmidt, *Halsgerichtsordnungen*, S.62-63. 若曽根健治『中世ドイツの刑事裁判―生成と展開―』多賀出版、1998年、10-13頁。
4） Schmidt, *Halsgerichtsordnungen*, S.67.
5） この法令は速やかに各ラント裁判区に文書で通達されたようで、1496年4月18日付けの写本が、ラウデック南部、プフンツのゲマインデ文書として伝来する。以下の内容は、この写本をも参照した。TLA GA Pfunds, Nr.11.
6） Schmidt, *Halsgerichtsordnungen*, S.112-142, vgl. Blickle, a.a.O., S.196-197.
7） 宮廷長、主馬頭、尚書官と、5人の君主代理（Statthalter und Regenten）と称される貴族の計8人が顧問として政策の協議、決定を行う体制が固められた。Jäger, *Landstände*, S.430-431.
8） Wopfner, *Die Lage Triols*, S.179-180；Blickle, a.a.O., S.196-198.
9） Jäger, *Landsände*, S.431.
10） Wopfner, *Die Lage Tirols*, S.184.

11) Wopfner, *Die Lage Tirols*, S.183, Anm.1.
12) Schmidt, *Halsgerichtsordnungen*, S.70-71.
13) Ebenda, S.145；Wopfner, *Die Lage Tirols*, S.181, Anm.2. マクシミリアン時代にはローマ法の知識を持つ都市・ラント裁判区の裁判区長や裁判官が、陪審の判決に影響を与える傾向があったようで、1508年のボーツェンの領邦議会においても、裁判官や裁判区長は自ら判決を下すこと、あるいは示唆することを止め、陪審には判決を問うにとどめるべきことを諸身分が要求している。Jäger, *Landstände*, S.451.
14) Schmidt, *Halsgerichtsordnungen*, S.155-156. シュミットは、この点でもこの刑事裁判令はなお中世的な性格を残していると述べる。
15) Ebenda, S.182-183.
16) 1509年にはマクシミリアンは、顧問会、統治府への諸身分代表の参加を認めた。Wopfner, *Die Lage Tirols*, S.120. 出村、前掲論文、45頁。1499年のスイス盟約者団との戦争を契機とする財政難と負債の膨張については、同、42-45頁。
17) 市民、農民を重要な担い手とする民兵制はティロルのみの特質ではなく、スイス盟約者団やザルツブルク大司教領においても中世後期に存在した。シェンナハのティロルの軍制に関する近著は、領邦特許文書「ラントリベル」は内容的には他の領邦の近世の軍制に比してさほど特異なものではないと述べる。しかし「ラントリベル」は君主と諸身分の交渉と合意・協定に基づく領邦防衛体制と諸身分の義務、そして諸身分の要求をも明記した。それゆえ以後諸身分は、これを領邦特権（ランデスフライハイト）として君主の過大な要求に抵抗する根拠とした。諸身分の軍制への影響力がほとんどなかったバイエルンやザルツブルクの民兵制に対する「ラントリベル」のこのような独自性は、シェンナハも認めている。また「ラントリベル」はトリエント、ブリクセン両司教領や、1500年以後新たに獲得された旧ゲルツ伯領、キッツビューエル、クフシュタイン、ラッテンベルクをも一体的な領邦防衛制度の中に編入した点で、領邦の統合にも貢献したと言える。Schennach, a.a.O., S.43-63；Vgl. Blickle, a.a.O., S.233-241.
18) *Geschichte des Landes Tirol*, Bd.2, S.15；Nierderstätter, a.a.O., S.262-263；Jäger, *Landstände*, S.490-508. ティロルにおいても顧問会に諸身分代表を加え、直轄領の抵当化、領邦外への軍事行動には諸身分の同意を必要とすることが確認された。
19) 1518年5月24日にマクシミリアンは諸邦の陳情により、安全通行料、家畜、石鹸商業、領邦外の商事会社、レーエン法、遺言、後見、結婚、殺害、瀆神、奢侈に関する法令を公布した。Schober, *Urkunden*, 40, S.95-100, Brandis, *Landeshauptleute*, S.482-483. その中に「……頻繁に生じている違法な殺害（Totschlag）について。殺害犯は1年間は領邦君主によっても、殺害犯の領主によっても、また（被害者の）親族によっても、和解、安全保障、恩赦を与えられるべきではない。1年を経た後も当局、被害者の遺族の同意なしにはこれらを与えられない。またその後も赦しが得られなければ殺害犯は追放（アハト）に処される。しかし名誉と生命を守るために殺害を犯した者は、このことを証明したら、半年間、領邦君主、その統治府、領邦裁判官、主馬頭、領邦守護（ラントフォークト）、裁判当局により安全通行権と恩赦を与えられる。ただし遺族としかるべく和解し、そして魂に贖罪する（贖罪金を支払う）ことが条件である。しかしそれに

よって今日よくあるように、(犯人の) 子孫や親族に過大な負担とならぬように、そして各々の財産能力に応じて妥当な和解ができるように、このような和解は遺族、親族によってのみならず、(当事者の属す) 当局と、犯行が生じた場所の裁判当局の承知のうえで行われるべきである。しかし殺害について特別の慣習 (Freiheit) をもつ領邦では、これを用いることも、この私の決定を用いることも可能である……」とある。

20) マクシミリアンの統治の評価、位置づけについては Niederstätter, a.a.O, S.291-292 ; Wiesflecker, a.a.O., S.449-458.

21) フリードリヒ4世の狩猟令については、Oberrauch, H., *Tirols Wald und Waldwerk. Ein Beitrag zur Forst-und Jagdgeschichte*, Innsbruck 1952, S.46-47. ジクムント時代の狩猟、鉱山、森林関係の法令については Ebenda, S.50-53. 1370年に大公アルブレヒトとレオポルトがゲマインデ・リーツに、地域の森林における家屋用木材の伐採を許可し、ペータースベルクの裁判官にこの措置を知らせた事実は、当時森林の利用制限がなお緩やかであったことを示す。*Regesta Habsburgica* V.Abt., 1.Teil., Nr.618, S.259.

22) 近世の西南ドイツにおける、森林利用をめぐる領邦と農民団体の対立、訴訟、期限付き賃貸契約等については、Blickle, P., Wem gehörte der Wald? Konflikt zwischen Bauern und Obrigkeiten um Nutzungs- und Eigentumsansprüche, in : *Zeitschrift für württembergische Landesgeschichte* 45, 1986, S.167-178. また同じ問題について Below, S. von/ Breit, S., *Wald — von der Gottesgabe zum Privateigentum. Gerichtliche Konflikte zwischen Landesherren und Untertanen um den Wald in der frühen Neuzeit*, Stuttgart 1998 は近世のバイエルンとスイスの事例によって考察している。K・ハーゼル (山縣光晶訳)『森が語るドイツの歴史』(築地書館、1996年) は森林史の立場からドイツの鉱山業が森林に与えた影響や、領邦と農民の森林用をめぐる対立をわかりやすく叙述している。とくに同書、85-96、172-179頁を参照。鉱山用木材確保と並んで猟獣保護のための狩猟令が、国家による森林管理の重要な動機であったことは、森林監督官がしばしば狩猟監督官に下属したことからもわかる。同書、210-2111頁。本章では狩猟令については詳論の余裕はないが、ポリツァイの観点からティロルの事例を中心に狩猟令を考察したシェンナハの研究は示唆的である。Schennach, M.P., *Jagdrecht, Wilderei und „gute Policey". Normen und ihre Durchsetzung im frühneuzeitlichen Tirol*, Frankfurt/Main 2007. また近世の狩猟権と身分制の関係については、阿河雄二郎「森と獲物の領有をめぐって—近世フランスにおける狩猟権と狩猟慣行—」(田中きく代・阿河雄二郎編『〈道〉と境界域—森と海の社会史—』昭和堂、2007年)、2-24頁を参照。

23) Wopfner, *Das Almendregal des Tiroler Landesfürsten*. 前間良爾「ドイツ農民戦争期における共有地問題—ティロール鉱山業発展との関連において—」『西洋史学論集』7、1959年、若曽根健治、前掲論文、同「森林犯罪告発人制度管見 (一)」『熊本法学』29、1980年。

24) Oberrauch, a.a.O., S.38-39, 49. 15世紀のティロルの鉱山開発、技術、鉱山令等については最近の論文集、Tasser, R./Westermann, E. (Hg.), *Der Tiroler Bergbau und die Dipression der europäischen Montanwirtschaft im 14. und 15. Jahrhundert*, Innsbruck u.a., 2004 に所収の諸論文、とりわけ Palme, R., Rechtliche Probleme des spätmittelalterlichen

Bergbaus in Tirol ; Tasser, R., Der Südtiroler Bergbau in der Depression des 14. und des 15. Jahrhundert を参照。

25) 領邦君主ジクムントは1485年、フッガー家に融資の代償として銀山からの「先買権」を与え、マクシミリアンもまたイタリア、ヴェネツィア戦争による負債や賠償金をフッガー家からの融資によって返済し、その抵当として鉱山からの銀先買権をフッガー家に次々と与えていった。瀬原義生「中世末期・近世初頭のドイツ鉱山業と領邦国家」『立命館文学』585、2004年、55、60、66-68頁。諸田実『ドイツ初期資本主義研究』有斐閣、1967年、94-98頁、ティロル領邦君主の財政収入については前間、前掲論文、2、5頁。

26) Oberrauch, a.a.O., S.50 ; Wopfner, a.a.O., S.118.

27) ただし「全ての森林と河川は君主の所有に属す」という文言自体はすでに13世紀末のマインハルト 2 世の法令にも現れている。Oberrauch, a.a.O., S.21. またヴォプフナーによれば、領邦君主が共有地（アルメンデ）に対する高権（レガリア）、あるいはその所有権を持つという観念は慣習法文書にも見られ、農民による君主の共有地高権の原理的な否定は、農民戦争期を除けば見られない。しかし共有地高権の理解については双方に原理的な齟齬があった。農民の認識は、共有地が（国家に属すゆえ）公共的性格を持つという理解につながるのに対し、君主の側ではそれは君主による財政的な利用可能性という認識につながっていた。Wopfner, a.a.O., S.108. マインツ大司教領においても同様に、16世紀には「森林高権」に基づく大司教の森林令が農民の慣習法文書にかわって、農民の森林利用の統制を強化した。Hägermann, M., Herrschaftliche Einflußnahmen in ländlichen Rechtsquellen des Gebietes zwischen Rhein, Main und Neckar, insbesondere des Amtes Starkenburg, in : Schlosser/Srrandel/Willoweit (Hg.), a.a.O., S.372-379.

28) 1492年の森林令については Oberrauch, a.a.O., S.55-56 をも参照。

29) 森林巡察と森林行政組織の変遷については Oberrauch, a.a.O., S.56-63、前間、前掲論文、9頁、若曽根「ティロール森林令雑考」、19-23頁を参照。

30) 1502年の訓令、森林令の背景、詳細については Oberrauch, a.a.O., S.64-66, 若曽根、前掲論文、16-25頁を参照。若曽根氏は、1502年の森林令におけるゲマインデ住民から選ばれた告発人が領邦の森林管理に取り込まれたことを重視し、共同体の自己管理が領邦警察に統合されていくプロセスを考えようとしているが、この法令に対する農民側の否定的な反応を見ると、そのようなプロセスは理論的、長期的にはともかく、16世紀初にはスムースに進行したとは考えがたい。この森林令における領邦役人による巡察と農民への割当て制はその後も維持されていくが、ここでは、次の③1511年の報告書に示され、またそれ以後も繰り返されたであろう農民の苦情提出と、これに個別的に対応した政府側の対応のような相互交渉のプロセスを重視したい。そのような交渉は次章でも見るように、マクシミリアン没後にインテンシヴに展開するのである。若曽根「森林犯罪人告発制度管見（一）」、とりわけ59-74頁。

31) Oberrauch, a.a.O., S.71.

32) Ebenda, S.67.

33) ただし君主の森林、狩猟と猟獣に害を与えないという条件が付されている。

Wopfner, *Almendregal*, Beilage Nr.24. 若曽根「ティロール森林令考」、24頁。1492年以後の森林令の内容はその後の次章で述べる農民の苦情、要求をもふまえて、1532年の領邦令第4章に取り入れられていく。

34) Wopfner, *Almendregal*, Beilage Nr.25, S.152-156. 調査委員に指摘された農民の違法行為は、売却用伐採の他、放牧地等の設置のための森林伐採・焼却、木炭製造のための伐採などである。これに対してプファフェンホーフェンの住民は、自分たちの土地に属する森林の木材を売却する権利を主張しており、領邦森林令と農民の慣習的権利主張の齟齬・対立はなお解消されていない。

35) Ebenda, S.95-97.

36) Blickle, a.a.O., S.175-176 ; Oberrauch, a.a.O., S.22-27. ドイツ諸地域の慣習法文書に見られる、森林利用の自己管理については、ハーゼル、前掲書、182-184頁をも参照。ただしハーゼルは、そのような自己管理は15世紀後半～16世紀には、やはり鉱山、製塩、精練業の木材需要を優先する領邦の森林令に取って代わられると述べる。

37) 従来、森林を含めた君主直轄領の管理を職掌していた各裁判区の区長も、とりわけそれが裁判区を君主より抵当保有する貴族である場合、森林長官、共有森林官や関係役人たちによる各裁判区内の森林管理の権限（森林の部分貸与、違反者の処罰など）が強化されることには当然ながら反対した。若曽根氏は、森林官らの巡回は、このような貴族の地域支配に対する中央からの牽制手段でもあったと述べる。若曽根、前掲論文、38-40頁。1541年の官有林令、1551年の共有森林令における森林役人と地域の裁判当局の権限関係（前者では製塩所役人、森林官の監督・処罰を裁判区長、裁判官が支援し、後者では違反者を裁判区長と裁判官が森林官の立ち会いの下に処罰する、など）については、Oberrauch, a.a.O., S.117-118, 124-125.

38) Wopfner, *Almendregal*, Beilage Nr.25.

39) マクシミリアンの後、ティロルの支配者となった大公（国王）フェルディナントも狩猟を愛好した。また製塩・鉱山業のために少なからぬ森林関連法令を発令し、森林巡察を強化している。1541年の森林令にも明記されるように、そうした法令の根拠としてはやはり、領邦の全ての森林、河川は君主に属すゆえ、木材の不足を来さぬよう保護・監督し、君主（国家）の財産（Kammergut）を増大させるのが君主の務めであるとされる。地域住民の需要を配慮し、一定の同意を前提としつつも、森林管理を共有林や私有林にまで拡大するという領邦当局の森林政策自体は、次章で述べる農民蜂起、新領邦令制定後も維持された。ただしフェルディナント以後は領邦全体ではなく、地域の諸事情を考慮した個別的な森林令が一般的となる。その際、1527年の裁判区シュテルツィングに対する森林令が住民の苦情を受けて翌年改訂され、一定のルートでの木材売却が認められたように、やはり地域住民と領邦当局の相互交渉の過程も看過してはならない。Ebenda, S.107, 109, 114-116, 126. なお森林、その他の入会地利用をめぐる農村社会内の対立として、完全な利用権をもつ屋敷持ち農民と、小屋住農、日雇い（Tagwercher）など、本来入会地利用権を持たない、ないし制限されていた下層農との間の軋轢、そして領邦政府の措置により村内に定住し、入会地利用権をも認められたが、ゲマインデの諸義務は免除されていた鉱山労働者と農民の間の対立も16世紀には強まっていた。

Ebenda, S.96-97. 農民戦争期のこうした共同体内部の対立については前間、前掲論文、9-14頁参照。

第7章

1) Kirchmair's Denkwürdigkeiten seiner Zeit 1519-1553, in: *Fontes Rerum Austriacarum, Scriptores* I, hg. von Karajan,Th.G. von, Wien 1855, S.443-445; Niederstätter, A., *Österreichische Geschichte 1400-1522*, Wien 1996, S.131-132; Köflach, a.a.O., S.415-420; Oberrauch, a.a.O., S.83-84. 1519-26年の農民蜂起の経緯についてはWopfner, *Bauernkrieg*, S.VII-XI; *Geschichte des Landes Tirol*, Bd.2, S.42-54; Köfler, a.a.O., S.424-436; Noflatscher, H., Martin Luther und die Reformation in Tirol, in: *Österreich in Geschichte und Literatur* 42, 1998, S.140-151, G・フランツ（寺尾誠他訳）『ドイツ農民戦争』未来社、1989年、230-244頁、前間良爾『ドイツ農民戦争史研究』九州大学出版会、1998年、207-232頁を参照。
2) Köfler, a.a.O., S.426-427; Kirchmair, a.a.O., S.446. 統治府（レギメント）の報告によれば、農民たちは禁じられた狩猟、漁を続け、裁判区は相互に連帯し、また「スイス（盟約者団）に加わる」ことも話題とされた。
3) Wopfner, *Bauernkrieg*, S.66-67.
4) *Partikularbeschwerden*, S.V-VIII.
5) ガイスマイアの「(第2)ティロル領邦令」は、福音主義、貴族・聖職者、教会の特権廃止、そしてとくに裁判区自治（裁判官の選出）や農民の経済生活を保障する経済統制等において「メラン箇条」と共通する性格をも持つが、商業の禁止、地域代表と神学者による中央政府の構成（即ち共和制）などの点においては、はるかに急進的、ユートピア的である。フランツ、前掲書、235-238頁、前間、前掲書、215-222頁。
6) Blickle, a.a.O., S.203, 204, 216. 「メラン・インスブルック箇条」のうち、教会制度や君主の権限に変更を加えるような要求や、また教会所領や聖俗領主の裁判権の廃止、司祭、裁判官、裁判書記、廷吏のゲマインデによる選出などの項目は君主、政府側の抵抗、拒否により領邦令に入らなかった。
7) しかし多くの苦情書は領邦議会閉会後に提出され、そのような苦情は翌年にかけて処理された。なお領邦議会における裁判区住民、そして高位聖職者、貴族、都市を含めた諸身分からの苦情や要望の提出、君主の課税や軍役への同意は、領邦ティロルにおいて14世紀のうちに成立した政治システムである。ただし南ティロルのブリクセン、トリエント司教領は、軍役や租税負担において領邦ティロルと密接に結びついていたが、裁判区住民は直接ティロル領邦議会に代表を送らず、両司教がその利害を代表した。したがって農民戦争期以前には、司教領の住民は司教に対して苦情を提出している。
8) Wopfner, *Bauernkrieg*, Nr.63, S.125-127.
9) Franz (Hg.), *Quellen zur Geschichte des Bauernkrieges*, S.276.
10) Köfler, a.a.O., S.430-436. 「インスブルック箇条」96項の6割程度はこの領邦令に、いずれかのかたちで取り入れられた。Blickle, a.a.O., S.202. 領邦令のような重要な事項

については、裁判区代表は領邦議会での全権を委任されず、「持ち帰り」と批准を必要とした。1525年の領邦令（案）の批准要請のために裁判区を巡回した特別委員は、領邦議会委員（Landtagsausschuß）、巡回対象地区の代表、君主委任者から構成された。Ebenda, S.178.

11) ブリックレは、1532年版は1526年版に対する反動から生まれたのではなく、これを継承、発展させたものと述べる。Ebenda, S.223.

12) 1551年にすでに、1548年の帝国ポリツァイ令をふまえたティロルのポリツァイ令作成の作成が試みられたが、諸身分の同意が得られなかった。Ebenda, S.224.

13) 1526、1532、1573年の領邦令における各項目の相互対応関係については、Ebenda, S.219. ただしこのブリックレの対照表はきわめて不完全なものである。1526年の領邦令についてはOberweis, J., Die Tiroler Landesordnung vom Jahre 1526, auch genannt die Bauernlandesordnung, in : *Haimerl's Vierteljahrsschrift für Rechts-und Staatswissenschaft* XVII (1.Teil), 1865, XVIII (2.Teil), 1866 をも参照した。

14) こうした評価は、前間、前掲書、212-213頁。他方、大西理絵子「領邦国家とドイツ農民戦争─ティロルの場合─」『寧楽史苑』35、1990年、42頁はブリックレを批判し、領邦の統合と君主権力の強化を重視する。

15) Schennach, *Jagdrecht, Wilderei und „gute Polycei"*, S.194-200. 以下の叙述は未刊行史料を博捜した、このシェンナハの研究成果に基づく。

16) 中世末期の刑事裁判においては、従来の「7人の宣誓」による有害な犯罪者に対する告発手続きや風評による市参事会裁判にかわって、自白が重要な意味を持つようになり、そのため拷問が用いられるようになる。しかし拷問には批判も強く、16世紀初の帝国、そして領邦の刑事裁判改革では、得られた自白内容の客観性、信憑性を明らかにするための手続きが加えられていることが多い。若曽根、前掲書、389頁以下を参照。

17) 本書第6章、213頁、およびその注19）を参照。

18) 第5章第3節 史料10 ①③、第6章第3節 史料12 ②③を参照。

19) G・ラートブルフ（若曽根健治訳）「カロリナにおける掠奪」『熊本法学』85、1995年、45-49頁。ラートブルフは、「カロリーナ」129条のフェーデが処罰を免れる場合の規定も、「永久ラント平和令」のフェーデ禁止原則を緩和するものではないと述べるが、その解釈は形式的に過ぎるように思われる。

20) 第5章第2節 史料9 ③、第6章第2節 史料11 ⑤、本章第2節 史料14 ⑫などを参照。

21) もちろんこうした威信と正当性の社会的アピールを目的とするフェーデ的暴力は、多分に儀礼化された行為でもあり、それは法令がフェーデを「フェーデ宣告」Absageとして象徴的に表現していることからもわかる。フェーデにおける儀礼的要素については、拙稿「中世ヨーロッパにおける紛争と秩序─紛争解決と国家・社会─」『史林』88-1、2005年、69-82頁を参照。

22) 差押えに関する様々な慣行については Grass, a.a.O., S.62-82. を参照。

23) 差押えのトラブルを防止するためにいくつかのゲマインデの間では、越境家畜を相手側に戻すなど、相互に差押えを控える協定を交わした事例が見られる。グラスはこれ

を、当該ゲマインデがかつてひとつの放牧地共有団体に属していたことによると考えるが、いささか短絡的である。Ebenda, S.74-75.
24) Grass, a.a.O., S.78-79；TW II, S.266, Nasserein, 1656；TW III, S.20, Glurns, 1587. ただし、これらの事例は全てがゲマインデ間の差押えに関わるものではない。
25) Blickle, a.a.O., S.217.
26) この他、この9章には、火災、水害などの災害への対処と、その際の治安への同時的な配慮を示す規定が少なくない。またJ・オーバーヴァイスによれば、1526年の領邦令と同時に作成された聖職者に関する法令案は、領邦君主による聖職者の任命、ゲマインデによる司祭候補者の推挙、ふさわしからぬ司祭の罷免要求、聖職者の任地滞在義務、財産権の制限などの規定を持つ。しかしこの法令案は聖職者の反発を考慮した国王フェルディナントによって廃棄されたという。Oberweis, a.a.O., 2.Teil, S.41-48.

第8章

1) 第2章で述べたように、16世紀の末までにティロルのラント裁判で作成されるようになった裁判帳簿（Gerichtsbuch）はフェアファッハブーフ（Verfachbuch）と呼ばれ、また後には狭義の裁判帳簿（Gerichtsbuch, -protokoll）と、住民の様々な法的行為を記録したフェアファッハブーフを区別して作成する場合もあった。本書第3章第2節第1項を参照。
2) 他方、多くのゲマインデ間紛争記録が遺されているペータースベルク裁判区には、18世紀末以前の裁判帳簿は現存しない。ティロルの裁判帳簿の地域的、時期的分布と伝来、保存については Beimrohr, *Mit Brief und Siegel* を参照。
3) Mahlknecht, *Von großen und kleinen Übeltätern. Hundert „Fälle" und „Geschichten" aus Südtiroler Gerichtsakten des 16. Jahrhunderts*.
4) Heidegger, a.a.O., S.131-132. マールクネヒトの取り上げた16世紀初の裁判記録には、強盗、放火、重婚、謀殺、魔女など、刑事裁判令に規定された犯罪行為（マレフィッツ）も多い。これは著者の犯罪社会史的な関心によるものと思われるが、対象時期がマクシミリアンの刑事裁判令公布直後であることや、マールクネヒトが用いた裁判帳簿の一部が「マレフィッツブーフ」と表記されていることもそうした内容が多いことと関連していると思われる。加えてラント裁判の機能の地域差（イタリア法文化圏に近い南ティロルの特質）もその背景にあるのかもしれない。
5) Mahlknecht, a.a.O, S.97. 下記の注10）をも参照。
6) Ebenda, S.77-80, 82, 89, 91, 95-96, 101-103, 239-240.
7) 1532年の領邦令では第8章27項。慣習法文書では、TW IV-2, Nr.60, S.616, Lienz (1596)；TW IV-2, Nr.62, S.680, Thurn (1575).
8) そのような最近の論集のひとつとして、Eriksson/Krug-Richter (Hg.), a.a.O. がある。
9) Frauenstädt, a.a.O., S.124-167.
10) Mahlknecht, a.a.O., S.81. （1525年の事例）。このことは領邦令にある、1年後の遺族との和解による恩赦の可能性の規定と関わるものとも考えられるが、ただし平和保護

（区域）については領邦令に規定はなく、地方の慣習であろう。またマールクネヒトは、些末な口論から殺害に至った事件の記事がその結末を記さずに終わっているいくつかのケースをも、和解成立による裁判手続きの停止と考えている（1564年の事例など）。Ebenda, S.97. このような双方の争いから生じた殺害 (Totschlag) 以外の様々な刑事犯（マレフィッツ）では、放浪犯罪者の窃盗、強盗殺人は絞首刑と車刑、重婚は溺死刑、殺害を犯したフェーデ宣告者は斬首など、おそらくマクシミリアン1世の刑事裁判令や1526、1532年の領邦令に基づく死刑判決が目立つ。Ebenda, S.37, 42, 43, 51, 216.

11) 1532年領邦令第8章52項。本書第7章、252頁。

12) Salzburger Landesarchiv, Gerichtsprotokoll, Pfleggericht Werfen (Pongau), 1531, S.7, Nr.3, 1533, S.19, Nr.2, 1535-36, S.9, Nr.4, 5. この文書は大司教の直轄裁判区（Pfleggericht) Werfen の裁判官が、裁判区内の2つの集落 St. Johan, St.Veit を巡回して裁判を行った際の犯罪の内容と罰金を記録したもの。

13) Winkelbauer, Th., „Und sollen sich die Parteien gütlich miteinander vertragen". Zur Behandlung von Streitigkeiten und von „Injurien" von den Patrimonialgerichten in Ober- und Niederösterreich in der frühen Neuzeit, in : ZRG, GA.109, 1992, S.133 ff, 152 ff.

14) TW IV-1, Nr.11, S.96, Passier (1620), TW IV-1, Nr.38, S.351, Klausen (1485).

15) Heidegger, a.a.O., S.292-95. 前述の領邦条例の規定にもかかわらず、とくに殺害について裁判外の和解が行われたことは、Wopfner, Bergbauernbuch 1, S.122.

16) その他、領邦令と裁判記録の関連では、領邦令の第8章には、姦通は男女とも水とパンのみによる拘禁を経て、3度目の重犯は領邦外追放とあるが、②の姦通者が初犯であれば、こうした領邦令の規定以上に厳しい処罰を受けたようである。

17) Schmidt, Pazifierung des Dorfes, S.113-128.

18) 中世盛期以後のティロル農村の人口動態と開墾、小屋住農や日雇いの増加による集落景観の変化等については、本書第2章、48-50頁、Jäger, Siedlungsausbau und soziale Differenzierung der ländlichen Bevölkerung in Nordtirol während der frühen Neuzeit; Ders., Die mittelalterliche und neuzeitliche Siedlungsentwicklung im Sellraintal, S.5-67.

19) たとえば、TLA Verfachbuch Lienz, 1586, fol.162 v-163v.

20) ヘルシャフト・リエンツと称されたこのラント裁判区は、1500年に断絶によってハプスブルク家の領邦ティロルに統合された東ティロルの旧ゲルツ伯領に由来し、リエンツはその中心城塞にして都市であった。当裁判はリエンツ（市）の下級（都市）裁判領域および、当ラント裁判管区内の下級裁判集落 (Klause, Virgen, Anras, Lengberg など) に対する上級裁判として機能した。ラント裁判官の居所はゲルツ伯のブルック城、後にはリエンツ市内のリープブルク城に移された。この裁判を支えた陪審は、（農村）ラント裁判区とリエンツ市裁判区の農民、市民、各6人により構成された。ラント裁判集会（ラントタイディング、ラントゲディング）は年3回、2カ所で開かれた。ここでも裁判帳簿が現れる16世紀には裁判機能の重心は、住民のラント裁判集会から陪審による裁判に移っている。Beimrohr, a.a.O., S.247-250. このラント裁判の帳簿には、現存する最初期の1561年から1600年までの40年ほどの記録内容をみるかぎり、契約など様々な法行為の記録が圧倒的に多く、その間に散見する狭義の裁判記事を集めたものを以下

に示している。1件の記録は短いもので1、2葉から、長いものでは10葉近い。したがって以下は要約である。

総括と展望

1) 南ティロルにおける二つの裁判区の間の500年以上続いた紛争に関するヒンターヴァルトナーの研究においても、関連史料には流血を伴うような暴力行為は現れない。しかしマールクネヒトは同じ南ティロルのミュンスター渓谷の農民が放牧地利用をめぐる対立から、在地領主に集団で暴行を加えた事例を紹介している。第2章、注41）参照。
2) このようなラント裁判共同体の政治的機能については、Blickle, *Landschaften im alten Reich*, S.176-179. ラント裁判共同体による領邦議会への全権代表派遣については、1453年の全権委任の契約文書が十数の裁判区について現存する。それによれば、裁判集会において、参加した全住民によって選ばれた代表に全権が委任される場合と、裁判区内の各共同体の長または陪審が、代表（2名）を選ぶ場合とがあった。Stolz, Die Landstandschaft der Bauern in Tirol, S.119-121, 139-141, Urkundenbeilagen Nr.1-7.
3) Meraner Artikel, Nr.2, 10, Franz(Hg.), *Quellen zur Geschichte des Bauernkrieges*, S.273-275 ; Zuesatz zu Ynnsprugg, Nr. 86 ; Wopfner(Hg.), *Quellen zur Geschichte des Bauernkriegs in Deutschtirol 1525*, S.65.
4) 14世紀初めころまで農民の軍役＝防衛義務が原則として農民の属す各ラント裁判区ないしイン渓谷、レヒ渓谷など大きな渓谷の枠内に限定されていたのも、農民の地域的アイデンティティと関連していたと言えるかもしれない。Blickle, a.a.O., S.235. しかし1511年の君主と諸身分の軍役契約を記した領邦特許文書「ラントリベル」においても、境界地域の防衛には基本的にその地域の住民が動員され、不充分な場合にさらに隣接地域の住民からの動員が加わるというもので、住民の領邦軍役は生活地域の防衛という当初の意味を失ったわけではない。なおH・ランクルの近業によれば、農民が領邦議会身分とはならなかったバイエルンにおいても、15世紀後半以後、領邦君主直轄の地域行政単位である Hauptmannschaft, Obmannschaft（複数集落を含む徴税・軍役などの単位）において、農民の紛争や税負担に関する問題など様々な利害関係の調整が行われ、領邦役人との交渉が行われた。すなわちランクルは、バイエルン農民の共同体は中世末以後、国家への統合により自治や自律性を失ったとの通説を批判し、農民は領邦議会外に置かれてはいたが、新たな国家行政単位の枠内で活発な共同行為を行い、国家との相互関係を維持したというのである。その際にランクルは、農民の選抜軍役が重要な意味を持ったと考える。このような視点は、領邦議会身分（ラントシャフト）が実現していない地域における農村社会の共同体と国家の関係を考える上で有益である。Rankl, H., *Landvolk und frühmoderner Staat in Bayern 1400-1800*, Bd.1, München 1999, S.45-55, 146 ff, 350-361.
5) 蔵持『中世村の歴史語り—湖国「共和国」の形成史—』、104-108頁、同『中世村落の形成と村社会』、50-51、107-113、151-152頁、酒井、前掲書、79-81、101-110頁、拙稿「中・近世の村落間紛争と地域社会—ヨーロッパ・アルプス地方と日本—」、228-232

頁。佐野静代氏の同じ琵琶湖岸の共有地（コモンズ）に関する興味深い考察（第3章、注89）参照）によれば野洲郡安治の地域では、中世には複数集落よりなる地域＝惣荘（惣郷）が「エリ」（一種の定置網）の用益権を、その地域の鎮守社（大宮）の祭祀と不可分の財産・資源として管理してきたが、中世後期には地域内に成立する、個別の村社を核とする惣村が自身の用益権を強め、しばしば相論を招いたという。このようなコモンズをめぐる関係は、湖北の広域的な紛争と合力の関係とは異なった、よりローカルな性格を示すが、広域的な共有地利用から村落の個別利用への移行にともなう争いという点では、ティロルの放牧地紛争との一定の類似性を示して興味深い。佐野、前掲論文、88-91頁。

6) 酒井、前掲書、109頁。地域的合力の背景に「近所」と表現される地域意識が存在したことについては、坂田聡・榎原雅治・稲葉継陽『村の戦争と平和』（日本の中世12）中央公論社、2002年、243頁をも参照。

7) 勝俣鎮夫『戦国法成立史論』東京大学出版会、1979年、237-242頁。自力の放棄、統一権力による自力の否定をめぐる研究史整理は、村井章介「中世の自力救済をめぐって」『歴史学研究』560、1986年を参照。

8) 小林、前掲書、192-197、335-337頁。

9) 日本中世村落の争いと合力の関係もまた、必ずしも固定的ではなく、かの大浦と菅浦が協力し合うこともあった。紛争と仲裁における関係では、近江の伊香立荘と桃井荘の下立山をめぐる相論（1338年）が注目される。このとき桃井荘からの招請を受け、葛川から古老5人などが双方の堺の検見に立ち会うべく赴いている。葛川は少し前まで伊香立と激しい相論を展開していたのだが、この度は中立的な立会人たるべく要請された。酒井、前掲書、78-79頁。葛川の南限は13世紀の相論で伊香立に属すことになった下立山の北に接し、その境界の位置をめぐって1317、1318年にも相論があった。下立山をめぐって三者は密な利害関係にあったのである。下坂、前掲論文、11-26頁。このような関係により紛争解決への相互の協力が地域間に広がっていたとすれば、村落間コミュニケーションによる緩やかな「地域形成」への展望を持ち得るのではないだろうか。

10) Ch・プティ＝デュタイイ（高橋清徳訳）『西洋中世のコミューン』東洋書林、1998年。とくに高橋氏の解説「コミューンと都市法」、132頁以下を参照。

11) Bosl, K., Eine Geschichte der deutschen Landgemeinde, in: Ders., *Frühformen der Gesellschaft im mittelalterlichen Europa*, München-Wien 1964, S.425; Rankl, a.a.O., S.354.

12) Aubin, H., Zur Entwicklung der freien Landgemeinden im Mittelalter. Fehde, Landfrieden, Schiedsgericht, in: Franz, (Hg.), *Deutsches Bauerntum im Mittelalter*, S.191-218, besonders 209 ff. フリースラントの社会構造と政治的自律性については、Schmidt, H., Adel und Bauern im friesischen Mittelalter, in: *Niedersächsisches Jahrbuch für Landesgeschichte* 45, 1973, S.45-95; Ders., Stammesbewusstsein, bäuerliche Landgemeinde und politische Identität im mittelalterlichen Friesland, in: Moraw, P., *Regionale Identität und soziale Gruppen im deutschen Mittelalter*, ZHF Beiheft 14, 1992 をも参照。

13) Ruser, K., Die Talgemeinde des Valcamonica, des Frignano, der Leventina und des Lenio und die Entstehung der Schweizerischen Eidgenossenschaft, in : Maurer, H.(Hg.), *Kommunale Bündnisse Oberitaliens und Oberdeutschlands in Vergleich*, Vorträge und Forschungen 33, Sigmaringen 1987, S.117-151, besonders S.144 ff ; Meyer, K., Italienische Einflüsse bei der Entstehung der Eidgenossenschaft, in : *Jahrbuch für Schweizerische Geschichte* 45, 1920. その際ザンクト・ゴットハルト峠を挟むロンバルディア北部、ティチーノ（テッシン）の渓谷共同体がモデルになったという。いずれにせよサヴォア、スイス、ティロル、ロンバルディア北部などアルプス南北の諸地域において、顕著な自治機能を持つ渓谷共同体が存在したことは注目に値する。そうした共同体の特質と上位の政治組織、国家形成との多様な関係を比較考察することが課題とされねばならない。シュタイナッカーはそうした渓谷共同体にも着目しつつ、スイス盟約者団と、アルプス東部、ティロル及びオーストリア諸邦の政治構造の比較を行い、前者における共同体自身の国家形成意思を、後者における君主による国家統合を指摘するが、マイヤーやルーザーのような視点を欠いている。Steinacker, H., Staatswerdung und politische Willensbildung im Alpenraum und Tirols Mittelstellung zwischen westlichen und östlichen Alpenländern, in : *Beiträge zur Geschichte und Heimatkunde Tirols. Festschrift zu Ehren Hermann Wopfners*, 1.T., Innsbruck 1947, S.271-316. 他方、イタリア、スイス、サヴォア、バイエルン、オーストリアの広義のアルプス地方について、自然環境と農業・牧畜、人口、集落形態、国家形成など多岐にわたるトランスナショナルな比較考察を続けているマテューの研究は示唆に富む。Mathieu, J., *Eine Agrargeschichte der inneren Alpen. Graubünden, Tessin, Wallis 1500-1800*, Zürich 1992 ; Ders., *Geschichte der Alpen 1500-1900. Umwelt, Entwicklung, Gesellschaft*, Wien 1998. G・M・ヴァラニーニ編のアルプス地域研究論集も渓谷共同体の研究など重要な諸論文を含む。Varanini, G. M.(a cura di), *Le Alpi medievali nello sviluppono delle regioni contermini*, Napoli 2004.

14) Blickle, Friede und Verfassung. Voraussetzung und Folgen der Eidgenossenschaft von 1291, S.17-25, 36, 43.

15) Rogger, D., *Obwaldner Landwirtschaft im Spätmittelalter*, Sarnen 1989.

16) ブリックレが「帝国と領邦の間のドイツ第3の道」と表現した「共同体・同盟的モデル」については、ペーター・ブリックレ（服部良久訳）『ドイツの臣民―平民・共同体・国家1300～1800年―』ミネルヴァ書房、1990年、122-126頁を参照。

17) 藤木『豊臣平和令と戦国社会』、91-92、137-162頁。稲葉、前掲論文、120-128頁をも参照。近世においても総じて山野相論の解決は、なお従来の慣行（在地のならい）に委ねられることが多かった。豊臣は田畠の検地を行ったが、村の境界地域（山野）には明確なラインを引かず、多くの場合、村落から申告された中世以来の「重層的共同用益秩序」を保証した（村の「当知行」安堵）。この点では初期近世国家は中世以来の村落秩序に介入しなかったと言える。

18) 村落間の山野相論が近隣の仲裁により解決した後、そこで確認された秩序が上級領主（大名）によって安堵されることもある（近江葛川と山城久多荘の山相論の「中人裁定」を織田信長の奉行が安堵）。稲葉継陽氏が述べるように、このような事例は公権力

による社会統制と見るよりも、中世を通じて培われてきた地域社会の秩序維持能力を示すものと考えるべきである。自力、仲裁、一揆のような、村落、領主の自律的地域（領域）秩序のための慣行が、統一政権下の平和の中に緩やかに統合されていったとの認識については、坂田・稲葉・榎原、前掲書、247、305-308頁。このような視点からすれば、日欧の近世国家と社会の関係においても、中世後期以来の相互関係の連続性を読み取ることができるのではないだろうか。

19) ピレネー地方の渓谷間紛争については暴力的な局面を強調したが、12世紀以後伝来する多数の和解文書は、そうした紛争においても暴力を統制する集団意志や儀礼、そして仲裁交渉の慣習があったことを示している。つまり戦いと平和の両局面における山岳共同体関係の自律性と、これを容認し、オーソライズする平地の国家当局の緩やかな関係が存在したわけである。それによって維持された秩序をデプラは「ピレネーの平和 pax pyrenaica」と呼ぶ。Desplat, op.cit., pp.123-142. なお紛争解決を軸として社会構造・地域秩序と、イデオロギーをも含めた国家統治・国制の相互関係を明らかにしようとするアプローチは、中国史をも射程に入れた議論と比較を可能にするように思われる。中島楽章氏によれば、明代の里甲制のもとで一定の権限を与えられた「老人・里長」は、村の有力者・名望家を中心とする自律的な民間調停と、地方官の（国家）裁判に介在し、双方を媒介しつつ独自の裁定を行うことにより、郷村社会における紛争処理の中心的役割を果たした（とくに明代前・中期の徽州）。社会の秩序化への顕著な国家主導は明代中国の特質ではあるが、その地域統治は、安定した地縁的・血縁的な共同性を保つ郷村の社会編成を支えとしたのであり、やはり紛争解決と地域秩序、国家統治の相互関係を見ることができる。中島楽章『明代郷村の紛争と秩序―徽州文書を史料として―』汲古書院、2002年。

あとがき

　前著『ドイツ中世の領邦と貴族』（創文社、1998年）に続き、本書もまた今日のオーストリア諸邦（ラント）のひとつを対象としている。前著では12、13世紀のオーストリア大公領など、東部諸邦における領邦形成の過程を貴族史の視点から考察したのに対し、本書では、ほぼ枠組みの出来上がった領邦ティロルにおける、中世後期から近世に及ぶ農村地域社会の秩序、およびその領邦権力との関係を主たる考察対象とした。このような両著書の対象の相違はもちろん、「紛争史研究」という新たなパラダイムへの関心によるものであり、その事情は「序」で述べたとおりである。しかし対象時期と主題の相違にもかかわらず、本書でも幾度か言及したように、両著書からは君主権力・貴族支配・農村社会の関係を軸とする、領邦の構造比較のための手掛かりを得ることもできよう。また方法的に両著書（あるいは筆者の研究全体）はともに、一種の「共同体論」によって貫かれているとも言える。前著では貴族の在地領主化にともなう、相互の利害調整のための共同行為（上級裁判集会への参加）を領邦形成の契機として捉え、本書では農民の紛争解決のための共同行為が、農村地域共同体の自治機能および、領邦当局との相互関係の基盤になっていることを明らかにしようとした。この意味では、両著書ともに、紛争解決・平和秩序・共同体という視点から、国家と社会を捉えようとするモティーフを共有していたことになる。

　とはいえ、前著において紛争史的関心は、なお自覚化されてはいなかった。また「序」では、ティロルを対象とする農村紛争研究への動機は、当初から一貫していたように記したが、実のところ、農民の武装、暴力、紛争というテーマに関心を移した当初は、領邦との関連を意識することはなく、むしろ農民のローカル・コミュニティを考察のフレームワークとして想定していたのである。

　本書の研究の実質的な出発点となったのは、学術振興会の特定国派遣事業により、1999年に8ヶ月間オーストリアに滞在して行った史料調査である。この在外研究は5月のヴィーン滞在から始まり、秋にはザルツブルク、晩秋から初冬にかけてはインスブルックで文書館調査を行い、ようやくティロル州立文書

館で、裁判帳簿とゲマインデ文書という史料群にたどり着いた。ティロルはそのような農民紛争史料を求めての旅の終着点であった。この年の11月から12月にかけて、本書第3章で考察したシュトゥーバイ渓谷の入り口付近、標高千メートルほどの散居集落の牧畜農家を改造したペンションから、毎日、山や放牧地を見ながら電車で文書館に通った日々の充実感、目にした光景は、筆者の(電)脳のアーカイヴに今も保存されている。それ以来、ほぼ毎年、短期ながらこのティロル州立文書館で、主にゲマインデ文書の調査を続けてきた。またときには多少危ない経験をしつつも車を駆って、山岳放牧地の調査をも行った。本書の写真は全て筆者の撮影によるものである。ただ、史料に現れる紛争対象放牧地の少なからぬ部分が、地図上でも現地でも確認できなかったことは、心残りではある。

このようにもっぱら農民の紛争という関心に導かれ、またそのための史料研究の可能性からティロルを選んだこともあり、ティロルの農民史、農村社会経済史、また領邦国制史、法制（立法）史の研究としては、本書にはなお不十分な点が多い。とりわけ第Ⅱ部でとりあげた法令、領邦議会活動や農民の蜂起と要求については、本書のテーマに関連する限りで一部を論じたにとどまっている。

この間に筆者の紛争史研究は、農村社会のそれと並行して、「中世盛期ドイツにおける王権と諸侯の紛争解決・コミュニケーションと政治秩序」というテーマについても進められているが、本書の内容は下記のような既発表論文を全面的に書き改め、再構成したものである。

「中・近世ドイツ農村社会の武装・暴力・秩序」（前川和也編著『コミュニケーションの社会史』ミネルヴァ書房、2001年）：本書第1章

「中・近世ティロル農村社会における紛争・紛争解決と共同体」『京都大学文学部研究紀要』41、2002年：本書第2、第3章

「中世ヨーロッパにおける紛争と秩序——紛争解決と国家・社会——」『史林』88-1、2005年：本書第1章。

「15、16世紀のティロルにおける領邦と地域社会」科学研究費成果報告書、2005年：本書第Ⅱ部。

「中・近世の村落間紛争と地域社会——ヨーロッパ・アルプス地方と日本——」『京都大学文学部研究紀要』46、2007年：本書第3章。

本書第Ⅰ部はゲマインデ文書の考察が中心であったが、こうした文書を僅かずつでも読み進めることができたのは、ひとえにティロル州立文書館のマンフレート・ルーペルト氏の、いつもかわらぬ誠実な助力のおかげである。記して感謝を捧げたい。インスブルックでは同大学のヨーゼフ・リートマン、ハインツ・ノーフラッチャー両氏がしばしば便宜をはかって下さった。かつて意見を交わし、また抜き刷りに対していつも好意的な批評を頂いたヴィーンのミハエル・ミッテラウア、ベルリンのクヌート・シュルツ、ベルン（ザールブリュッケン）のペーター・ブリックレといった方々は皆、今はもう第二の生活を楽しんでおられる。

　本書の内容は京都大学西洋史研究室の院生・OBを中心とする「紛争研究会」における議論の中で、かたちを与えられたものでもあり、この研究会による翻訳論集である、服部（編訳）『紛争のなかのヨーロッパ中世』（2006年）に続いて、今回も京都大学学術出版会に刊行をお引き受け頂いたのは幸いであった。編集長の鈴木哲也氏、そして多くの図版や史料記述を含む厄介な原稿を適切に処理し、終始丁寧な本造りに心がけて下さった編集部の佐伯かおるさんに御礼を申し上げる。また本書の原稿を読んで有益な批評をしてくれた佐藤公美氏（ミラノ大学大学院）、緻密な校正・点検により本書を多少とも読みやすくすることに協力してくれた藤井真生氏（秀明大学）にも感謝したい。

　本書の出版に際しては京都大学大学院文学研究科から援助を受けることができた。この件でお世話になった勝山清次氏（日本史学）および、日頃から筆者の研究に配慮を頂いている同僚諸氏にも、あらためて御礼申し上げる。

　本書を、同じティロルの研究（近世史）に情熱を傾け、31歳の若さで病没した京都大学大学院生、佐久間大介君の想い出に添えよう。

2009年2月22日

服 部 良 久

参考文献

＊未刊行史料

Tiroler Landesarchiv

Verfachbuch des Landgerichtes Lienz.

Gerichts- und Verfachbuch des Landgerichtes Steinach.

Gerichtsprotokoll des Landgerichtes Hörtenberg.

Gerichtsprotokoll der Herrschaft Laudegg/Ried.

Gemeindearchiv: Rietz, Mötz, Silz, Obsteig, Arzl, Leins(Arzl), Mieming, Ried, Kauns, Fendels, Pfunds.

Gerichtsarchiv Laudegg

＊刊行史料

Der Fürstlichen Grafschaft Tirol Landsordnung, 1526.

Lanndtzsordnung der fürstlichen Grafschafft Tirol, 1532.

New Reformierte Landsordnung der Fürstlichen Grafschafft Tirol, 1573.

Jakob Andrä von Brandis, *Geschichte der Landeshauptleute von Tirol*, Innsbruck 1850.

Jäger, A., *Geschichte der landständischen Verfassung Tirols*, 2 Bde, Innsbruck 1882/85.

Wopfner, H. (Hg.), *Quellen zur Geschichte des Bauernkriegs in Deutschtirol 1525*, 1.Teil.
  Quellen zur Vorgeschichte des Bauernkriegs: Beschwerdeartikel aus den Jahren 1519-1525, Innsbruck 1908.

Ders. (Hg.), *Urkunden zur deutschen Agrargeschichte*, Stuttgart 1926, Neudruck Aalen 1984.

Huter, G. (Hg.), *Tiroler Urkundenbuch* I.Abt., Bd. 1, Innsbruck 1937.

Kirchmair's Denkwürdigkeiten seiner Zeit, 1519-1553, in: *Fontes Rerum Austriacarum, Scriptores* I, hg. von Karajan, Th. G. von, Wien 1855.

Regesta Habsburgica V. Abt., *Die Regesten der Herzoge von Österreich (1365-1395)*, 1.Teilband (1365-1370), Lackner, Ch. (bearb.), München 2007.

Die Regesten der Grafen von Tirol und Görz, Herzoge von Kärnten II-1, *Die Regesten Mainhards II. (I.) 1271-1295*, hg. von Wiesflecker, H., Innsbruck 1952.

Stolz, O.u.a. (bearb.), *Quellen zur Steuer-, Bevölkerungs- und Sippengeschichte des Landes Tirol im 13., 14. und 15. Jahrhundert*, Innsbruck 1939.

Franz, G. (hg.), *Quellen zur Geschichte des Bauernkrieges,* München 1963.

Schwind, E. Fr. von/Dopsch, A. (Hg.), *Ausgewählte Urkunden zur Geschichte der deutsch-österreichischen Erblande im Mittelalter*, Innsbruck 1895, Neudruck Aalen 1968.

Steinegger, F./Schober, R. (Hg.), *Die durch den Landtag (12. Juni-21. Juli) erledigten „Partikularbeschwerden" der Tiroler Bauern,* Tiroler Geschichtsquellen 3, Innsbruck 1976.

Schober, R. (bearb.), *Die Urkunden des Landschaftlichen Archivs zu Innsbruck (1342-1600)*, Innsbruck 1990.
Die tirolischen Weistümer I-IV, hg. von Zingerle, I.v./Inama-Sternegg, K.TH.v., Wien 1875-1891, V, hg. von Grass, N./Finsterwaldner, K., Innsbruck 1966, VI, VII, hg. von Grass, N./Faussner, C., Innsbruck 1994. (TW)
Niederösterreichische Weistümer, 4 Teile, hg. von Winter, G.,Wien 1886/1913. (NÖW)
Oberösterreichische Weistümer, 5 Teile, hg. von Nösslböck, I. u.a., Graz/Köln 1956/1978.
Hölzl, S., *Die Gemeindearchive Kauns und Laudegg*, Innsbruck 1984. (=GAKL)
Ders., *Die Gemeindearchive Arzl im Pitztal und Längenfeld*, Innsbruck 1986. (=GAA)
Ders., *Die Gemeindearchive des Bezirkes Landeck*, Innsbruck 1991. (=GAL)
Ders., *Die Gemeindearchive des Bezirkes Imst*, Innsbruck 1995. (=GAI)
Ders., *Die Gemeindearchive des Bezirkes Reutte*, 2 Teile, Innsbruck 1997/98. (=GAR)
Pater Wofgang Lebersorgs Chronik des Kloster Stams, Edition und Übersetzung von Haidacher, Ch., Innsbruck 2000.
Monumenta Germaniae Historica. (=MGH)
 Constitutiones et acta publica I, II
 Die Urkunden Friedrichs I. (=D.F.I.)
Zeumer, K. (bearb.von), *Quellensammlung zur Geschichte der deutschen Reichsverfassung in Mittelalter und Neuzeit*, Tübingen 1913.

＊研究文献

Algazi, G., „Sie würden hinten nach so gail." Vom sozialen Gebrauch der Fehde im 15. Jahrhundert, in : Lindenberger, Th./Lüdtke, A. (Hg.), *Physische Gewalt. Studien zur Geschichte der Neuzeit*, Frankfurt/Main 1995.
Ders., *Herrengewalt und Gewalt der Herren im späten Mittelalter*, Frankfurt/Main/New York, 1996.
Ammerer, G., Funktionen, *Finanzen und Fortschritt. Zur Regionalverwaltung im Spätabsolutismus am Beispiel des geistlichen Fürstentums Salzburg*, Salzburg 1987.
Arens, F., *Das Tiroler Volk in seinen Weistümern*, Gotha 1904.
Aubin, H., Zur Entwicklung der freien Landgemeinden im Mittelalter. Fehde, Landfrieden, Schiedsgericht, in : Franz, G. (Hg.), *Deutsches Baueruntum im Mittelalter*, Darmstadt 1976.
Bader, K.S., *Das Mittelalterliche Dorf als Friedens- und Rechtsbereich*, Wien/Köln/Graz 1967.
Ders., *Rechtsformen und Schichten der Liegenschaftsnutzung im mittelalterlichen Dorf*, Wien/Köln/Graz 1973.
Ders., *Dorfgenossenschaft und Dorfgemeinde*, Wien/Köln/Graz 1974.
Barraqué, J-P., Du bon usage du pacte : les passeries dans les Pyrénée occidentals à la fin du Moyen Âge, in : *Revue Historique* 302, 2000.

Beimrohr, W., Bäuerliche Besitzrechte im südöstlichen Tirol, in : *Tiroler Heimat*, NF 50, 1986.

Ders., *Mit Brief und Siegel. Die Gerichte Tirols und ihr älteres Schriftgut im Tiroler Landesarchiv*, Innsbruck 1994.

Bellabarba, M./Schwerhoff, G./Zorzi, A. (Hg.), *Kriminalität und Justiz in Deutschland und Italien. Rechtspraktiken und gerichtliche Diskurse in Spätmittelalter und Früher Neuzeit*, Bologna/Berlin 2001.

Below, S. von/Breit, S., *Wald — von der Gottesgabe zum Privateigentum. Gerichtliche Konflikte zwischen Landesherren und Untertanen um den Wald in der frühen Neuzeit*, Stuttgart 1998.

Blauert, A./Schwerhoff, G. (Hg.), *Mit Waffen der Justiz. Zur Kriminalitätsgeschichte des späten Mittelalters und der frühen Neuzeit*, Frankfurt/Main 1993.

Blauert, A./Schwerhoff, G. (Hg.), *Kriminalitätsgeschichte. Beiträge zur Sozial- und Kulturgeschichte der Vormoderne*, Konstanz 2000.

Blickle, P., *Landschaften im alten Reich. Die staatliche Funktion des gemeinen Mannes in Oberdeutschland*, München 1973.

Ders., Ländliche politische Kultur in Oberdeutschland. Zur historischen Bedeutung der Dorfgemeinde, in : Wiegelmann, G. (Hg.), *Nord-Süd-Unterschiede in der städtischen und ländlichen Kultur Mitteleuropas*, Münster 1985.

Ders., Friede und Verfassung. Voraussetzung und Folgen der Eidgenossenschaft von 1291, in : Historischer Verein der Fünf Orte (Hg.), *Innerschweiz und frühe Eidgenossenschaft*, Bd.1, Olten 1990.

Ders., Wem gehörte der Wald?. Konflikt zwischen Bauern und Obrigkeiten um Nutzungs- und Eigentumsansprüche, in : *Zeitschrift für württembergische Landesgeschichte* 45, 1986.

Ders. (Hg.), *Landgemeinde und Stadtgemeinde in Mitteleuropa*, München 1991.

Ders., *Kommunalismus. Skizzen einer gesellschaftlichen Organisationsform*, 2 Bde., München 2000.

Ders. u.a. (Hg.), *Gute Policey als Politik im 16. Jahrhundert. Die Entstehung des öffentlichen Raumes in Oberdeutschland,* Frankfurt/Main 2003.

Ders., *Das Alte Europa. Vom Hochmittelalter bis zur Moderne*, München 2008.

Bosl, K., Eine Geschichte der deutschen Landgemeinde, in : Ders., *Frühformen der Gesellschaft im mittelalterlichen Europa*, München-Wien 1964.

Brandstätter, K., „Tyrol, die herrliche, gefirstete grafschaft ist von uralten zeiten gehaissen und auch so geschrieben..." Zur Geschichte des Begriffs „Tirol", in : *Geschichte und Region* 9, 2000.

Braun, M./Herberichs, C. (Hg.), *Gewalt im Mittelalter. Realitäten — Imaginationen,* München 2005.

Brauneder, st., Das Strafrecht in den österreichischen Polizeiordnungen des 16. Jahrhunderts, in : *Wege europäischer Rechtsgeschichte*. Karl Kroeschell zum 60. Geburtstag, Köbler, G. (Hg.), Frankfurt・Main/Bern/New York/Paris 1987.

Bruckmüller, E. u.a., *Herrschaftsstruktur und Ständebildung* 3, Wien 1973.

Brunner, O., *Land und Herrschaft. Grundfragen der territorialen Verfassungsgeschichte Österreichs im Mittelalter*, 5. Aufl., Darmstadt 1965.

Buchholz, W., Anfänge der Sozialdisziplinierung im Mittelalter. Die Reichsstadt Nürnberg als Beispiel, in : *Zeitschrift für Historische Forschung* (以下 ZHF) 18, 1991.

Burgharts, S. Disziplinierung oder Konfliktsregelung? Zur Funktion städtischer Gerichte im Spätmittelalter. Das Zürcher Ratsgericht, in : ZHF 16, 1989.

Christie, N., Conflicts as Property, in : *The British Journal of Criminology*, vol.17, 1977.

Cole, L., Fern von Europa? The Peculiarities of Tirolian Historiography, in : *Zeitgeschichte* 23, 1996.

Contamine, Ph., *War in the Middle Ages*, Oxford/New York 1985.

Contamine, P./Guyotjeannin, O. (direction de), *La guerre, la violance et les gens au Moyen Âge* II, *Guerre et Gens*, Paris 1996.

Desplat, Ch., *La guerre oubliée. Guerres paysannes dans les Pyrénées (XIIe-XIXe siècles)*, 1993.

Dinges, M., Die Ehre als Thema der Stadtgeschichte. Eine Semantik am Übergang von Ancien Regime zur Moderne, in : ZHF 16, 1989.

Ders., Justiznutzung als soziale Kontrolle in der Frühen Neuzeit, in : Blauert/Schwerhoff (Hg.), *Kriminalitätsgeschichte*.

Duchhardt, H./Melville, G. (Hg.), *Im Spannungsfeld von Recht und Ritual. Soziale Kommunikation in Mittelalter und Früher Neuzeit*, Köln/Weimar/Wien 1997.

Egger, J., Die Entstehung der Gerichtsbezirke Deutschtirols, in : *Mitteilungen des Instituts für Österreichische Geschichtsforschung*, Ergänzungsband 4, 1893.

Eriksson, M./Krug-Richter, B. (Hg.), *Streitkulturen. Gewalt, Konflikt und Kommunikation in der ländlichen Gesellschaft (16.-19. Jahrhundert)*, Köln/Weimar/Wien 2003.

Fehr, H., Das Waffenrecht der Bauern im Mittelalter, in : *Zeitschrift der Savigny-Stiftung für Rechtsgeschichite*, Germanistische Abteilung (以下 ZRG, GA.) 35/38, 1914/17.

Fontana, J.u.a. (Hg.), *Geschichte des Landes Tirol*, Bd.1, 2, Bozen 1985, 86.

Frank, M., Ehre und Gewalt im Dorf der frühen Neuzeit, in : Schreiner, K./G.Schwerhoff (Hg.), *Verletzte Ehre. Ehrkonflikte in Gesellschaft des Mittelalters und der frühen Neuzeit*, Köln 1995.

Frauenstädt, P., *Blutrache und Totschlagsühne im deutschen Mittelalter. Studien zur deutschen Kultur- und Rechtsgeschichte*, Leipzig 1881.

Gauvard, C., *Violence et ordre public au Moyen Âge*, Paris 2005.

Geary, P. J., Oblivion between Orality and Textuality, in : Althoff, G./Fried, J./Geary, P. J. (ed.), *Medieval Concepts of the Past*, Cambridge 2002.

Gerber, A., *Gemeinde und Stand. Die zentraljapanische Ortschaft Oyamazaki im Spätmit-*

telalter. Eine Studie in transkultureller Geschichtswissenschaft, Stuttgart 2005.

Gernhuber, J., *Die Landfriedensbewegung in Deutschland bis zum Mainzer Reichslandfrieden von 1235*, Bonn 1952.

Grass, N., *Beiträge zur Rechtsgeschichte der Alpwirtschaft. Vornehmlich nach Tiroler Quellen*, Innsbruck 1948.

Ders., Zur Kontinuität im bäuerlichen Rechte der Alpenländer, in : ZRG, GA. 66, 1948.

Ders., *Pfarrei und Gemeinde im Spiegel der Weistümer Tirols*, Innsbruck 1950.

Ders., Comaun Kastelrut. Aus der Rechtsgeschichte einer Südtiroler Urmarkgemeinschaft, in : ZRG GA.71, 1954.

Groebner, V., Der verletzte Körper und die Stadt. Gewalttätigkeit und Gewalt in Nürnberg am Ende des 15. Jahrhunderts, in : Lindenberger/Lüdtke (Hg.), *Physische Gewalt. Studien zur Geschichte der Neuzeit,* Frankfurt/Main 1995.

Guglilmotti, P., Comunità di villaggio e comunià di valle nelle Alpi Occidentali dei secoli XII-XIII, in : Varanini G. M. (a cura di), *Le Alpi medievali nello sviluppo delle regioni contermini*, Napoli 2004.

Häberlein, M. (Hg.), *Devianz, Widerstand und Herrschaftspraxis in der Vormoderne. Studien zu Konflikten im südwestdeutschen Raum (15.-18. Jahrhundert)*, Konstanz 1999.

Härter, K. (Hg.), *Repertorium der Policeyordnungen der Frühen Neuzeit*, Bd.1, *Deutsches Reich und geistliche Kurfürstentümer (Kurmainz, Kurköln, Kurtrier)*, Frankfurt/Main 1996.

Ders., Bericht und Kritik : Soziale Disziplinierung durch Strafe? Intentionen frühneuzeitlicher Policeyordnungen und staatliche Sanktionspraxis, in : ZHF 26, 1999.

Ders., Social Control and Enforcement of Police-Ordnances in Early Modern Criminal Procedure, in : Schilling, H. (Hg.), *Institutionen, Instrumente und Akteure sozialer Kontrolle und Disziplinierung im frühneuzeitlichen Europa*, Frankfurt/Main 1999.

Ders. (Hg.), *Policey und frühneuzeitliche Gesellschaft*, Frankfut/Main 2000.

Hägermann, M., Herrschaftliche Einflußnahmen in ländlichen Rechtsquellen des Gebietes zwischen Rhein, Main und Neckar, insbesondere des Amtes Starkenburg, in : Schlosser, H./Srrandel, R./Willoweit, D. (Hg.), *Herrschaftliches Strafen seit dem Hochmittelalter. Formen und Entwicklung*, Köln 2002.

Hattori, Y., Konflikte, Konfliktlösungen und Gemeinde in der bäuerlichen Gesellschaft Tirols im Spätmittelater und in der frühen Neuzeit, in : *Tiroler Heimat*, NF 67, 2003.

Heidegger, M., *Soziale Dramen und Beziehungen im Dorf. Das Gericht Laudegg in der frühen Neuzeit.* — *eine historische Ethnographie*, Innsbruck-Wien 1999.

Dies., M., Soziale Kommunikationsräume im Spiegel dörflicher Gerichtsquellen Tirols, in : Brukhardt, J./Werkstetter, Ch. (Hg.), *Kommunikation und Medien in ter Frühen*

Neuzeit, München 2005.

Heiduk, Ch.u.a., *Kriege und Verbrechen nach spätmittelalterlichen Chroniken*, Köln/Weimar/Wien 1997.

Helm, W., *Konflikt in der ländlichen Gesellschaft. Eine Auswertung frühneuzeitlicher Gerichtsprotkolle*, Passau 1993.

Hinterwaldner, K., *Almwirtschaft und Almstreit in den Gerichten Ritten, Wangen und Villanders vom Mittelalter bis 1823*, Frankfurt/Main u.a. 2001.

His, R., *Das Strafrecht des deutschen Mittelalters*, Weimar 1920, Neudruck Aalen 1964.

Holenstein, A., Vermeintliche Freiheiten und Gerechtigkeiten. Struktur- und Kompetenzenkonflikte zwischen lokalen Recht und obrigkeitlicher Policey im Territorium des 16./17. Jahrhunderts, in: Schmidt u.a. (hg.), *Gemeinde, Reformation und Widerstand. Festschrift für Peter Blickle*, Tübingen 1998.

Ders. u.a. (Hg.), *Policey in lokalen Räumen. Ordnungskräfte und Sicherheitspersonal in Gemeinden und Territorien vom Spätmittelalter bis zum 19. Jahrhundert*, Frankfurt/Main 2002.

Ders., Die Umstände der Normen — Normen der Umstände, in: Härter, K. (Hg.), *Policey und frühneuzeitliche Gesellschaft*.

Huter, F., Das Tscharser Dorfbuch von 1432. Ein Beitrag zur Geschichte der Tiroler Dorfgemeinde, in: *Tiroler Heimat*, NF 19, 1955.

Ders., Zur Frage der Gemeindebildung in Tirol, in: Mayer, Th. (Hg.), *Die Anfänge der Landgemeinde und ihr Wesen* I, Vorträge und Forschungen 7, Sigmaringen 1964.

Ders., Tirol im 14. Jahrhundert, in: Patze, H. (Hg.), *Der Deutsche Territorialstaat im 14. Jahrhundert*, Vorträge und Forschungen 14, Sigmaringen 1971.

Ders., Bäuerliche Führungsschichten in Tirol vom 16. bis zum 18. Jahrhundert, in: Franz, G. (Hg.), *Bauernschaft und Bauernstand 1500-1970*, Limburg/Lahn 1975.

Ders., *Ausgewählte Aufsätze zur Geschichte Tirols*, Innsbruck 1997.

Jäger, G., Siedlungsausbau und soziale Differenzierung der ländlichen Bevölkerung in Nordtirol während der frühen Neuzeit, in: *Tiroler Heimat*, NF 60, 1996.

Ders., Die mittelalterliche und neuzeitliche Siedlungsentwicklung im Sellraintal, in: *Tiroler Heimat*, NF 62, 1998.

Karauscheck, E.R., tehde und Blutrache als Beispiele nichtstaatlicher Konfliktlösung, Dissertation Wien, 1990.

Kaufmann, M., *Fehde und Rechtshilfe. Die Verträge brandenburgischer Landesfürsten zur Bekämpfung des Raubrittertums im 15. und 16. Jahrhundert*, Pfaffenweiler 1993.

Köfler, W., *Land · Landschaft · Landtag. Geschichte der Tiroler Landtage von den Anfängen bis zur Aufhebung der landständischen Verfassung 1808*, Innsbruck 1985.

Kolb, F., Ehrgefühl, Fehde und Gerichtsfriede unter den Tiroler Bauern, in: *Tiroler Heimat*, NF 12, 1948.

Ders., Heirat und Ehe in der Wipptaler Bauernfamilie. Nach den Gerichtsbüchern des 16.

Jahrhunderts, in: *Tiroler Heimat*, NF 19, 1955.

Kortüm, H-H., „Wissenschaft im Doppelpaß"? Carl Schmitt, Otto Brunner und die Konstruktion der Fehde, in: *Historische Zeitschrift* (以下 HZ) 282, 2006.

Krug-Richter, B., Konfliktregelung zwischen dörflicher Sozialkontrolle und patrimonialer Gerichtsbarkeit, in: *Historische Anthropologie* Jg.5, Heft 2, 1997.

Kuehn, Th., Antropologia giuridica dello Stato, in: *Origini dello Stato. Processi di formazione statale in Italia fra medioevo ed età moderna*, a cura di Chittolini, G. etc., Bologna 1993.

Landwehr, A., Policey vor Ort. Die Implementation von Policeyordnungen in der ländlichen Gesellschaft der Frühen Neuzeit, in: Härter (Hg.), *Policey und frühneuzeitliche Gesellschaft*.

Lentz, M., *Konflikt, Ehre, Ordnung. Untersuchungen zu den Schmähbriefen und Schandbildern des späten Mittelalters und der frühen Neuzeit (ca.1350 bis 1600)*, Hannover 2004.

Lentze, H. Eine bäuerliche Fehdeansage aus dem 15. Jahrhundert, in: *Der Schlern. Zeitschrift für Heimat- und Volkskunde*, 25. Jg., 1951.

Lorenz, J., Entwicklung der Wirtschaftsgemeinden im Gerichte Landeck-Ried, in: *Tiroler Heimat*, NF 7, 1926.

Ders., Das Gerichtsverfahren bei Totschlag im Gerichte Laudeck-Ried, in: *Tiroler Heimat*, NF 3, 1930.

Mahlknecht, B., *Von großen und kleinen Übeltätern. Hundert „Fälle" und „Geschichten" aus Südtiroler Gerichtsakten des 16. Jahrhunderts*, Innsbruck 2005.

Mathieu, J., *Eine Agrargeschichte der inneren Alpen. Graubünden,Tessin Wallis 1500-2000*, Zürich 1992.

Ders., *Geschichte der Alpen 1500-1900. Umwelt, Entwicklung, Gesellschaft*, Wien 1998.

Meyer, B., *Die Sorge für den Landfrieden im Gebiet der werdenden Eidgenossenschaft 1250-1350*, Affoltern 1935.

Mayer, Th., Über die Freiheit der Bauern in Tirol und in der Schweizer Eidgenossenschaft, in: Franz, G. (Hg.), *Deutsches Bauerntum im Mittelalter*, Darmstadt 1976.

Meyer, K., Italienische Einflüsse bei der Entstehung der Eidgenossenshaft, in: *Jahrbuch für Schweizerische Geschichte* 45, 1920.

Moraw, P., Über Landesordnungen im deutschen Spätmittelalter, in: Duchhardt, H./Melville, G. (Hg.), *Im Spannungsfeld von Recht und Ritual*.

Moritz, A., *Die Almwirtschaft im Stanzertal. Beiträge zur Wirtschaftsgeschichte und Volkskunde einer Hochgebirgstalschaft Tirols*, Innsbruck 1956.

Morsel, J., Überlegungen zum sozialen Sinn der Fehdepraxis, in: Rödel, D./Schneider, J. (Hg.), *Strukturen der Gesellschaft im Mittelalter*, Wiesbaden 1996.

Moeser, K./Huter, F., *Das älteste Tiroler Verfachbuch. Landgericht Meran 1468-1471*, Innsbruck 1990.

Mouthon, F., Le règlement des conflits d'alpage dans les Alpes occidentales (XIIIe-XVIe siècle), in : Société des Historiens Médiévistes de l'Enseignement Supérieur Public (ed.), *Le Règlement des Conflits au Moyen Âge*, Paris 2001.

Müller-Tragin, Ch., *Die Fehde des Hans Kolhase*, Zürich 1997.

Müller-Wirthmann, B., Raufhändel. Gewalt und Ehre im Dorf, in : Dülmen, R.v. (Hg.), *Kultur der einfachen Leute. Bayerisches Volksleben vom 16. bis zum 19. Jahrhundert*, München 1983.

Neitzert, D., *Die Stadt Göttingen führt eine Fehde 1485/86. Untersuchung zu einer Sozial- und Wirtschaftsgeschichte von Stadt und Umland*, Hildesheim 1992.

Niederer, A., *Alpine Alltagskultur zwischen Beharrung und Wandel*, Stuttgart/Wien 1996.

Niederstätter, A. *Vorarlberger Urfehdebriefe bis zum Ende des 16. Jahrhunderts*, Dornbirn 1985.

Niederstätter, A., *Österreichische Geschichte 1400-1522*, Wien 1996.

Noflatscher, H., Martin Luther und die Reformation in Tirol, in : *Österreich in Geschichte und Literatur* 42, 1998.

Ders., *Räte und Herrscher. Politische Eliten an den Habsburgerhöfen der österreichischen Länder 1480-1530*, Mainz 1999.

Oberrauch, H., *Tirols Wald und Waidwerk. Ein Beitrag zur Forst- und Jagdgeschichte*, Innsbruck, 1952.

Oberweis, J., Die Tiroler Landesordnung vom Jahre 1526, auch genannt die Bauernlandesordnung, in : *Haimerl's Vierteljahrsschrift für Rechts- und Staatswissenschaft* 17 (1.Teil), 1865, 18 (2.Teil), 1866.

Orth, E., *Die Fehde in der Reichsstadt Frankfurt am Main*, Wiesbaden 1973.

Pauser, J., Gravamina und Policey : Zum Einfluß ständischer Beschwerden auf die landesfürstliche Gesetzgebungspraxis in den niederösterreichischen Ländern vornehmlich unter Ferdinand I. (1521-64), in : *Parlaments, Estates & Representation* 17, 1997.

Peters, J., Leute-Fehde. Ein ritualisiertes Konfliktmuster des 16. Jahrhunderts, in : *Historische Anthropologie* Jg.8, H.1, 2000.

Pfeiffer, G. (bearb.), Quellen zur Geschichte der fränkische-bayerischen Landfriedensorganisation im Spätmittelalter, 1975.

Ploetz, Reich und Länder. Geschichte der deutschen Territorien, Bd.1, Ddarmstadt 1978.

Pohl, S., Ehrlicher Totschlag — Rache — Notwehr. Zwischen männlichen Ehrencode und dem Primat des Stadtfriedens (Zürich 1376-1600), in : Jussen, B./Kolofsky, C. (Hg.), *Kulturelle Reformation. Sinnformationen im Umbruch 1400-1600*, Göttingen 1999.

Raggio, O., *Faide e Parentele. Lo stato genovese visto della Fontanabuona*, Torino 1990.

Rankl, H., *Landvolk und Frühmoderner Staat in Bayern 1400-1800*, München 1999.

Reinle, Ch., *Bauernfehden. Studien zur Fehdeführung Nichtadeliger im spätmittelalterlichen römisch-deutschen Reich, besonders in den bayerischen Herzogtümern*, Wiesbaden 2003.

Dies., Fehden im Spannungsfeld von Landesherrschaft, Adel und bäuerlicher Bevölkerung, in: Rösener, W. (Hg.), *Tradition und Erinnerung in Adelsherrschaft und bäuerlicher Gesellschaft*, Göttingen 2003.

Riedmann, J., Geschichtsschreibung und Geschichtsbewusstsein in Tirol vornehmlich in der ersten Hälfte des 20. Jahrhunderts. Ein Versuch, in: *Tiroler Heimat*, NF 57, 1993.

Rogger, D., *Obwaldner Landwirtschaft im Spätmittelalter*, Sarnen 1989.

Rösener, W., Zur Problematik des spätmittelalterlichen Raubrittertums, in: Maurer, H./ Patze, H. (Hg.), *Festschrift für Schwineköper zu seinem 70. Geburtstag*, Sigmaringen 1982.

Ders., *Bauern im Mittelalter*, München 1985.

Ders. (Hg.), Dinggenossenschaft und Weistümer im Rahmen mittelalterlicher Kommunikationsformen, in: Ders. (Hg.), *Kommunikation in der ländlichen Gesellschaft vom Mittelalter bis zur Moderne*, Göttingen 2000.

Ruff, J. R., *Violence in Early Modern Europe 1500-1800*, Cambridge 2001.

Rummel, W., Verletzung von Körper, Ehre und Eigentum, in: Blauert/Schwerhoff (Hg), *Mit Waffen der Justiz*.

Ruser, K., Die Talgemeinde des Valcamonica, des Frignano, der Leventina und des Lenio und die Entstehung der Schweizerischen Eidgenossenschaft, in: Maurer, H. (Hg.), *Kommunale Bündnisse Oberitaliens und Oberdeutschlands in Vergleich*, Vorträge und Forschungen 33, Sigmaringen 1987.

Rüttermann, M., *Das Dorf Suganoura und seine historischen Quellen. Untersuchungen zur Genese einer zentraljapanischen Dorfgemeinde im späten Mittelalter*, Hamburg 1996.

Schatz, J., *Wörterbuch der Tiroler Mundarten*, 2 Bde., Innsbruck 1955.

Schennach, M. P., *Ritter, Landsknecht, Aufgebot. Quellen zum Tiroler Kriegswesen 14.-17. Jahrhundert*, Innsbruck 2004.

Ders., Der wehrhafte Tiroler. Zu Entstehung, Wandlung und Funktion eines Mythos, in: *Geschichte und Region* 14-2, 2005.

Ders., *Jagdrecht, Wilderei und „gute Policey". Normen und ihre Durchsetzung im frühneuzeitlichen Tirol*, Frankfurt/Main 2007.

Schildt, B., Der Friedensgedanke im frühneuzeitlichen Dorfgericht: Das Beispiel Thüringen, in: ZRG, GA 107, 1990.

Schilling, H. (hg.), *Kirchenzucht und Sozialdisziplinierung im frühneuzeitlichen Europa*. ZHF Beiheft 16, 1994.

Ders., Disziplinierung oder „Selbstregulierung der Untertanen"? Ein Plädoyer für die Doppelperspektive von Makro- und Mikrohistorie bei der Erforschung der frühmodernen Kirchenzucht, in : HZ 264, 1997.

Ders. (Hg.), *Institutionen, Instrumente und Akteure sozialer Kontrolle und Disziplinierung im frühneuzeitlichen Europa*, Frankfurt/Main 1999.

Ders., Profil und Perspektiven einer interdisziplinären und komparatistischen Disziplinierungsforschung jenseits einer Dichotomie von Gesellschafts- und Kulturgeschichte : Ders. (Hg.), *Institutionen, Instrumente und Akteure sozialer Kontrolle und Disziplinierung im frühneuzeitlichen Europa*.

Schmidt, E., *Die Maximilianischen Halsgerichtsordnungen für Tirol (1499) und Radolfzell (1506) als Zeugnisse mittelalterlicher Strafrechtspflege*, Schloss Bleckede an der Elbe 1949.

Schmidt, H., Adel und Bauern im friesischen Mittelalter, in : *Niedersächsisches Jahrbuch für Landesgeschichte* 45, 1973.

Ders., Stammesbewusstsein, bäuerliche Landgemeinde und politische Identität im mittelalterlichen Friesland, in : Moraw, P., *Regionale Identität und soziale Gruppen im deutschen Mittelalter*, ZHF Beiheft 14, 1992.

Schmidt, H.R., Über das Verhältnis von ländlicher Gemeinde und christlicher Ethik : Graubünden und die Innerschweiz, in : Blickle, P. (Hg.), *Landgemeinde und Stadtgemeinde in Mitteleuropa*, München 1991.

Ders., *Konfessionalisierung im 16. Jahrhundert*. Enzyklopädie deutscher Geschichte 12, München 1992.

Ders., Pazifierung des Dorfes — Struktur und Wandel von Nachbarschaftskonflikten vor Berner Sittengerichten 1570-1800, in : Schilling (Hg.), *Kirchenzucht und Sozialdisziplinierung im frühneuzeitlichen Europa*.

Ders., Sozialdisziplinierung? Ein Plädoyer für das Ende des Etatismus in der Konfessionalisierungsforschung, in : HZ 265, 1997.

Schnelbögl, W., *Das innere Entwicklung der bayerischen Landfrieden des 13. Jahrhunderts*, Heidelberg 1932.

Schreiner, K./Schwerhoff, G. (Hg.), *Verletzte Ehre. Ehrkonflikte in Gesellschaften des Mittelalters und der Frühen Neuzeit*, Köln/Weimar/Wien 1995.

Schubert, E., *Räuber, Henker, arme Sünder. Verbrechen und Strafe im Mittelalter*, Darmstadt 2007.

Schulze, W., Die deutschen Landesdefensionen im 16. und 17. Jahrhundert, in : Kunisch, J. (Hg.), *Staatsverfassung und Heeresverfassung in der europäischen Geschichte der frühen Neuzeit*, Berlin 1986.

Ders., Gerhard Oestreichs Begriff „Sozialdisziplinierung in der frühen Neuzeit", in : ZFH 14, 1987.

Ders., Klettgau 1603. Von der Bauernrevolte zur Landes- und Policeyordnung, in : Schmidt, H.R./Holenstein, A./Wurgler, A (Hg.), *Gemeinde, Reformation und*

Widerstand, Tubingen 1998.

Schuster, P., Ehre und Recht. Überlegungen zu einer Begriffs- und Sozialgeschichte zweier Grundbegriffe der mittelalterlichen Gesellschaft, in: Backmann, S.u.a. (Hg.), *Ehrkonzepte in der Frühen Neuzeit*, Berlin 1998.

Société des Historiens Médiévistes de l'Enseignement Supérieur Public (ed.), *Le Règlement des Conflits au Moyen Âge*, Paris 2001.

Steinacker, H., Staatswerdung und politische Willensbildung im Alpenraum und Tirols Mittelstellung zwischen westlichen und östlichen Alpenländern, in: *Beiträge zur Geschichte und Heimatkunde Tirols. Festschrift zu Ehren Hermann Wopfners*, 1. T., Innsbruck 1947.

Stolleis, M. (Hg.), *Policey im Europa der Frühen Neuzeit*, Frankfurt/Main 1996.

Stolz, O., *Politisch-historische Landesbeschreibung von Tirol*, 1.Teil, Nordtirol, *Archiv für österreichische Geschichte* 107, 1923.

Ders., Geschichte der Gerichte Deutschtirols, in: *Archiv für österreichische Geschichte* 102, 1913.

Ders., Zur Geschichte der Landwirtschaft in Tirol, in: *Tiroler Heimat*, NF. 3, 1930.

Ders., Die Landstandschaft der Bauern in Tirol, in: *Historisches Vierteljahrsschrift* 28, 1933, 29, 1934.

Ders., Die Begriffe Mark und Land, Dorf and Gemeinde in Baiern und Tirol im Mittelalter, in: *Vierteljahrsschrift für Sozial- und Wirtschaftsgeschichte* 37, 1944.

Ders., Der Begriff Volk und Gemeinschaft in den Tiroler Urkunden, in: *Volkskundliches aus Österreich und Südtirol, Österreichische Volkskultur. Forschungen zur Volkskunde*, Bd.1, Dörrer, A. u.a. (Hg.), Wien 1947.

Ders., Bauer und Landesfürst in Tirol und Vorarlberg, in: Mayer, Th. (Hg.), *Adel und Bauern im deutschen Staat des Mittelalters*, Nachdruck der Ausgabe 1943, Darmstadt, 1976.

Ders., *Rechtsgeschichte des Bauernstandes und der Landwirtschaft in Tirol und Vorarlberg*, Bozen 1949.

Ders., Geschichte der Gemeinden Telfs, Pfaffenhofen, Oberhofen und Rietz, in: *Schlern-Schriften 112 (Telfer Buch)*, 1955.

Ders., *Wehrverfassung und Schützenwesen in Tirol von den Anfängen bis 1918*, Innsbruck/Wien/München 1960.

Ders., *Geschichte der Verwaltung Tirols*. Teilstück des 2. Bandes der Geschichte des Landes Tirol, Innsbruck 1998.

Tasser, R./Westermann, E. (Hg.), *Der Tiroler Bergbau und die Dipression der europäischen Montanwirtschaft im 14. und 15. Jahrhundert*, Innsbruck u.a., 2004.

Terharn, Ch., *Die Herforder Fehden im späten Mittelalter*, Berlin 1994.

Tewes, U. Zum Fehdewesen zwischen Weser und Elbe. Fehde — Sühne — Urfehde, in: *Lüneburger Blätter*, Heft 21/22, 1970/71.

Tille, A., *Die bäuerliche Wirtschafts-Verfassung des Vintschgaues, vornehmlich in der zweiten Hälfte des Mittelalters*, Innsbruck 1894.

Ullmann, S., Der Streit um die Weide. Ein Ressourcenkonflikt zwischen Christen und Juden in den Dorgemeinden der Markgrafschaft Burgau, in : Häberlein (Hg.), Devianz, Widerstand und Herrschaftspraxis in der Vormoderne.

Varanini, G. M./Bellabarba, M., Adelsherrschaft im Raum Trentino-Tirol vom Mittelalter bis zur Frühen Neuzeit, Einführung, in : *Geschichte und Region/Storia e regione* 4, 1995.

Varanini, G. M. (a cura di), *Le Alpi medievali nello sviluppo delle regioni contermini*, Napoli 2004.

Wadle, E., Zur Delegitimierung der Fehde durch die mittelalterliche Friedensbewegung, in : Schlosser, H./Srrandel, R./Willoweit, D. (Hg.), *Herrschaftliches Strafen seit dem Hochmittelalter. Formen und Entwicklung*, Köln 2002.

Walz, R., Agonale Kommunikation im Dorf der frühen Neuzeit, in : *Westfälische Forschungen* 42, 1992.

Ders., Strategie der Gewaltvermeidung. Ein Vergleich segmentärer mit bäuerlichen Gesellschaften in Europa, in : Esders, S. (Hg.), *Rechtsverständnis und Konfliktbewältigung. Gericht und außergerichtliche Strategien im Mittelalter*, Köln/Weimar/Wien 2007.

Weber, M., Bereitwillig gelebte Sozialdisziplinierung? Das funktionale System der Polizeiordnungen im 16. und 17. Jahrhundert, in : ZRG, GA. 115, 1998.

Wechsler, E., *Ehre und Politik. Ein Beitrag zu Erfassung politischer Verhaltensweisen in der Eidgenossenschaft (1440-1500) unter historisch-anthropologischen Aspekten*, Zürich 1991.

Wiesflecker, H., *Meinhard der Zweite. Tirol, Kärnten und ihre Nachbarländer am Ende des 13. Jahrhunderts*, Innsbruck 1955 (ND 1995).

Ders., *Österreich im Zeitalater Maximilians I*, München 1996.

Winkelbauer, Th., „Und sollen die Parteien gütlich miteinander vertragen". Zur Behandlung von Streitigkeiten und von „Injurien" von den Patrimonialgerichten in Ober- und Niederösterreich in der frühen Neuzeit, in : ZRG, GA. 109, 1992.

Ders., Sozialdisziplinierung und Konfessionalisierung durch Grundherren in den österreichischen und böhmischen Ländern im 16. und 17. Jahrhundert, in : ZHF 19, 1992.

Wopfner, H., *Beiträge zur Geschichte der freien bäuerlichen Erbleihe Deutschtirols im Mittelalter*, Breslau 1903.

Ders., Zur Geschichte des tirolischen Verfachbuches, in : *Forschungen und Mitteilungen zur Geschichte Tirols und Vorarlbergs* 1, Innsbruck 1904.

Ders., *Das Tiroler Freistiftrecht. Ein Beitrag zur Geschichte des bäuerlichen Besitzrechtes*, Innsbruck 1905.

Ders., *Das Almendregal des Tiroler Landesfürsten*, Innsbruck 1906.
Ders., *Die Lage des Tirols zu Ausgang des Mittelalters und die Ursachen des Bauernkrieges*, Berlin/Leipzig 1908.
Ders., Güterteilung und Übervölkerung tirolischer Landbezirke im 16., 17., 18. Jahrhundert, in : *Südostdeutsche Forschungen* 3. Jg., Heft 1, 1938.
Ders., *Tiroler Bauer und Tiroler Landesfreiheit*, Innsbruck 1947.
Ders., *Bergbauernbuch*, 3 Bde., Neudruck, Innsbruck 1995/97.
Zacharias, R. Die Blutrache im deutschen Mittelalter : *Zeitschrift für deutsches Altertum und deutsche Literatur*, Bd.91, 1961.
Zmora, H., *State and Nobility in Early Modern Germany. The Knightly Feud in Franconia, 1440-1567*, Cambridge 1997.
Zorzi, A., "ius erat in armis" Faide e conflitti tra pratiche sociali e pratiche di governo, in : *Origini dello Stato. Processi di formazione statale in Italia fra medioevo ed eta moderna*, a cura di Chittolini, G. etc., Bologna 1994.

＊邦語文献

阿河雄二郎「森と獲物の領有をめぐって―近世フランスにおける狩猟権と狩猟慣行―」（田中きく代・阿河雄二郎編『〈道〉と境界領域―森と海の社会史―』昭和堂、2007年)。
秋道智彌『なわばりの文化史―海・山・川の資源と民俗社会―』小学館、1999年。
網野善彦『無縁・公界・楽』平凡社、1987年。
池田利昭「18世紀後半ドイツ・リッペ伯領のポリツァイとコミュニケーション―婚前交渉規制を例に―」『歴史学研究』836、2008年。
稲葉継陽「中・近世移行期の村落フェーデと平和―日本中世における権利と暴力―」（歴史学研究会編『紛争と訴訟の文化史』青木書店、2000年)。
M・ヴェーバー（世良晃志郎訳）『支配の社会学』創文社、Ⅰ、1960年、Ⅱ、1962年。
G・エストライヒ（阪口修平・千葉徳夫・山内進訳）『近代国家の覚醒―新ストア主義・身分制・ポリツァイ―』創文社、1993年。
N・エリアス（波田節夫他訳）『文明化の過程』上・下、法政大学出版局、1977、1978年。
大西理絵子「領邦国家とドイツ農民戦争―ティロルの場合―」『寧楽史苑』35、1990年。
踊共二「改宗と亡命の社会史（一）」『武蔵大学人文学会雑誌』32-2・3、2001年。
同　『改宗と亡命の社会史―近世スイスにおける国家・共同体・個人―』創文社、2003年。
小保内進「鎌倉期の富家殿」『国史学』180、2003年。
勝俣鎮夫『戦国法成立史論』東京大学出版会、1979年。
北野かほる「法廷にあらわれた仲裁―中世後期イングランド法システムにおける『裁判外』紛争解決―」（林信夫・佐藤岩夫編『法の生成と民法の体系―無償行為論・法過程論・民法体系論―』創文社、2007年)。

蔵持重裕『中世村の歴史語り―湖国「共和国」の形成史―』吉川弘文館、2002年。
　　同　　『中世村落の形成と村社会』吉川弘文館、2007年。
　　同　　『声と顔の中世史―戦さと訴訟の場景より―』吉川弘文館、2007年。
N・クリスティ（平松毅・寺澤比奈子訳）『人が人を裁くとき―裁判員のための修復的司法入門―』有信堂高文社、2006年。
小林一岳『日本中世の一揆と戦争』校倉書房、2001年。
古代学協会編『禅定寺文書』吉川弘文館、1979年。
J・F・コリアー「紛争パラダイム以後の北米法人類学」棚瀬孝雄編著『紛争処理と合意―法と正義の新たなパラダイムを求めて―』ミネルヴァ書房、1996年。
酒井紀美『日本中世の在地社会』吉川弘文館、1999年。
坂田聡・榎原雅治・稲葉継陽『村の戦争と平和』日本の中世12、中央公論新社、2002年。
佐久間弘展「ドイツ中近世史におけるポリツァイ研究の新動向」『比較都市史研究』25-1、2006年。
佐藤公美「中世イタリア《準都市》共同体の形成と発展―カザーレ・モンフェラートと在地紛争―」『史林』89-2、2006年。
佐野静代「中近世における水辺の『コモンズ』と村落・荘郷・宮座―琵琶湖の『供祭エリ』と河海の『無縁性』をめぐって―」『史林』88-6、2005年。
滋賀大学日本経済文化研究所史料館編『菅浦文書上・下』1960、1967年。
下坂守「葛川・伊香立庄相論考」『史林』67-2、1984年。
I・ジャンクロ（小梁吉章訳）「12世紀から15世紀のフランスの仲裁」『広島法学』30-3、2007年。
神寶秀夫『近世ドイツ絶対主義の構造』創文社、1994年。
瀬田勝哉「菅浦絵図考」（熱田公編『中世の社会と経済関係文書』（日本古文書学論叢9）吉川弘文館、1988年）。
瀬原義生「中世末期・近世初頭のドイツ鉱山業と領邦国家」『立命館文学』585、2004年。
高澤紀恵「近世パリ社会と武器」（二宮宏之・阿河雄二郎編『アンシアン・レジームの国家と社会―権力の社会史へ―』山川出版社、2003年）。
田中克行『中世の惣村と文書』山川出版社、1996年。
田中雅一編著『暴力の文化人類学』京都大学学術出版会、1998年。
千葉徳夫「中世後期・近世ドイツにおける都市・農村共同体と社会的規律化」『法律論叢』67-4・5・6、1995年。
橡川一朗『西欧封建社会の比較史的研究』［増補改訂］青木書店、1984年。
出村伸「領邦防衛体制形成過程における領邦君主と等族」『西洋史研究』新号21、1992年。
H・P・デュル（藤代幸一・津山拓也訳）『性と暴力の文化史』法政大学出版局、1997年。
中島楽章『明代郷村の紛争と秩序―徽州文書を資料として―』汲古書院、2002年。
『日本の社会史2―境界領域と交通―』岩波書店、1987年。
K・ハーゼル（山縣光晶訳）『森が語るドイツの歴史』築地書館、1996年。
服部良久「中世下オーストリアにおけるマルクトの成立」『史林』63-2、1980年。
　　同　　「ヴァイステューマー研究の課題」『史林』65-1、1982年。

同　　『ドイツ中世の領邦と貴族』創文社、1998年。
　　　同　　「中・近世ドイツ農村社会の武装・暴力・秩序」（前川和也編著『コミュニケーションの社会史』ミネルヴァ書房、2001年）。
　　　同　　「中・近世ティロル農村社会における紛争・紛争解決と共同体」『京都大学文学部研究紀要』41、2002年。
　　　同　　「中世ヨーロッパにおける紛争と紛争解決―儀礼・コミュニケーション・国制―」『史学雑誌』113-3、2004年。
　　　同　　「中世ヨーロッパにおける紛争と秩序―紛争解決と国家・社会―」『史林』88-1、2005年。
　　　同　　『15、16世紀のティロルにおける領邦と地域社会』科学研究費成果報告書、2005年。
　　　同　　編訳『紛争のなかのヨーロッパ中世』京都大学学術出版会、2006年。
　　　同　　「中・近世の村落間紛争と地域社会―ヨーロッパ・アルプス地方と日本―」『京都大学文学部研究紀要』46、2007年。
廣田尚久『紛争解決学』［新版増補］信山社出版、2006年。
藤木久志『豊臣平和令と戦国社会』東京大学出版会、1985年。
　　　同　　『戦国の作法――村の紛争解決』平凡社、1987年。
　　　同　　『雑兵たちの戦場――中世の傭兵と奴隷狩り』朝日新聞社、1995年。
　　　同　　『村と領主の戦国世界』東京大学出版会、1997年。
　　　同　　『刀狩り―武器を封印した民衆―』岩波書店、2005年。
R・ファン・デュルメン（佐藤正樹訳）『近世の文化と日常生活』1、2、鳥影社、1993、1995年。
G・フランツ（寺尾誠他訳）『ドイツ農民戦争』未来社、1989年。
P・ブリックレ（前間良爾・田中真造訳）『1525年の革命―ドイツ農民戦争の社会構造史的研究―』刀水書房、1988年。
同（服部良久訳）『ドイツの臣民―平民・共同体・国家 1300～1800年―』ミネルヴァ書房、1990年。
保立道久「中世における山野河海の領有と支配」『境界領域と交通』（日本の社会史2）岩波書店、1987年。
前間良爾「ドイツ農民戦争期における共有地問題―ティロール鉱山業発展との関連において―」『西洋史学論集』7、1959年。
　　　同　　『ドイツ農民戦争史研究』九州大学出版会、1998年。
松本尚子「ドイツ近世の国制と公法―帝国・ポリツァイ・法学―」『法制史研究』48、1998年。
H・ミッタイス／H・リーベリヒ（世良晃志郎訳）『ドイツ法制史概説』創文社、1971年。
R・ミュシャンブレッド（石井洋二郎訳）『近代人の誕生―フランス民衆社会と習俗の文明化―』筑摩書房、1992年。
水本邦彦『草山の語る近世』山川出版社、2003年。
村井章介「中世の自力救済をめぐって」『歴史学研究』560、1986年。

諸田實『ドイツ初期資本主義研究』有斐閣、1967年。
山内進・加藤博・新田一郎編『暴力―比較文明史的考察―』東京大学出版会、2005年。
山内進『略奪の法観念史―中・近世ヨーロッパの人・戦争・法―』東京大学出版会、1993年。
吉田勇編著『法化社会と紛争解決』成文堂、2006年。
G・ラートブルフ（若曽根健治訳）「カロリナにおける掠奪」『熊本法学』85、1995年。
歴史学研究会編「歴史の中の暴力と秩序」（2000年度歴史学研究会大会報告）、『歴史学研究』742、2000年。
歴史学研究会編『紛争と訴訟の文化史』青木書店、2000年。
S・ロバーツ（千葉正士監訳）『秩序と紛争―人類学的考察―』西田書店、1982年。
アイケ・フォン・レプゴウ（久保正幡他訳）『ザクセンシュピーゲル・ラント法』（西洋法制史料叢書４）創文社、1977年。
若曽根健治「伯領フィンチュガウにおけるラント法的構造（一）（二）」『熊本法学』22、23、1974年。
　　同　　「領邦ティロール農村部における租税制度」『法制史研究』25、1975年。
　　同　　「伯領ティロール14、5世紀における官職譲与（一）」『熊本法学』25、1976年。
　　同　　「ティロール森林令雑考―領邦立法史研究覚書―」『熊本法学』27、1978年。
　　同　　「森林犯罪告発人制度管見（一）」『熊本法学』29、1980年。
　　同　　『中世ドイツの刑事裁判―生成と展開―』多賀出版、1998年。
　　同　　「平和形成としての紛争―フェーデ通告状の考察から―」『熊本法学』113、2008年。

索　引

索引は、事項索引と固有名詞（人名・地名）索引に分けてある。

1　事項索引

◆ア行

アイデンティティ　132, 232, 282-284
アハト　200, 210, 215, 216, 218, 256, 258, 269
アルム　46, 51, 67, 79, 130, 150, 168, 170
安全通行　20, 194, 199, 200, 214, 258
家持住民　45, 72, 236, 260
家持農民　15, 67, 168
居酒屋　14, 93, 100, 104, 116, 122, 124, 148, 160, 166, 200, 214, 238, 255, 256, 266, 270, 274, 276
市場町（マルクト）　21, 22, 25, 41, 64, 134, 187, 194, 255, 256, 259-261, 275
　　──裁判官　275
一揆　171, 285, 286
入会　xiv, 9, 42-44, 47, 48, 51-55, 61, 66, 76, 96, 105, 106, 108, 118, 132, 137, 146, 148, 162-165, 169, 218, 224, 225, 231, 233, 247-249, 263, 271, 282
　　──（放牧地）共同体　43, 68
　　──共同体　42, 46-48, 167
　　──紛争　xiv, 16, 166
印璽付き文書　78, 80, 84, 85, 94, 100, 117, 124, 143, 157-159, 161, 194, 268, 277
インツィヒト　217, 218, 238, 252, 257, 259, 272
ヴァルプルギスの日　109, 112
永久同盟　33, 287
永久ラント平和令　207, 208, 246
エーハフトタイディング　45, 165, 209, 252
恩赦　6, 193, 200, 210, 214, 216, 225, 244, 258, 269

◆カ行

下級裁判　41, 56, 69, 73, 116, 166
　　──官　69, 75, 76, 84, 165
　　──区　42, 58, 63, 72, 143
　　──権　31, 69
　　──集会　48, 49, 51, 64, 68, 90, 137
　　──所　58, 69
　　──領域　43

火刑　215, 216, 257, 259
加勢　25, 28, 52
カロリーナ帝国刑法　6, 178, 183, 206, 208, 246
慣習法文書　6, 14, 15, 17, 21, 25, 26, 28, 29, 47, 48, 51, 55, 60, 63, 67, 72, 73, 75, 76, 90, 94, 95, 125, 127, 132, 133, 137, 139, 140, 142, 149, 163, 164, 190, 191, 197, 208, 224, 247, 267, 269, 270, 281
姦通　257, 264, 267, 272, 273, 276
カンマー裁判　46, 252
官有林　221, 222, 227, 229
騎士　10, 11, 15, 19, 20, 34, 41, 83, 111, 189, 191-194, 199, 204, 205, 211, 213, 217, 261
　　──的　xiii, 10, 17, 29
　　──フェーデ　18, 25
　　──身分　11, 16, 41
貴族　xiv, 7-9, 13, 15, 16, 18-21, 31, 32, 38, 40, 41-45, 64, 68, 86, 177, 181, 185, 187, 189-198, 201, 203-205, 208, 209, 211-213, 217, 218, 230, 232, 242, 246, 248, 253, 259-261, 268
宮廷長官　70, 81, 234
教会規律　176, 177
教会祭日　11, 196, 199, 256, 261, 273, 274
境界
　　──石　74, 75, 85, 95, 103, 108, 111, 130, 133, 134, 139, 151, 152, 154-156, 226, 227
　　──表示　75, 76
　　──紛争　105, 113
叫喚告知　12, 27, 248
共通の福利（利益）　197, 203, 230
共同体原理（コムナリスムス）　xiv, 31, 32, 176, 181, 281
共有森林　95, 221, 222, 226, 227, 233, 247
共有森林官　222, 223, 227
共有地　42, 43, 45, 46, 48, 50, 71, 79, 132, 218, 220, 221, 224, 225, 247, 253, 254, 271, 273, 287
　　──高権　220, 221, 230
規律　8, 55, 129, 175-179, 181-183
規律化の文言　93, 161, 165
儀礼　54, 163, 164, 198, 248, 268
禁制林　82, 223, 224, 226, 227

1　事項索引

苦情書　43, 48, 181, 230-233, 236, 242, 244, 246, 270, 283
軍役　xiv, 13, 15, 31, 32, 35, 40, 42-44, 48, 85, 126, 127, 133, 162, 189, 190, 193, 201, 202, 211-213, 227, 231-233, 237, 251, 253, 282, 284
　――召集　9, 32, 170, 189
　――奉仕　9, 13, 163, 189, 242
軍制　14, 15, 32, 201, 212, 213
訓令　186, 218, 220, 222, 226, 230
渓谷共同体　xiv, xv, 16, 46, 47, 50, 54, 63, 72, 112, 125, 161, 162, 169, 281-283, 287
刑事裁判
　――改革　206, 207
　――権　43, 213
　――令　xv, 25, 46, 166, 206-212, 214, 217, 239, 244-246, 256, 269
刑吏　45, 217, 259
刑罰　6, 8, 181, 191, 207, 210, 245, 256, 269, 276
刑法改革　191, 202, 203
血讐　5, 9, 17, 20, 26, 28, 34, 268
ゲマインデ　xv, 21, 26-28, 35, 43-52, 59-61, 63, 64, 66-76, 78, 80, 83-87, 90, 91, 93-97, 99-113, 115-120, 122-127, 129-134, 136, 137, 139-144, 146-153, 155-158, 160-171, 175, 176, 178, 183, 186, 218, 222-227, 231, 247-250, 253, 259, 260, 263, 271, 275, 281-283, 286, 289
　――間紛争　59, 60, 63, 64, 66, 68, 73, 74, 77, 86, 91, 105, 117, 149, 160-162, 165-167, 263-265, 270-272, 281, 282, 286, 289
　――文書　58-60, 63, 66, 71, 94-96, 105, 108, 132, 147, 148, 150, 160, 281
現地実検　66, 71, 82, 105, 115, 116, 121, 122, 130, 132, 133, 165
高位聖職者　41, 185, 188, 195, 253, 259
強姦　215, 272, 278
公共
　――意識　284
　――設備　162
　――的負担　148, 149
鉱山
　――業　49, 72, 95, 168, 185, 201, 220, 222, 224, 233, 247, 248
　――裁判官　122, 130, 251, 259
　――林　227
　――労働者　49, 168, 185, 197, 211, 229, 248, 251, 260
公証人　53, 56, 234
皇帝　10, 12, 46, 85, 104, 124, 155, 166, 196, 201, 213, 223, 227, 228, 235, 239

強盗　12, 215, 257
高等法院　6, 162
拷問　206, 209, 215, 231, 235, 244, 257, 259
合力　xiii, 52, 53, 167, 171, 284, 285
国王　9, 16, 19, 40, 54, 72, 82, 83, 104, 162, 188, 196, 201, 207, 260
黒死病　48, 71, 168, 187, 188
告発人　222, 226, 227
故殺　5, 6, 27, 191, 197, 210, 213, 257
乞食　185, 196, 203, 205, 246, 256
コミューン運動　32, 286
コミュニケーション　5-8, 20, 51, 52, 58, 72, 108, 116, 134, 141, 143, 150, 160, 161, 167, 169-171, 183, 267, 282, 283, 289
顧問会　194, 196
顧問官　70, 81, 82, 104, 155, 209, 240
小屋住農（ゼルロイテ）　67, 71, 72, 82, 83, 85, 227, 248

◆サ行

在地貴族　19, 31
裁判　xi, xii, 5-8, 15, 18-20, 23-29, 33, 40-46, 52-58, 64, 67, 68, 72, 73, 75, 76, 83, 84, 86, 95, 97, 98, 102, 104-106, 110, 111, 115, 120, 121, 123, 124, 129, 132, 136, 147, 148, 153, 155, 157-159, 164-167, 176, 178, 183, 185, 188, 191-195, 197-200, 203, 205-211, 213-217, 224, 227, 231-233, 235, 236, 238, 239, 241, 243-246, 249-253, 255-260, 263-267, 269, 270, 272-279, 288
　――外　xii, 6-8, 191, 210, 232, 238, 244, 246, 252, 266, 269-271, 274, 278
　――官　5, 10, 12, 14, 21-28, 44, 45, 46, 51, 55, 57, 60, 66, 69, 70-76, 78-80, 83-86, 93, 95-100, 106-108, 110-113, 115-124, 127, 129, 131, 133, 140, 141, 147, 150-155, 157-160, 165, 166, 188, 193-195, 199, 200, 202-206, 208-210, 212, 214-218, 222, 224, 226, 227, 229, 231, 232, 234-237, 241, 244, 248, 251-254, 256-260, 265-268, 270, 272, 274, 275, 278, 282, 284
　――記録　xv, 5, 6, 54, 56, 163, 197, 264, 268, 271, 272
　――区　21, 22, 24, 25, 27, 32, 35, 42-47, 54, 57, 59, 60, 63, 64, 67-69, 72, 73, 75, 76, 78-80, 86, 87, 90, 91, 94, 96, 100, 101, 104, 105, 107, 108, 110, 112, 113, 116, 118, 119, 129, 130, 133, 134, 136, 139, 141, 143, 147, 149, 150, 154, 155, 157, 165, 170, 171, 186, 188-191, 193-195, 197, 199, 200, 202, 207, 209-212, 214-218, 222-226,

229–239, 241, 242, 244, 246, 248–254, 256, 258–261, 263, 264, 269–272, 282–284, 288
——区長（プフレーガー）　22–24, 44, 80, 91, 94, 95, 97, 98, 100–102, 105, 106, 109, 110, 112, 127, 130, 132–134, 140, 141, 143, 148, 151–153, 155, 157, 159, 160, 165, 191, 193, 195, 199, 202–206, 209, 210, 213–217, 222, 224–227, 231, 232, 234–238, 244, 252, 256, 259, 260, 270
——区保有者　123, 217, 226, 227, 238
——集会　6, 15, 22, 24, 45, 46, 51, 57, 68, 72, 73, 84, 110, 112, 113, 115, 119, 122, 125, 137, 143, 165, 166, 209, 232, 235, 238, 252, 270, 273, 274
——所　13, 15, 23, 24, 55, 57, 58, 72, 90, 95, 102, 120, 216, 217, 238, 244, 251, 258, 265, 274, 275
——書記　45, 55, 56, 85, 95, 100, 101, 160, 195, 214–216, 227, 238, 251, 257, 258
——制度　6, 8, 18, 163, 212, 231
——代理人　45, 95, 100–102, 110, 112, 123, 205, 214, 227, 235, 237, 251
——帳簿　45, 55–60, 66, 94–96, 148, 160, 263–265, 270, 271, 273, 275, 282
——手数料　213, 230
——当局　7, 17, 21, 23–28, 54, 67, 68, 79, 94, 96, 100, 124, 125, 130, 132–134, 148, 175, 197, 199, 210, 214, 217, 218, 232, 234, 236, 244, 251–253, 255, 256, 258, 260, 261, 264, 265, 267–279, 289
——費用　79, 85, 98, 99, 101, 102, 133, 155, 160, 203, 214, 232, 246, 251, 270, 275, 277–279
——平和　257, 265, 274, 277
——文書　6, 18, 19, 21, 26, 46, 53, 84, 269
先買禁止　192, 195, 198, 200, 203, 205, 216, 261
搾乳家畜　80, 84, 98, 100
差押え　23, 26, 79, 82, 93, 96, 99, 100, 102, 103, 130, 151, 163, 164, 248, 249, 252, 253, 263
——，家畜　54, 93, 99, 100, 162, 164, 253
殺害　5–7, 12, 17, 19, 21, 23, 24, 26–29, 54, 162, 163, 193, 197–200, 207, 210, 211, 213–216, 232, 237, 239, 244–246, 256–258, 261, 265, 267–270, 272, 275, 281, 289
殺害フェーデ　17, 26, 268
山岳農民　34, 46, 51, 162, 165, 169, 218
——放牧地　48–50, 95, 130, 164
散居家屋　xv, 42, 48, 49, 51, 66, 76, 84, 125–127, 131, 137, 139, 168, 255
参事会　22, 25, 81, 215–217, 251, 256, 257, 259, 260, 275

斬首　210, 215, 216, 244, 257, 259
自己規律　176, 177, 179, 182
（都）市参事会　5, 204, 213, 215, 217
——裁判　7
私戦　xiii, 17
市長　81, 204, 213, 217, 251, 259, 260
社会的規律化　xv, 6, 8, 175–179, 182, 183, 288
車刑　210, 215, 257
奢侈禁止（規定）　11, 198, 200, 206, 241
従騎士　192–194, 199, 204, 205, 213, 217
重犯罪（マレフィッツ）　23, 45, 46, 64, 68, 137, 199, 200, 212, 215, 217, 218, 231, 235, 238, 252, 257, 272
手工業者　18, 45, 188, 251, 255, 261
狩猟令　198, 218, 220, 221, 233, 241
証言記録　58, 266, 272
証言聴取　105, 106, 110–112, 129, 143, 147, 148, 153, 157, 158, 160, 164–166, 195, 266, 274
上訴　7, 46, 95, 121, 252, 259
小村　xiii, 42, 43, 48, 49, 51, 66, 69, 71, 73, 126, 131, 139
象徴　7, 9, 11, 15, 163, 185, 248
——的行為　53, 162
商人　10, 11, 216, 253, 256, 261
証人　67, 70, 73, 76, 80, 81, 83, 84, 86, 98, 100–102, 104, 106, 108–112, 116, 120–124, 132, 140, 143, 147–149, 152–155, 158, 161, 194, 204, 236, 256, 257, 274, 279, 283
諸身分（シュテンデ）　xv, 40, 177, 181, 185–187, 190–198, 201, 202, 207–209, 211–213, 230, 240, 246, 249, 261, 263, 281, 289
——代表委員会　230, 231, 240
自力　xiii, xiv, 26, 29, 52, 53, 163, 167, 191, 208, 245–247, 282, 285, 286, 288, 289
自力救済　xiii, 18, 25, 26
森林　43, 47, 49, 50, 55, 71, 72, 74, 75, 81, 85, 86, 95, 96, 104, 105, 108–110, 112, 113, 116, 118, 119, 130, 132, 134, 136, 137, 148, 158, 162, 164, 169, 170, 198, 201, 212, 213, 220–229, 231, 234, 242, 247, 248, 250, 253, 254, 271, 282, 287
——監視人　85, 104
——監督　72, 220, 221, 225
——資源　70, 95, 195, 198, 220, 221, 224, 247
——巡察　222, 247
——高権　221, 225, 247
——長官　69–71, 74, 80, 85, 107, 110, 112, 222, 224, 225, 227
——邦（原初三邦）　33, 287
——保護　220, 224, 247

——令　xv, 195, 198, 218, 220–223, 225–229, 233, 241, 247, 248, 254
水利　64, 137, 139, 156, 162, 269, 271
製塩業　70, 95, 185, 220
製塩局　95, 96, 103, 104, 221
聖ゲオルクの日　99, 124, 134, 140, 151, 154, 254
聖職者　10, 11, 194, 230, 248
正当防衛　5, 10, 210, 213, 214, 216, 244, 245, 258, 267, 269
聖ファイトの日　151, 154
誓約者　14, 24, 204, 209, 215, 225–227, 251, 253, 256–259
製錬業　221, 222, 225, 226, 233, 237, 248
窃盗　24, 215, 216, 257, 264
全権委任（代表）　67, 79, 80, 122, 147, 151, 157
選抜民兵　13, 14
惣村　52, 169
——文書　160
訴訟　8, 45, 52, 53, 59, 60, 132, 134, 147, 160, 161, 164, 166, 167, 185, 209, 215, 217, 238, 251, 252, 265, 267, 272, 278
村落間結合　171, 284, 285
村落間紛争　xii, xiii, 9, 52–55, 163, 167, 169, 171, 282

◆タ行

退去料　235, 240
帯剣　xiii, 10, 15
——禁止　11
代訴人　45, 273, 275
治安　9–13, 15, 16, 54, 181, 185, 192, 197, 200, 201, 206–208, 211, 213, 223, 224, 239, 241, 242, 246, 250, 288, 289
地域
——アイデンティティ　163, 283
——公共性（意識）　171, 283
——社会　xii, xv, 7, 8, 31, 46, 52, 53, 108, 119, 160, 166, 167, 175, 182, 183, 185, 186, 196, 208, 210, 212, 213, 220, 221, 224, 231, 233, 240, 241, 246, 247, 250, 263, 266, 269, 272, 281, 283, 288, 289
秩序　xii, xiv, xv, 5–8, 11, 15, 18, 19, 21, 25, 29, 32, 33, 35, 55, 63, 67, 76, 79, 91, 95, 164, 170, 171, 175, 177, 181–183, 185, 186, 191, 192, 197–199, 202, 203, 206, 207, 209, 210, 212, 213, 224, 230, 232, 233, 239, 241–243, 245, 246, 250, 255, 267, 269, 272, 281, 282, 284, 285–289
仲裁　xi, xii, 18, 19, 21, 33, 53, 54, 61, 66–71, 73, 74, 76, 78, 79, 82, 85, 91, 93–98, 100, 102, 103, 105–109, 111–113, 115–124, 127, 129–133, 139–144, 146–151, 153–157, 159–163, 165, 166, 170, 171, 178, 210, 218, 222, 224, 244, 248, 253, 263, 265, 268–272, 275–278, 281, 283, 285–288
——責任者（オプマン）　99, 105, 107, 115, 116, 119–122, 131, 143, 150–152, 155, 156
——人　7, 53, 74, 80, 85, 86, 108, 109, 115, 116, 120, 121, 130, 151, 152, 160
調停　xi–xiii, 79, 269
直轄領管理官　72, 73, 78, 83
帝国　xiv, 10, 17, 40, 41, 177, 178, 180, 185, 190, 191, 201, 203, 206–209, 245, 286
——ポリツァイ令　177, 180, 240
——ラント平和令　10, 12
低湿地（アウ）　106–110, 112, 140, 151, 152, 225
廷吏　45, 100, 111, 112, 116, 122, 158, 195, 216, 217, 234, 241, 248, 251–253, 258
溺死刑　215, 216
手数料　45, 57, 214, 244, 251
テリトリー　106, 108, 144, 147, 163, 164, 167–169
当事者主義　21, 27, 28, 95, 160, 198, 207, 208, 265, 289
統治府（レギメント）　201, 202, 208, 212, 229
特別委任者（コミッサール）　82, 165, 222, 224, 230, 260

◆ナ行

ネットワーク　xiii, 52, 117, 118, 130, 132, 148, 150, 168, 170, 171, 281
農村共同体　xii–xiv, 31–33, 42, 176, 178, 206, 283
農民戦争　xv, 13, 20, 31, 44, 55, 177, 220, 229, 231, 233, 236, 241, 263, 281, 283, 284
農民のフェーデ　17–21, 52, 286
——権　12
——（的行為）　19, 20, 29, 281
——宣告　17, 20
農民蜂起　13, 52, 229, 242

◆ハ行

賠償金　28, 133, 190, 268
陪審　14, 24, 45, 46, 57, 66, 68, 78, 93, 94, 99–102, 115, 121, 129, 130, 134, 143, 147, 149, 153–156, 158–160, 166, 209, 210, 214–218, 231, 236, 238, 244, 251, 256, 259, 265, 271–275, 278, 279

ハイムヴァイデ　46, 50, 51, 170
罰金　5, 12, 14, 15, 19, 22-24, 26-28, 45, 84, 99, 153, 156, 191, 193, 194, 200, 217, 225, 227, 232, 236, 238, 255, 256, 261, 270, 274
バン（罰令権）　212, 215, 218, 226, 234, 256
判決　7, 8, 45, 46, 54, 55, 57, 78, 102, 109, 111, 115, 120, 121, 165, 166, 194, 208-210, 214-217, 227, 230, 232, 235, 244, 252, 253, 256-259, 265, 267, 272, 274-276, 279, 282
犯罪　xi-xv, 8, 12, 29, 52, 54, 58, 163, 175, 178, 180, 181, 183, 200, 202, 211, 212, 214-217, 231, 236, 237, 245, 247, 252, 256, 257-259, 264, 266, 272, 287, 288
犯人追捕（義務）　9, 12, 13
日雇い　18, 71, 188, 246, 261
フェーデ　xiii, xiv, 5, 9-12, 16-21, 23, 24, 27-29, 32-34, 55, 130, 163, 164, 191, 192, 195, 197, 199, 206-208, 210, 211, 213, 214, 223, 238, 244-247, 258, 259, 263, 264, 267, 268, 282, 283, 286-289
フェーデ
　――（的）慣行　7, 34, 207, 208, 211
　――禁止　10, 207, 241
　――権　9, 15-18, 20, 29
　――（的）行為　19-21, 25, 28, 29, 52, 54, 163, 175, 191, 192, 195, 197-199, 202, 207, 211, 233, 245-247
　――宣告　17, 19, 23-25, 29, 195, 197, 199, 200, 210, 236, 239, 256, 259
　――宣告者　199, 207, 211, 213, 214, 216, 245-247, 259
　――宣告状　18
フォーラム　xii, 230, 282
武器　9-16, 18, 22, 32, 34, 163, 191, 193, 199, 237, 242, 253, 255, 256, 258, 266, 273, 274
　――携行（権）　xiii, 9-11, 13-16, 35, 196, 197, 199, 241, 242, 255
　――携行禁止（規定）　14-16
　――庫　13, 16, 237
　――所持　13, 15, 242
　――所有　xiii, 10, 11, 14-16, 35, 288
　――所有制限　13
復讐断念誓約（書）　19, 215, 258
侮辱　164, 215, 266, 267, 274-278
侮辱的言辞　164, 165, 261, 267, 277
武装　xiv, 5, 9-16, 54, 162, 199, 211, 229, 237, 242, 247, 282
　――解除　xiii, 9, 243
　――禁止　11, 12

　――権　xiii, 9, 10, 13-17
　――能力　xiv, 32, 35, 281, 282, 286, 287
　――武装奉仕　9, 10, 14, 15
　――暴力　xiii, 9, 11, 34, 163, 191, 282
風呂屋　93, 100
紛争　xi-xv, 5-8, 16, 17, 20, 21, 25, 27, 29, 31, 33, 35, 49-55, 58-61, 63, 64, 66, 70-76, 90, 93, 94, 96, 105-108, 113, 115-118, 125, 127, 129-133, 137, 139-144, 146-150, 160, 161-171, 175, 178, 183, 188, 191, 196, 198, 210, 218, 220, 222, 224, 231-233, 241, 246-249, 263-266, 269, 271, 272, 281-287
　――解決　xi, xii, xiv, xv, 8, 18, 20, 31, 33, 35, 52, 55, 66, 68, 70, 72, 76, 95, 96, 108, 113, 116, 118, 119, 126, 129, 132, 137, 140, 147, 148, 150, 160-163, 166, 167, 171, 182, 183, 185, 191, 210, 232, 263, 264, 269, 270-272, 281-284, 286-289
　――処理　xi, xii, 8, 29, 70, 96, 164, 246, 264, 270, 272
　――仲裁　132, 224
　――当事者　15, 71, 74, 113, 118, 131, 132, 147-149, 161, 162, 165, 168, 178, 191, 286
　――当事者ゲマインデ　74, 116, 281
平和　xiv, 5, 6, 9-12, 18, 21, 29, 32-34, 54, 73, 78, 85, 95, 102, 117, 122, 123, 130, 132, 134, 155, 164, 165, 169, 175-178, 193, 194, 196, 198, 199, 215, 233, 238, 239, 249, 257, 265, 269, 274, 277-279, 285-288
　――維持　6, 11, 118, 196, 286
　――秩序　6, 33, 171, 287
　――保護　12, 23, 258, 269
　――令　10-12, 197, 242, 245
弁護人　45, 195, 251, 252
放火　10, 12, 19, 22, 54, 162, 163, 211, 215, 216, 257, 259, 282
奉公人　18, 185, 188, 194, 196, 197, 202-204, 211, 217, 227, 246, 251, 256, 260, 261, 276, 277
謀殺　6, 27, 210, 215, 255, 257
法人類学（者）　xii, 18, 54, 281
報復　6, 7, 9, 24, 98, 99, 163, 164, 178, 197, 268, 273, 275-277, 279
ホーフレヒト　46, 194
放牧共同体　33, 51, 67, 68, 76, 112, 125-127, 132, 137, 141, 148-150, 167
放牧地　42, 43, 46-51, 53, 55, 60, 63-66, 67-69, 71-76, 78-85, 87, 90, 91, 93-106, 108-110, 112, 113, 115-125, 127, 129-134, 136, 137, 139-144, 146-165, 167-171, 198, 218, 224, 226, 233, 247-249, 253, 254, 263, 271, 281-283

——争い（紛争）　53, 59, 60, 72, 74, 78, 91, 147, 149, 152, 162, 171, 232, 263, 282, 283, 287
——管理人　98, 153
——共同体　47, 48, 50, 90, 136, 168
——共用団体　49, 68, 69, 76, 168
放牧料　93, 97, 98, 100, 127, 133
暴力　xiii, xiv, 5-9, 11, 14-19, 21, 23-25, 27-29, 31-33, 35, 52-55, 64, 102, 129, 134, 162-165, 175, 176, 178, 191, 197, 210, 211, 236, 238, 245, 248, 259, 261, 263-266, 269, 271, 272, 274, 276, 277, 281-283, 286-288
牧童　74, 84, 97, 98, 100-103, 127, 129, 133, 143, 157-159, 161, 162, 170, 248, 253
ポリツァイ　xv, 175, 178-183, 198, 239, 249, 250, 260, 261, 263, 281, 288
——令　177-183, 185, 186, 191, 196, 197, 213, 240, 241, 249, 261, 269, 288
ホーフマルク　41, 42, 104, 105

◆マ行

間借り人　15, 71, 251, 252, 274
名誉　5-7, 9, 11, 15, 16, 18-20, 24, 25, 27, 28, 34, 35, 55, 64, 79, 84, 110, 139, 140, 151, 152, 193, 213, 216, 237, 238, 242, 244, 245, 251-253, 257, 258, 261, 264-267, 269-271, 275, 277-279, 282, 287
名誉ある事柄　22, 23, 26-28, 236, 258
名誉ある戦い　15, 26, 27
名誉毀損　46, 210, 215, 266, 267, 274-276, 278, 279
メラン・インスブルック箇条　284
メラン箇条　55, 230, 232, 233
木材伐採　74, 84, 85, 97, 105, 116, 119, 121-123, 162, 195, 223

◆ヤ・ラ・ワ行

ユダヤ人　10, 11, 261
傭兵　12, 13, 18
四つ裂き　215, 257
ラント裁判　19, 22, 42-46, 51, 55, 58, 64, 69, 91, 93, 106, 113, 121, 164-166, 212, 215, 242, 252, 264, 265, 266, 271, 272, 275, 278
——官　22, 27, 46, 51, 66, 68, 69, 72, 73, 76-79, 83, 90, 94, 132, 143, 147-149, 165, 166, 188, 199, 203-205, 213, 215, 217, 238, 256, 259, 273-276, 278, 279, 283
——共同体　31, 35, 41, 45, 51, 59, 68, 137, 161, 185, 186, 284, 289
——区　xiv, 14, 31, 32, 38, 41-48, 50, 56, 58-60, 63, 64, 67, 68, 75, 76, 86, 90, 91, 104-106, 108, 115, 116, 118, 125, 131, 136, 137, 149, 150, 160, 164, 167-171, 185, 186, 192, 193, 195, 215, 232, 249, 264, 269, 281-284
——区長　44, 67, 79, 93, 165, 193, 202, 208, 232
——集会　64, 68, 137, 149
——所　45, 48, 55, 58, 64
——当局　26, 67, 69, 160, 263, 269
ラント平和令　10, 12, 246
ラント法　9, 11, 17, 23, 28, 79, 99, 206
掠奪　12, 54, 162, 163, 282
流血裁判　43, 137, 218, 256
猟獣保護　212, 218, 242, 247
領邦　xiv, xv, 10, 12, 13, 18, 19, 21, 31, 32, 34, 35, 38, 40-44, 46, 48, 68-72, 74-76, 95, 103, 107, 108, 117, 124, 126, 127, 133, 148, 150, 157, 160, 164-166, 175-178, 180-183, 185-213, 217, 218, 220, 223-225, 229, 230, 232, 234, 237-239, 241-244, 246, 248-257, 260, 261, 263, 275, 282-284, 286, 288, 289
——議会　xiv, xv, 31, 33, 35, 40-42, 44-46, 147, 181, 186, 191, 195-198, 201, 202, 205, 207, 209, 210, 213, 229-231, 233, 234, 236, 237, 239, 240, 244, 249, 250, 254, 260, 283, 284, 289
——議会身分（ラントシャフト）　31, 32, 181, 188, 191, 194, 214, 230, 239-241, 251, 260, 261, 281, 283, 288
——君主　xv, 19, 23, 29, 31, 41-45, 48, 64, 68, 70-72, 78, 95, 105, 108, 163, 165, 175, 177, 180, 185-189, 191-193, 195, 197-199, 209-211, 213, 214, 216, 218, 220, 221, 223, 225-227, 229, 230, 237, 239, 240, 247, 249, 250, 252-260, 275, 281, 284
——当局　11, 13, 42, 69, 95, 96, 103, 175, 183, 185, 192, 195, 197, 198, 207, 209, 210, 211, 218, 220, 223-225, 229, 231-233, 239, 241, 244-249, 263, 283
——統治　xiv, xv, 31, 185, 189, 194, 196, 212, 213, 241, 281
——特許文書（ラントリベル）　32, 212
——特権（ランデスフライハイト）　44, 187, 212, 229, 237, 240, 251
——防衛　xiv, 13, 14, 16, 32, 34, 189-191, 201, 212, 233, 242, 282
——令　xv, 13, 17, 25, 31, 32, 43-45, 55, 59, 95, 164, 166, 177, 180, 181, 185, 188, 189, 191,

192, 195-199, 201, 204, 207, 208, 210, 211, 217, 229-231, 233, 236, 237, 239-252, 256, 260, 261, 263, 264, 266, 267, 269-272, 278, 279, 281, 282, 288, 289
隣人関係　　51, 78, 79, 83, 134, 155, 165, 176, 232, 245, 248, 265, 266, 271
ローカル・コミュニティ　　180, 182, 249, 250, 289
ローマ法　　201, 208, 231, 239

和解　　5-8, 15, 18, 20, 23, 25, 27, 28, 52, 54, 60, 61, 66, 70, 74, 77-82, 85, 91, 93-100, 102-104, 106, 109, 115, 117, 120-122, 124, 127, 129-134, 141, 146, 148, 149, 155-157, 159-166, 170, 176, 178, 191, 193, 197-199, 207, 210, 213, 214, 218, 226, 232, 235-238, 244, 246, 251-253, 256-259, 263, 265-272, 274-279, 282
　——契約　　60, 61, 124, 155, 160, 268, 275, 281
　——契約書（文書）　　45, 63, 129, 160, 161

2　固有名詞（人名・地名）索引

アイザック渓谷　　38, 50
アウクスブルク　　104, 105, 209, 239
アクスム　　68, 69, 71, 72, 80-82, 167
アペンツェル　　189, 190
アムラス　　80, 81, 105, 109, 110, 112
アルツヴィーゼ　　113, 115-119, 121, 123, 124
アルツル　　125-127, 133, 134
アルプス　　xii, xv, 46, 53, 162, 218, 282
アルベルト３世（ティロル伯）　　38, 68, 136
アルミント・アルム　　69, 80
アンデクス＝メラン家　　38, 64, 68
イェルツェンス　　125, 126, 130, 132, 134
イタリア　　38, 46, 60, 63, 212
イムスト（市場町）　　120-122, 129, 131, 167, 209, 218
──，ラント裁判区　　50, 86, 115, 116, 118, 122, 125, 127, 129, 130-134, 170, 242
イン河　　70, 86, 90, 91, 93, 97, 105, 106, 108, 109, 112, 113, 116-119, 124, 130, 134, 136, 140, 144, 148, 152, 167
イン渓谷　　38, 41, 49, 63, 68, 69, 71, 75, 115, 116, 118, 121, 125, 130, 131, 134, 136, 139, 140, 143, 150, 168, 189, 190, 192, 217, 218, 220, 222, 224-226, 229, 230, 247, 248, 254
インスブルック　　34, 40, 46, 56, 60, 63, 68-70, 73, 81-84, 86, 102, 106, 110, 111, 117, 185, 192, 195, 196, 198, 201, 212, 214, 215, 223, 225, 229-231, 233, 234, 237, 239, 252, 254, 259
──箇条　　230, 231, 239, 241, 249
──大学　　45
インツィング　　86, 90, 93, 98, 223
ヴィーダースベルク　　86, 91, 93-103
ヴィッテルスバッハ家　　40, 187
ヴィプ渓谷　　38, 63, 70-72, 74, 76, 160, 220, 222, 224, 226, 233, 234, 247, 254, 281
ヴェネツィア　　189, 212, 230
──戦争　　201, 202
ヴェルフェン家　　38, 105, 134
ヴェンス　　111, 125-127, 129, 130, 132-134, 159
ヴォルフガング・フォン・フロインツベルク　　111, 115, 120, 121
ウルテン伯　　38, 86, 104, 105
エールヴァルト　　116, 122
エーレンベルク（ラント裁判区）　　50, 116, 118, 193, 233, 237
エッチェ地方の長官　　110, 189, 192, 193, 203, 204, 229

エッツ渓谷　　38, 105, 115, 116, 118, 171
エントブルック　　149, 151-153
大浦　　53, 163, 166, 167, 169, 284
オーストリア　　xii-xv, 17, 21, 25, 28, 31, 38, 43, 55, 57, 58, 63, 80, 81, 102, 104, 109, 110, 112, 186, 188, 192, 213, 234
オーストリア東部諸邦　　188, 189, 201
オーバーペルフス　　93, 100, 101
オーバーホーフェン　　87, 90, 91, 93-99, 101-105, 108, 112
オーメス　　69, 80, 81
オスマン帝国　　32, 195, 201, 212
オプシュタイク　　117, 118, 124
カウナー渓谷　　134, 136, 137, 139-142, 144, 148, 151, 152, 168
カウナーベルク　　139, 148, 159, 160
カウンス地区　　136, 137, 139-141, 144, 147-149, 151-153, 170
ガゲルス　　73, 83, 84
カプフェルス　　73, 75, 83, 84
上イン渓谷　　61, 63, 86, 104, 117, 160, 189, 217, 223, 229, 271, 281
カルテルン　　232, 234, 235, 244
カンツィングバッハ　　91, 93, 97, 99
北ティロル　　38, 46, 49, 50, 63
グシュヴェント　　118-120, 133
グシュニッツ　　64, 66, 67, 77, 78, 238
グシュニッツ渓谷　　63, 64, 67, 68, 76, 77
クライト　　72, 73, 83
グラウビュンデン　　189, 201
グリューンベルク　　116, 118, 121, 124
ゲツェンス　　71, 105, 109, 112
ケルンテン　　38, 41, 188
サヴォア　　xv, 53, 162
ザルツブルク　　21, 38, 181, 230
ザルツブルク大司教領　　31, 32, 269
山岳地区　　136, 140, 141, 144, 148-150, 170, 171
ジギスムント（国王）　　190, 191
ジクムント（ティロル伯）　　45, 70, 80, 81, 194-199, 201, 207, 209-211, 213, 218, 221, 222, 228, 232, 241, 244, 245
ジマリング　　116, 118, 121
下イン渓谷　　61, 106, 225, 226, 233, 242
下オーストリア　　14, 31, 41, 269
シュヴァーツ　　185, 220, 226, 229, 233
シュヴァーベン　　86, 189, 190, 201, 229, 233, 234

シュタイナハ（ラント裁判区）　63, 64, 66, 68, 75, 78-80, 237, 238, 244, 264, 275-277, 279
シュタウダハ　116, 118, 121-123
シュタムス（ゲマインデ）　86, 104, 116, 122
シュタムス修道院　61, 109, 122
シュタランツアルペ　146, 156
シュタンザー渓谷　50, 150, 189
シュテルツィング（都市）　63, 78, 79, 185, 215, 220, 221, 229, 254
　──, ラント裁判区　223, 237
シュトゥーバイ渓谷　63, 72-76, 83-85
ジルツ　104, 107, 111-113, 115-124, 129, 223, 237
スイス（盟約者団）　xiv, 8, 17, 32-34, 40, 46, 176, 189, 201, 212, 230, 237, 242, 271, 286-288
菅浦　53, 163, 166, 167, 169, 284
　──文書　xiii, 53, 160
　──絵図　169
ゼルファウス　134, 136, 139, 140, 148-151, 160
ゾンネンブルク（ラント裁判区）　63, 68, 69, 71-73, 75, 76, 87, 105, 167, 215
タンハイム　190, 193, 210
チューリヒ　5-7
ツィーアル　70, 81, 82, 86, 90, 91, 93, 98, 100, 101, 119
ティロル　xii, xiv, xv, 14-15, 17, 21, 25, 26, 28, 29, 31-35, 38, 40-44, 46-51, 53, 55-61, 63, 67, 71, 72, 76, 82, 85, 95, 112, 136, 155, 160, 161-163, 167-170, 175, 180, 181, 183, 185-194, 196-199, 201-204, 207, 208, 210-213, 220, 221, 224, 229, 230, 233, 239, 240, 249, 250, 263, 270, 271, 278, 281-283, 286-289
　──州　34, 38, 56, 59, 60
　──城　38
　──伯　35, 38, 40, 41, 43, 64, 68, 79, 99, 136, 157, 187, 192, 194, 205, 214, 216, 251, 252, 254, 287
　──伯領　35, 38, 40, 79, 99, 157, 187, 192, 194, 205, 214, 216, 251, 252, 254
テーゼンス　134, 136, 137, 139, 141, 143, 144, 153-156
テルフェス　68, 72-76, 83, 84
テルフス　86, 90, 93, 100, 102, 104-113, 116, 122, 129, 223
ドイツ　xiii-xv, 5, 6, 8, 9, 15-17, 20, 32, 34, 35, 53, 55, 59, 169, 176, 178, 180, 183, 188, 220, 268, 278, 286
ドフィネ　53, 162
トリエント司教　38, 40, 41, 189, 190, 196, 198

トリンス　64, 66-68, 77-80, 276
ナヴァール　16, 53
ナッセライト　116, 122, 129-131, 134
ニーダーフィントゥル　235, 238
ノイシュティフト　72-75, 84, 85, 229, 277
バイエルン　11-14, 19, 28, 34, 38, 41, 52, 53, 69, 181, 190, 196, 197, 233, 242
ハイミング　104, 107, 112, 113, 115-124, 237
ハインリヒ・ヴュスト（共有森林官）　223, 225, 227
ハインリヒ・フォン・ロッテンブルク　189, 190
ハスラハ　86, 109, 111
パツナウン渓谷　50, 150, 189
ハティング　86, 87
ハプスブルク家　40, 185, 188, 189, 192, 196, 201, 288
ハプスブルク家西部所領　82, 188, 196, 201
東ティロル　32, 38, 40, 46, 238
東フリースラント　34, 176
ビゴール　16, 53, 162
ピッツ渓谷　50, 125-127, 129-131, 133, 139, 167, 168
ピレネー　xv, 16, 46, 53, 54, 160-163, 166, 282, 289
ファッゲ河　134, 140
ファルペタン　141, 152, 153
フィス　134, 136, 139-141, 148-153, 160, 270
フェネトアルペ　130, 131
フェルディナント1世（国王）　72, 229, 230, 239, 240, 251, 260
フォアアールベルク　31, 82, 188, 189
プスター渓谷　38, 40, 229, 238
プファッフェンホーフェン　86, 87, 91, 94, 97, 101, 102, 108, 112
フラーゲンシュタイン　70, 81, 82
ブライトハスラハ　148, 151
フラウアリング　86, 87, 90, 91, 93-104, 223
フラウエンキームゼー（女子）修道院　69, 80, 104
フランス　6, 35, 46, 53, 54, 58, 178, 282, 289
ブランデンブルク　18, 187
ブリクセン司教　38, 40, 41, 193, 216, 229, 231, 235, 236, 259
プルッツ　129, 134, 136, 137, 139-143, 146, 147, 150-153, 155, 156, 158-160
　──, ホーフマルク　134, 136
フルプメス　72-75, 84, 85
ブレンヴァルト　126, 129, 132, 134

ブレンナー峠　38, 63, 64, 220
フロインツベルク
　――, ヴォルフガング・フォン　111, 115, 120-121
　――, ハンス・フォン　109
　――, トーマス　123
ベアルン　xv, 16, 53, 54, 160, 162
平地地区　136, 137, 139-141, 143, 144, 146-149, 151, 152
ペータースベルク（ラント裁判区）　86, 87, 104, 106, 107, 111, 113, 116-120, 122-124, 129, 131, 150, 167, 170, 171, 237
ヘティング　70, 81
ペトナウ　93, 98, 119
ヘルテンベルク（ラント裁判区）　86, 90, 91, 94, 95-101, 104-106, 111, 112, 116, 118, 119, 131, 149, 233, 237
　――, 城塞　86, 90
ボーツェン（ボルツァーノ）　70, 81, 189, 191, 193, 204, 209, 210, 213, 215, 229, 254, 264
ポリング　86, 87, 91, 93-95, 97, 98, 100-104
ポントラッツ橋　134, 152
マインハルト2世（ゲルツ・ティロル伯）　38, 40, 43, 68, 86, 104, 105, 136
マクシミリアン1世（ティロル領邦君主, 国王・皇帝）　v, xv, 13, 40, 41, 46, 166, 185, 186, 196-198, 201-210, 212-214, 217, 218, 220-223, 225-227, 229, 231, 239, 241, 263, 269, 281, 283
マトライ　64, 76, 78, 220, 221, 275, 278
マトンコプフ（マトンベルク）　141, 143, 146, 153, 154
マトンボーデン　143, 154, 158
ミーダース　72-76, 83, 84
ミーミンガーベルク　117, 120, 123, 124

ミーミング　104, 117, 118, 121
南ティロル　29, 34, 35, 38, 40, 43, 44, 49, 50, 60, 63, 70, 166, 189, 203, 221, 229, 230, 234, 264, 265, 266
南ドイツ　32, 44, 181, 190, 220, 224
メッツ　104, 112, 115-119, 121-124, 237
メトラツ　74, 84, 85
メラン（メラーノ）　38, 45, 46, 55, 153, 194, 196, 204, 215, 229-231, 239, 241, 249, 252, 254, 259
ラインス　125, 129, 130, 133, 134
ラウデック（城）　136
　――, ラント裁判区　50, 58, 129, 134, 136, 137, 139-s141, 143, 147-155, 157-160, 165, 167, 170, 171, 232, 242, 265, 266, 270
ラディス　134, 136, 139, 141, 152, 153, 160
ランゲツベルク　141, 146, 152-155
ランゲン　86, 108-111
ランデック（都市）　50, 86, 111, 155, 189,
　――, ラント裁判区　50, 140, 143, 150-154, 242
リエンツ（都市）　273, 274,
　――, ラント裁判区　264, 268, 269, 273
リーツ　86, 104-113, 116, 118, 119, 121-123, 129, 223
リート　134, 136, 137, 139-141, 143, 144, 146-158, 160,
両地区共同体　137, 139, 140, 146
ルクセンブルク家　40, 187
ルファネル　147, 157-159
レオポルト4世（ティロル領邦君主）　188, 189, 192
レヒ渓谷　38, 50, 190, 193, 210

Konflikte in der bäuerlichen Gesellschaft im alpinen Raum

Lokale Öffentlichkeit und Staat in Spätmittelalter und Früher Neuzeit

Zusammenfassung

Yoshihisa Hattori

Einleitung

Die vorliegende Forschungsarbeit ist nach dreierlei Gesichtspunkten orientiert:
1. Konflikte und Konfliktlösung in der Vormoderne
2. Autonomie der bäuerlichen Gemeinden
3. Die staatliche Sozialkontrolle in der frühen Neuzeit.

In jedem Kapitel liegen diese Aspekte häufig aufeinander.

Im ersten Teil dieser Arbeit sollen die Konflikte zwischen bäuerlichen Gemeinden und deren Austragung in Tirol quellenmäßig betrachtet werden. Dabei sollen die „Dorffehden" im japanischen Mittelalter zum Vergleich in Betracht kommen. Im zweiten Teil sollen die Landes- und Polizeiordnungen und auch andere Gesetzgebungen der tirolischen Landesfürsten im 15. und 16. Jahrhundert als herrschaftliche Maßnahmen zur Verstärkung der staatlichen Ordnung betrachtet werden. Anschließend daran sollen auch die Beschwerden und Forderungen der Bauern gegen die Landesregierung als Reaktionen darauf erläutert werden.

Im mittelalterlichen und frühneuzeitlichen Europa waren bekanntlich nicht nur die adelige sondern auch die bäuerliche Gesellschaft von alltäglichen Gewalttaten und Konflikten erfüllt. Das bedeutete aber nicht ohne weiteres „Anarchie". Die neueren historisch- anthropologischen Konfliktsforschungen neigen dazu, auch in der von Konflikten erfüllten Gesellschaft eine vorstaatliche Ordnung zusehen. Die Aufgabe der Konfliktforschung soll die sein, durch die Betrachtung der Art und Weise von Konflikten und Konfliktlösungen die soziale und politische Struktur der betreffenden Gesellschaft von einem neuen Aspekt her zu betrachten. Konflikte und Konfliktlösungen förderten die intensive Kommunikation und die darauf basierende soziale und politische Ordnung.

Um mit Nils Christie zu sprechen, ist der Konflikt das Vermögen einer Gesellschaft (conflict as property).

Seit zwanzig Jahren scheint das Interesse der Historiker für Gewalt, Konflikte und Konfliktlösungen in verschiedenen Regionen und Zeiten immer stärker zu werden. Bei solchen Forschungen können zweierlei Betrachtungen bemerkt werden. Nämlich einerseits die mikrohistorischen Betrachtung, die den Charakter und die Funktionen der Gewalt und der Konflikte im alltäglichen Leben in der Gemeinde erklären und die makrohistorischen Gesichtspunkte andererseits, die die sich allmählich verstärkende Kontrolle des frühneuzeitlichen Staates über Gewalt und Verbrechen untersuchen. In der vorliegenden Untersuchung werden Konflikte und Konfliktlösungen in der bäuerlichen Gesellschaft Tirols unter besonderer Berücksichtigung der Struktur und Funktion der Landgerichtsgemeinden betrachtet. Dadurch sollen die Beziehungen zwischen der bäuerlichen Gesellschaft (Gemeinde) und dem Staat im Spätmittelalter und in der frühen Neuzeit in ihren wechselseitigen Wirkungen erläutert werden.

I. Konfliktlösungen in der bäuerlichen Gesellschaft.

1. Probleme, Stand der Forschungen und die Aufgaben

1.1. Konflikte und Fehden in der bäuerlichen Gesellschaft

Nach der allgemeinen anerkannten Meinung der Rechtshistoriker verloren die Bauern das Fehderecht als sie vom vollständigen Waffenrecht ausgeschlossen wurden. Wie war es in der Wirklichkeit im bäuerlichen Alltag im Spätmittelalter und in der frühen Neuzeit? Nach O.Brunner wurde die Fehdeansage den Bauern strikt verboten, hingegen wurde die Blutrache ohne ständische Einschränkung allen Leuten erlaubt. Wurden aber beide Kategorien der Gewaltanwendung tatsächlich unterschieden? In den normativen Quellen waren die Bauern zur Fehde nicht berechtigt. Aber die Konflikte der Bauern hatten einige Gemeinsamkeiten mit der ritterlichen Fehde.

J. Peters hatte bewiesen, dass eine große Anzahl von Gerichtsakten in Brandenburg im 16. Jahrhundert die Fehde von Nichtadeligen, die sogenannte „Leute-Fehde" behandeln. Nach Peters waren die Gewaltakte der gegen die Herren, die Beamten und die Obrigkeit streitenden Bauern in ihrem Bewusstsein die gewohnheitsmäßige und in diesem Sinne richtige Maßnahme zur Ehrenrettung.

In Deutschland hat Christine Reinle in ihrem 2003 erschienenen Buch „Bauernfehden" viele Fehden oder fehdeähnliche Handlungen der Bauern im Spätmittelalter mit Hilfe von archivalischen Quellen in Bayern ausführlich behandelt. Nach Reinle ist fast kein Dokument gefunden worden, dass die Fehde der Bauern als Verletzung der ständischen Ordnung verurteilt. Die Aktion eines Fehdebauern verbreitete sich über mehrere Territorien und wurde unterstützt von Verwandten, Freunden und eventuell vom Adel. Dieses ganz bemerkenswerte Ergebnis von Reinle trägt sicherlich zur Fortentwicklung der Forschung von der bäuerlichen Gesellschaft und Kultur viel bei.

Wie Brunner selbst erwähnt ist in den österreichischen Weistümern manchmal von Gewalttaten die Rede, die als „erber sache" bezeichnet werden und daher uns eine Art Fehde vorstellen. In den Rechtsordnungen wurde es hauptsächlich vom ständischen Interesse der Herrschaft her den Bauern verboten, nach der ritterlichen Art und Weise (z.B. Ansage) Fehde zu treiben. Es ist daher nicht von Bedeutung, ob die Bauern ein „Fehderecht" hatten. Es würde nützlicher sein, die Bedeutung und Funktion der Gewalttaten der Bauern in den verschiedenen Konflikten inklusive der (ritterlichen) Fehde in der damaligen Gesellschaft im Vergleich zu erläutern.

1.2. Ehre und Gewalt in der bäuerlichen Gesellschaft

Die neueren Arbeiten für die Sozialgeschichte in Deutschland zeigen, dass der bäuerliche Alltag im Mittelalter und in der frühen Neuzeit voll mit Gewalttätigkeiten war. Diese alltäglichen Gewaltakte der Bauern wurden oft von einer Verletzung der Ehre verursacht. Die Ehre funktionierte in der bäuerlichen Gesellschaft, um mit P.Bourdieu zu sprechen, als symbolisches Kapital. Daher mußte die verletzte Ehre schnell wiederhergestellt werden und dabei wurde oft gewaltsame Vergeltung als das wichtigste Mittel der Ehrenrettung geübt. Konflikte waren in dieser Gesellschaft ein strukturelles Element. Es ist deswegen verständlich, die ländliche (und auch städtische) Gesellschaft im Spätmittelalter und in der frühen Neuzeit mit dem Begriff „Konfliktskultur" (S.Burgharts) oder dem Begriff „agonale Kultur, agonale Kommunikation" (R.Walz) zu charakterisieren. Es wäre sehr wichtig, die konkreten Lebensverhältnisse der Bauern in einzelnen Gegenden näher zu betrachten und damit zu erläutern, welche soziale und materielle Elemente, welche Handlungen die Ehre der Bauern vermehrten oder verletzten und was für eine Bedeutung die Ehre für ihre Lebensbedingungen hatte.

Da der sozialen Ordnung der bäuerlichen Gesellschaft die Ehre als eine außerrechtliche Norm zugrundelag, scheint die Herrschaft, nämlich die Gerichtsobrigkeit auch bei der Behandlung der tätlichen Sachen inklusive des Totschlags diesen normativen Wert der Bauern berücksichtigt zu haben. In Weistümern von Nieder- und Oberösterreich lässt sich Zeugnis dafür finden, dass die Obrigkeit gegen die mit Ehrenhändel verbundenen Gewaltsamkeiten besonders glimpflich verfuhr. Die Gerichtsobrigkeit scheint derartige Konflikte zwischen Bauern nicht direkt kontrolliert zu haben. Der Richter verfuhr gegen den Totschläger nur nach dem Willen der Hinterlassenen. Wenn die beiden Parteien sich versöhnten, war der Täter vor der Obrigkeit nicht mehr schuldig als einen kleinen Geldbetrag.

Wie die klassische Arbeit von P. Frauenstädt für „Totschlagsühne" erläutert, war das strafrechtliche Prinzip, den Totschläger als Verletzer des öffentlichen Friedens und der staatlichen Ordnung streng zu bestrafen, im 16. Jahrhundert noch nicht durchgesetzt. Um die Kette der Rache zwischen den Parteien zu sprengen und die friedliche Verhältnisse in der Gemeinde wiederherzustellen, wurde die Sühne als das wichtigste Mittel angesehen. Alles in allem berücksichtigte und respektierte die Obrigkeit die mit der Ehre eng verbundene soziale Ordnung und verfuhr auch mit den oft von Ehrenhändel verursachten Konflikten glimpflich, obwohl sie Gewaltsamkeiten begleiteten.

1.3. Waffenrecht der Bauern

Zu dem ein bisschen kuriosen Thema „das Waffenrecht der Bauern" in Deutschland haben wir, ausgenommen von der alten Arbeit von Hans Fehr, keine neuere Forschung zur Verfügung. Dies Problem müsste aber unbedingt erörtert werden, um die Stellung der Bauern in den sich formierenden Staaten richtig zu erkennen. Nach einigen Lehr- und Handbüchern der Rechtsgeschichte wurden die Bauern schon im Hochmittelalter des Waffenrechts und daher auch des Fehderechts beraubt, und dafür waren sie durch den besonderen Frieden geschützt, nämlich sie wurden auch in der Fehde ihrer Herren verschont.

Eine derartige Beschreibung ist aber fraglich. Im Landfrieden und anderen Rechtsordnungen im Mittelalter waren die Bestimmungen des Waffenrechts der Bauern nicht beständig.

Das Verbot der ritterlichen Bewaffnung der Bauern in einer Friedensordnung Friedrich Barbarossas zeigt die Sorge des Herrschers für die Bewahrung der ständischen Ordnung. In diesem Zusammenhang enthält der Landfriede von Bayern 1244 einige bedeutende Bestimmungen. Danach durften die Bauern am Kirchtag bestimmte Waffen tragen, und nur den Hausherren wurde erlaubt ein Schwert (ritterliche Wehr) zu tragen. Das Waffentragen war mit der Ehre und dem Prestige der Bauern eng verbunden. In der Kontrolle der Waffen berücksichtigte die Landesregierung die soziale Bedeutung der Waffen für die Bauern.

Auch im spätmittelalterlichen Landfrieden wurde die Bauern als ganze nie unter besonderen Schutz (Frieden) gestellt und das Waffenverbot von Bauern erschien eher selten. In den österreichischen Weistümern finden sich auch zahllose Bestimmungen über das Waffentragen der Bauern. Damals waren auch die bäuerlichen Gemeinden mit einer bestimmten Selbstverwaltung schon voll entwickelt. Daher benutzte die Landesregierung die Verteidigungsfähigkeit dieser Gemeinden zur Bewahrung des Friedens. Als ein wichtiges Beispiel dafür lässt sich die Gerichtsfolge, d.h. eine Art Waffendienst der Bauern zur Verfolgung des Verbrechers nach dem Anruf durch den Richter anführen. Die Entwicklung des Milizwesens seit dem Spätmittelalter in Bayern, Tirol und anderen Ländern zeigt freilich die Bedeutung des Waffendienstes der Bauern für die werdenden Staaten.

Kurz gesagt konnte die Staatsgewalt im Mittelalter und in der frühen Neuzeit weder das Waffenverbot der Bauern durchsetzen, noch den Sonderfrieden für sie bewahren. Der Staat benötigte eher den Waffendienst der Bauern für die Landesverteidigung und die lokale Sicherheit, und daher wurde Waffenbesitz und unter bestimmten Bedingungen auch das Waffentragen den Bauern erlaubt.

1.4. Die dörflichen Fehden ? Japan und Europa im Vergleich

Die bäuerlichen Gemeinden erschienen in Japan schon im Hochmittelalter als soziale und wirtschaftliche Verbände mit einem bestimmten Zusammenhalt. Im 15. und 16. Jahrhundert, wo die Herrschaftsgewalt des Shoguns (des militärischen Oberbefehlshabers in Japan) zurückging und die lokalen Machthaber an Einfluss gewannen und sich gegenseitig bekämpften, gab es oft Konflikte zwischen Dörfern um die Gemarkung und Allmende. Nach den Beschreibungen der Zeitgenossen kämpften die Bauern mit verschiedenen Waffen gegeneinander und solche Konflikte forderten manchmal nicht wenige Opfer. Damals war die Selbsthilfe („jiriki") eine weit verbreitete Gewohnheit in der bäuerlichen Gesellschaft. Bei einem Konflikt konnte ein Dorf oft die Unterstützung anderer Dörfer erwarten und benachbarte Dörfer bemühten sich auch, wenn die Konflikte zu einer wirklich gefährlichen Phase eskalierten, den Streit zu schlichten. Zwar ergriffen die Bauern auch gerichtliche Massnahmen, aber zur tatsächlichen Verteidigung ihrer Allmende wendeten sie auch Waffengewalt an. In der bäuerlichen Gesellschaft gab es also das von der Herrschaft unabhängige Netzwerk für Konflikt und Friede. Die dörflichen Konflikte in Japan werden im dritten Kapitel näher betrachtet.

In Deutschland sind aber solche Konflikte zwischen Dörfern um die Allmende bisher fast gar nicht quellenmäßig untersucht worden. Reinle hat uns ein klares Bild von „Bauernfehden" vorgestellt, aber nach Reinle spielten die Dorfgemeinden als Träger der Fehde in Bayern keine Rolle. Es ist bekannt, dass die autonome Befugnis der Dorfgemeinden in Bayern auf einem niedrigen Niveau blieb. Um die aktiven Handlungen der Gemeinden zu erfassen, sollte man aber nicht nur die Dokumente der obrigkeitlichen Gerichte sondern auch andere Akten untersuchen, die in betreffenden Gemeinden und lokalen Archiven überliefert sind.

Mit Hilfe von derartigen archivalischen Quellen beweisen die neu erschienenen Forschungen zu den Konfliten zwischen den Talgemeinden in den westlichen Pyrenäen und den westlichen Alpenländern von Savoyen und der Dauphiné deutlich, dass die dortigen Bergbauern bei den Streitigkeiten um Alm und Weide manchmal Waffengewalt einsetzten und auch vor Brandstiftung und Totschlag nicht zurückschreckten. Die Bewaffnung und Selbsthilfe in Talgemeinden in Béarn, Bigorre, Navarre und Aragon in den westlichen Pyrenäen wurden, mit der Autonomie und Identität der Gemeinden eng verbunden, bis ins 18. Jahrhundert bewahrt.

Gab es auch im alten Reich die intergemeindlichen Konflikte? Im Tiroler Landesarchiv in Innsbruck kann man eine große Anzahl von Urkunden über die Konfliktaustragung zwischen Gemeinden finden, die lange Zeit in den Gemeindearchiven aufbewahrt wurden. Trotzdem sind die Konflikte zwischen bäuerlichen Gemeinden in Tirol nie von Historikern als Gegenstand aufgenommen worden. Auch frühere große Historiker von Tirol, wie O. Stolz und H. Wopfner haben darüber keine bedeutende Forschungen vorgelegt. Wenn es solche Konflikte in Tirol gab, mit welchen Mitteln wurden sie ausgetragen? Welche Rolle spielte die staatliche Gerichtsobrigkeit zur Wiederherstellung der regionalen Ordnung?

2. Landesherrschaft und Gesellschaft Tirols
—Rahmenbedingungen der Konflikte und Konfliktaustragung

2.1. Waffen, Gewalt und Gemeinden in Tirol

Schon im spätmittelalterlichen Tirol hatte der Landesherr eine beherrschende Verwaltungsgewalt über „Land und Leute" ausgebildet. Der Landesherr konnte auf der Grundlage der Landgerichte die Bauern weitgehend als Untertanen fassen und schützen, während die Adeligen, anders als die in den östlichen Ländern Österreichs, ihre eigene Herrschaft mit Gerichtsbarkeit nicht entwickeln konnten. Diese Herrschaftsstruktur Tirols beförderte die günstige soziale und wirtschaftliche Stellung der Bauern und ermöglichte auch die Landschaft der Bauern.

Bekanntlich hat P. Blickle in seiner anregenden Konzeption von „Kommunalismus" die staatlichen Funktionen der Landgerichtsgemeinde Tirols beispielhaft gezeigt. Für Blickle muß diese Gemeinde vor allem ein Friedensverband sein, wo die Bauern gegenüber dem Landesherrn durch Diskussion den politischen Willen bilden und äußern konnten. Waren die Gemeinden mit „staatlichen Funktionen" (Landschaft) eine dem Rechtsstaat ähnliche Institution ?

Die Bauern in den Alpentälern (in Eidgenossenschaft, Tirol, Tessin in der Lombardei u.a.) waren im Allgemeinen waffenfähig. Der Waffenbesitz, die selbständige Bewirtschaftung von Haus und Hof, die begünstigte Stellung und die Ehre der Bergbauern waren miteinander eng verbunden. In diesem Zusammenhang soll auch der Militärdienst der Bauern seit dem Spätmittelalter in Betracht kommen. Das Aufgebot der Bauern wurde insbesondere in der Zeit Kaiser Maximilians bei seinen häufigen Kriegen gegen die Schweiz, Venedig, Bayern und wegen der ständigen Bedrohung durch die Türken gut organisiert und kampferfahren. Mit dem „Landlibell" von 1511 Maximilians wurde das systematische Aufgebot aus den einzelnen Gemeinden der Landesverteidigung Tirols bis zum Ende des alten Reichs zugrundegelegt. Die militärische Tapferkeit der Tiroler Bauern als Fußvolk und Schützen war schon in der Geschichte oft genug bewiesen worden. Es liegt daher nahe, daß das Waffenrecht der Bauern, wie im „Landlibell" niedergeschrieben, vom Staat weitestgehend anerkannt war. Tiroler Bauern trugen Waffen oft im Alltag. Wie die Weistümer von einigen Gemeinden in Tirol zeigen, konnten die Bauern beim Taiding den Degen und andere Waffen wie das Seitenwehr tragen, und auch sonst trugen sie Waffen bei Rechtshandlungen, weil Waffen zu ihrer Festkleidung gehörten und männliche

Ehre repräsentierten. Im Hausinventar der Bauernhöfe in der frühen Neuzeit findet sich oft der Eintrag über verschiedenen Waffen wie Schwert, Lanze, Panzer, Armburst und Büchse. Die Waffen waren ein symbolisches Vermögen und daher wurden sie mit dem Haus zusammen als Kernstück der familiären Ehre durch die Generationen vererbt.

Aus dem Waffenbesitz und dem Waffentragen der Bauern im Alltag kann man nicht ohne weiteres auf die Häufigkeit von Gewalttaten mit Waffen in dieser Gesellschaft schließen. Trotzdem erwähnen und deuten eine Menge von Rechtsquellen wie Weistümern Tirols die häufigen Gewaltsamkeiten, die Sitte der Selbsthilfe und Rache der Bauern an. Einige davon schreiben deutlich das Verbot dieser Sitte vor, aber die Wiederholung dieses Verbots deutet die tatsächliche Häufigkeit dieser Gewalttaten an.

Wenn man solche Wirklichkeit der bäuerlichen Gesellschaft erkennt, muss man sich fragen, in welcher Beziehung die politischen Befugnisse der bäuerlichen Gemeinden in Tirol mit Gewalt und Konflikte im bäuerlichen Alltag standen. Die Gewalttaten der Bauern im dörflichen Alltag dürften auch in Tirol gut vorstellbar sein, wie in den anderen Ländern. Aber wie verliefen die Konflikte zwischen Gemeinden? Belasteten die Konflikte nicht die Kommunikation zwischen Gemeinden, die für die Landschaft der Gerichtsgemeinden erforderlich sein dürfte? Bevor diese Frage im folgenden Kapitel durch Gemeindearchivalien erörtert wird, soll zuerst die soziale und agrarwirtschaftliche Struktur der Landgerichtsgemeinde Tirols näher betrachtet werden.

2.2. Struktur des Landgerichts als der Verwaltungseinheit und des bäuerlichen Lebensraums

Wie man in den früheren Arbeiten von H. Wopfner, O. Stolz und von der neuen Forschung von P. Blickle sieht, konnten die meisten Bauern in Tirol unter dem Schutz der Landesfürsten günstige Besitzrechte und den relativ freien persönlichen Stand genießen. Die Struktur und die sozialen Verhältnisse der bäuerlichen Gemeinde scheinen aber bisher noch nicht genug erklärt worden zu sein. Der Bezirk des Landgerichts in Tirol hatte seinen räumlichen Ursprung teils in der geteilten Grafschaft des Hochmittelalters, teils in den von Landesherren zusammengesetzten verschiedenen Herrschaftsrechten wie der Vogtei und war in der früheren Zeit oft eine große Urpfarre. Im Spätmittelalter war der Landgerichtsbezirk die Einheit der Steuererhebung, des Aufgebots und der Vertretung zum Landtag. Das Landgericht behandelte auch den Rechtsstreit zwischen Bauern und adeligen Grundherren. Nach der Landesordnung sollten die Bewohner des Landgerichtsbezirkes alle Rechtshandlungen vor ihrem Landgericht führen. Daher galt das Landgericht den Bewohnern als eine maßgebende öffentliche Instanz.

In einem relativ größeren Gerichtsbezirk gab es mehrere kleinere Gemeinden, die ihrerseits aus einem Dorf oder aus mehreren Weilern bestanden. Der Pfleger war ein vom Landesfürsten ernannter oberster Verwalter des Gerichtsbezirkes und ernannte selbst den Richter in seinem Gericht. Das Landgericht wurde als Ehafttaiding, d.h. Gerichtsversammlung der gesamten Haus- und Hofbesitzer des Bezirks zweimal bzw. dreimal im Jahr abgehalten. Neben dem Landgericht mit der Hochgerichtsbarkeit (Malefizgericht) gab es auch in den einzelnen kleineren Gemeinden innerhalb des Landgerichtsbezirks ein Gerichtstaiding mit der Niedergerichtsbarkeit. Die Landesordnung von 1481 schreibt vor, in jedem Gericht zwölf „Geschworene" (Beisitzer) anzustellen. Danach wurde die Dingpflicht der Bewohner allmählich durch die Urteilsfindung der Geschworenen ersetzt. Das Geschworenengericht wurde zu jederzeit nach der Klage der Bewohner abgehalten. Die Rechtsweisung durch die versammelten Bauern wurde im Verlauf des 16. Jahrhunderts seltener.

Die Tiroler Landgerichtsgemeinde war vom geographischen Gesichtspunkt her eine Talgemeinde und im Hochmittelalter wirtschaftlich oft eine „Markgenossenschaft", die einige größere Almen und Weiden und Wälder gemeinsam benutzten. Schon im Spätmittelalter bestanden im Landgerichtsbezirk außer alten Hauptsiedlungen eine Anzahl von Dörfern, Weilern und Einzelhöfen und diese kleinere Gemeinden beanspruchten ihr eigenes Eigentums- bzw. Nutzungsrecht an Alm und Weide. Insbesondere im 15. und 16. Jahrhundert war die Viehzucht in Tirol wegen des Bevölkerungszuwachses intensiviert worden und die Weide wurde für die Bergbauern immer wichtiger. Infolgedessen wurde oft die Teilung der alten größeren Weide zwischen Gemeinden durchgeführt. Aber trotzdem war es immer noch schwer, die Gemarkung der so geteilten Weiden festzustellen und noch im 15. und 16. Jahrhundert wurden nicht wenige Weiden von mehreren Gemeinden gemeinsam benutzt. Bauern wanderten im Landgerichtsbezirk weitläufig um ihr Vieh auf die Bergweiden zu treiben und kamen dabei in Kontakt miteinander. Infolgedessen gab es manchmal Reibereien zwischen ihnen um die Grenze und Benutzung der Weide. Das waren allgemeine Gründe für die Konflikte zwischen Gemeinden, die im dritten Kapitel behandelt werden.

2.3. Quellen von Konflikten und Konfliktlösungen in Tirol

Seit der ersten Hälfte des 16. Jahrhunderts wurde in jedem Gericht Tirols das „Verfachbuch" vom Gerichtsschreiber geführt. Die in den meisten Landgerichten bis ins 19. Jahrhundert geführten Verfachbücher enthalten nicht nur die Gerichtsprotokolle, sondern auch Eintragungen von sehr verschiedenen Rechtshandlungen der Bewohner und funktionierten auch als Grundbücher bzw. Notariatsregister. Das Aufkommen der Verfachbücher wurde wahrscheinlich dadurch beschleunigt, dass die Gerichtsversammlung allmählich durch das unter Ausschluss der Öffentlichkeit abgehaltene Geschworenengericht ersetzt wurde. Die Buchung wurde an Stelle der bisherigen gemeinsamen Handlung der Nachbarn als ein neues Beweismittel des Urteils benötigt. In den Gerichtsprotokollen von Verfachbüchern sind der Inhalt der Klage, die Antwort des Beklagten, die ausführliche Zeugenaussage und das Urteil aufgeschrieben. Deswegen sind die Verfachbücher eine Fundgrube nicht nur für die bäuerliche Konfliktforschung, sondern auch für die Sozialgeschichte des bäuerlichen Alltags im Allgemeinen. Mit Hilfe der Gerichtsprotokolle aus den Verfachbüchern sollen die Konflikte zwischen Bauern im achten Kapitel betrachtet werden. Aber die hier zu betrachtende Konflikte zwischen Gemeinden gehören überwiegend zum 15. und 16. Jahrhundert. Aus dieser Zeit sind kaum oder nur wenige Verfachbücher überliefert. Deswegen müssten andere Urkunden von Gemeinden untersucht werden.

In den Archiven der einzelnen Gemeinden jedes Landgerichts sind eine Menge von Versöhnungsverträgen zwischen Gemeinden überliefert. Diese Vertragsurkunden sind zum Teil in die neue Ausgabe der tirolischen Weistümer und zum Teil in die von S.Hölzl bearbeitete Reihe für die Protokolle der Urkunden von Gemeindearchiven aufgenommen. Aber der größte Teil lässt sich nur im Original im Tiroler Landesarchiv oder in einzelnen Gemeindearchiven untersuchen.

3. Konflikte und Konfliktlösungen zwischen Gemeinden

In diesem Kapitel sind ca. 40 Vertragsurkunden in sechs Landgerichten behandelt. Hier sollen nur die Ergebnisse gezeigt werden.

3.1. Konflikte im Wipptal : Landgericht Steinach und Sonnenburg (Stubei)

Für diese Landgerichtsbezirke werden neun Urkunden von Sühneverträgen aufgezeigt. Konflikte zwischen Trins und Gschnitz im Landgericht Steinach um ein Wegnutzungsrecht zur Weide 1471 und um Weidenutzung 1630, wurden vom Landrichtter mitsamt je vier bis acht Bewohnern der benachbarten Gemeinden als Vermittler ausgetragen. Der Streit zwischen Mutters und Natters um Wald- und Weidenutzung wurde 1434 vom Abt von Wilten mitsamt den von beiden Parteien gewählten "erber" Leuten geschlichtet. Der Konflikt zwischen Fulpmes, Mieders und Neustift um Holz, Weide und Wiese im Gericht Stubei konnte vom Richter nicht ausgetragen werden und danach erst durch die Vermittlung der von beiden Parteien in Namen des Waldmeisters gewählten "erber und weise" Leute geschlichtet werden. Im Allgemeinen lässt sich erkennen, dass die benachbahrten Gemeinden bei wiederholten derartigen Konflikten um Nutzung und Gemarkung von "wun und weide, holz, wise" meistens die Vermittlung der Nachbarn eine entscheidende Rolle zur Wiederherstellung der "guten, freundlichen, nachbarlichen" Beziehungen spielte.

Besonders bildeten die Gemeinden vom Niedergerichtsbezirk von Stubeital eine eng miteinander verbundene Genossenschaft zur gemeinsamen Nutzung von Alm und Weide. Andererseits spielten bei einigen Konfliktbeilegungen in Gerichtsbezirk Sonnenburg die Hochbeamten der Landesregierung wie Wald- und Hofmeister die Rolle von Vermittlern. Das könnte mit der kurzen Entfernung vom Innsbrucker Hof zusammenhängen.

3.2. Konflikte im Oberinntal

Für diese Bezirke werden insgesamt ca. 30 Urkunden von Vergleichsverträgen betrachtet. In jedem Landgerichtsbezirk gab es im Früh- und Hochmittelalter größere Gemeinschaften zur gemeinsamen Nutzung von Alm, Weide und Wald. Solche Gemeinschaften hatten ihren Ursprung zum Teil in der grundherrschaftlichen Organisation und bedeckten räumlich einen guten Teil oder zumindest den wichtigsten Teil des Gerichtsbezirkes. In der Ebene des Oberinntals waren aber Siedlungen schon im Hochmittelalter relativ dicht verteilt und seitdem gab es oft Konflikte um Weidenutzung. Wie oben erwähnt, wurden infolgedessen die größeren Almen und Weiden zwischen Siedlungsgemeinden geteilt, trotzdem gab es Konflikte um Grenzen u.a. immer wieder.

3.2.1. Landgericht Hörtenberg

Aus dem Landgericht Hörtenberg werden die Konflikte zwischen den Gemeinden Flaurling, Polling und Oberhofen (Pfaffenhofen) um die Weide (Alp) Wiedersberg beispielhaft aufgezeigt (siehe Bild 1). Diese Gemeinden gehörten früher zu einem geistlichen Besitz (Hofmark) und bildeten zusammen eine Weidegemeinschaft. Aus den angeführten sechs Vertragsurkunden vom 15. bis ins 18. Jahrhundert lässt sich erklären, dass die vier Gemeinden sich häufig um die Nutzung derselben Weide südlich von Flaurling stritten. Nach den Urkunden belasteten die Konflikte nicht nur die betreffenden Gemeinden sondern auch ihre Nachbarn schwer. Daher wirkten bei der Schlichtung unter Leitung vom Pfleger oder Richter des Landgerichts normalerweise auch die Bewohner der Gemeinden in der Umgebung (wie Oberperfuß, Leith, Telfs und Zierl) mit. Die Streitigkeiten konnten aber nur schwerlich beseitigt werden und 1783 wurde die Weide Wiedersberg endlich durch den Comissarius vom Salzamt der Landesregierung geteilt und zwischen Flaurling und Oberhofen aufgeteilt. Dabei wurde die bisher von beiden Gemeinden aufbewahrten Urkunden als ungültig erklärt. In einer derartiger Beilegung lässt sich die verstärkte staatliche Initiative zur Konfliktlösung deutlich erkennen.

3.2.2. Landgericht St.Petersberg

Zwischen Telfs im Landgericht Hörtenberg und Rietz im Landgericht St. Petersberg gab es im 15. Jahrhundert oft Grenzstreitigkeiten. Die beiden Gemeinden gehörten früher zu einer geistlichen Hofmark und auch nach der Aufteilung der Weidegemeinschaft auf die zwei Landgerichte stritten sie sich häufig um die Grenze und Gemarkung (Holz und Weide). Die hier aufgezeigten Urkunden (Vertragsurkunde und Zeugenaussage) lassen erkennen, dass die alten Urkunde prinzipiell als Beweismittel der richtigen Verhältnisse geschätzt wurden und dass die Bewohner der Gemeinden aus den beiden Landgerichten an der Beilegung mitarbeiteten.

Im zentralen Gebiet des Gerichtsbezirkes St.Petersberg hatten früher (Unter-) Mieming, See, Mötz, Haiming, Silz, Obsteig unter einer grundherrschaftlichen Organisation (Hofmark) des Hochstiftes Augsburg eine Weidegemeinschaft gebildet, die sich beinahe mit der Urpfarre von Silz deckte. Aber schon im 15. und 16. Jahrhundert stritten sie untereinander wiederholt um Weidenutzung und deren Gemarkung. Insbesondere kamen Konflikte zwischen Mötz, Silz und Haiming um die Weidenutzung in Arzwiese, die am Bergabhang im nördlich von Inntal lag, also etwas entfernt von diesen Gemeinden, vom 15. bis ins 17. Jahrhundert immer wieder vor. Interessanterweise erschien aber eine von den drei Gemeinden oft als Vermittler mit benachbarten Gemeinden, wenn zwei andere sich stritten. Die einzelnen Gemeinden waren nämlich immer bereit, sich um die Versöhung der streitenden Gemeinden zu bemühen, so weit sie selbst nicht direkt in Konflikte verstrickt wurden.

Es dürfte verständlich sein, daß derartige Konflikte und gemeinsame Handlungen zum Konfliktaustrag meistens innerhalb des Landgerichtsbezirkes stattfanden, weil die Gemeinschaften zur Weidenutzung normalerweise räumlich in diesem Bezirk blieben. In einigen Fällen nahmen nicht nur die benachbarten Gemeinden, sondern auch die weit entfernten Gemeinden an der Vermittlung teil. Bei der Schlichtung der streitenden Gemeinden im Etztal waren die Gemeinden vom Inntal präsent und diese Beziehung galt auch für das Gegenteil. Man soll auch nicht übersehen, dass diese Beziehungen von Konflikten und Schlichtungen sich manchmal über die Grenze des Landgerichtsbezirkes ausbreiteten. Das läßt sich wahrscheinlich so erklären: Im Hochmittelalter und besonders in den Randgebieten der Landgerichte im Oberinntal breiteten sich mehrere Gemeinschaften zur Weidenutzung über zwei benachbarte Gerichtsbezirke aus. Derartige weiträumige Kommunikationen zwischen Bauern (Gemeinden) waren ein Charakteristikum im Inntal, weil hier die Landgerichtsbezirke geographisch nicht geschlossene Täler, sondern mindestens nach Osten und Westen offene Räume bildeten.

3.2.3. Landgericht Imst

Nach O. Stolz erhielten um 1300 auch die Gemeinden im ganzen Landgerichtsbezirk Imst eine Gemeinschaft zur Nutzung von Almen und Weiden im Pitztal. Es lässt sich quellenmäßig feststellen, dass die Gemeinden und kleine Siedlungen um Arzl im nördlichen Teil des Pitztals bis ins 16. Jahrhundert eine Weidegenossenschaft bildeten. Aus der angeführten Vertragsurkunde von 1530 lässt sich erkennen, dass diese Weidegenossenschaft um Arzl einerseits, und die kleineren Siedlungen und Einzelhöfen zwischen Hornbach und Stillenbach im südlichen Pitztal auch als eine Weidegenossenschaft andererseits sich um die Weidenutzung in Nesselberg und Schwarzberg (im nördlichen Pitztal) stritten. Die Streitigkeiten wurden durch die Schlichtung der von beiden Parteien ersuchten neun Bewohner der umgebenden Gemeinden beigelegt und dabei die von Arzl eingebrachte Vertragsurkunde von 1470 als beweiskäftig angesehen. Jedenfalls war die weiträumige gemeinsame Weidenutzung im Pitztal damals noch erhalten und die komplizierten Beziehungen der Nutzung verursachten häufig die Streitigkeiten zwischen den Gemeinden.

3.2.4. Landgericht Laudegg

Das Landgericht Laudegg besteht räumlich aus drei Bezirken und zwar dem „Drittel am Berg" auf der linken Seite vom Inn, dem „Drittel in der Ebene" auf der rechten Seite vom Inn und dem „Drittel zu Kauns" im Kaunertal. (siehe Bild 2) Die Gemeinden im ganzen Gerichtsbezirk gehörten eigentlich zu einer Gemeinschaft zur Nutzung der Almen und Weiden im Kaunertal. Beide Drittel in der Ebene und zu Kauns hielten im 15. Jahrhundert noch gemeinsam ein niedergerichtliches Taiding zu Prutz ab und eine Verwaltungsorganisation der Alm und Weide als eine „Zweidrittelgemeinschaft". Erst 1470 wurden die Almen und Weiden zwischen beiden Drittel geteilt und dabei wurde im Drittel in der Ebene die Weiden zwischen einzelnen Gemeinden geteilt, während das Drittel zu Kauns bis ins 17. Jahrhundert die gemeinsame Weide erhielt. Diese Entwicklung der einzelnen Gebiete (Drittel) beschleunigte jedoch nicht die Abschließung der Drittel voneinander. Insbesondere die Gemeinden in der Ebene hatten Alm und Weide allenthalben im Kaunertal inne und auch umgekehrt die im Drittel zu Kauns im Drittel in der Ebene. Es gab daher zwischen beiden Talgebieten ziemlich intensive Beziehungen der Bauern und zwar nicht nur gütliche, sondern auch oft feindliche.

Von hier betrachteten elf Vertragsurkunden gehen sieben um die Versöhnungsverträge zwischen Gemeinden in erwähnten beiden Dritteln. Als Grund zum Konflikt kann man außer der Weidenutzung und Gemarkung auch die Belastung für die Instandhaltung der Brücke und des Weges, Errichtung von Archen und Verteilung der Steuerbelastung nennen. Diese Streitsachen bedeuten auch die engen Kontakte und Kommunikationen zwischen den Bauern (Gemeinden) im Bereich der Viehzucht und im alltäglichen Leben im ganzen Landgerichtsbezirk. Solche Beziehungen lassen sich deutlicher erkennen dadurch, daß auch die Leute vom Drittel am Berg mal an der Schlichtung zwischen Gemeinden von den anderen zwei Dritteln, mal an der Sühne zwischen Gemeinden vom Drittel in der Ebene oder dem Drittel zu Kauns teilnahmen.

3.3. Zwischenergebnis und Vergleich

3.3.1. Konflikte und Konfliktlösungen zwischen Gemeinden

Die Ergebnisse der Betrachtung von Konflikten zwischen Gemeinden und Konfliktlösungen in sechs Landgerichten soll hier kurz zusammengefasst werden.

Der Landgerichtsbezirk bestand seit dem Spätmittelalter räumlich aus einigen größeren und kleineren Weidegemeinschaften. Die zentralen bzw. wichtigen Gebiete der Gerichtsbezirke erhielten meistens bis ins 15. und 16. Jahrhundert eine weiträumige Weidegemeinschaft, wie im Landgericht St.Petersberg (Mittelteil auf beider Seite von Inn), Imst (Pitztal) und Laudegg (Drittel in der Ebene, zu Kauns). Die Anmarschwege der Bauern einer Gemeinde zu Alm und Weide, Wiese und Wald reichte also sehr weit in den Gerichtsbezirk hinein. In diesem Sinne war der Landgerichtsbezirk auch der alltägliche Arbeitsbereich der Bergbauern. Es liegt nahe, dass die betreffenden Gemeinden bei Konflikten oft einander benachbart waren. Aber nicht selten waren diese Gemeinden ziemlich weit voneinander entfernt, insbesondere wenn die Almen und Weiden von fern abgelegenen Gemeinden gemeinsam genutzt wurden.

Die Ursachen von Konflikten zwischen Gemeinden betrafen überwiegend die Viehzucht, aber auch andere verschiedene Probleme der wirtschaftlichen und öffentlichen Bereiche des bäuerlichen Alltags : das Benutzungsrecht und die Grenze der Weide, die Regeln der Weidenutzung sowie Termine über den Viehtrieb, die Errichtung der Zäune, die Anstellung des Hirten und dessen Entlohnung, die Fahrt und der Durchgang mit Vieh, die Erhaltung der Brücken und der Wege, der Bau von Archen, die Steuerbelastung usw.

Bei einigen Urkunden kann man erkennen, dass die Konflikte durch die Beschlagnahme von Vieh, Beleidigung mit Worten und auch gewalttätige Auseinandersetzungen geführt wurden. Derartige Feindseligkeiten belasteten und schädigten nicht nur die streitenden Gemeinden, sondern auch andere Gemeinden und ihre Bewohner in der Umgebung. Das Nutzungsrecht der Weide und die Sicherung der Gemarkung konnten erst durch die dauernde tatsächliche Benutzung und Besetzung derselben Weide als Gewohnheit anerkannt werden. Deswegen wollten die Bauern Ihre Vieh entschlossen gegen den Widerstand der Gegner treiben, und dagegen führte die gegnerische Gemeinde die Beschlagnahme durch.

Manchmal war es auch für Richter (und Beisitzer) schwer die Parteien zu einigen, und in solchen Fällen erbat der Richter Unterstützung vom Landesherrn und seinen Beamten. Aber die Vermittlung durch die Bewohner anderer Gemeinden scheint ein entscheidender Faktor zur Versöhnung gewesen zu sein. Erst durch die Untersuchung an Ort und Stelle und durch Zeugenaussagen von Bewohnern der benachbarten Gemeinden konnten so schwierige Konflikte wie die um die Gemarkung beigelegt werden. Bei solchen Untersuchungen von Gemarkungen waren interessanterweise oft neben den älteren auch einige junge Dorfbewohner als Zeugen anwesend, weil die Sicherung der Gemarkung in Zukunft überwiegend von den Erinnerungen dieser Leute abhing. Die gemeinsamen Verhandlungen zur Beilegung wurden meistens vor dem Landrichter bzw. dem Pfleger abgehalten. Das geschah nicht immer am Gerichtssitz, sondern oft auch in einem Wirtshaus oder im anderen Ort. Es ist auch bemerkenswert, dass bei zahlreichen Verhandlungen der Landrichter keine wichtige Rolle gespielt zu haben schien. Dabei erschien der Landrichter nur als Siegelgeber für die Urkunde oder als einer von den Vermittlern.

3.3.2. Vergleich
a. Konflikte zwischen den Gemeinden Sugaura und Ôura

Die oben erwähnten Streitigkeiten zwischen den benachbarten Gemeinden Sugaura und Ôura am nördlichen Biwasee in zentralen Japan um die Nutzung der Wälder, der Felder und Wiesen dauerten vom Ende des 13. bis zur Mitte des 15. Jahrhunderts. Am Berg Ôura schlugen die Leute von Sugaura Holz und in Hisashi und Morokawa gab es einige wichtige Flächen, auf denen Getreide angebaut wurde (siehe Bild 10, S.285). Dieser Berg und die Fläche im Grenzgebiet waren immer die strittigen Punkte zwischen Sugaura und Ôura. Insbesondere die beiden kleinen Flächen waren für das Leben der Bewohner dieser bergigen Gegend am Biwasee unentbehrlich. Deswegen wiederholten sich die Konflikte um diese Gemarkung zwar intermittierend aber sehr lange hindurch. Beide Gemeinden standen gleichzeitig unter der mehrschichtigen Herrschaft der lokalen geistlichen Herren (Tempel und Schrein) und der Adeligen in Kyoto, aber in Wirklichkeit genossen beide Dörfer schon im 14. Jahrhundert beträchtliche Freiheiten und Privilegien als autonome Gemeinde. Das bedeutete andererseits, dass die Dorfgemeinde Sugaura sich überwiegend aus eigener Kraft verteidigen musste. Vom 14. bis zum 16. Jahrhundert, in der die Zentralgewalt von Schogun und Kaiser zunehmend geschwächt war, lassen sich eine beträchtliche Zahl von dörflichen Konflikten um die Benutzung und die Grenze der Allmende aus Quellen finden. Hier soll eine skizzenhafte vergleichende Betrachtung über die japanischen und tirolischen Konflikte zwischen Gemeinden angestellt werden.

b. Dorf- und Gemeindearchiv als Mittel zum Gerichtsprozess

In Bezug auf die Konflikte zwischen Dorfgemeinden in Japan sind viele interessante Dokumente überliefert. Vor allem geben uns die Dokumente der Gemeinde Sugaura, die aus über eintausend verschiedenen Urkunden und anderen Schriften überwiegend aus dem Mittelalter bestehen, sehr ausführliche Informationen. Sie enthalten eine lebhafte Erzählung der Streitigkeiten mit Ôura.

Wie in Japan so auch in Tirol waren Akten und Urkunden besonders beim Gerichtsprozess sehr wichtig. Daher bemühten sich die Gemeinden Urteile, Vertragsurkunden und andere Dokumente zu sammeln und bei sich aufzubewahren. Infolgedessen wurden die wichtigen Dokumente über Konflikte und Konfliktlösungen der Dörfer in Japan und Tirol im „Gemeindearchiv" von einzelnen Dorfgemeinden überliefert. Insbesondere in Japan funktionierte das Archiv im Dorf, wie die Dokumente von Sugaura es beweisen, als das Arsenal für den Prozess. Es versteht sich aber von selbst, dass die Quantität der angefertigten und überlieferten Dokumente in den japanischen Dorfgemeinden die in Tirol bei weitem übertrifft. Das beruht auf den unterschiedlichen Niveaus der Schriftkultur beider Länder. Seit dem 17. Jahrhundert wurden in den meisten Landgerichtsbezirken die Gerichtsbücher (Verfachbücher) geführt, die auch die Verträge von Gemeinden aufnahmen. Trotzdem ließen die Gemeinden gewöhnlich den Sühnevertrag als eine formelle Urkunde mit Gerichtssiegel ausfertigen lassen und in ihrem eigenen Archiv aufbewahren.

c. Territorienbildung der Dorfgemeinde

Bei den meisten Streitigkeiten zwischen Dörfern in Japan ging es um die Benützung der Wälder, Wiesen und Flüsse (Fischerei). Die Parteien stritten sich um die Gemarkung von ihren Dörfern. Hinter diesen Grenzstreitigkeiten stand die sich verstärkende Tendenz zur Territorienbildung der Dorfgemeinde. Bis ins 11. und 12. Jahrhundert wurden die Wälder und Wiesen (Berge) zwischen den Dörfern als zum Gemeinland (Allmende) gehörig betrachtet, das also weder zu bestimmten Siedlungen noch zu einem Grundherrn gehören sollte. Dieses Grenzgebiet als Gemeinland sollte ideell sogar zu einem himmlischen Herrscher gehören. Im Hoch- und Spätmittelalter (14. bis 16. Jahrhundert) erhöhte die Entwicklung der Agrarwirtschaft, der Bevölkerungszuwachs und die Entstehung der Dorfgemeinde (So-son) die Bedeutung dieses Gemeinlandes, weil man aus den Wäldern und Feldern Brennholz, Bauholz, Gründünger, Futter und ähnliches bekommen musste. Infolgedessen bemühten sich die Bauern darum, die eigene Allmende für ihre Dörfer zu sichern und die Grenze gegen die benachbarten Dörfer festzusetzen. Daher waren die Bildung der Dorfgemeinde und deren Territorienbildung strukturell miteinander verbunden. Es ist verständlich, dass diese Entwicklung zu heftigen Konflikten zwischen Dorfgemeinden führte.

Das im Archiv von Sugaura überlieferte Bild mit dem Titel „Bild der Demarkation zwischen Sugaura und Ôura 1302" beweist diese Hintergründe von Grenzstreitigkeiten deutlich. In der Wirklichkeit ließ sich das Bild mit der

Grenzlinie erst um 1340 von der Tikubushima-Schrein zeichnen. Damals gab es auch einen heftigen Grenzkonflikt zwischen Sugaura und Ôura. Der Tikubushima-Schrein war der unmittelbare lokale Grundherr von Sugaura und wollte wahrscheinlich seine Leute mit diesem Bild unterstützen. Eben deswegen zeigt die Demarkationslinie im Bild die für Sugaura wesentlich günstigere Teilung der Grenzgebiete. Nach dieser Demarkation hätten nicht nur die umstrittenen Flächen von Hisashi und Morokawa (siehe Bild 10, S.285), sondern auch die umgebende Waldung, Grund und Boden bis weit in die Nähe von Ôura zu Sugaura gehört. Das auf diesem gefälschten Bild gezeigte Territorium von Sugaura entsprach der Vorstellung eines abgeschlossenen Dorfbereichs, nach dem damals die Leute von Sugaura strebten.

Es gab sicherlich auch in Tirol das Bestreben um einen geschlossenen Dorfbereich hinter den Konflikten zwischen Gemeinden. In einigen der untersuchten Vertragsurkunden aus dem Landgericht Hörtenberg wurden die Konflikte um die Waldung und die Weide gleichzeitig als der Streit um die Gemarkung der betreffenden Gemeinden bezeichnet. Es muss aber auch berücksichtigt werden, dass die Almen und Weiden im allgemeinen an den Bergabhängen und im Tal weit zerstreut lagen. Die Bergbauern mussten ihr Vieh regelmäßig auf die entfernten Weideplätze auftreiben und zurückführen und zwar oft noch gemeinsam mit den Leuten anderer Gemeinden. Diese Art und Weise der Viehzucht im Alpenraum machte wahrscheinlich die Bildung eines abgeschlossenen Bereichs der Gemeinde schwer, weil die einzelnen Gemeinden schwerlich auch solche zerstreut liegende Weiden, Wiesen und Wälder in ein Territorium integrieren konnten. Daraus könnte man aber auch herleiten, dass die nicht geschlossene Raumstruktur der Gemeinde und die Häufigkeit des weitreichenden Verkehrs der Bauern der engen Kommunikationen zwischen den Gemeinden im Tal beziehungsweise im Landgerichtsbezirk zugrunde lagen.

Es bleibt trotzdem noch offen, ob die japanischen Dorfgemeinden im 14. und 15. Jahrhundert großteils ein eigenes Territorium festlegen konnten.

d. Selbsthilfe und Gerichtsprozess

In der Auseinandersetzung mit Ôura führte Sugaura den Prozess beim öffentlichen Gericht des Shoguns und des Kaisers in Kyoto. Aber der Pozess konnte damals erst durch die Vermittlung und Fürsprache der Grundherren, Beamten und Adeligen (Oberherren von Gemeinden) durchgeführt werden. Man brauchte deswegen viel Geld und Zeit. Das Exekutivorgan des Gerichtes war nicht imstande, das ergangene Urteil zu vollstrecken. Durch ein Gerichtsurteil wurde der Konflikt daher nie vollkommen beendet. Mit einem erfolgreichen Prozess wollten die Bauern nur ihre Fehdeführung legitimieren. Für ihre Nachkommenschaft bemühten sie sich zwar um ein günstiges Urteil der Obrigkeit. In diesem Sinne war die gerichtliche Maßnahme auch im mittelalterlichen Japan bedeutungsvoll und deswegen bemühten sich die Bauern darum, die nötigen Dokumente zu sammeln und bei sich aufzubewahren. Aber gleichzeitig mussten sie an Ort und Stelle bei Konflikten durch Selbsthilfe ihre Nutzungsrechte gegen die Gegner behaupten.

Von der erwähnten Erzählung von Bun-an Sohron kann man annehmen, dass die sich streitenden und vermittelnden Bauern die informellen Regeln der Konfliktaustragung anerkannten, denen die bestimmten Rituale und das Gefühl von der Billigkeit zugrunde lagen. Im März 1445 teilte Ôura der Gemeinde Sugaura brieflich mit, dass das Betreten des Berges Ôura den Leuten von Sugaura untersagt werde. Mit dieser brieflichen Mitteilung wollte Ôura gegen Sugaura Entschlossenheit demonstrieren. Man könnte sie für eine Art Fehdeansage halten. Als Gegenmaßnahme entschied Sugaura, den Leuten von Ôura zu verbieten, Hisashi und Morokawa zu betreten. Am 8. Juni betraten einige Ôura-Leute das strittige Gebiet in Hisashi und Morokawa. Daher nahmen die Sugaura-Leute den Gegnern sieben Sicheln weg. Dagegen nahmen die Ôura-Leute an demselben Tag das Schiff der Sugaura-Leute in Ôura in Beschlag. Die Beschlagnahmung von Werkzeug oder Produktionsmittel bedeutete eine deutliche Äußerung von Feindschaft. „Die Sichel wegzunehmen" (Kama wo toru) war eine Redewendung für die Fehdeansage. Es wäre daher sehr interessant zu sehen, dass die Vermittlung der führenden Leute von Kaizu-Nishihama durch das gegenseitige Zurückgeben des Schiffes und der Sicheln den Waffenstillstand bringen konnte.

So anerkannten die Bauern zwar die Regeln und Rituale für die Kontrolle von Gewalttaten. Die Konfliktführung brachte dennoch viele Grausamkeiten mit sich, wie die Hinrichtung von Dorfbewohnern als „Gegenrechnung" von Opfern. Derartige Brutalität wurde, wie grausam das auch aussah, für eine unvermeidliche Maßnahme zur Beendigung der Streitsache gehalten.

In Tirol erläutern die oben gezeigten Vertragsurkunden nicht ausführlich die Verläufe der Konflikte. Aus einigen Urkunden kann man aber erkennen, dass es bei den Konflikten Beschlagnahme von Vieh und Beleidigung mit Worten und auch zum Teil Gewalttaten gab. In den Vertragsurkunden scheint häufig auch die disziplinierende Formel auf, die den Parteien befahl, die gegenseitigen Beleidigungen hintan zu halten und eine gütliche, freundliche und nachbarliche Beziehung wiederherzustellen. Umso schwieriger scheint die Lösung tief verwurzelter Konflikte zwischen den Gemeinden gewesen zu sein.

Die Bergbauern in den westlichen Alpenländern von Savoyen und der Dauphiné und auch in den westlichen Pyrenäen (Béarn, Bigorre, Navarre) setzten bei den Streitigkeiten zwischen Talgemeinden um Alm und Weide manchmal Waffengewalt ein und auch vor Brandstiftung und Totschlag schreckten sie nicht zurück. Insbesondere in den Talgemeinden der Pyrenäen waren das Waffenrecht und fehdeartige Gewalttaten eng mit der Autonomie und Identität der Gemeinden verbunden und bis ins 17. und 18. Jahrhundert erhalten geblieben. Dagegen begrenzten die Tiroler Bauern ihre gewaltsamen Auseinandersetzungen auch bei längerer Feindschaft. Bekanntlich waren die Bauern waffenfähig, aber bei Streitigkeiten zwischen Gemeinden, soweit es sich aus Quellen feststellen läßt, setzten sie keine Waffen ein. Zweifellos gab es kaum die „Dorffehden" in Tirol, anders als in Japan, Pyränen, Savoyen. Dabei ermöglichten und stützten wahrscheinlich zwei Faktoren die Selbstkontrolle der Bauern. Einer war das Landgericht als die formelle Institution der Landesherrschaft. Selbstverständlich konnte der Richter oder Pfleger (auch mit den Beisitzern) jedoch schwerlich die Streitigkeiten um die Gemarkung und Weidenutzung austragen. Zur Beilegung solcher Konflikte trugen in Wirklichkeit die Bewohner der Gemeinden im Landgerichtsbezirk als Vermittler die wesentliche Rolle. Dabei wurden freilich die tatsächlichen Verhältnisse und Gewohnheiten der Talgemeinde berücksichtigt. Derartige gemeinsame Handlungen der Bauern für die Schlichtung der Konflikte der Nachbarn (Gemeinden) war der zweite und entscheidende Faktor, der die Konfliktparteien dazu drängte, die Waffengewalt und die Eskalation der Streitsache zu unterlassen. Anschliessend sollen die Handlungen und Verbindung zwischen Gemeinden in Japan und in Tirol im Hinblick auf die lokale Ordnung betrachtet werden.

e. Verbindung zwischen Dörfern bei Konflikten und deren Beilegung

Wie schon erwähnt breitete sich in Tirol die Verteilung der streitenden und vermittelnden Gemeinden sehr weit aus, eventuell auch über den Landgerichtsbezirk hinaus. Es ist aber schwer zu erklären, aus welchen Gründen bestimmte, auch fern gelegene Gemeinden an den Verhandlungen teilnahmen. Die einzelnen Gemeinden schienen aber immer bereit zu sein, sich um die Versöhnung der streitenden Gemeinden zu bemühen, so weit sie selbst nicht direkt in Konflikte verstrickt wurden. Es schien daher kein dauerhaftes Bündnis zwischen Gemeinden gegeben zu haben (anders als in Japan). Verständlicherweise konnten die Feindseligkeiten zwischen streitenden Gemeinden durch einmalige Versöhnung nicht völlig beigelegt werden. Aber die jedesmal wiederholte gemeinsame Handlung zur Sühne förderte die Wiederherstellung und Erhaltung der lokalen Ordnung der bäuerlichen Gesellschaft in Tirol. Diese enge Beziehungen zwischen Gemeinden könnte man Kommunikationsnetzwerk nennen. Dieses Netzwerk barg immer die Gefahr von Konflikten in sich, trug aber auch wesentlich zu deren Überwindung bei.

Die Grundlage derartiger Kommunikation wurde vor allem durch die gemeinschaftlichen Beziehungen für Weidenutzung gelegt, aber die Verteilung der Vermittler breitete sich häufig über diese Grundlagen der gemeinschaftlichen Beziehungen hinaus aus. Jede dritte Gemeinde war bereit, zwischen streitenden Gemeinden zu schlichten. Diese netzwerkartigen gegenseitigen Beziehungen könnten eine Art lokaler Identität fördern. Daraus dürfte auch der Gedanke entstanden sein, dass die Regulierung der Interessenverhältnisse zwischen Gemeinden nicht nur das Problem der streitenden Gemeinden, sondern auch die öffentliche Angelegenheit einer ganzen Region, des ganzen Landgerichtsbezirkes sei. Dieses Öffentlichkeitsbewusstsein im Rahmen eines Landgerichtsbezirkes dürfte auch den Grundstein zu gemeinsamen Handlungen für politische Willensbildung und andere politische Funktionen dieses Bezirkes gelegt haben.

Für die drohende Schlacht konnten die beiden Gemeinden Sugaura und Ôura meistens die Unterstützung anderer Dörfer erwarten. Es gab sicher ein dauerhaftes und ausgedehntes Netzwek gegenseitiger Unterstützung (Gôriki) zwischen Gemeinden um den Biwasee (siehe Bild 9). Diese Beziehungen von Gemeinden lassen sich auch im alltäglichen Handel und Verkehr feststellen. Die benachbarten Dörfer bemühten sich auch, wenn die Konflikte zu einer wirklich gefährlichen Phase eskalierten, den Streit zu schlichten. In der bäuerlichen Gesellschaft in dem nördlichen Küstengebiet um den Biwasee gab es also die von der Herrschaft unabhängige Beziehung der Unterstützung bei Konflikten und Versöhnung. Der Verfasser des Fehde-Dokuments von Sugaura erwähnt auch, dass nicht wenige Gemeinden und einzelne Bewohner bald nach dem Beginn der Streitigkeiten zwischen Sugaura und Ôura zwischen den beiden Parteien freiwillig zu vermitteln versuchten. Daraus könnte man schließen, dass die Bauern den breiten Distrikt um den Biwasee als ihren einheitlichen Lebensraum betrachteten, in dem sie immer ein starkes Interesse für die Unterstützung der verbündeten Dörfer und auch für die Beilegung der Konflikte zwischen benachbarten Dörfern hatten.

Nach Meinung einer japanischen Historikerin förderte die intensivierte Verbindung zwischen Dörfern die Grundlagen der Einung (ikki oder eidliche Einigung) von Dorfgemeinden und den landeingesessenen Kriegern (jizamurai) auf der lokalen Ebene. Möglicherweise könnten die lebhafte Kommunikation in und zwischen den Dörfern und die gemeinsame Willensbildung für die Unterstützung einer Partei einigermaßen die Voraussetzungen zur Entstehung der regionalen Einung (ikki) ausmachen, die einmal den Aufstand gegen die Wucherer leitete, ein anderes Mal die Befreiung und Unabhängigkeit von der staatlichen Verwaltung hervorbrachte. Es müsste aber noch überprüft werden, ob die parteilichen Bündnisse der Dörfer in der Konfliktführung und die Einung für die höheren Ziele im Rahmen eines weiteren Distrikts miteinander verbunden waren. Vor allem soll erörtert werden, ob die parteilichen Verhältnisse zwischen Dörfern feststehend blieben, ob die Rolle von Unterstützern und die von Vermittlern (Schlichter) zwischen den Dörfern in einem Distrikt wechselte. Dieses Problem hängt vielleicht damit zusammen, wie der frühneuzeitliche Staat die autonome soziale Ordnung in sich integrierte.

II Staat und lokale Gesellschaft an der Wende vom Mittelalter zur frühen Neuzeit: Landesordnungen und Gewohnheiten

Im dritten Kapitel wurde gezeigt, dass sich in die Konflikte zwischen Gemeinden die staatliche Gerichtsobrigkeit kaum aktiv einmischte. Wie verfuhr der Staat mit den Gewalttaten und anderen Verbrechen sonst? Mit welchen Maßnahmen förderte der Staat die Sicherung der Sozialordnung? Im zweiten Teil des Buchs werden die Landes- und Polizeiordnungen in Tirol im 15. und 16. Jahrhundert betrachtet, um die gegenseitige Beziehungen zwischen Staat und Gesellschaft zu erklären.

4. Sozialdisziplinierung und Polizei

M. Weber betonte die Disziplinierung als ein Bauprinzip der modernen Gesellschaft, und G. Oestreich betrachtete mit dem Begriff „Sozialdisziplinierung" den Prozess der Herausbildung der gehorsamen Untertanen durch die frühmodernen Staaten. In Bezug auf diesen weit verwendbaren Begriff hat H. Schilling neuerdings mit der eigenen Konzeption „Konfessionalisierung" das Zusammenwirken der Staaten und der Kirchen zur Disziplinierung der Untertanen in den katholischen und evangelischen Ländern erklärt. Mit Hilfe des Begriffes „Konfessionalisierung" dürfte die etatistische Einseitigkeit von Oestreichs „Sozialdisziplinierung" ausgeglichen werden und damit auch ein europaweiter Vergleich ermöglicht werden. Aber H. R. Schmidt kritisierte, daß „Konfessionalisierung" immer noch eine stark etatistische Konzeption sei. Nach Schmidt kam „Sozialdisziplinierung" zuerst von der Selbstdisziplinierung oder der Selbstregulierung der Gemeinde vor, die sich an der christlichen Ethik der Nachbarn orientierte. Schilling meint, daß die Sozialdiziplinierung von verschiedenen Ebenen wie Reich, Territorien und Gemeinden her in ihren wechselseitigen Wirkungen betrachtet werden muss, während Schmidt die Momente zur Disziplinierung von unten ergreifen will. Es könnte sehr nützlich sein, die Zusammenwirkung von Staat und Gemeinden zur Diszplinierung zu berücksichtigen. Die „Selbstdisziplinierung" der Gemeinde ist auch weiterer Forschung wert, weil bisher die historische Bedingungen einer Gesellschaft zur Rezeption der Sozialdisziplinierung oder der Konfessionalisierung nicht genug erklärt worden sind.

Interessanterweise meinte Schmidt, dass auch die Selbstdisziplinierung nicht die Pazifisierung der Nachbarn der Gemeinde beschleunigte. Nach seiner Fallstudie vom Sittengericht der Gemeinden im Berner Gebiet vermehrten sich die behandelten Verbrechen der Bewohner (nicht nur die religiösen und moralischen Vergehen, sondern auch Gewalttaten, Beleidigungen und andere kleinere kriminelle Delikte) bis ins 18. Jahrhundert. Historiker scheinen, wie van Dülmen oder Michanbred, meistens über die Wirkungen der Sozialdisziplinierung auf die Gesellschaft skeptisch zu sein. „Sozialdisziplinierung" könnte zwar eine Idee des sich ausbildenden Staates bzw. der Obrigkeit einer Gemeinde sein, aber sie musste mit ein paar hundert Jahren rechnen, um in die Gesellschaft wirklich rezipiert zu werden.

In Bezug auf die Polizeiordnungen, die auch die Sicherung der Sozialordnung bezweckte, zeigen die neueren Forschungen einige nützliche Hinweise. Blickle hat den Zusammenhang der landesfürstlichen Gesetzgebung (Landes- und Polizeiordnungen) mit den Beschwerden und Supplikationen von Untertanen besonders in den süddeutschen Ländern betont. A. Landwehr und A. Holenstein betrachten die interessanten Verhandlungen und Regulierungen zwischen Staaten und Untertanen bei der Inkraftsetzung und Rezeption der fürstlichen Gesetzgebung. Im Allgemeinen war die Obrigkeit bereit, die vorgebrachten besonderen Umstände der Untertanengruppen zu berücksichtigen und gegebenenfalls die spezielle Maßnahme zu treffen wie Sonderregelungen oder Befreiung von bestimmten Artikeln in Gesetzen und Verordnungen. Um die Wirkungen und Bedeutung der Polizeiordnung genau zu erkennen, müssten derartige gegenseitige Wirkungen zwischen Staat und Gesellschaft näher untersucht werden.

5. Landesordnungen im spätmittelalterlichen Tirol

Die Tiroler Landesfürsten im 14. und 15. Jahrhundert erließen vermehrt verschiedene Gesetze und Landesordnungen. In der Mitte des 15. und am Anfang des 16. Jahrhunderts waren die Landesfürsten von Tirol wegen des häufigen Dynastienwechsels, der Einbrüche der Appenzeller und der bayerischen Armee, des Aufstandes eines mächtigen Adeligen und des Gegensatzes mit dem Kaiser um Kirchenpolitik u.a. oft in bedrängter Lage. Um derartige Schwierigkeiten zu bewältigen, versuchten die Fürsten die Unterstützung der Stände und zwar vor allem die der Gerichtsleute (Bauern) und Bürger zu erhalten. Darum trafen sie entsprechend den Wünschen der Stände manchmal gesetzliche Maßnahmen und gewährten oft auch die überlieferten Privilegien für die einzelnen Gerichtsbezirke. 1420, in der krisenhaften Regierungszeit Herzog Friedrichs IV. wurde ein Abschied der Ständeversammlung in Bozen, der hauptsächlich die Sicherung der sozialen und wirtschaftlichen Ordnung bezweckte, als eine Art Landesordnung öffentlich bekanntgemacht. Die Landesordnungen dieser Zeit kamen daher meistens den Interessen der Stände entgegen und waren kaum aktive Willensäußerung der Fürsten zu ihrer Herrschaft.

Prinzipiell entsprachen die wichtigen Landesordnungen (1451, 1474) von Erzherzog Sigmund (1439 bis 1490) auch den Wünschen der Stände. Die Landesordnung von 1474 entstand im Landtag von Innsbruck, wo Sigmund die anwesenden 126 Adeligen und Repräsentanten der acht Städte und 59 Landgerichte (116) um die militärische und finanzielle Unterstützung gegen die Bedrohung der Osmanen ersuchte. Dabei brachten die Stände 44 Artikeln von Beschwerden und Forderungen vor. Nach Blickle wurden 80% von Artikel der Landesordnung aus den Beschwerden aufgenommen und zwar überwiegend denen von Städten und Bauern. Diese ständische Landesordnung von 1474 bestimmte die Marktpolizei (Verbot des Imports von Wein, des Exports von Holz und des Vorkaufs von Korn und Vieh), strikte Maßnahmen gegen Fehden (Absage), das gerichtliche Verfahren mit „Malefiz" und anderes. Die beträchtliche Zunahme der Bevölkerung und die Einwanderung von Bergleuten und anderen Arbeitern, von Gesinden (Knechten), Gesellen und Bettlern verursachten die Teuerung der Lebensmittel und belasteten die soziale Sicherheit und Ordnung. Es war aber selbstverständlich schwer, die vor dem Fürsten vorgebrachten

Beschwerden von Untertanen durch eine Landesordnung zubewältigen.

Als Sigmund, vom Alter gebeugt, seinen Pflichten als Landesfürst immer schwerer nachkommen konnte und die politische und finanzielle Abhängigkeit vom bayerischen Herzog sich verstärkte, versuchten die Stände die Regierungstätigkeit Sigmunds strenger zu beaufsichtigen. Nachdem diese ständische Kontrolle über Sigmund kaum Erfolg hatte, wurde er gezwungen, nach den Wünschen der Stände und auch unter dem Druck von Kaiser Friedrich III., für dessen Sohn Maximilian abzudanken. Merkwürdigerweise wurden auch im vorletzten Jahr vor der Abdankung Sigmunds, 1489, zwei Landesordnungen erlassen. Sie verboten das Waffentragen am Kirchtag, und wiederholten die Bestimmungen der Landesordnung von 1474. Die in den Gesetzen und Verordnungen Sigmunds behandelten sozialen, wirtschaftlichen und rechtlichen Probleme sollten auch in den Landesordnungen seines Nachfolgers ihren Niederschlag finden.

6. Landesordnungen und Gesellschaft in der Zeit Maximilians

6.1. Kriminalgerichtsordnung (Malefizordnung)

Die Grafschaft Tirol war ein Knotenpunkt der habsburgischen Hausmachtpolitik Maximilians. Für die Durchführung seiner aufwendigen Kriege mit der Eidgenossenschaft (Graubünden), Venedig und Bayern mussten die Tiroler Steuerzahlungen und Militärdienst leisten. Für umso wichtiger hielt Maximilian dieses Land. Bekanntlich hat er eine prachtvolle Residenz gebaut und dort hielt er sich auch relativ häufig auf. Deshalb versuchte er mit Hilfe von Gesetzen, Verordnungen und Mandaten auch die Regierung und Ordnung dieses Landes zu reformieren und die fürstliche Herrschaft zu verstärken. Aber das sollte sehr viele Auseinandersetzungen mit sich bringen.

1491 bis 1493 erließ Maximilian mindestens fünf Landesordnungen, die hauptsächlich die Markt- und Gewerbepolizei, die Kontrolle über die Bettler und „ledigen Knechte" (nicht bedienstetes Gesinde) betrafen. Diese gesetzgeberischen Massnahmen wurden wahrscheinlich auch nach ergangenen Beschwerden von Untertanen, insbesondere der Bürger und Bauern getroffen. Jedenfalls könnte man von diesen ersten Landesordnungen Maximilians eine bewusste Haltung des neuen Herrschers ablesen.

Die wichtigste Gesetzgebung Maximilians ist die neue Kriminalgerichtsordnung (Halsgerichts- und Malefizordnung) von 1499, die er mit Eifer verfassen ließ. In seinen bisherigen Landesordnungen klagte er darüber, dass in Tirol auch schwere Verbrechen nicht streng bestraft, sondern eher milde behandelt wurden. Durch die reformierte Gerichtsordnung und deren vollständige Auflage wollte er die Sicherheit und Ordnung des Landes stabilisieren. Aber die Stände verhielten sich am Landtag gegen solche Absichten des Fürsten eher ablehnend.

Schon am Ende des 15. Jahrhunderts wurden die meisten Prozesse und Untersuchungen beim Landgericht nur in Anwesenheit der Geschworenen (Beisitzer) unter Ausschluß der Öffentlichkeit geführt. Die von Maximilian beschleunigte Leistungsfähigkeit der Landgerichte und Kürze der Verfahren im geschlossenen Raum, die strengen Körperstrafen, und der zunehmende Einfluss des römischen Rechts und der rechtskundigen Beamten, die seine Malefizordnung charakterisierten, bewirkten die Unzufriedenheit der Stände. Zwar wurde diese Gerichtsordnung einmal am Landtag anerkannt, aber schon 1500 äußerten die Bewohner der Landgerichte von Unter- und Oberintal in einer Versammlung ihre Wünsche, die alte Gewohnheiten erhalten zu können. Maximilian kritisierte die konservative Stellung der Stände, aber am Landtag in demselben Jahr in Bozen sah er sich gezwungen, die Einwände der Stände mit Hilfe von Juristen zu besänftigen. Erst 1506 wurde die Malefizordnung mit kleinen Abänderungen von den Ständen anerkannt und in Druck gegeben. Zwischen der Idee der Ordnung durch die staatliche Gesetzgebung einerseits und der Ordnung und den Gewohnheiten der lokalen Gesellschaft andererseits gab es noch erhebliche Diskrepanzen. Die neue staatliche Rechtsordnung wurde manchmal erst nach neuen Verhandlungen zwischen Staat und Gesellschaft (Ständen) einigermaßen akzeptiert.

Die Bestimmungen gegen Fehde (Absage) sind auch in der Malefizordnung Maximilians sehr wichtig wie in den vorangehenden Landesordnungen seit Sigmund. Hilfe von den Nachbarn zu beseitigen und die Nachbarn zur Anzeige zu zwingen, waren die unentbehrlichen Maßnahmen gegen die Fehde. Derartige Bestimungen der Landes- und Malefizordnung scheinen aber fast immer wirkungslos gewesen zu sein. Diese Gegen-Fehde Artikel lassen sich nicht einfach von den Interessen der Bauern und der Bürger herleiten. Wie im ersten und zweiten Kapitel bereits besprochen, war die Absage und die Selbsthilfe nicht nur zwischen Adeligen, sondern auch zwischen Bauern als Gewohnheit und Brauch verbreitet. Die präventiven Maßnahmen gegen die Fehde könnten Bauern und Bürger akzeptieren, aber das scharfe Verbot und die rücksichtslose Bestrafung der Absager und der Helfer dürften eher auf Ablehnung gestossen sein. Die lokale Gesellschaft blieb noch duldsam für diesen Brauch bei Konflikten und Konfliktlösungen. In Bezug auf die Kontrolle bei der Selbsthilfe gab es noch Unterschiede zwischen dem staatlichen Ordnungsgedanken und den Sitten und Gebräuchen der Gesellschaft. In diesem Zusammenhang soll nicht übersehen werden, dass in der Malefizordnung der Totschläger nachsichtig behandelt werden konnte, wenn es um Notwehr ging. Auch nach dem am Generallandtag 1518 erlassenen polizeilichen Gesetz sollte der in Notwehr und um Ehre willen begangene Totschlag von der obrigkeitlichen Strafe befreit werden, wenn die Täter und Hinterlassenen durch Buße versöhnt werden konnten. In seiner späteren Regierungszeit, in der Maximilian oft in schwere finanzielle Bedrängnis geriet, musste er zunehmend die Gewohnheiten und das herkömmliche Rechtsgefühl der Untertanen berücksichtigen.

6.2. Wald- und Jagdordnung : Widerstand der Bauern

Im 15. Jahrhundert entwickelten sich die Salzsiederei und das Bergwerkswesen in Tirol sehr rasch und brachten den Landesfürsten bedeutende Einnahmen. Diese Gewerbe brauchten aber viel Holz. Daher erließen die Tiroler Fürsten, um die Versorgung des Holzes für diese staatliche Gewerbe zu sichern, häufig Holz- und Waldordnungen. Maximilian versuchte durch seine Waldordnungen die Kontrolle über die Holzschläge zu intensivieren und zwar nicht nur in den staatlichen Amtswäldern sondern auch in den Allmendwäldern der Bauern. Nach den Waldordnungen von 1492 und 1502 sollte der Waldmeister jedes Jahr mit einigen Beamten die Landgerichtsbezirke besuchen und nach dem Bedarf der Bauern maß er den bestimmten Teil vom Wald zum Holzschlag zu. Die Bauern durften nur für Hausbedarf Holz schlagen, aber nicht zum Verkauf. Kein Wunder, dass diese verstärkte Beschränkung der Waldnutzungen überall Beschwerden, Übertretungen und Ungehorsam der Bauern verursachte. Für die Bauern war die freie Benutzung der Allmendwälder seit alters her ihr eigenes Gewohnheitsrecht. 1511, nachdem mit dem Auftrag von Maximilian der kaiserliche Rat mit einigen Amtmännern die Klagen der Bauern in drei Gemeinden angehört hatten, berichtete er die Supplikation der Bauern und riet dem Herrscher die Mäßigung der Vollstreckung der Waldordnungen an. Dieser Vorschlag wurde zum Teil akzeptiert. Nach Wopfner wollte Maximilian schon unter dem Gedanken von „Almendregal" (bzw. Waldregal) die Benutzung der allerlei Wälder unter strenge Aufsicht und Kontrolle setzen. Zwar lehnten die Bauern diese Idee ihres Landesfürsten nicht ab, aber ihrer Meinung nach sollte das „Almendregal" vor allem die freie Waldnutzung von Bauern schützen. Auch die Jagdordnungen, die wegen des übermäßigen Jagdschutzes das Leben der Bauern stark belasteten, gaben immer wieder Anlass zu Klagen.

In Bezug auf die lokale Verwaltung gab es in Tirol zwischen der zentralen Regierung und den Landgerichten keine Mittelbehörde und das behinderte immer die einheitliche Durchführung der verschiedenen Maßnahmen der Regierung. Merkwürdigerweise für den Waldschutz versuchten der Fürst und die Regierung durch eine Art Inspektionsrundgang direkt die lokalen Gemeinden und ihre Wälder unter die staatliche Kontrolle zu bringen. Umso heftiger reagierten die Bauern und Gemeinden kritisch darauf. Auch die Pfleger und Richter in einzelnen Landgerichten sahen diese direkte Kontrolle ab und zu als Eingriff in die eigene Befugnis.

Wald- und Jagdordnungen beweisen auch die merkliche Diskrepanz zwischen den fürstlich-staatlichen Interessen und denen von Bauern. Dabei sah sich die Obrigkeit gezwungen, die Klagen der Untertanen einigermaßen zu akzeptieren. Auch hier lässt sich der Prozeß von der Verhandlung und der gegenseitigen Wirkungen zwischen Staat und Gesellschaft feststellen, der zur Aufnahme der staatlichen Gesetze sehr wichtig war.

7. Die Einwände der Bauern und die Landesordnungen von 1526 und 1532

7.1. Die Beschwerden und Forderungen der Bauern 1519 bis 1526

Durch die intensive Gesetzgebung Maximilians verstärkte sich allmählich der Unwille der Bauern und daher anlässlich seines Todes 1519 empörten sich die Bauern hie und da. Sie ignorierten dabei die Wald- und Jagdordnungen, schlugen Holz und jagten in den verbotenen Gebieten. Sie versammelten sich dann in den einzelnen Landgerichten, oder die Leute von mehreren Landgerichten kamen zusammen und legten ihre Beschwerden und Forderung dem Pfleger oder der Landesregierung vor. Der neue Landesfürst Ferdinand tritt in Tirol erst 1523 sein Amt an und berief daraufhin die Vertreter der Landgerichtsleute (Bauern) in Innsbruck ein und ließ sie ihre Beschwerden vorbringen. Im Jahr 1525 unter dem Einfluss vom schwäbischen Bauernkrieg standen die Südtiroler Bauern auf und im Mai entstanden die sogenannten Meraner Artikel. Gleich darauf wurden am Innsbrucker Landtag ohne Adelige und Prälaten, im Juni und Juli die erweiterte Reformforderung, die Innsbrucker Artikel verfasst. Dazwischen wurden nach dem Befehl der Regierung auch die Beschwerden von einzelnen Landgerichten und Städten verfasst und dem ständischen Ausschuss eingereicht. Überwiegend auf Grund der Innsbrucker Artikel entstand die Landesordnung von 1526, und 1532 wurde durch kleinere Abänderung die revidierte Auflage erlassen.

Diese Geschichte von 1519 bis 1525/26 zeigt die Verläufe der intensiven Auseinandersetzungen und Verhandlungen zwischen dem Staat bzw. Fürsten und der Gesellschaft über die Landesverfassung. Die Beschwerden und Forderungen der Bauern blieben fast gleichartig und auch nach 1525, anders als beim Bauernkrieg in Schwaben und Franken, radikalisierten sie sich kaum. In diesem Kapitel soll ein Teil der Beschwerden aus den Landgerichten und die Antworten der Obrigkeit untersucht werden. Darin kam oft die Klage gegen die Malefizordnung Maximilians vor. Die Abneigung gegen den verstärkten Einfluss des römischen Rechts, der Rechtskundigen, gegen die persönliche Einmischung des Pflegers und Richters in die Urteilsfindung, gegen die Anwendung der Folter usw. wurden deutlich geäußert. Andererseits wurde behauptet, dass die Konflikte mit Gewalttaten, auch der Totschlag durch den außergerichtlichen Vergleich zwischen den Parteien erledigt werden dürfe. Die Bauern wünschten die verschiedenen Möglichkeiten zur Konfliktlösung erhalten zu können. Der Inhalt der Beschwerden erstreckt sich auf verschiedene Probleme des bäuerlichen Lebens. Hier soll betont werden, dass die Forderungen zur Verfassungsreform und das Rechtsbewusstsein der Bauern immer mit ihrem alltäglichen Lebensraum, nämlich dem Landgerichtsbezirk eng verbunden war.

7.2. Landesordnungen von 1526, 1532, 1573 und die Gesellschaft

Die Landesordnungen von 1526 und 1532 wurzeln einerseits in den tirolischen Landesordnungen aus dem Spätmittelalter und andererseits waren sie die Ergebnisse der gegenseitigen Wirkungen und Verhandlungen zwischen Staat und Gesellschaft. 1573 wurde die ein wenig revidierte Landesordnung mit dem Anhang einer Polizeiordnung erlassen. Diese Landesordnungen blieben bis zur Aufklärung grundlegend für die Landesverfassung Tirols. In Bezug auf die Interaktion von Staat und Gesellschaft sollen nur einige Charakterzüge der Landesordnungen erörtert werden, die für die Thematik dieses Buchs bedeutend sind. Dabei soll hauptsächlich die Landesordnung von 1532 behandelt werden.

a. Waffenrecht

Die Kriege Maximilians stützten sich oft auf den Militärdienst der Bauern und daher beschränkten seine Gesetze die Bewaffnung (den Waffenbesitz und das Tragen von Waffen) der Bauern kaum. Die Landesordnung von 1532 verbietet nur das Tragen von dreierlei gefährlichen Waffen und in der von 1573 auch das Tragen, den Kauf und Verkauf von kleineren Gewehren, die unbemerkt getragen werden konnten. Sonst sind Waffen als ein Vermögen erwähnt, das von den männlichen Nachkommen mit dem Hof geerbt wurde.

b. Gericht und Strafrecht

Entsprechend den Beschwerden von 1519 bis 1525 wurde das Gerichtsverfahren wegen Totschlags einigermaßen gemäßigt. Der Totschläger und die Hinterbliebenen durften sich unter der obrigkeitlichen Aufsicht vergleichen, und danach konnte der Täter von Fürsten begnadigt werden. Bei der Anzeige gegen den Totschläger wurde der Wille der Hinterbliebenen berücksichtigt. Totschlag wegen verletzter Ehre wurde für eine Art Notwehr gehalten. Der Totschlag wurde also nicht als Verbrechen gegen die öffentliche Ordnung bestraft, sondern unter Berücksichtigung der sozialen Bräuche, Gewohnheiten und Sitten wurde eventuell die Wiederherstellung der gütlichen Beziehungen in der lokalen Gesellschaft bevorzugt. Der Kompromiss zwischen dem Prinzip des öffentlichen Strafrechts und der gewohnheitlichen Sozialordnung seit dem Spätmittelalter lässt sich auch in diesen Landesordnungen der frühen Neuzeit deutlich erkennen.

c. Bestimmungen gegen Fehde

Ein derartiger Kompromiss gilt auch für die Artikel der Maßnahmen gegen die Absager. Prinzipiell sollten die Absager streng bestraft werden wie in den bisherigen Landesordnungen. Sie konnten milder behandelt werden, indem sie bewiesen, dass ihre geschädigten Rechte durch die Gerichtsobrigkeit nicht wiederhergestellt wurden. Auch der große Betrag des Belohnungsgeldes für die Abführung oder die Mitteilung von Absagern zur Obrigkeit deutet an, dass die lokale Gesellschaft immer noch gegen die Absager tolerant war. Die Absager konnten auf die direkte und indirekte Hilfe von Nachbarn hoffen. Für die Untertanen waren es wichtiger, die unvermeidliche Konflikte und Gewalttaten im Alltag gütlich zu beenden, als damit scharf zu verfahren.

d. Allmende, Jagd und Konflikte

Die Kontrolle über die Waldnutzung der Bauern durch Waldbereitung (Inspektionsrundgang), die in der Waldordnung von 1502 bestimmt wurde, kommt zwar auch hier vor. Aber die Zuteilung vom Allmendwald zur Schmelzanlage, worüber die Bauern oft klagten, sollte diesmal erst mit der Genehmigung der Gemeinde durchgeführt werden. Der Jagdschutz wurde auch zum Teil gemäßigt. Jedenfalls sollte die Auseinanderstzung zwischen dem Staat und den Bauern um Waldnutzung fortdauern, solange der Bergbau in Tirol den Fürsten eine gute Einnahmsquelle war.

Im Gegensatz zum Wald kommen die Bestimmungen für Alm und Weide und die daraus resultierenden Konflikte in der Landesordnung selten vor. Ausgenommen von Konflikten zwischen den Bauern und der Schmelzhütte um die Grenzen der Weiden und Wälder hatte die Landesregierung allem Anschein nach wenig Interesse für die Konflikte zwischen Gemeinden um Alm und Weide. In diesem Zusammenhang wurde nur die Beschlagnahme von Vieh behandelt. Bei den Grenzstreitigkeiten war die Beschlagnahme die typische Maßnahme gegen die „Übertretung" vom Gegner, aber derartige Gegenwehr verschlimmerte manchmal nur die Feindseligkeiten. Daher sollte die Beschlagnahme prinzipiell nur von Gerichtsboten, Dorfmeistern und anderen Amtmännern durchgeführt werden. Sonst wurde die Beilegung der Konflikte um Alm und Weide, wie ausführlich im dritten Kapitel erläutert, der lokalen Gesellschaft überlassen. Nach einem Titel (Artikel) der Landesordnung soll jeder berechtigt sein, die Alm und Weide zu benutzen, falls er die öffentliche Pflicht zum Land erfüllt. Vielleicht könte die Alm und Weide für die Ressource der gesamten „Landleute" gehalten werden. Aber selbstverständlich wurde diese Allmende nicht unter der staatlichen Kontrolle sondern nach der Gewohnheit der einzelnen Gemeinden und Distrikte (Talgemeinde) benutzt und verwaltet. Auch die Adeligen und die geistlichen Institutionen mussten die Alm und Weide nach den Gewohnheiten der Gemeinden benutzen.

Die Verhandlung über die Gesetze und Verordnungen zwischen der Landesregierung und den Untertanen bzw. Ständen könnte im Spätmittelalter und in der frühen Neuzeit nicht nur in Tirol, sondern auch in anderen Ländern gesehen werden. Einerseits war aber das Landgericht (Gerichtsbezirk) in Tirol ein Raum, der gleichzeitig als ein staatlicher Verwaltungsbezirk, als Lebens- und Wirtschaftsraum der Bauern und als der Rahmen der Autonomie funktionierte. Andererseits war der Landtag in Tirol, an dem auch die Städte und die Landgerichte (Bauern) vertreten waren, ein Forum auf der Ebene des Landes. Durch diese zweistufige Institutionen konnten die intensiven Verhandlungen, gegenseitige Wirkungen und Regulierungen der Interessen zwischen der fürstlichen Regierung und der Gesellschaft relativ glatt gehen. Die Ergebnisse waren die Landesordnungen von 1526 und 1532. Das könnte man für die geschichtliche Eigenart von Tirol halten. Diese Art und Weise der Verhandlungen beeinflusste freilich den Inhalt der Landesordnungen. Die in 1519 bis 1525 vorgebrachten Beschwerden und Forderungen der Bauern bezogen sich meistens auf die Probleme in ihrem alltäglichen Lebensraum (Landgericht). Daher wurden in den neuen Landesordnungen auch die alten Gewohnheiten und die Autonomie der lokalen Gesellschaft berücksichtigt. In diesem Sinne vermengte der früneuzeitliche Staat die spätmittelalterliche Sozialordnung und die neue staatliche Rechtsordnung in ihren wechselseitigen Beziehungen.

8. Gericht und Gesellschaft in der zweiten Hälfte des 16. Jahrhunderts: Konfliktlösungen der Bauern anhand von Gerichtsprotokollen

Wie oben gesagt wurden die Konflikte zwischen Gemeinden nie nach irgendeinem Artikel der Landesordnung sondern durch die gemeinsame Handlung der Umgebung beigelegt. Diese Art und Weise veränderte sich bis ins 17. Jahrhundert im Wesentlichen nicht. Es soll aber noch erörtert werden, wie die andere Konflikte und Gewalttaten zwischen den einzelnen Bauern gerichtlich oder außergerichtlich behandelt wurden, weil es dafür in den Landesordnungen die betreffenden Bestimmungen gab. In diesem Kapitel sollen die Gerichtsprotokolle der Verfachbücher aus der zweiten Hälfte des 16. Jahrhunderts, also nach der Veröffentlichung der dreierlei Auflagen der Landesordnung in Betracht kommen.

Von den angeführten Gerichtsprotokollen vom Landgeicht Lienz (Osttirol) und Steinach zwischen 1566 und 1600 lassen sich hier einige Charakteristika aufzeigen.

8.1. Ehre und Gewalt

Die behandelten Gerichtsfälle sind meistens Raufhändel, körperliche Verletzungen und andere Streitfälle, die von der Ehrenkränkung verursacht wurden. Am häufigsten kam es zu gewalttätigen Auseinandersetzungen beim Zechen im Wirtshaus und bei anderen Zusammenkünften wie Tanz am Kirchtag, wohin die Bauern oft „wöhr" mitbrachten. Diese Konflikte wurden manchmal durch verbale Beleidigungen verursacht. Dabei schienen die gereizten Bauern, und besonders die Jungen, ganz leicht zu Gewalttaten mit Waffenanwendung überzugehen. Beleidigungen und Raufhändel wurde aber auch von den Hausherren auf den Dorfgassen begangen. Durch die Zeugenaussagen wurde gegebenenfalls eine lange Vorgeschichte des Konflikts und die verwickelten Umstände erläutert, die Misstrauen und Spannungen erzeugten. Ehrenverletzungen verursachten nicht selten einen langwierigen fehdeähnlichen Streit zwischen den Gegnern und ihren Verwandten. Die Gerichtsobrigkeit behandelte solche Ehrenhändel daher vorsichtig und vermied eine einseitige Bestrafung.

8.2. Gerichtliche Sühne

Nach Klage, Antwort und Kundschaft (Zeugenaussage) bemühte sich der Richter normalerweise mit den Geschworenen die streitenden Parteien zu versöhnen, indem er mittels Gerichtsfriedens einem oder den beiden Betreffenden die Entschädigung für die körperliche Verletzung und Beleidigung und manchmal auch die öffentliche Abbitte anordnete. In einigen hier gezeigten Fällen forderte das Gericht wiederholt einen gütlichen Vergleich zwischen Parteien, obwohl eine der Partei ihn verweigert hatte. Wenn die Parteien einem Vergleich zustimmten, sollte, laut Gerichtsentscheid, Ehre und guter Ruf der beiden Parteien wiederhergestellt werden. Die Versöhnung war ein unvermeidliches Mittel zur Wiederherstellung der friedlichen Beziehungen von Nachbarn in der Gemeinde. Das Ziel der Parteien vor Gericht war es, einen möglichst vorteilhaften Vergleich zu schließen.

Das Prinzip der Sühne galt auch für den Totschlag. Ein Junge im Landgericht Lienz, der im Raufhandel einen anderen getötet hatte und nach einer achtjährigen Flucht gefangen wurde, wurde als Vorbedingung zur Sühne mit den Hinterbliebenen dazu verpflichtet, Reuegefühl zeremoniell und öffentlich in der Kirche und vor dem Grab des Getöteten zu zeigen und 52 fl. dem Vater des Opfers zu zahlen. Er war aber sonst nichts der Obrigkeit schuldig. Zwar war nach der Landesordnung die Totschlagsühne und Begnadigung des Täters möglich, aber die Praxis in der lokalen Gesellschaft scheint stärker auf die Versöhnung der Parteien orientiert gewesen zu sein.

8.3. Außergerichtliche Versöhnung

Selbstverständlich wurden in Gerichtsprotokollen prinzipiell nur die Verhandlungen vor Gericht eingetragen. Aber nach den Beschreibungen des Verlaufs der Konflikte sieht man, daß die Bauern oft die außergerichtliche Verhandlung und Sühne bevorzugten. Manchmal wurden die Gerichtsprotokolle einfach abgebrochen. Das deutet an, dass der Prozess durch die informelle Versöhnung eingestellt wurde. Ein Vorteil dieser privaten Versöhnung war der, dass man damit die Gerichtskosten sparen konnte. Diese Verhandlungen wurden meistens im Wirtshaus mit Hilfe der Nachbarn geführt. Nach den Forschungen M.Heideggers wollte das der Pfleger vom Gericht Laudegg mit dem Strafgeld 1582 verbieten, ohne Vorwissen und Erlaubnis der Obrigkeit den außergerichtlichen Vergleich zu betreiben. Diese Ermahnung des Pflegers könnte der Landesordnung entsprechen. Aber ein Wirt, der diese Verhandlung der Streitenden tatsächlich in seinem Wirtshaus führte, bemerkte kritisch, dass das Verbot seinem Rechtsempfinden widerspräche. Hier lässt sich auch die Diskrepanz zwischen der staatlichen Rechtsordnung und der Ordnung der lokalen Gewohnheit erkennen.

Nach der Durchsicht der Gerichtsprotokolle von Verfachbüchern wird es fraglos, daß die Bauern das Gericht im alltäglichen Leben im eigenen Interesse benutzten. Aber die gerichtliche Verhandlung sollte für sie nicht ein Zwang sein. Sie wollten die freie Wahl zwischen der Gerichtsverhandlung und der außergerichtlichen Versöhnung haben. Diese Wahl wurde dann davon bestimmt, ob der Betreffende über genügend gute Freunde und Verwandschaft verfügte, die ihn unterstützen würden, und ob er über genügend Geldmittel zur Zahlung einer Sühne verfügte. Demnach wurde die Möglichkeit der Wahl für die Konfliktlösung durch die sozialen Beziehungen, die Kommunikation, die soziale und wirtschaftliche Stellung des Betreffenden im Dorf bestimmt.

Jedenfalls war die soziale Ordnung in den bäuerlichen Gemeinden auch nach der Veröffentlichung der Landesordnungen der frühen Neuzeit, inklusive der Konflikte, Gewaltanwendung und Konfliktlösungen, noch nicht weit genug von der Obrigkeit kontrolliert. Der Staat und seine Gerichtsobrigkeit berücksichtigten und respektierten diese Funktion der Bewahrung der sozialen Ordnung und des Friedens in der bäuerlichen Gesellschaft in der lokalen Ebene.

Rückblick und Ausblick

Im ersten Teil wurde durch die Betrachtung der Konflikte und Konfliktlösungen die netzwerkartigen gegenseitigen Beziehungen zwischen Gemeinden erläutert. Daraus läßt sich wahrscheinlich erkennen, dass die häufigen gemeinsamen Handlungen eine Art lokale Identität und Öffentlichkeitsbewusstsein im Rahmen des Landgerichtsbezirkes förderten. Die politische Funktion der Landgerichtsgemeinde bezog sich vermutlich auf dieses Bewusstsein der „lokalen Öffentlichkeit". Derartiges Bewusstsein blieb aber nicht immer auf den Berreich des Landgerichtsbezirkes beschränkt. Zum einen bildete das Zusammenwirken über die Grenze des Landgerichtsbezirkes hinaus für den Konfliktaustrag einen Beitrag zur Entwicklung eines breiteren Öffentlichkeitsbewusstseins. Zum anderen waren die Zusammenkünfte und die Auseinandersetzungen auf den Landtagen die bedeutenden Faktoren zur Entwicklung eines solchen Bewusstseins im Rahmen des ganzen Landes. Auch die gemeinsamen Verhandlungen der Bauern mit der Regierung 1525 förderten es weiter. Trotzdem, wie die Beschwerden von 1519 bis 1525 und die Meraner und Innsbrucker Artikel zeigten, blieb der Landgerichtsbezirk im alltäglichen Leben der Bergbauern der wichtigste Bereich der Öffentlichkeit.

Im mittelalterlichen Japan gab es auch die netzwerkartige Beziehungen von Dörfern in einem relativ weiten Distrikt. Hier schienen aber die Verbindungen der bestimmter Dörfer zur Ünterstützung bei Konflikten eher fest zu sein (anders als in Tirol). Vielleicht könnte diese den Bündnissen ähnlichen Beziehungen und die aktive Kommunikation zwischen Dörfern doch die weiträumige eidliche Einung (ikki) der Bewohner fördern, die eventuell die Oberherrschaft beseitigte und durch die eigene Selbstverwaltung ersetzte. Aber im Vergleich zu den Verhältnissen in Tirol unter der relativ stabilen Landesherrschaft kamen im spätmittelalterlichen Japan, wo die Herrschaftsgewalt in viele kleinere lokale Mächte zersplittert war, jedenfalls die Bräuche von Selbsthilfe und bewaffneter Auseinandersetzungen zwischen Dörfern (und Kriegern) deutlicher vor. Die Überwindung der gewaltigen Selbsthilfe wurde erst durch die verstärkte Gewalt des vereinheitlichten Staates nach dem Ende des 16. Jahrhunderts beschleunigt.

Nach K. Bosl legte die Erhaltung des lokalen Friedens den Grundstein zur politischen Gemeinde. Diese These belegt am besten die Entwicklung der Eidgenossenschaft. In Bezug auf diese Thematik von Konfliktlösung, Frieden und Selbstverwaltung sollten weiter noch die verschiedenen Gemeinden wie Städte, Dörfer, Talgemeinden in den Alpenländern und bäuerliche Verbände in Friesland in den vergleichenden Betracht kommen. Freilich sollte dabei die Nützlichkeit der Konzeption „Kommunalismus" von Blickle überprüft werden. In Tirol förderten die relativ autonome Konfliktbeilegung die politische Aktivität der Gerichtsgemeinde. Unter den erwähnten geschichtlichen Bedingungen konnten die japanischen Dorgemeinden schwerlich durch Friedensbündnisse die eigene politische Organisation eines Distrikts mit Selbstverwaltung bilden. Aber die Bräuche der bewaffneten Konflikte zwischen bäuerlichen Gemeinden waren nicht immer von der Lage der staatlichen Gerichtsorganisation abhängig. Das könnte man von „guerres paysannes" zwischen den Talgemeinden sagen, die in den westlichen Pyrenäen bis ins 18. Jahrhundert vorkamen. Wichtiger wäre die Art und Weise, wie die lokalen Gemeinden in den entstehenden frühneuzeitlichen Staat integriert wurden.

Bis wann wurde die autonome Gewohnheit der Konfliktbeilegung erhalten? Seit ca. 1600 wurden unter der einheitlichen Herrschaft in Japan offiziell die Selbsthilfe der Dörfer streng verboten. Aber die Erledigung der Konflikte um die Gemarkung der Dörfer wurden weiter noch den Gewohnheiten der lokalen Gesellschaft (Verhandlung und Vergleich) überlassen, weil die Entscheidung dieser Konflikte durch die genaue Vermessung der Gemarkung (meistens in Bergen und Wäldern) auch für die Regierung unmöglich war. Gegebenenfalls wurden die Bräuche und Sitten der Selbsthilfe in ritualisierter Weise lang erhalten. Das war auch der Fall in den Pyrenäen im 18. und 19. Jahrhundert. Die alten Gewohnheiten der Konfliktaustragung und Konfliktbeilegung der Dörfer blieben in veränderter Form noch im (früh) neuzeitlichen Staat erhalten und trugen vielleicht dadurch zur Sicherheit und Ordnung der lokalen Gesellschaft bei.

In Tirol gab es die große politische Wende wie in Japan (Verheinheitlichung) im Wesentlichen nicht. Aber die oben erörterten intensiven Verhandlungen und die gegenseitigen Wirkungen zwischen dem Staat und der Gesellschaft um eine Landesverfassung am Anfang des 16. Jahrhunderts förderten die Regulierung zwischen staatlichen Interessen und denen von Untertanen. Im 17. Jahrhundert lassen sich schon in einigen Fällen der Konfliktaustragung die aktive Interventionen der staatlichen Beamten feststellen. Wurden die Konfliktlösungen von Gemeinden damals und danach zunehmend unter die staatliche Kontrolle gesetzt? Wenn ja, hing das damit zusammen, dass die politische Aktivität der Stände am Landtag schon im 17. Jahrhundert deutlich nachließ? Diese Frage soll zur Zeit noch offen bleiben.

Ich danke Herrn Archivar Dr. Manfred Rupert herzlich für die freundliche Hilfe bei meiner Arbeit im Tiroler Landesarchiv zwischen 1999 und 2007.

Mein besonderer Dank gilt auch Herrn Christian Waldvogel, der immer sorgfältig meine deutsche Aufsätze verbesserte.

著者略歴

服部良久（はっとり・よしひさ）

1950年生。1977年、京都大学大学院文学研究科博士課程中途退学。1990年、京都大学文学部助教授、1995年、同教授、1996年より京都大学大学院文学研究科教授。
主要著作：『ドイツ中世の領邦と貴族』創文社、1998年、『西欧中世史（中）（下）』（共編著）ミネルヴァ書房、1995年、ペーター・ブリックレ（服部良久訳）『ドイツの臣民』ミネルヴァ書房、1990年、服部良久（編訳）『紛争のなかのヨーロッパ中世』京都大学学術出版会、2006年、他。

アルプスの農民紛争──中・近世の地域公共性と国家

2009年3月30日　初版第一刷発行

著　者	服　部　良　久
発行者	加　藤　重　樹
発行所	京都大学学術出版会

606-8305　京都市左京区吉田河原町15-9京大会館内
電話075（761）6182　　FAX075（761）6190
URL　　http://www.kyoto-up.or.jp/
印刷所　亜細亜印刷　株式会社

©Y. HATTORI, 2009　　　　Printed in Japan
定価はカバーに表示してあります

ISBN978-4-87698-761-0　C3022